Rudolf Zabel

Die deutsche China-Expedition von 1897

EHV
HISTORY

Rudolf Zabel

Die deutsche China-Expedition von 1897

ISBN/EAN: 9783955642693

Auflage: 1

Erscheinungsjahr: 2013

Erscheinungsort: Bremen, Deutschland

Rudolf Zabel

Deutschland in China

Georg Wigand
Leipzig 1902

Vorrede.

Die chinesische Frage ist durch die Wirren der Jahre 1900 und 1901 ihrer Lösung kaum nähergebracht worden. Eher das Gegenteil ist der Fall. Scheint es doch fast, als sollte sie noch lange Jahre für die Weltpolitik die Rolle spielen, die die orientalische Frage für die Kontinentalpolitik gespielt hat und noch spielt. Vielleicht kommen daher die nachfolgenden Aufzeichnungen nicht ungelegen, die im wesentlichen eine Verarbeitung der Erfahrungen und Eindrücke enthalten, die ich als Redakteur des „Ostasiatischen Lloyd" und als Korrespondent der „Vossischen Zeitung" während des chinesischen Feldzuges, sowie auf meinen selbständigen zum Teil ausgedehnten Forschungsreisen in der Mandschurei, Schantung und den chinesischen Südprovinzen gewonnen habe. Für diejenigen meiner Leser, denen daran gelegen ist, Einzelheiten aus dem Feldzuge selbst zu erhalten, habe ich das zweite Buch etwas breiter angelegt und ihm den subjektiven Charakter gelassen. Ein Teil der dort mitgeteilten Ereignisse ist, wenn auch in anderer Form, bereits in Zeitungsberichten veröffentlicht worden. Indessen glaube ich, daß das kein Hindernis ist, sie hier dem Zusammenhange einzugliedern. Ich habe den überreichen Stoff nach Möglichkeit zusammengedrängt und kritisch behandelt, zweifle freilich nicht daran, daß mir dabei manche Ungenauigkeiten und Fehler untergelaufen sind, die sich aber bei einem so flüssigen Stoff schwer vermeiden lassen. Ich will ja schließlich auch nur zur näheren Beschäftigung mit den hier in Betracht kommenden Fragen anregen und bitte eventuelle Fehler zu korrigieren, in der Beurteilung des Ganzen sich aber an die gute Absicht halten zu wollen.

Ich glaube in dem — mehr theoretischen — ersten Buche einiges Neue zu bieten. Leider war es mir nicht mehr möglich, die sehr schätzenswerten Aufzeichnungen des dritten Bandes der

„Dreiunddreißig Jahre in Ost-Asien" von M. von Brandt hierfür zu benutzen, da dieser Band erst kurz vor Weihnachten 1901 herauskam, mein Buch damals aber schon fast fertig vorlag und eine Umarbeitung nicht mehr thunlich war. Ich habe mich darauf beschränkt, nach Erscheinen dieses Bandes in meinem eigenen Buche die Behandlung verschiedener Fragen wieder fallen zu lassen, die in dem von Brandtschen Buche sehr detailliert und außerordentlich instruktiv behandelt sind. Ich verweise daher ausdrücklich auf den dritten Band der Erinnerungen des Herrn von Brandt.

Bei dem vorliegenden Werke ist mir mancherlei Unterstützung zu teil geworden. Geziemenden Dank dafür schulde ich in erster Linie dem Auswärtigen Amt, dem Reichsmarineamt und dem Generalstabe des Ostasiatischen Expeditionskorps, die mir die Möglichkeit gewährt haben, auf dem Kriegsschauplatze selbst meiner Aufgabe gerecht zu werden. Sodann aber gilt mein besonderer Dank Sr. Excellenz dem wirklichen Geheimen Rat und kaiserlichen Gesandten a. D. Herrn M. von Brandt, der mich in der liebenswürdigsten Weise mit Rat und That unterstützt hat. Ferner gilt er meinem verehrten Freunde Herrn Dr. Rudolf Breitscheid in Berlin, der mir bei dem Arrangement meiner zweiten Ausreise und bei der Durchführung meiner zeitweiligen Thätigkeit als Kriegskorrespondent wertvolle Hilfe geleistet hat.

Aber auch allen den Kameraden und Freunden, die ich gelegentlich meiner Aufenthalte im fernen Osten gewonnen und zum Teil dort gelassen habe, und mit denen ich mich durch gemeinsame Freuden oder Gefahren verbunden fühle, möchte ich an dieser Stelle meinen Dank sagen. Denn von ihnen und gemeinsam mit ihnen lernte ich die Verhältnisse näher kennen, deren Studium es mir ermöglichte, hiermit der Öffentlichkeit einige Resultate meiner Beobachtungen zu unterbreiten, beseelt von dem innigsten Wunsche für die Aufrichtung eines großen und mächtigen Deutschland im fernen Ost-Asien!

Leipzig, Frühjahr 1902.

Rudolf Zabel.

Inhalt.

I. Buch.

Die Entwickelung der politischen und wirtschaftlichen Beziehungen zwischen China und den Vertragsmächten unter besonderer Berücksichtigung des Deutschen Reiches.

I. Kapitel.

Die Zeit vor dem Abschluß der Handelsverträge zwischen den Vertragsmächten und China.

II. Kapitel.

Die Zeit seit Abschluß der Handelsverträge zwischen den Vertragsmächten und China.

II. Buch.
Der Feldzug in China 1900/1901.
I. Kapitel.
Der eigentliche chinesische Feldzug.

II. Kapitel.

Die Okkupation der Provinz Petschili.

in der Mauer. — Die große Mauer. — Auf der Paßhöhe. — Schatao. — Der Militärmandarin von Yenking sendet Gastgeschenke. — Vereitelte Hoffnungen. — Zu große Vertrauensseligkeit den chinesischen Dolmetschern gegenüber. — Marsch bis Yenking. — Unterbrochene Vorbereitungen zum Sylvesterpunsch. — Die Lutai=Armee entwischt. — Befehl zum sofortigen Abmarsch. — Die Thätigkeit des Detachements Wyneken. — Ein beschwerlicher Marsch am Sylvesternachmittag. — Die Kanonen kippen um. — Nächtliche Ankunft. — Prosit Neujahr. — Übergang über den Tahaitoushan. — Im oberen Peihothal. — Die nördliche (alte) große Mauer. — Von der Lutai=Armee keine Spur. — Eine neue Fährte. — Nochmaliger Übergang über das Gebirge auf Saumpfaden. — Boxer stehen nur noch 15 km von uns entfernt. — Es wird Ernst.

Ein Nachtmarsch. — Aufhebung einer chinesischen Feldwache. — Alarm im Boxerfort. — Das Gefecht entwickelt sich. — Die Gebirgsartillerie fährt auf. — Der Astverhau. — Die ersten Verwundeten. — Die feindliche Artilleriestellung fliegt in die Luft. — Das Fort im Sturm genommen. — Die zweite Gefechtsstellung. — Die Boxer werden aus ihrer neuen Position vertrieben. — Unsere Ärzte. — Boxer oder Landsturm? — Die Bewaffnung der Chinesen. — Verfolgung. — Szehaikou an der alten großen Mauer wird verbrannt. — Der Rückmarsch zum eroberten Fort. — Die Wirkung unserer Geschosse. — Freilassung von Gefangenen. — Zurück nach Yenking. — Gefallenen= und Verwundetentransport. — Beim Mandarinen von Jungmiengtschöng.

Die Kavallerie ist auf chinesische Truppen gestoßen. — Der Überfall von Thumu. — Die Reiterei und berittene Infanterie wird auf Hsuenhuafu gesandt. — 75 km in einem Tage auf Ponies. — Vortrefflichkeit des chinesischen Nachrichtendienstes. — Berittene Infanterie bewährt sich. — Auf Patrouillenritt. — Die chinesische Armee ist kurz vor unserer Ankunft in Hsuenhuafu abgerückt. — Chinesische Mandarinenschlauheit. — Wir sind die Gäste des Taotei von Hsuenhuafu. — Der Rückmarsch nach Peking. — In die Mandschurei.

III. Kapitel.
Ostasiatische Fragen und Antworten.

Eine Konferenz der deutschen Preßvertreter beim Oberkommando. — „Pardon wird nicht gegeben". — Die Erschießung von Chinesen. — Die Vorgänge bei der Einnahme von Liangfianghsien. — Mitgefangen — mitgehangen! — Grausame Marterung eines Sikh. — Gefangene werden nicht gemacht. — „Lüten". — Einiges über chinesische Staatsgelder. — Der geraubte kaiserliche Schatz. — Silberfund in Pautingfu. — Requirieren ohne Requisitionsscheine. — Die philosophischen Bauern. — Durchsuchung von Pfandhäusern nach Pelzen. — Plünderung gestattet. — Der Tientsiner Lütmarkt. — Die berüchtigten Inder. — Relativ gute Haltung unserer eigenen Leute. — Prinziplosigkeit in der Behandlung des Plünderns. — Die Folgen der Hunnenbriefe. — Die Vorgänge bei der Plünderung der Silinggräber. — Das kultur-

Vor der Lektüre wolle man folgende Druckfehler berichtigen:

Seite 7, Zeile 4 von unten: dieser Voraussetzung statt diesen.
  „ 11, „ 3 „ oben: Vertragsmächte statt Westmächte.
  „ 44, „ 11 „   „   wurde statt werde.
  „ 57, „ 2 und 3 von oben: Christentum statt Christenum.
  „ 197, „ 8 von oben: zweiter statt weiter.
  „ 272, „ 1 „   „   Gereonsthor statt Gerionsthor.
  „ 313, „ 1 und 14 von oben: Krämer statt Krämer.
  „ 315, „ 16 „ 17 „ unten: Kamelkarawanen statt -wane.
  „ 326, „ 14 von oben: vom statt von.
  „ 368, „ 12 „ unten: Ponies statt Ponis.

Erstes Buch.

Die Entwicklung der politischen und wirtschaftlichen Beziehungen zwischen China und den Vertragsmächten unter besonderer Berücksichtigung des Deutschen Reiches.

———

Einleitung.

Der moderne Mitteleuropäer ist bezüglich der Kriegführung verwöhnt. Die Zeiten, in denen der Bürger noch beschaulich in seinem Erker sitzen und mit behaglichem Gruseln in seinem Blättchen lesen konnte, wie hinten weit in der Türkei die Völker aufeinander- schlagen, sind vorüber, seitdem die europäischen Nationen durch ihren Handel und ihre Kolonien sich weit über die geographischen Grenzen ihrer Länder hin ausgewachsen haben.

Aber diese Wandlung ist gerade bei uns in Deutschland so alt noch nicht. Wir haben erst vor knapp dreißig Jahren anfangen können, als Nation die Augen begehrend über die Grenzen des Vaterlands hinausschweifen zu lassen. Bis dahin hatten wir ge- rade genug damit zu thun, im Inneren den Zusammenschluß zu erlangen, der erst ein Mitreden in auswärtigen Fragen ermöglichte. Der Aufschwung zum führenden Großstaat ging dann allerdings rasch vor sich, zu rasch freilich, als daß der deutsche Philister ihm auch da hätte folgen können, wo er über den Rahmen seiner Kirch- turmpolitik hinausging. Daher die unendlichen Schwierigkeiten, die es weitschauenden Staatsmännern und Privatpersonen kostete, um die „kompakte Majorität" des deutschen Volkes allmählich von der Notwendigkeit einer Anteilnahme Deutschlands an den Fragen der Weltpolitik zu überzeugen; daher auch andererseits die Neigung des Deutschen zu trüben Betrachtungen, wenn einmal die Dinge da draußen nicht mit der Schnelligkeit vorwärts schreiten, die man in europäischen Fragen und in kontinentalen Kriegen gewohnt ist.

1*

Aus dieser Entwicklung erklärt sich zu einem nicht geringen Teil auch die Erscheinung, daß durch die verhältnismäßige Armut der chinesischen Aktion an militärischen Ereignissen das Interesse des deutschen Leserpublikums an der ostasiatisch-chinesischen Frage so schnell erlahmte. Freilich muß zugegeben werden, daß hierbei gerade eine Anzahl von Faktoren zusammentrafen, die auch Männer befremden mußten, die mit den Fragen der auswärtigen Politik und mit denen der inneren Wirtschaftspolitik auf das intimste vertraut waren; aber man muß doch tief bedauern, daß mit dem Interesse an der Sache auch so viel guter Wille für ein verständnisvolles Erfassen der großen Gesichtspunkte über Bord gegangen ist.

Vor allen Dingen sollte man sich darüber klar sein, daß Kriege, wie der jüngst vergangene in China, oder der in Südafrika, der um Kuba und Kreta nicht den Vergleich aushalten mit Kriegen, wie der deutsch-französische, der Krieg von 1866, die Befreiungskriege — von anderen, an denen wir unbeteiligt waren, ganz zu schweigen. Während solche Kriege das nationale Empfinden der beteiligten Völker bis ins Innerste erschüttern können, während es sich bei ihnen schließlich um Sein oder Nichtsein handelt, hat der Kolonialkrieg an sich nur ein sekundäres Interesse. Das gilt für uns als die Unbeteiligten schließlich auch in Bezug auf den südafrikanischen Krieg, obgleich man zugeben wird, daß dieser allmählich in eine Phase gekommen ist, in der er über den Rahmen eines Kolonialkrieges, auch vom englischen Standpunkt aus, hinausgeht.

In England liegen die Verhältnisse etwas anders als bei uns. Denn da der englische Bürger durch eine Jahrhunderte alte Kolonialpolitik allmählich an Kolonialkriege mit allen ihren Zufälligkeiten, ihrer Langsamkeit und ihrer oft scheinbaren oder faktischen Erfolglosigkeit gewöhnt worden ist, so hat er Ruhe, Geduld und Zielbewußtsein in auswärtigen Fragen gewonnen. In Deutschland dagegen konnte bereits der erste größere Krieg, der zum Schutze unserer überseeischen Interessen geführt wurde und der uns außerdem von allen beteiligten Nationen den relativ größten Erfolg gebracht hat, einerseits eine große Enttäuschung und Antipathie gegen die auswärtigen Dinge überhaupt, andererseits eine ganz ungerechtfertigte Nervosität und Angstmeierei bezüglich der ostasiatischen Suppe, die wir uns eingebrockt haben sollten, erzeugen. Daß es so kommen würde, war fast vorauszusehen. Die Ursachen dafür liegen erstens darin, daß der Durchschnittsdeutsche in auswärtigen Fragen noch wenig Charakterschulung besitzt, zweitens, daß er gewohnt ist, an die Schnelligkeit eines jeden Krieges und an die Ereignisse, die er meist nach der Zahl der Verwundeten und Toten zu werten pflegt, den Maßstab europäischer Kriege zu legen; drittens, daß er in der eigenen Stellungnahme schwankt zwischen den Einflüsterungen einseitiger Parteipolitik, dem meist verständnislos hinausposaunten Trara hyperpatriotischer Vereine und dem Widerwillen, den bei ihm die Unmöglichkeit hervorruft, sich durch den Wust eines ungeordneten, häufig genug selbst von den Redaktionen mißverstandenen und widerspruchsvollen Nachrichtenmaterials hindurchzuarbeiten; und viertens, daß er sein Interesse meist auf die militärischen Aktionen zu beschränken pflegt und nicht bedenkt, daß diese nur einen untergeordneten Teil der ganzen Frage bilden, der für die Beurteilung des Ganzen und für die Gewinnung eines höheren Standpunktes häufig völlig gleichgültig ist.

Eine Frage aber, oder vielmehr die Frage, die das Interesse für so vorübergehende Erscheinungen, wie der vergangene Chinafeldzug ist, stets überdauern wird, ist der Einfluß, den unsere Stellungnahme zur chinesischen Frage auf die Entwicklung unserer inneren Politik ausübt und ausüben wird. Es wird daher notwendig sein, unter diesem Gesichtswinkel auch die vergangenen Wirren zu betrachten.

Handelte es sich doch hierbei um einen durch die Entwicklung unserer Wirtschaftspolitik herbeigeführten Krieg. Die Aufgabe eines Geschichtschreibers, der den wirklichen Zusammenhängen nahekommen will, ist es aber, die Ereignisse der letzten beiden Jahre anzureihen an die vorhergehende Kette, um so Gesichtspunkte zu gewinnen für die weitere Entwickelung der chinesischen Frage, die bereits keine rein ostasiatische mehr ist, sondern eine der internsten Fragen der Weltpolitik.

Es ist daher nicht überflüssig, sondern im Gegenteil notwendig und nützlich, die Ereignisse der jüngstvergangenen Zeit in den Gesichtskreis: „Deutschland in China" einzubeziehen, wenn auch das, was ich selbst als Augenzeuge dieser Ereignisse darüber zu sagen habe, nur den Charakter einer Glossierung vergangener Ereignisse und der Anregung zu einigen neuen Gesichtspunkten haben soll, indem ich die systematische und vor allen Dingen historisch exakte Verarbeitung des Materials von berufenerer Feder erhoffe.

Allgemeine Übersicht.

Wer die Gegenwart verstehen und normative Gesichtspunkte für das Handeln in der Zukunft gewinnen will, muß sich zuerst in die Vergangenheit vertiefen. Es liegt nicht in meiner Absicht, hier eine nach Daten und Fakten detailliert erforschte Geschichte der wirtschaftlichen und politischen Beziehungen der Handelsstaaten und speziell Deutschlands zu China folgen zu lassen. Ich gebe Daten und Fakten nur insoweit, als sie das äußere Gerippe bilden für die Schilderungen der wirtschaftlichen und politischen Strömungen, deren Wechselspiel zu dem status quo der chinesischen auswärtigen Politik und der Chinapolitik der Mächte geführt hat. Die von mir gegebenen Daten sind übernommen, wie sie in der spärlich fließenden Literatur jener Zeit zu finden waren, und es lag weder in meiner Absicht, noch war es mir möglich, Spezialstudien an-zustellen, um sie nachzuprüfen. Ich bitte daher den exakten Forscher, soweit er die speziell im ersten Kapitel gegebenen Daten kontrol-lieren will, dieses zu berücksichtigen. Wenn man die Geschichte als ein Resultat der Evolution wirtschaftlicher Vorgänge und An-schauungen auffaßt, kommt es auf Daten ja auch nur insoweit an, als sie eine ungefähre Begrenzung der Perioden anzeigen, ohne indessen der Thatsache gerecht zu werden, daß diese Perioden ineinander übergehen und sich vermischen.

Unter diesen Voraussetzung sind die folgenden Zeilen, speziell das erste Buch geschrieben. Um das Verständnis zu erleichtern, möchte ich jedoch kurz einige Sätze vorweg nehmen, die zur all-gemeinen Orientierung notwendig sind.

Man kann die Geschichte der wechselseitigen wirtschaftlichen und politischen Beziehung zwischen China und den gegenwärtig allgemein als „Vertragsmächte" bezeichneten Staaten in zwei Epochen teilen. Die Trennungslinie dieser beiden Epochen läßt sich kaum durch ein bestimmtes Datum festlegen. Die Grenze bildet eigentlich selbst wieder eine kurze Periode, der Kampf um die Handels= verträge und die Zulassung von Gesandtschaften in Peking. Aber dem Usus folgend, will ich als Trennungsdatum das Jahr 1861 angeben, in dem die Forderung der Zulassung von Gesandten fremder Staaten von China angenommen wurde. Die Epoche vor diesem Jahr möchte ich bezeichnen als die Zeit des privilegierten Handels mit China, die Epoche danach als die Zeit der wirt= schaftlichen Erschließung Chinas. Die erste Epoche ist ab= geschlossen, in der zweiten stehen wir noch mitten darin.

Ausgehend von dem eben festgelegten Datum werde ich nun zunächst retrospektiv die Fäden zusammensuchen, deren Verknüpfung zu dem Resultat des Abschlusses von Handelsverträgen mit China und der Zulassung fremder Gesandtschaften in Peking geführt hat. Diese Entwickelung knüpft sich — abgesehen von der Be= rührung zwischen westlicher und chinesischer Kultur durch die Ver= mittelung von mittelalterlichen Reisenden, speziell der Jesuiten — an die Namen zweier Völker, nämlich der Portugiesen, die früh= zeitig in Macao festen Fuß faßten, und der Engländer, die durch die Vermittelung ihrer ostindischen Kompagnie den fremden Handel von Kanton begründeten. Die Franzosen, die erst später hinzutraten, haben für diese Epoche nur insofern eine Bedeutung, als sie in den Kampf eingriffen, den die Engländer führten, um die Durchsetzung von Handelsverträgen und die handelspolitische Eröffnung Chinas einzuleiten. Frankreich gewinnt also erst in den letzten Jahren dieser Epoche für uns ein gewisses Interesse. Auch die Vereinigten Staaten von Nordamerika spielen hier gelegentlich eine Rolle, wenn sie auch politisch nicht bedeutsam in den Gang der Entwicklung eingegriffen haben.

Prinzipiell verschieden geht neben dieser sich hauptsächlich an Englands Namen knüpfenden Entwicklungsreihe die Entwicklung

der russischen Beziehungen zu China her.. Die Zeit, in der alle
Entwicklungsreihen zusammenlaufen, ist die oben bezeichnete Periode
des Kampfes um die Handelsverträge, obwohl die russische Politik
China gegenüber sich niemals mit derjenigen der übrigen Völker
amalgamierte. Rein äußerlich haben beide einen Kompromiß ge=
schlossen; die russische Politik ist aber innerlich bis auf den heutigen
Tag verschieden, wenn nicht gegnerisch geblieben gegenüber der
Chinapolitik der anderen Mächte.

In der zweiten Periode, die nach dem Abschluß der Handels=
verträge einsetzt, können wir die in der ersten zu Tage getretenen
Unterschiede weiter verfolgen. In ihren Konsequenzen bestimmen
sie die Verschiedenartigkeit der weiteren Entwicklung; aber die
zweite Periode in der gleichen Weise dispositiv, wie die erste, zu
zerlegen, ist ein Ding der Unmöglichkeit, eben weil sie nicht ab=
geschlossen ist, und wir noch mitten in ihr stehen. Infolgedessen
muß bei der Behandlung des Kampfes um die wirtschaftliche Er=
schließung Chinas mehr pragmatisch vorgegangen werden. Freilich
darf man auch da wieder das Schwergewicht nicht auf die äußeren
Ereignisse legen, als vielmehr auf das Studium der wirtschaftlichen
Ursachen und Zusammenhänge, aus denen allein es möglich ist,
die normativen Gesichtspunkte herauszuschälen; und deren Fest=
stellung ist notwendig, um die Wirren des letzten Jahres und die
voraussichtliche Zukunft des chinesischen Problems richtig zu ver=
stehen. Wir werden da zu sprechen haben von den verschiedenen
politischen Theorien, die nach und nach auf China angewendet worden
sind; wir werden kurz die Ursachen für das Scheitern sehr ver=
schiedenartiger politischer Experimente festzustellen und in Zusammen=
hang zu bringen haben mit den verschiedenartigen Interessen der
an Chinas Erschließung beteiligten Mächte. Wir werden die
Anwendung der Pufferstaatentheorie kurz beleuchten unter dem Ge=
sichtspunkt des englisch=russischen Gegensatzes im fernen Osten;
wir werden die zweifelhaften Erfolge des Versuchs der euro=
päischen Staaten untersuchen, China und Japan zu Staaten west=
licher Kultur zu erziehen. Wir müssen das Eintreten Japans in
die Reihe der an China interessierten Mächte kurz verfolgen und

die Anwendung der Aufteilungstheorie, der Politik der Interessen=
sphären und der offenen Thür=Politik auf China behandeln. Dabei
werden wir immer den Gesichtspunkt festzuhalten suchen, daß die
Geschichte der Nationen sich regelt nach den wirtschaftlichen
Strömungen und Bedürfnissen der betreffenden Nationen selbst,
und daß somit die Ereignisse der auswärtigen Politik im all=
gemeinen nichts anderes sind, als die Konsequenzen der inneren
Entwicklung der verschiedenen Staaten. Diese Erscheinung wird
um so kräftiger zu Tage treten, je mehr die betreffenden Staaten
sich zu Handelsstaaten auswachsen, und es wird unsere besondere
Aufgabe sein, diese Entwicklung in der deutschen Chinapolitik zu
konstatieren, wie denn überhaupt nicht besonders erwähnt zu werden
braucht, daß sämtliche Betrachtungen dieses Buches geschrieben sind
von ausschließlich deutschen Gesichtspunkten aus.

Nachdem so die Vorläufer der Wirren der letzten beiden Jahre
in den Grundzügen festgelegt worden sind, hoffen wir, daß diese
selbst uns auch etwas ausführlicher interessieren werden, und daß
es uns im Anschluß daran gelingen wird, einige Ausblicke für die
Zukunft zu gewinnen.

Soweit das Programm. Seine Ausführung in der Manier,
die im nachfolgenden geboten wird, ist ein erster Versuch! Es
muß darum nachdrücklich gebeten werden, diesen ersten Versuch auch
nur als einen solchen anzusehen. Er wird wahrscheinlich durch
andere Versuche ersetzt, vielleicht auch nur ergänzt werden müssen.
Kommt es aber dazu, dann ist sein Zweck bereits erfüllt.

1. Kapitel.

Die Zeit vor dem Abschluß der Handelsverträge zwischen den Westmächten und China.

1. Abschnitt.

Die ersten Handelsverträge mit China.

Am 2. September des Jahres 1861 trat Preußen als erster Staat deutscher Zunge in ein kodifiziertes Rechtsverhältnis zu China. An diesem Tage unterzeichnete der preußische Spezialgesandte Graf Eulenburg in Tientsin im Namen des Zollvereins einen Handelsvertrag mit China, der späterhin vom Zollverein auf den Norddeutschen Bund und schließlich auf das Deutsche Reich überging. Seit jener Zeit nahmen auch die diplomatischen Vertreter Preußens, später des Norddeutschen Bundes und schließlich des Deutschen Reiches Residenz in Peking. Diese Ereignisse liegen also knapp vierzig Jahre zurück, für den Lauf der Geschichte eine kurze Zeit!

Um aber die Willfährigkeit der chinesischen Regierung zum Abschluß von Handelsverträgen überhaupt zu erzwingen, dazu hat weder Preußen noch der Norddeutsche Bund noch das Deutsche Reich irgend welche Schritte gethan; die ostasiatischen Vorkämpfer, die mit dem Schwerte in der Hand sich und den übrigen Handelsstaaten die erste Bresche in die große Mauer der chinesischen Halsstarrigkeit und Weltferne legten, waren die Engländer und die Franzosen.

Man muß der englischen Freihandelspolitik das Verdienst lassen, daß sie es in erster Linie gewesen ist, die den übrigen Staaten nicht bloß die Konkurrenz um das Erbe des Konfuzius geſtattete, ſondern ſie im Gegenteil ausdrücklich dazu herangezogen hat. Das bleibt beſtehen unbeſchadet der Thatſache, daß England ſich zu dieſem Schritt nur aus ſelbſtſüchtigen Motiven verſtanden hat; die wird man ja in der Politik niemandem übelnehmen, und den Engländern um ſo weniger, als ſie ſich in dieſem Falle zu unſeren Gunſten verſpekuliert haben. Aber in der That fußen die ſämtlichen Handelsverträge, die mit China ſeit dem Jahre 1861 abgeſchloſſen ſind, auf den Grundzügen des engliſchen Handelsver= trags mit China vom 29. Auguſt 1842, durch den zum erſtenmal in der neueren Geſchichte Chinas eine Anzahl von Häfen freigegeben wurden, in denen Ausländer Handel treiben und eigene Konſuln mit exterritorialer Konſulargerichtsbarkeit einſetzen durften. Der zweite Staat, der mit China einen Handelsvertrag abſchloß, waren die Vereinigten Staaten von Nordamerika. Dieſer Vertrag datiert vom 3. Juli 1844. Es mag das wohl überraſchen, weil die ameri= kaniſche Politik, ſoweit ſie nicht ausſchließlich Handelspolitik iſt, erſt in neuerer Zeit ſich ernſtlich mit der chineſiſchen Frage beſchäftigt hat, und zwar ſeit der Zeit, da die Vereinigten Staaten anfingen, ſich außerhalb ihres Kontinentes zu koloniſieren. Die dritte Macht war Frankreich mit dem Abkommen vom 24. Oktober 1844, das am 25. Auguſt 1845 ratifiziert wurde. Frankreich iſt eine alte Kolo= nialmacht, die oft genug bis in die neueſte Zeit hinein den eng= liſchen Wünſchen in die Quere gekommen iſt. Charakteriſtiſch und bedeutungsvoll für ſpätere Ereigniſſe und Anſprüche, ſpeziell für die Frage des franzöſiſchen Protektorates über alle katholiſchen Chriſten in Aſien iſt der Inhalt dieſes Vertrages, der ſich zu einem großen Teil auf die Gründung von Kirchen und Schulen in den fünf frei= gegebenen Hafenorten bezog und Schutzbeſtimmungen für eine freiere Religionsübung ſeitens der eingeborenen Chriſten vorſah. Frank= reich hat als Koloniſationsland ſelten Erfolge gehabt, trotz ſeiner Rührigkeit. Die franzöſiſchen Kolonien koſten dem Lande trotz ihres Alters heute noch alljährlich ſehr viel Geld; und die That= ſache, daß Frankreich auch hier mehr vom Gloireſtandpunkt als von dem des praktiſchen Politikers und Staatsmannes ausging, hat ſpeziell für China eine Frage zu einer hochpolitiſchen gemacht, die ihrer Natur nach alles andere ist, als eine politische, nämlich die Missionarfrage. Wird sie auch häufig genug nur als Mittel zum Zweck gebraucht, so steht doch die ganze neuere Geschichte der chinesischen Verwickelungen unter dem Zeichen des Kreuzes. Die Missionarfrage ist für Ost=Asien nur deshalb von politischer Be= deutung, weil ihr eine solche tendenziös beigemessen worden ist. Aber gerade darum ist sie von Bedeutung, und es ist Frankreichs — freilich zweifelhaftes — Verdienst, sie zuerst zu einer politischen Frage gemacht zu haben.

Ehe es zu den eben erwähnten Handelsverträgen kam, bedurfte es heftiger Kämpfe, die der englischen Flotte zur Last fielen, und in deren Verlauf die chinesischen Festungswerke in der Nähe Kantons und dieses selbst mehrmals erobert werden mußten. Die Kämpfe an und für sich interessieren uns hier verhältnismäßig recht wenig, eben so wenig wie die französisch=englischen Kriege gegen China in den Jahren 1856 bis 1860, in deren Gefolge England und Frank= reich Zusatzverträge zu den bereits bestehenden Handelsverträgen mit China abschlossen und als deren wichtigstes Resultat die Zu= lassung fremder Gesandtschaften in Peking und die Erklärung Tientsins zu einem Vertragshafen zu nennen ist. Diese Verträge datieren vom 4. Juli 1858, traten jedoch nach erneuten Kämpfen erst am 24. und 26. Oktober 1860, an welchen Daten sie in ver= schärfter Form erneuert wurden, in Wirksamkeit. Auf Grund des 58er Vertrages wurden bereits im März 1860 seitens Englands und Frankreichs die ersten fremdländischen Gesandtschaften in Peking eröffnet, der amerikanische Gesandte folgte im Juli desselben Jahres, der russische gegen Ende des Jahres 1861. Eine der unmittelbaren Folgen dieser Ereignisse, das heißt des englisch=französischen Sieges, war auch die zu Anfang erwähnte Begründung einer preußischen Gesandtschaft am Pekinger Hof. 1862 sandten dann Spanien, Belgien, Portugal, 1863, beziehungsweise nicht viel später Däne= mark, Österreich, Italien und die Niederlande Spezialgesandtschaften nach China, um sich die Teilnahme an den Vorteilen von Han= delsverträgen zu sichern, und errichteten ihre diplomatischen Ver= tretungen in Peking.

Auf diese Weise kam das Deutsche Reich durch die Vermittelung Preußens zu einem Handelsvertrag mit China und zu einem Gesandten beim Pekinger Hof. Auf Grund des Vertrages von 1861 sicherte es für sich und den Zollverein Handelsbethätigung und Rechtsschutz auf Grund der Konsulargerichtsbarkeit und sorgte für die dauernde Wirksamkeit seines Einflusses bei der chinesischen Regierung durch die Unterhaltung einer eigenen Gesandtschaft. Seit vierzig Jahren also erst haben wir begonnen, China als staatsrechtlich mündigen Kontrahenten zu betrachten. Jene Verträge waren nicht viel mehr als die Konsequenzen, zu denen sich Preußen durch das Vorgehen anderer Staaten gezwungen sah. Wahrung des Prestiges und weise Vorsicht waren die Motive zu diesem Schritt.

Aus der Reihe der soeben genannten Staaten muß von vorn= herein Rußland herausgehoben werden, und zwar aus folgenden Gründen. Die politischen und diplomatischen Berührungspunkte Rußlands mit China reichen geschichtlich viel weiter zurück, als diejenigen der anderen in Frage kommenden Staaten, England nicht ausgenommen. Sodann aber ist die russische Chinapolitik durchaus gegensätzlich zu der englisch=französischen und der im Anschluß an diese sich herausbildenden Politik der übrigen Mächte. Die Grund= lage der Politik dieser ist nämlich die Freihandelsidee, die schon damals geübte Politik der offenen Thüre, zufolge deren es allen Handelsnationen gleichmäßig gestattet sein sollte, dem chine= sischen Kunden seine Waren anzubieten und von ihm Produkte seines eigenen Landes dagegen in Zahlung zu nehmen. In diesem Punkte herrschte bis auf die neueste Zeit eine gewisse Solidarität unter den nichtrussischen Mächten, und es war selbstverständlich, daß im Falle irgend welcher Verwicklungen die in Ost=Asien stationierten Truppen irgend einer Macht jedem Angehörigen einer anderen Vertragsmacht in Notfällen China gegenüber Schutz angedeihen ließen, wie wenn die Schützlinge Kinder des eigenen Landes gewesen wären. Diese Auffassung war einfach Usus, stillschweigendes Übereinkommen, „Fairneß".

Dagegen war die russische Politik China gegenüber eine Politik des Landerwerbs, der Ausschließung fremder Nationen von den erworbenen Gebieten. Darin liegt einer der Kernpunkte der ostasiatischen Frage, und spätere Erklärungen werden den Satz verständlich machen, den ich hier andeuten möchte, daß dieser Interessengegensatz grundsätzlicher Natur dauernd zwischen der russischen Politik und derjenigen der übrigen an China interessierten Mächte bestanden hat und bis zum heutigen Tage nicht aus der Welt geschafft worden ist. Spätere Untersuchungen werden daher auch die leitenden Gesichtspunkte geben müssen für unsere künftige Auseinandersetzung mit Rußland in Ost=Asien.

Um diese Fragen aber recht verstehen zu können, müssen wir doch erst kurz zurückgreifen auf die beiderseitige Vorentwicklung der chinesischen Frage, wie sie dem Abschluß der erwähnten Handels= verträge vorausgegangen ist. In dieser Absicht also zunächst einen schnellen Blick auf die Entwicklung der handelspolitischen Verhält= nisse zwischen China und den nichtrussischen Staaten!

2. Abschnitt.

Die Bedeutung der ersten Jesuitenmissionen in China.

Das Motiv für die erste Berührung zwischen der vom Griechen= und Römertum einerseits, vom Christentum andererseits beeinflußten abendländischen Kultur und der chinesischen war die Absicht Handel zu treiben. Abzusehen ist dabei natürlich von den Forschungsreisen der Renaissance=Zeit, z. B. des Marco Polo, und von der bereits früh einsetzenden Thätigkeit der Jesuiten, die von der Mitte des 16. Jahrhunderts bis in die zweite Hälfte des 18. Jahrhunderts eine große Bedeutung für China gewonnen haben, ohne indessen diese Bedeutung im Interesse ihrer Heimatsländer nutzbringend zu verwerten. Den Jesuiten jener Epoche verdankt China sehr viel. Sie gingen geradezu in den Interessen des Landes auf und ver= werteten ihre abendländischen Kenntnisse in nutzbringender Weise für die neue Heimat, die sie im fernen Osten fanden. Über ihre Akklimatisationsfähigkeit darf man sich nicht wundern. Denn damals stand die chinesische Kultur sehr hoch, und falls eine Vergleichung mit der abendländischen Kultur jener Zeit überhaupt möglich wäre, so würde sie aller Wahrscheinlichkeit nach zu Gunsten der chine= sischen ausfallen. Heute noch ist der gewaltige Born chinesischer Forschung, den jene geistliche Gemeinschaft erschlossen hat, der abend= ländischen Kultur bei weitem nicht nutzbar gemacht. Die besten und umfassendsten Werke über China, speziell über das China jener Epoche, stammen aus der Feder dieser Männer, die sich durch hohes abendländisches Wissen und profunde Kenntnisse in ostasia= tischen Dingen auszeichneten. Man darf ihnen in bezug auf ihre ostasiatische Wirksamkeit durchaus nicht jene Eigenschaften vorwerfen, die man sonst populär als die spezifisch „jesuitischen" zu bezeichnen pflegt. Und das, was hier von den Jesuiten jener Zeit unter den erſten Kaiſern der Tſching (Mandſchu)=Dynaſtie geſagt iſt, gilt auch zu einem großen Teil noch für die Jeſuiten der Gegenwart in China, nur daß dieſe mittlerweile ihren politiſchen Einfluß auf die chineſiſche Regierung verloren haben.

Es iſt in der That vom Standpunkte der Gegenwart aus tief zu beklagen, daß dieſer Einfluß ſo früh verloren gehen mußte. Eine gewiſſe Ironie liegt darin, daß der Anſtoß zum Verfall des jeſuitiſchen Einfluſſes in China und damit zugleich die Zer= ſtörung der chriſtlichen Miſſions= und europäiſchen Handelsthätigkeit auf mehr denn ein Jahrhundert und länger hinaus von derſelben Kirche ausgehen mußte, der die Jeſuiten ſelbſt angehören, der katholiſchen. Die Jeſuiten hatten eine ſegensreiche Miſſionsthätigkeit entfaltet, deren Segen gerade darin lag, daß ſie nicht fanatiſch die Dogmen der römiſch=katholiſchen Kirche in die Chineſenſchädel hinein= trichterten, ſondern in ihrer Morallehre an das Gute, das im Konfuzianismus und Buddhismus liegt, anknüpften. Denn ihre Hauptthätigkeit war weniger als Glaubensträger aufzutreten, als vielmehr, gewiſſermaßen weſtländiſchen „Kulturbünger" der chineſiſchen Kulturerde einzuverleiben. Gerade dieſe ſegensreiche Anpaſſung hat aber den dogmenſtarken und eiferſüchtigen Do= minikanern und Franziskanern, die ſeit 1803 in China auf ihre Weiſe gleichfalls, wenngleich mit keinem beſſeren Erfolg, als die Miſſionen von heute, thätig waren, die Waffe in die Hand gedrückt, um die Jeſuiten zu ſtürzen. Sie führten Klage beim Papſt, und Clemens XI. ſandte einen Legaten nach China, der eine Unter= ſuchung gegen die Jeſuiten einleiten und den chineſiſchen Chriſten die Teilnahme an den von den Jeſuiten geduldeten altherkömmlichen Zeremonien verbieten ſollte. Zwar nahm ſich der damalige Kaiſer von China ſeiner Berater an und vertrieb ſämtliche anderen chriſt= lichen Orden mitſamt dem päpſtlichen Legaten. Er konnte aber nicht hindern, daß im Jahre 1720 ein anderer erſchien, deſſen Thätigkeit zu endloſen Kämpfen unter den Chriſten ſelbſt führte, ſobaß ſchließlich die folgenden Kaiſer des ewigen Streitens müde wurden, das Miſſionsweſen ganz verboten und die widerſpenſtigen Chriſten verfolgen ließen, wie eine ſtaatsfeindliche Sekte, zu der ſie sich augenscheinlich auch im Laufe der Zeiten herausgebildet hatten. Die Sache endete schließlich damit, daß der Bischof Dufresne im Jahre 1814 enthauptet wurde. Damals konnte China einen solchen Schritt noch ungestraft wagen, um so mehr als zu jener Zeit Europas Augen ausschließlich auf die kontinentalen Vorgänge gerichtet waren; und das andersgläubige England, das allein hätte eingreifen können, fühlte sich nicht veranlaßt, um eines römischen Bischofs willen seine Segel zu setzen. Man kann diese Vorgänge bedauern, ohne indessen mit den Missionen sonderlich zu sympathisieren, die einen solchen Ausgang selbst heraufbeschworen haben. Bitter aber haben sich diese Quertreibereien in der Folge gerächt. Denn ihnen ist ein großer Teil der Schuld daran zuzuschieben, daß China sich späterhin und bis auf den heutigen Tag gegen das Frembentum ablehnend und feindlich verhalten hat. Wie anders hätte sich diese Entwicklung gestaltet, hätte sie sich in den ruhigen Bahnen des separierten Jesuitentums in China fortbewegen können. Vielleicht wäre dann nicht Japan, sondern China heute die mongolische Vormacht in Ost-Asien.

————

3. Abschnitt.

Die Portugiesen in Macao und ihre Bedeutung für die jetzige Stellung der Fremden in China.

Der Handel des Westens wurde zuerst von den Portugiesen nach China gebracht. Sie sind bereits 1517 dort aufgetaucht. Zu jener Zeit herrschte in China noch die Dynastie der Ming — eine Epoche, die als die Glanzperiode der chinesischen Geschichte des letzten halben Jahrtausend angesehen wird. Daraus erklärt es sich auch, daß die Portugiesen die Möglichkeit erhielten, in Südchina, und zwar in dem heute noch existierenden Macao festen Fuß zu fassen, allerdings auch erst im Jahre 1557, also 40 Jahre nach ihrem erstmaligen Erscheinen. Weniger glücklich waren die ihren Spuren folgenden Spanier und Holländer, denen nicht gestattet wurde, sich selbständig in China festzusetzen. Macao wurde also für die Folge, und zwar für Jahrhunderte, der einzige Knotenpunkt, in dem der Handel mit China zusammenlief. Dieser Handel scheint sich in den damals üblichen Formen privilegierter Handelsgesellschaften bewegt zu haben. Genaue Nachweise darüber sind nicht zur Hand. Die Kaufleute jener Epoche arbeiteten noch mit derartig enormen Verdiensten, daß dadurch sowohl die großen Gefahren der Schiffahrt wie auch die hohen Zollbelastungen gedeckt wurden, und trotzdem noch ein großer Verdienst übrig blieb. Bestand doch damals in der Kolonialpolitik der romanischen Völker noch das Prinzip, daß man einzelne Handelsgesellschaften privilegierte und die anderen Nationen von der Beteiligung am Handel der Kolonie durch besondere Verbote oder enorme Zölle ausschloß; so spielte man einzelnen Privatpersonen große Summen und Verdienste in die Tasche und kam als Staat durch Erhebung hoher Abgaben von diesen doch auf seine Rechnung. In Spanien hat

2*

dieses Prinzip bis in das erste Viertel des vergangenen Jahr=
hunderts angehalten, auch die englische Kolonialpolitik des 18. Jahr=
hunderts kennt noch Reste davon, wie z. B. das Privileg der
Ostindischen Kompagnie, von der wir noch einiges erfahren werden.
Schließlich wurde das Prinzip durch eine Verkettung zwingender
wirtschaftlicher Verhältnisse, die an dieser Stelle nicht weiter be=
handelt werden können, fast allgemein vom Freihandelsprinzip
verdrängt.

Die Erschließung Macaos zu einem Freihafen fällt daher
zeitlich auch ziemlich genau zusammen mit der Begründung der
englischen Kolonie Hongkong nebst der Stadt Viktoria als Freihafen
sowie mit der Eröffnung der ersten chinesischen Häfen. Man muß
die Bedeutung des Handels von Macao vor dieser Zeit zu würdigen
verstehen, um alsdann beurteilen zu können, inwiefern gerade die
Eröffnung eines Freihafens in unmittelbarer Nähe Kantons ein
Schlag der englischen Kolonialpolitik gegen Macao war, wie ferner
die Eröffnung einer Anzahl chinesischer Häfen gleichfalls einen
Schachzug der englischen Kolonialpolitik gegen Portugal bedeutete,
und wie dieser Schachzug gewirkt hat. Dem Globetrotter, der
eines schönen Sonntags von Hongkong aus eine Vergnügungs=
dampferpartie nach dem heute handelspolitisch gänzlich bedeutungs=
los gewordenen Macao macht, und für den die dortigen Bordelle
und Spielhöllen die Hauptanziehungspunkte bilden, wird es nicht
ohne weiteres einleuchten, daß dieser melancholische stille Hafen mit
der Lusiadengrotte des Camoens es gewesen ist, der England zuerst
den Anstoß gegeben hat zur Inaugurierung der „Offenen Thür=
Politik" in China. Von späteren Auslegungen und retrospektiven
Begründungsversuchen dieser Politik ganz abgesehen, ergibt sich aus
dem Zusammenhange der ostasiatischen Handelsfragen die Thatsache,
daß die Bekämpfung des alleinherrschenden portugiesischen Handels
es gewesen ist, die England dazu gezwungen hat, die Handelsvölker
der Welt zur Mitbekämpfung des portugiesischen Einflusses anzuhalten.
Und wenn England dabei auch ausschließlich egoistischen Trieben
gefolgt ist, so ist doch dieser Umstand für die anderen Völker segens=
reich gewesen. Es darf dabei natürlich nicht übersehen werden, daß

der Eröffnung Hongkongs als Freihafen und der Eröffnung einer Anzahl chinesischer Vertragshäfen, — die übrigens samt und sonders keine Freihäfen sind, wie häufig irrtümlich angenommen wird, — auch noch eine andere Entwicklungskette vorausgegangen ist, die an die Ostindische Kompagnie anknüpft. Aber die auffallende Blüte des Handels von Macao war es schließlich doch auch hier, die bereits gegen Ende des 17. Jahrhunderts die Konkurrenz Englands in Gestalt der erwähnten Ostindischen Kompagnie herausforderte.

Heute können wir bereits behaupten, daß die englische Freihandelspolitik bezüglich der ostasiatischen Kolonien und Handelshäfen vom rein englischen Interesse aus gesehen, eine kurzsichtige war, wenigstens sobald das Freihandelsprinzip zu unbeschränkter Gültigkeit erhoben wurde, wie es geschehen ist. Denn heute wäre es England nicht mehr möglich, seine ostasiatischen Kolonien vom nicht englischen Konkurrenzhandel zu säubern. Speziell Deutschland bildet gerade in Hongkong bereits ein mächtiges Ingredienz für die Handelsbedeutung der Kolonie, das sich nicht mehr ohne ernstliche Verwicklung einschränken oder gar ausmerzen ließe. England geht es gegenwärtig mit dem Freihandel in seinen Kolonien so, wie dem Zauberlehrling, der die gerufenen Geister nicht wieder los wurde. Aber das Ziel, das ihm als nächstes vorschwebte, hat England erreicht, gründlich erreicht. Macao ist heute wirtschaftlich tot; seine einzige Bedeutung liegt heutzutage noch im Fan-Tan-Spiel, aus dem es, wie der Fürst von Monaco aus der Spielbank, seine Haupt-Subsistenzmittel bezieht.

In der ganzen Welt giebt es außerdem, glaube ich, keine bessere Illustration, als gerade Macao, für die Thatsache des Überwiegens zäher chinesischer Lebenskraft, Handelsintelligenz und Rasse über die weiße Rasse, trotz der geistigen Gelenkigkeit und der intensiven, sanguinischeren Arbeitsmethode, die dieser zu augenblicklichen, leider nur häufig genug überschätzten Erfolgen verhilft. Die Portugiesen in Macao sind auf dem eigensten Gebiete des Handels von den Chinesen geschlagen worden — eine Erscheinung, die übrigens auch auf das englische Singapore zutrifft. — Die weitaus wohlhabendsten Leute in Macao sind Chinesen und zwar durch den europäischen Handel reichgewordene Chinesen. Doch damit nicht genug. Die portugiesische Rasse hat sich sogar fast vollständig mit der chinesischen vermischt. Reine Portugiesen giebt es heute in Macao nur noch wenige, es sind einige in neuerer Zeit zugewanderte, sonst aber nur Beamten=Familien, die sich unvermischt erhalten haben. Die Sache ist sogar soweit gediehen, daß heut= zutage der Name „Portugiese" ganz allgemein auf jeden Mischling in Ost=Asien angewendet wird, bei dem der eine Theil der Eltern chinesisches, japanisches, überhaupt irgend welches Natif=Blut in sich hat, gleichgiltig ob Vollblut oder bereits gemischtes, und ebenso gleichgiltig, ob portugiesisches dazwischen ist. Wenn man anderseits bedenkt, daß die reinblütigen Europäer, Amerikaner, kurzum Kau= kasier sich in Ost=Asien gesellschaftlich vollkommen sowohl vom Chinesen wie von jedem, der gemischtes Blut in sich hat, schroff abschließen, so kann man daraus leicht entnehmen, auf welcher tiefen Stufe der Name „Portugiese" in Ost=Asien sich einschätzen lassen muß. Jeder Kaukasier gilt drüben in Ost=Asien dem Chinesen gegenüber als „Gentleman". Dieser Grundsatz wird gesellschaftlich in den Kauf= mannskreisen der ostasiatischen Handelsstädte konsequentermaßen durch= geführt, selbst wenn sich ein Taotai*) und ein Matrose gegenüber= stehen, — eine Thatsache die bei dem diplomatischen Verkehr mit Chinesen leider nicht immer gewürdigt wird. Der „Portugiese" dagegen zählt in Ost=Asien bereits nicht mehr in die Kategorie des „Gentleman", es sei denn, daß seine Blutsreinheit nachweislich feststeht. Aber auch dann noch semper aliquid haeret.

Man kann diesen Umstand von humanen und sozialistischen Standpunkten aus gern mißbilligen. Aber er ist gegenwärtig noch eine Thatsache, und nur vor Thatsachen beugt sich der Geschichtsschreiber. Andererseits aber darf man niemals vergessen, daß es mit dem Einfluß der weißen Rasse, ihrer Autorität, sagen wir geradezu mit ihrem Prestige aus wäre, wenn dieses minderwertigeren Völkern gegen= über nicht dauernd betont würde, mögen diese nun von Natur aus minderwertig sein, oder mögen sie, wie es hier der Fall ist, von

---

*) Taotai würde etwa einer Mittelstellung zwischen Regierungspräsident und Landrat entsprechen.

einstmaliger Höhe heruntergekommen sein. Das ist einerlei, gegen=
wärtig gehört der Name „Portugiese" in Ost=Asien unter diejenigen
minderbewerteter Völker, und man sollte die Rechte dieses Stand=
punktes nicht ohne Zwang aufgeben.

* * *

Man wird bei der Erörterung dieser Frage vielleicht einwenden
können, daß das Zurückgehen und das Anpassungs= und Mischungs=
vermögen mit fremden, tiefer stehenden Völkern ein spezifisches Kenn=
zeichen der spanisch=portugiesischen Rasse sei, und daß sich daher aus
der Thatsache der Vermischung und Überflügelung durch die Chinesen
noch keine Konsequenzen erübrigten für die andern Völker der kau=
kasischen Rasse. Ich lasse das gern bis zu einem gewissen Grade
gelten. Aber schließlich standen die Portugiesen in früherer Zeit
eben so sehr auf der Höhe wie heute England, Deutschland und
andere kolonisierenden Staaten, und man wird kaum behaupten können,
daß die romanischen Völker in jener Epoche nicht den Rückgang
ihrer wirtschaftlichen Überlegenheit durch den schillernden Mantel
eines beanspruchten Prestiges zu umkleiden verstanden hätten. Man
braucht nur einmal nach den Philippinen hinüberzusehen, um diese
Thatsache bestätigt zu finden. Die Sympathie, deren sich die Spanier
dort neuerdings wieder in steigendem Maße bei den Filippinos er=
freuen, rührt zum großen Teile daher, daß der Spanier, und wenn
es der schäbigste Matrose war, doch stets das Prestige der weißen
Rasse gewahrt hat. Der romanische Kolonisator steht damit in
einem erheblichen Gegensatz zu dem Nordamerikaner, der die Neigung
zu fraternisieren besitzt, was im Verkehr mit niederen Völkerschaften
von diesen immer als Mangel an Haltung empfunden wird.

Was andererseits die Überflügelung durch den chinesischen Kauf=
mann anlangt, so darf man die Thatsache nicht allzu leicht nehmen,
daß europäische Kaufleute in China durchschnittlich eigentlich recht
wenig Kenntnisse von dem Gange des inneren chinesischen Handels,
von der Produktivität des Landes, seiner Leistungsfähigkeit, von
der Abwickelung des Geschäfts der Chinesen untereinander, von den
Preisen, zu denen europäische Waren im Innern verkauft werden,

und was sonst dazu gehört, besitzen. Das Komprador-System *), das bereits dem portugiesischen Handel zum Nachteil gereicht hat, hält die europäischen Kaufleute fern von der intimen Kenntnis des chinesischen Geschäfts, und es ist eine bekannte Thatsache, daß chinesische Komprabore es sind, die den Hauptnutzen aus dem chinesisch-fremdländischen Geschäfte ziehen. Daher erklärt sich die Erscheinung, daß die Komprabore in viel schnellerer Zeit reiche Leute werden, als der Europäer, obwohl sie im Prinzip nichts weiter als Agenten der fremdländischen Firmen sind und kontraktlich nur einen Prozentsatz vom Verdienst beziehen. Wenn man aber schließlich ein Urteil gewinnen will über die künftige Entwicklung des Handels in China, dann darf man nicht außer Acht lassen, daß diese That-sachen schwer zu Gunsten der Chinesen und zu Ungunsten der Euro-päer in die Wagschale fallen. Es heißt das Evolutionsgesetz leugnen, wenn man bestreiten will, daß es andern Europäern schließlich nicht auch einmal so in China gehen könne, wie den Portugiesen. Die Frage ist nur, wie schnell diese Entwicklung vor sich gehen wird. Immerhin haben wir bereits in Singapore, einer englischen Kolonie, ein redendes Zeugnis für den Anfang einer solchen Entwicklung. Die Betonung dieser Thatsache ist daher nicht Schwarzseherei, son-dern nur ein frühzeitiges „caveant consules!"

---

*) Komprador — chinesischer Geschäftsagent in einem europäischen Hause.

4. Abschnitt.

Das chinesische Handelsprivileg der englischen ostindischen Kompagnie.

Vorhin wurde gezeigt, wie die Blüte Macaos dazu beigetragen hat, England auf den Weg seiner heute fast allgemein als maß=
gebend angenommenen wirtschaftlichen Politik China gegenüber zu lenken. Werfen wir also schnell einen Blick auf den anderen Teil der vorausgehenden Entwicklungskette, die verknüpft ist mit der bereits mehrfach genannten englischen Ostindischen Kompagnie. Auch vom Standpunkte unserer heutigen Kolonialpolitik aus ist es gerecht=
fertigt, wenn ein Staat, der an der Erschließung eines neuen Ge=
bietes ein Interesse hat, zunächst einzelne oder eine Gesellschaft von Personen, die sich privatim für diese Erschließung ins Zeug zu legen beabsichtigt, mit besonderen Privilegien ausstattet, die eine gewisse Sicherheit abgeben gegenüber dem großen Risiko, das die Unter=
nehmer mit dieser Erschließung auf sich nehmen. Mögen auch einige Punkte dabei bedenklich erscheinen, so ist dieses Vorgehen im all=
gemeinen doch gerechtfertigt und hat jedenfalls bisher stets am schnellsten zu praktischen Resultaten geführt. Die englische Kolonialpolitik, die vollständig unter dem Banner des Freihandelsprinzips steht, verfährt auch heute noch im geeigneten Falle nach diesem Grundsatz, und die deutsche Kolonialpolitik gleichfalls. Man denke an die Neu=Guinea=
Kompagnie, an die Kamerun=Gesellschaft, an Konzessionenerteilungen in Deutsch=Südwestafrika, in Deutsch=Ostafrika und mehr. Solange aber das Bedürfnis für Eröffnung einer freien Konkurrenz in solchen Gebieten sich aus dem Zustand oder der selbständigen Ent=
wickelung eines Kolonialgebietes noch nicht von selbst ergiebt, läßt sich auch gegen ein solches Vorgehen um so weniger etwas sagen, als es allein eine raschere Entwicklung der fraglichen Kolonialge=

biete garantiert, während diese im andern Falle handelspolitisch für lange Zeit brach liegen würden.

Ähnlich lagen die Verhältnisse in China, und es war in den Augen der damaligen Zeit zweifellos ein großes Wagnis, als die englische Ostindische Kompagnie ihren Handel über Indien hinaus nach der Ostküste Asiens ausdehnte, ein Wagnis, für das der Kompagnie ein Äquivalent in dem Privileg geboten wurde, demzufolge sie die einzige Gesellschaft sein sollte, die von England die Erlaubnis erhielt, unter anderem auch mit China Handel zu treiben. Dieses Privileg wurde seitens der englischen Regierung erteilt am 31. Dezember 1600, wurde jedoch praktisch auf China erst angewendet seit dem Jahre 1677.

Ein für allemal sei gleich bemerkt, daß hier immer nur die englische Ostindische Kompagnie gemeint ist, wenn im allgemeinen von der „Ostindischen Kompagnie" die Rede ist. Denn wie England, so erteilten auch die anderen Kolonialmächte einzelnen Gesellschaften ihrer Staatsangehörigen Privilegien für den indischen Handel, worunter zu jener Zeit der Handel mit ganz Asien jenseits des roten Meeres verstanden wurde. Es existierten außer der englischen Ostindischen Kompagnie noch vier andere, nämlich eine holländische, nach der englischen die bedeutendste, eine dänische, eine französische und eine schwedische; doch kommen diese für China hier nicht in Betracht. Diese Kompagnien wurden samt und sonders begründet, um den portugiesischen und spanischen Handel, der sich freilich damals bereits stark auf der absteigenden Linie bewegte, zu verdrängen. Im Gegensatz zu den Romanen sollten sie sich ausschließlich mit dem Handel befassen, dagegen von Landerwerb und Besteuerung der Eingeborenen sich fern halten. Allerdings kam es schließlich in der Praxis doch auf das letztere hinaus. Während nun aber bei den Privilegien, die in neuerer Zeit von kolonisierenden Staaten erteilt werden, die Hoheitsrechte über die durch Kolonisationsgesellschaften praktisch zu erwerbenden Gebiete von den Staaten selbst in Anspruch genommen und in den allermeisten Fällen auch durch staatliche Beamte ausgeübt werden, während fernerhin die kolonisierenden Staaten für Sicherheit von Person und Eigentum innerhalb der fraglichen Länder selbst Garantien zu übernehmen pflegen, beruht das Prinzip der alten Handelsgesellschaften nach Art der Ostindischen Kompagnien darauf, daß ihnen auch die Hoheitsrechte über die von ihnen erworbenen Gebiete im Namen der Regierungen zugestanden wurden. Nur so konnte es geschehen, daß bei den damaligen unendlichen Schwierigkeiten im Verkehr gewisse große Kolonisationsgebiete sich unabhängig vom Mutterlande selbständig entwickelten. Die Dezentralisation war allein schon durch die Verkehrsschwierigkeiten geboten. Die Politik der einzelnen Kolonisationsgebiete war von derjenigen des Mutterlandes faktisch unabhängig. Und die Beziehung zum Mutterlande wurde allein dadurch dauernd aufrecht erhalten, daß dieses eben das einzige blieb, das einerseits Abnehmer, andererseits Produzent oder Einkäufer für die Handelsbedürfnisse der Kolonien war. Die Rechte speziell der englischen Ostindischen Kompagnie gingen so weit, daß diese selbständig im Namen Englands Verträge abschließen konnte, Festungen bauen, Militär halten, eigene Gouverneure anstellen durfte u. s. w. Erst die India-Bill vom 13. August 1784 entzog der Ostindischen Kompagnie diese Rechte wieder und unterstellte sie samt ihrem mittlerweile angewachsenen Landbesitz der englischen Zentralregierung.

Aber schon von Anfang an zeigte sich die Sonderstellung, die China den indischen Völkerschaften gegenüber einnahm. Während nämlich in Indien die Hoheitsrechte der Ostindischen Kompagnie eine gewaltige Bedeutung annahmen, konnten sie in China überhaupt nicht zur Anwendung kommen. China war damals ein viel zu festes Staatengefüge, als daß es sich in seine inneren Angelegenheiten von jemandem hätte dreinreden lassen. Es hat der Ostindischen Kompagnie unendliche Mühe gekostet, dem bisherigen nach chinesischem Brauch illegitimen Handel mit China dadurch eine legitime Form zu geben, daß sie die Begründung und Konzessionierung einer chinesischen Handelsgesellschaft veranlaßte, der nun von chinesischer Seite allein erlaubt wurde, mit Fremden und speziell mit der Ostindischen Kompagnie Handel zu treiben. Die Formen, in denen dieser Handel sich bewegte, waren noch recht einfacher Natur; die englische Gesellschaft rüstete Handelsschiffe aus, die mit englischen, beziehungsweise indischen Waren beladen nach China fuhren. Sie legten vermutlich in Kanton an, verkauften vom Schiffe aus direkt an chinesische Händler und kauften wieder von diesen ein. Die Kapitäne der Schiffe waren also selbst die eigentlichen Handelsleute. Festen Fuß faßte England in China erst mit dem Jahre 1730, in welchem es die Erlaubnis erhielt, in Kanton eigene Faktoreien zu errichten. Jedoch wurde diese Erlaubnis nicht auf England beschränkt. Auch andere Nationen, Franzosen und Holländer vor allen Dingen, ließen sich in Kanton nieder. Aber auch dieser Erlaubnis mögen langwierige Unterhandlungen vorausgegangen sein, und man darf sich auch von dem Ansehen, das die Fremden in Kanton und bei den Chinesen damals besaßen, ja keinen zu hohen Begriff machen. Die fremden Handelsleute in Kanton wurden nur als geduldet angesehen, waren den Chinesen gegenüber mehr oder weniger rechtlos und mußten sich eine ganze Anzahl von drückenden und sogar ihre persönliche Freiheit stark einschränkenden Maßregeln gefallen lassen. Eine Wandlung trat erst ein, als am 7. April 1834 das Privileg der Ostindischen Kompagnie aufhörte und England nunmehr thatkräftig auch politisch vorging durch Entsendung eines eigenen Konsularbeamten nach Kanton. So wurde die erste Bresche in die politische Abgeschlossenheit Chinas gelegt, die Grundlage gebildet zu der Entwicklung der jetzigen exterritorialen Konsulargerichtsbarkeit. Es war der Anfang der politischen Konkurrenz der Handelsmächte um die Eröffnung Chinas. Der Zeitraum von der Entsendung des Lord Napier nach Kanton als des Oberaufsehers für den chinesisch-englischen Handel und Beamten zur Ausübung der Gerichtsbarkeit über englische Unterthanen in China bis zur Freigabe bestimmter Häfen für den internationalen Handel bildet eine Epoche, die einer kurzen selbständigen Würdigung wert ist. In ihr liegen die Wurzeln zu mancherlei Fragen, die in der Folge Bedeutung gewonnen haben.

5. Abschnitt.

Der Kampf um die Eröffnung von Handelshäfen.

Das Vorgehen Englands nach dem Ablauf der Privilegien der Ostindischen Kompagnie war China gegenüber ein Novum. Hatte man bis dahin versucht, China auf gleichem Fuße zu behandeln wie Indien und die sonstigen Länder, auf die England handelspolitisch die Hand gelegt hatte, so hatte doch das Fehlschlagen dieser Taktik in China gelehrt, daß man dieses Land nicht ohne weiteres so behandeln könne. Infolgedessen versuchte England mit China diplomatisch auf eine gemeinsame Basis zu gelangen, und da auch dieses zunächst nicht gelingen wollte, so beschloß es, dem widerspenstigen Lande europäische diplomatische Anschauungen zu oktroieren. Die Entsendung des Lord Napier bedeutete nichts anderes als den zwangsweisen Versuch, mit China diplomatisch in dauernde Fühlung zu kommen. Die Aufgabe, die England sich stellte, unterschied sich also auch von dem bisherigen Vorgehen Portugals, das in Macao eine eigene Kolonie begründet hatte, deren exterritoriale Anerkennung seitens Chinas faktisch zwar erst später erfolgt ist, in der Praxis aber bisher stets durchgeführt worden war.

Freilich war der Lord Napier nicht gerade eine der geeignetsten Persönlichkeiten, um der schweren Aufgabe, die ihm bevorstand, gewachsen zu sein. Anfangs trat er schroff und hochmütig auf, später, als er sah, daß er China mit seiner englischen Grobheit nicht näher kam, verstand er sich zu flaumweicher Nachgiebigkeit; und so ist es wohl in der Hauptsache seinem Ungeschick zuzuschreiben, daß China zeitweilig überhaupt jeglichen Handelsverkehr mit Eng=

land unterband und seinen Unterthanen sogar den Verkauf von Nahrungsmitteln an die englischen Bewohner von Kanton und Macao verbot. Ja, dieses Verbot wurde derartig streng durchgeführt, daß die Engländer sich gezwungen sahen, Kanton und Macao zeitweilig zu verlassen und auf ihren in der Nähe Hongkongs ankernden Schiffen Schutz zu suchen. Es wäre nun natürlich verfehlt, wollte man sagen, daß die Engländer es gewesen seien, welche die Gegensätze und vor allen Dingen den Fremdenhaß in China, soweit er sich auf die Handelsbethätigung und nicht auf die Missionsthätigkeit bezieht, heraufbeschworen hätten. Die Gegensätze waren von Anfang an vorhanden und auf chinesischer Seite durch die Thatsache begründet, daß der blühende chinesische Inlandhandel in der That zunächst einer Ausdehnung über die Grenzen des eigenen Landes hinaus nicht bedurfte. Bekanntermaßen nimmt die moderne Forschung an, daß die innere wirtschaftliche Entwicklung eines Landes maßgebend ist für die Äußerungen der Politik eines Landes nach außen hin. China war nun in der That ein derartig abgeschlossener Länderkomplex für sich, der sich selbst vollständig als Produktions- und Absatzgebiet genügen konnte, so daß für China eine wirtschaftliche Notwendigkeit, über seine eigenen Landesgrenzen hinauszugehen, damals sowohl wie auch heute noch nicht vorlag. Man kann es daher nicht eine Bockbeinigkeit, nicht eine Thorheit der Chinesen nennen, wenn sie sich aus ihrer bisherigen Politik der Selbstgenüge dem Auslande gegenüber nicht herausdrängen ließen. Man darf auch bei der Beurteilung der ganzen chinesischen Frage niemals vergessen, daß es die auswärtigen Mächte waren, die den aggressiven Teil gebildet haben, während China eigentlich immer in der Defensive geblieben ist, ebenso wenig wie es bisher gelungen ist, an der chinesischen Kultur und der chinesischen Weltanschauung auch nur etwas Nennenswertes durch die Beeinflussung seitens europäischer Kultur zu ändern. Daraus erklärt sich auch der Gegensatz Chinas zu Japan. Während Japan auf enge Grenzen eingeengt ist, und während sich in Japan ein viel stärkeres impulsives Produktionsbedürfnis ausbildete, für das die Grenzen des eigenen Landes zu eng wurden, ist dieses bei

China niemals der Fall gewesen. Die Leute, die stets mit großer Extase von der Übervölkerung Chinas reden, von seiner wirtschaftlichen Überkultur und was alles dahin gehört, urteilen leider nur nach bestimmten Erscheinungen, die einige wenige Küstenländer, insonderheit die allerdings etwas abnorm übervölkerten Hakkagebiete gezeitigt haben, verkennen aber vollständig die Thatsache, daß Chinas Macht und Handel nicht nach der See hin gravitiert, sondern eher auf dem gewaltig großen Hinterlande beruht, das an die Küstenprovinzen sich anfügt, und daß diese Welt groß genug ist, um eine wirtschaftliche Inzucht ohne Nachteil zu gestatten. Will man daher irgend welche moralischen Gesichtspunkte zu Rate ziehen, so muß dafür der leitende Gedanke der sein, daß sich China in der Defensive, die anderen Völker in der Offensive befunden haben, und solange das innerlich begründete Bedürfnis eines wirtschaftlich in sich geschlossenen Länderkomplexes, sich nach außen hin über seine Grenzen hinaus handelspolitisch auszudehnen, nicht vorliegt, ist es für diesen selbst im Gegenteil gefährlich, von dem Prinzip der wirtschaftlichen Selbstgenüge abzugehen. Es sei hier nur noch darauf hingedeutet, daß China jährlich große Schwierigkeiten hat, den Reisbedarf im Lande selbst zu decken, der ihm durch den europäischen Handel geschmälert wird. Mit dem Thee und mit der Seide liegen die Verhältnisse nicht viel anders. Die chinesische Produktion als solche steht daher auch in einem sehr ungleichmäßigen Verhältnis zum Export, das heißt der Wert der Waren, die China für den Weltmarkt liefert, ist verhältnismäßig minimal gegenüber der Gesamtproduktion des Landes, die eben zum größten Teil im Lande selbst bleibt. Daher erklärt sich aber auch schließlich zum Teil das Sträuben der chinesischen Regierung gegen die Aufrechterhaltung des außerchinesischen Handels, obwohl nicht gesagt sein soll, daß die hier aufgeführten Gesichtspunkte den leitenden chinesischen Staatsmännern dauernd klar vor Augen gestanden hätten. Das ist aber schließlich auch gar nicht notwendig, da alte Gewohnheit und das Bewußtsein, daß auf dem bisher beschrittenen Wege immer alles gut gegangen ist, im wesentlichen die Entschlüsse der Völker zu bestimmen pflegen. —

Die durch Lord Napier verfahrene chinesische Angelegenheit
sollte durch Francis Davis, der im Jahre 1834 sein Nachfolger
wurde, wieder geordnet werden, was bis zu einem gewissen Grade
bezüglich des Handelsverkehrs auch gelang. Jedoch konnte China
auch damals noch nicht gezwungen werden, einen englischen Beamten als solchen anzuerkennen. Man findet Parallelen genug in
der Geschichte asiatischer Völkerschaften, die Beweise liefern für die
Rechtlosigkeit der Fremden im Lande, soweit das freiwillig gewährte
Gastrecht nicht mehr in Frage kommt, ein Grundsatz, der übrigens
auch im Altertum unserer Kultur seine Parallelen besitzt und sogar
noch seine Einflüsse auf das Römische Recht geltend gemacht hat.
China dachte damals noch nicht daran, von diesem Grundsatz abzugehen. Der Fremde blieb in Chinas Augen nach wie vor bis
auf den heutigen Tag eine Persönlichkeit, der es übel vermerkt
wird, wenn sie Rechte in Anspruch nimmt, die ihr nicht freiwillig
gewährt werden. Daß die englische Forderung, für englische Unterthanen im Lande China einen eigenen Beamten anzustellen, diesen
Anschauungen strikte zuwiderlief, ist selbstverständlich. Anderseits
fällt es uns aber auch heute noch schwer, mit den Engländern
jener Epoche zu sympathisieren; denn man kann nicht sagen, daß
sie sich China gegenüber gerade mit besonderem Wohlwollen auf-
geführt hätten; im Gegenteil, die Vorgeschichte des bald folgenden
Opiumkrieges liefert den eklatanten Beweis, daß China absolut in
seinem Rechte war und schließlich auch nach unseren Anschauungen
durchaus moralisch gehandelt hat, als es den Handel mit England
unterband. Es steht das auf keinem andern Blatte, als wenn wir
den Verkauf von Quacksalbereien und von unsittlichen Artikeln mit
gesetzlichen Strafbestimmungen belegen. China ist seinen Unterthanen gegenüber nie ein schlechter Regent gewesen; man mag von
den Mängeln des Mandarinentums und von Aussaugung reden so
viel man will, das Prinzip der chinesischen Innenpolitik ist bis auf
den heutigen Tag ein patriarchalisches, ein wohlwollendes gewesen,
und zweifellos war es China ehrlich darum zu thun, das Opium
von seinen Unterthanen fern zu halten. Anderseits ist es aber
auch geradezu lächerlich, wenn man der englischen Politik als

solcher den Vorwurf macht, sie habe die Opiumfrage zum Gegen=
stand des Blutvergießens gemacht. Die geschichtliche Entwicklung
der Handelsbeziehungen zu China und gerade die Agressive des
europäischen Produktionsmarktes drängte unter allen Umständen auf
einen schleunigen Ausgleich mit China hin, der eben nur durch
einen Krieg, durch Gewalt herbeigeführt werden konnte. Der
Krieg, der zufälligerweise in der Geschichte als Opiumkrieg, mit
einem ominösen Namen behaftet, fortlebt, mußte unter allen Um=
ständen kommen, auch wenn englische Kaufleute niemals einen
Tropfen Opium an Chinesen verkauft hätten. Daraus also eine
Quelle zum Engländerhaß zu machen, war unrichtig; die Opium=
frage wurde China gegenüber nur zur Veranlassung des Krieges
benutzt, gerade so, wie der Emser Vorfall den Ausbruch des
deutsch=französischen Krieges auslöste. Wirtschaftliche Kriege, wie
der Opiumkrieg, haben ihre Ursachen niemals in derartigen Vor=
kommnissen, die schließlich die latente Spannung nur auslösen,
sondern sind innerlich durch die ganze wirtschaftliche Entwicklung
begründet. Daß England andererseits die Aufgabe übernommen
hat, sich mit Waffengewalt den chinesischen Markt zu erobern, lag in
der Weltstellung der englischen Handelspolitik begründet, und niemand
wird England daraus einen Vorwurf machen können. In der
That ist es England gewesen, das hier sich und sämtlichen anderen
an der Erschließung Chinas beteiligten Völkern mit Ausnahme Ruß=
lands die Kastanien aus dem Feuer geholt hat. Wir können diese
Thatsache vollständig objektiv hinnehmen. Wir brauchen uns zu einer
besonderen Dankbarkeit England gegenüber nicht verpflichtet zu fühlen,
wir werden aber auch die englische Politik nicht mit Schmutz be=
werfen wegen des ominösen Opiumkrieges. Der Vorwurf trifft hier
höchstens den gewissenlosen englischen Krämer. Es wäre aber lächer=
lich, wollte man bedauern, daß sich für den Opiumkrieg nicht eine
moralischere Veranlassung gefunden hat, als gerade das Opium.

Die einzelnen Phasen des Opiumkrieges interessieren uns hier
verhältnismäßig wenig. Das einzig Interessante, das man daraus
entnehmen könnte, wäre die Thatsache, daß bereits bei diesem erst=
maligen Kriege Chinas mit einer europäischen Macht die Winkel=

züge der chinesischen Diplomatie in eine grelle Beleuchtung gestellt wurden, und daß England im Verlaufe des Krieges dreimal von neuem ausholen mußte, um endlich eine faktische Durchführung der jedesmal gegebenen chinesischen Versprechungen zu erlangen. Der praktische Erfolg dieser Krieges ist folgender: Die Häfen Kanton, Amoy, Futschou, Ningpo und Schanghai wurden zu Vertragshäfen erklärt; China gibt das Versprechen, eine Zollregulierung vorzunehmen und die Ausländer auf gleichen Fuß wie die Chinesen zu stellen; es läßt in den fünf genannten Häfen Konsuln zu und tritt die Insel Hongkong und die kleine gegenüberliegende Landzunge Kaolun an England ab. Alle diese Bestimmungen galten zunächst ausschließlich, wie das nicht anders zu erwarten war, für den Handelsverkehr zwischen England und China. Der Friede wurde geschlossen am 5. August 1842 in Nanking: Am 3. Juli 1844 setzten die Nordamerikaner einen Handelsvertrag durch, der an die Bestimmungen des englischen anknüpfte, und im Jahre 1845 wurde der schon oben einmal erwähnte französisch-chinesische Handelsvertrag abgeschlossen, der die Ansprüche Frankreichs auf den Schutz der katholischen Christen in China begründete. Erst durch das Hinzutreten Amerikas und Frankreichs erhielten der englische Handelsvertrag und die Resultate des Friedens von Nanking eine allgemeine Bedeutung. Freilich wurde dieses erleichtert durch die Thatsache, daß auch fremde Nationen bereits von Anfang an auf Grund des englischen Freihandelsprinzips in die Lage kamen, unter englischer Flagge sich am Handel Chinas zu beteiligen. Durch das schnelle Zugreifen Amerikas und Frankreichs dagegen wurde der Wettlauf um China eingeleitet und zu gleicher Zeit verhindert, daß England politisch ganz China als seine Interessensphäre beanspruchen konnte. Man weiß ja, daß ein derartiges Verlangen Englands zu jener Zeit die Möglichkeit der Anerkennung in sich getragen haben würde. Englands Stellung zur See war damals noch derartig, daß es ein solches Verlangen hätte stellen können, ein ganz interessanter Beweis dafür, daß die englische Weltmachtstellung bereits sehr zurückgegangen ist, da England zu der Durchführung eines solchen Verlangens heute nicht mehr in der Lage wäre. England fühlte sich aber damals noch sehr sicher und so beherrschend, daß es mit Lächeln irgend welche Befürchtungen in dieser Hinsicht zurückgewiesen haben würde, und glaubte ohne Gefahr für die Zukunft auch anderen Nationen die Anteilnahme am chinesischen Handel in seinen eigenen Kolonien und auf Grund seiner eigenen Verträge gestatten zu dürfen. Mochten dabei doch auch die Schwierigkeiten, die der Opiumkrieg bereits für England in Bezug auf die Kriegführung mit China gezeitigt hatte, dazu beitragen, um England eine eventuelle spätere Mitwirkung anderer Mächte gelegentlich neuer Verwicklungen wünschenswert erscheinen zu lassen. Diese Spekulation schlug auch ein, denn bereits während des Taipingaufstandes 1851—66 war es Frankreich, das sich mit England vereinigte, um erstens einmal neue Forderungen China gegenüber durchzusetzen und zweitens den Aufstand niederwerfen zu helfen, der die Sicherheit des Handels bedrohte. Die Konsequenzen dieses zweiten Feldzuges vom Jahre 1858/60 waren schließlich die im zweiten Abschnitte aufgeführten Handelsverträge, durch welche im Jahre 1861 nunmehr auch Preußen und damit das nachmalige Deutschland zu China in ein festes politisches Verhältnis trat. Freilich dauerte es noch eine Weile, bis der Deutsche Handel in China sich bei der heimischen Politik eine derartige Beachtung verschaffte, um für Preußen, beziehungsweise das deutsche Reich eine aktive Anteilnahme an der Gestaltung des chinesischen Problems zu begründen. Das Charakteristische dieser ersten Epoche ist es, daß der deutsche Handel sich noch an den englischen gewissermaßen anlehnte. Es ist daher unsere Aufgabe, einen kurzen Blick zu werfen auf die Bedeutung, die England nunmehr für die Entwicklung unseres eigenen deutschen Handels in und mit China zuzuschreiben ist.

6. Abschnitt.

Die Stellung des deutschen Handels im Rahmen der ostasiatischen Kolonialpolitik Englands.

Eine Frage, die häufig in neuerer Zeit bei der Erörterung der Kolonialbedeutung Deutschlands aufgeworfen ist, das ist unsere Stellungnahme zu England. Man hört da häufig die widersprechendsten Meinungen. In den Kreisen derjenigen Kaufleute, welche in Anlehnung an die englische Vorherrschaft auf dem Gebiete des Handels und des Export= und Importwesens groß geworden sind, kann man vielfach eine Zuneigung zu England und seiner Kolonialpolitik finden. Gewöhnlich geht damit, besonders in Ost=Asien, eine absprechende, vielfach sogar feindselige Haltung zu den Maßnahmen unserer eigenen Kolonialpolitik in China Hand in Hand. Auf der anderen Seite hat das Vorgehen Englands im Boerenkrieg den Erfolg gehabt, daß es gegenwärtig wohl kaum noch ein Wort der Verachtung, der Geringschätzung, des Hohnes in der deutschen Sprache gibt, das nicht bereits in irgend einem Zusammenhange einmal auf England angewendet worden wäre. Auch für die ostasiatischen Verhältnisse kommt die Frage unserer Stellungnahme zu England außerordentlich stark in Betracht; will man aber Gesichtspunkte von einigem Wert gewinnen, so ist es durchaus notwendig, sich dabei jeglicher Subjektivität zu entkleiden, soweit das überhaupt möglich ist, und die Frage leidenschaftslos zu erörtern. Bekanntermaßen gibt es in der höheren Politik keine Sympathien und Antipathien; es ist aber auch nicht zu verlangen, daß ein Zeitungsleserpublikum wie das deutsche, das ja ein gewichtiges Wort in die Leitung des konstitutionellen

Staats hineinzureden hat, ohne weiteres auf dem Standpunkte der höheren Politik steht und sich darauf halten kann. Umsomehr ist es aber notwendig, auch einmal einen Standpunkt zu gewinnen, der frei ist von allen Voreingenommenheiten, und der uns gewisse Normen geben kann für diejenige Stellungnahme, die späterhin unser politisches Handeln bestimmen soll.

Zunächst ist es eine Thatsache, daß überall da, wo der englische Freihandel außerhalb Europas festen Fuß gefaßt hat, auch dem deutschen Kaufmann reichliche und fast unumschränkte Gelegenheit gegeben wurde, sich zu entfalten. Es ist infolgedessen das Faktum nicht hoch genug anzuschlagen, daß dieses auf Grund der englischen Kolonialpolitik möglich war. Sehen wir speziell die Verhältnisse im fernen Osten an. Bei Singapore angefangen bis hinauf nach Tientsin, überall begegnen wir der Erscheinung, daß da, wo Englands politische Macht lange Zeit hindurch maßgebend war auch der deutsche Handel sich, man kann fast sagen gleichmäßig, mit dem englischen Handel zusammen entwickelt hat. Freilich hat das Deutsche Reich späterhin, als es in China auch politisch festen Fuß gefaßt hatte, es selbst übernommen, den deutschen Handel zu fördern und zu schützen. Dabei muß allerdings offen eingestanden werden, daß der Wunsch und die Möglichkeit, diesen Schutz auszuüben, so lange der Ausführung vorauseilen mußte, als Deutschland nicht in der Lage war, zu der Entsendung eines dauernd im Osten stationierten Kreuzergeschwaders schreiten zu können. So lange das nicht der Fall war — und von dieser Epoche ist hier nur die Rede — hat England es im wesentlichen auf sich genommen, diesen moralischen und faktischen Schutz auch dem deutschen Handel angedeihen zu lassen. Speziell die englischeste Stadt in Ost-Asien, die englische Kolonie Hongkong, ist ein schlagender Beweis dafür, daß es dem deutschen Handel möglich war, sich neben dem englischen auf gleicher Basis und unter den gleichen Schutzbedingungen wie dieser selbst zu hoher Blüte zu entwickeln. Und wenn man die Vertragshäfen dieser Epoche in Betracht zieht, wird man auch da die Erscheinung finden, das es im wesentlichen das englische Prestige war, unter dem der deutsche Handel sich vorteilhaft entwickeln konnte. Erst späterhin war es Deutschland möglich, auch faktisch sich politisch in den Besitz der Rechte und des Prestiges zu setzen, zu denen es einerseits durch seine Handelsverträge mit China, andererseits durch seine innere Erstarkung nach und nach befähigt wurde.

Freilich verpflichtet uns diese Thatsache durchaus noch nicht zu irgend welcher Dankbarkeit oder zu irgend welchen Sympathien für England. Es ist sicherlich nicht Englands Schuld gewesen, daß unser Handel sich in jenen Gegenden gegenwärtig zu einer so drohenden Gefahr für Englands eigenen Handel entwickeln konnte. Im Gegenteil, England hat verschiedentlich versucht, dieses starke Aufstreben des deutschen Exports nach China wie des deutschen Exports überhaupt einzudämmen. Es sei hier nur erinnert an das bekannte „made in Germany", das nicht allein auf den Märkten der übrigen Welt, sondern auch in Ost-Asien gerade in das Gegenteil umgeschlagen ist von dem, was mit ihm beabsichtigt war. Es ist den englischen Kaufleuten nicht gelungen, dem „made in Germany" den Charakter des „cheap and nasty" (billig und eklig) aufzudrücken; im Gegenteil auch der Chinese hat schließlich aus dem „made in Germany" nur noch die Empfehlung herausgelesen.

Wenn nun aber das Freihandelsprinzip Englands in seinen eigenen Kolonien gegenwärtig zum wirtschaftlichen Ruin des englischen Exports zu werden droht, so stand das natürlich nicht auf dem Programm Englands. Denn England hat, wie bereits aus dem vorher Gesagten hervorgehen dürfte, seine Freihandelspolitik in China eintreten lassen erstens, um den Portugiesen in Macao Konkurrenz zu bereiten, zweitens um den mißlungenen Versuch, durch die Ostindische Kompagnie in privilegierte Handelsbeziehungen zu China einzutreten, zu neutralisieren, und drittens um bei Änderung seiner Politik und beim Übergang zu einer zwangsmäßigen Erschließung Chinas die Kosten dieser Erschließung auch den übrigen Ländern mit aufzubürden, indem es diese zur Mitbeteiligung an der Erschließung Chinas und am ostasiatischen Handel überhaupt heranzog. Daß England trotzdem bisher die Hauptkosten in diesem Kampf zu tragen gehabt hat, darf uns die Augen dafür nicht verbinden, daß die Absicht Englands, die speziell aus der dritten Begründung her-

vorgehen dürfte, heute in gewissem Maße erreicht ist. Sie hat Aus=
druck gefunden in den Wirren der letztvergangenen Jahre, während
deren in der That sämtliche Kulturmächte, vor allen Deutschland,
es gewesen sind, welche gemeinschaftlich die Kosten getragen haben
für die erste Phase des Kampfes um die definitive wirtschaftliche
Erschließung des Reiches an der Sonne. Aber freilich, England saß
in der ersten Hälfte des vergangenen Jahrhunderts noch viel zu
sehr auf dem hohen Pferde, als daß es die Gefahren hätte einsehen
können oder wollen, die seine ostasiatische Kolonialpolitik ihm selbst
einmal bringen würde. Noch konnte es allerdings nicht wissen, daß
ihm in Deutschland ein so gewaltiger Konkurrent entstehen würde,
und daß Amerika es sich einmal einfallen lassen würde, auch politisch,
nicht bloß mit seinen Maschinen in die Konkurrenz um die chinesische
Teilung einzutreten. So kam es denn, daß nicht allein der deutsche
Handel in dem neuesten Stadium der Entwicklung Ost=Asiens dem
englischen gleichgekommen ist oder ihn teilweise bereits überflügelt
hat, daß nicht allein die deutsche Schiffahrt gegenwärtig, speziell
soweit Post= und Personendampfer in Frage kommen, in Ost=Asien
an erster Stelle segelt, sondern daß Deutschland auch politisch in
das Stadium eingetreten ist, mit England um die Vorherrschaft in
Ost=Asien in erfolgreiche Konkurrenz zu treten. Ein weiterer Faktor,
der erst gegen Ende des vergangenen Jahrhunderts in der ostasia=
tischen Politik Bedeutung gewann, nämlich die Politik der Interessen=
sphären, hat schließlich bewirkt, daß Deutschland nunmehr gleichfalls
politisch bestimmte Interessensphären beansprucht. In ihnen hat es
sich wirtschaftlich zum Teil noch unter englischer Ägide festgesetzt,
und zwar in einer Weise festgesetzt, daß der deutsche Handel,
wie es z. B. im Jangtsegebiet der Fall ist, dem englischen die
Wage hält, wenn nicht ihn überwiegt. Aber das sind bereits
Fragen einer späteren Epoche, deren Beantwortung sich nicht ohne
weiteres aus der Entwicklung der ostasiatischen Politik auf seiten
der nicht russischen Staaten ergibt. Zu diesem Zwecke muß man auch
den zweiten, höchst wichtigen Faktor hinzuziehen, die zweite Stamm=
wurzel der ostasiatischen Politik der Gegenwart, wie sie sich aus der
russischen Politik gegenüber China ergibt. Eine Rolle wird dabei

auch die Entwicklung Japans und seine Stellung innerhalb der chine=
sischen Frage spielen.

Es sei daher, ehe wir zu der russischen Politik in Ost=Asien
übergehen, als Schlußwort dieser ersten Entwicklungsreihe noch ein=
mal kurz bemerkt, daß als Charakteristikum derselben bis zum Abschluß
der Handelsverträge im wesentlichen das Prinzip der Freihandels=
politik zu gelten hat, das Prinzip, nach dem es den Handelsstaaten
in freier Konkurrenz frei gestellt wird, sich an der wirtschaft=
lichen und handelspolitischen Erschließung Chinas nach Maßgabe
ihrer Kräfte zu beteiligen. Es sei ausdrücklich festgestellt, daß die
Politik der Interessensphären zu jener Zeit noch nicht in die ost=
asiatische Politik hineinspielte. Wer die vorhergehenden, aus diesem
Gründen auch durchaus notwendigen historischen Erörterungen auf=
merksam verfolgt hat, wird ohne weiteres den Unterschied erkennen
zwischen der durch England in Ost=Asien inaugurierten Politik der
freien Handelsbethätigung, durch welche die chinesische Souveränität
anerkannt und das Kaiserreich China in seiner damaligen Gestalt
erhalten wurde, und zwischen dem russischen Prinzip des Länder=
werbs, das in einer gewissen Weise auch die französische und japa=
nische Politik beeinflußt hat. Betrachten wir nunmehr die Entwick=
lung der russischen Politik innerhalb der chinesischen Frage, und
zwar bis zum Zeitpunkt des Abschlusses der Handelsverträge.

7. Abschnitt.

Die Entwicklung der russisch-chinesischen Beziehungen bis zum Zusammentreffen der russischen und englischen Politik in China.

Die erstmalige Berührung Rußlands mit dem chinesischen Reiche wurde herbeigeführt durch den allmählichen Erwerb Sibiriens bis zum Pacific hin. Die Grundzüge der russischen Kolonisation sind aber ganz verschieden von denen der Kolonisationsvölker mittelalterlicher und neuerer Zeit. Die allmähliche Erschließung Sibiriens trägt eher Merkmale der Erschließung Nordamerikas an sich. Im letzten Grunde freilich ist hier wie da das Prinzip des Handels das maßgebende. Das tertium comparationis liegt aber im Trappertum, das sowohl der sibirischen wie der nordamerikanischen Entwicklung gemeinsam ist. Der Pelzjäger ist hier wie da Pionier der Kultur gewesen, der Unterschied ist nur der, daß in Nordamerika sich an seine Fersen sofort außer dem Bauern auch der Handelsmann und der Großunternehmer angehängt haben, eine Entwicklung, die in Sibirien noch verhältnismäßig lange auf sich warten ließ und auch heute noch nicht Formen angenommen hat, die eine konsequente Durchführung des Vergleiches mit Nordamerika gestatten würden. Das zweite Motiv, das als Ergänzung des ersten anzusehen ist, liegt darin begründet, daß die erste russische Politik sich von vornherein nicht auf den Standpunkt des Handels stellte, sondern noch auf dem Wunsch der Ausdehnung nomineller Macht über Nachbarstaaten und der Eintreibung von Tributen von den unterworfenen Völkerstämmen beruhte, einem Wunsch, der bei tiefer in der Kultur stehenden Völkerschaften überall beobachtet wird. Erst in neuerer Zeit ist Rußland zu einer Politik übergegangen, die wenigstens die Allüren einer Kolonisationspolitik im modernen Sinne auf Sibirien angewendet hat. Aber bis zum Auftreten Murawioffs in der Geschichte Sibiriens trägt die Leitung der russisch-sibirischen Politik noch die gekennzeichneten Merkmale an sich.

Auf der anderen Seite darf man aber auch nicht annehmen, daß die russische Politik Sibirien und in der Folge China gegenüber eine stets einheitliche und zielbewußte gewesen sei. Im Gegenteil, durch die ganze Geschichte der sibirischen Kolonisation geht das charakteristische Merkmal hindurch, daß bis auf die neueste Entwicklung hin nicht die russische Zentralregierung die treibende Kraft war, sondern daß sie erst selbst getrieben wurde durch einige initiativereiche Persönlichkeiten, die häufig genug allein Träger des sibirischen Expansionsgedankens gewesen sind. Die Geschichte Sibiriens knüpft sich an einige wenige glänzende Namen, und es hieße daher die Stellung Rußlands in der chinesischen Politik nicht richtig auffassen, wollte man aus dem freilich faktisch sehr schön geschlossenen Bilde des russischen Vordringens in Ost-Asien einen Rückschluß wagen auf eine konsequente und zielbewußte Verfolgung dieser Politik vom ersten Anbeginn an.

Die erste Erschließung Sibiriens ging in der Form vor sich, daß Scharen von Kosaken, häufig genug aber auch Expeditionen von Freibeutern auf eigene Faust loszogen, in die Wildnis eindrangen, unterwegs jagten, ihren Haupterwerb aber aus Kontributionen zogen, die sie unterwegs angetroffenen Eingeborenen auferlegten. Durch die innere Geschlossenheit Rußlands, die vor allen Dingen dem einheitlichen griechischen Glauben zuzuschreiben ist, wurde es bewirkt, daß die Resultate derartiger Expeditionen durchgängig der russischen Zentralregierung mit zu gute kamen. Und so erteilte diese auch derartigen Beutezügen, die sie von Anfang an nicht gebilligt hatte, bereitwillig Amnestie. Häufig genug kam es vor, daß Expeditionen von entronnenen Sträflingen, die, von der russischen Regierung verfolgt, sich immer weiter nach Osten zurückgezogen hatten, mit reicher Beute beladen zurückkamen. Bittend nahten sie sich dann dem Throne und unterstützten ihr Gesuch um Amnestie durch reichliche Abgaben aus dem Schatz der erhobenen Kontributionen und durch das Angebot, die von ihnen erschlossenen Gebiete dem russischen Reiche dauernd nutzbar erhalten zu wollen. In diesen

eigenartigen Wegen bewegte sich der Erwerb Sibiriens durch Jahr=
hunderte hindurch, und nur so ist es zu erklären, daß ein so ge=
waltiges, heute noch kaum bevölkertes Land in verhältnismäßig
schneller Zeit an Rußland kommen konnte.

Der Erwerb Sibiriens war bereits um die Mitte des 17. Jahr=
hunderts durchgeführt worden bis etwa zur Wasserscheide zwischen
dem nördlichen Eismeer und dem Stillen Ozean, die von dem Trans=
baikalien durchziehenden Jablonoigebirge gebildet wird. Damit fiel
aber ungefähr auch die Berührung mit den letzten Ausläufern chine=
sischer Kultur und Macht zusammen. China beanspruchte damals
die Oberhoheit über die ostasiatischen Völkerschaften, die diese Gegen=
den bewohnten, und zog aus der Oberhoheit Nutzen, indem es die
zu jener Zeit übliche Form des Eintreibens von Tribut, der meist
in Pelzen geliefert wurde, ausübte. Rußland hat späterhin in seiner
offiziellen Geschichtsschreibung die Sache so hinzustellen versucht, als
seien die Gebiete östlich vom Jablonoi niemals faktisch unter chine=
sischer Herrschaft gewesen. Feststellen läßt sich nur, daß China
Hoheitsrechte durch Erhebung von Tribut über diese Gegenden aus=
geübt hat und nur deshalb ein geringeres Interesse an ihnen zeigte,
weil sie von Peking zu fern lagen und infolge ihrer dünnen Be=
völkerung und ihrer eigenartigen klimatischen Verhältnisse, wie auch
infolge ihrer politischen Unbedeutendheit keine größere Aufmerksamkeit
verlangten.

Andererseits beweisen die heftigen Zusammenstöße, die das Vor=
bringen der russischen Kolonisten und Kosaken über die Jablonoigrenze
hinaus in das Gebiet des schwarzen Drachenflusses, des Amur, ver=
anlaßte, daß China faktisch in diesen Gegenden der Herr war. Daß
aber der Kampf mit China in jener Zeit eine Aufgabe war, die der
russischen Politik und den russischen Kosaken harte Nüsse zu knacken
gab, beweist der für Rußland schmähliche Friede von Nertschinsk
vom 27. August 1689, in welchem Rußland den damals bereits
halb vollendeten Erwerb des Amurgebietes wieder aufgeben mußte.
Die Gründe für diesen schweren Schlag der russischen Politik in
Ost-Asien lagen nicht so sehr in der Unfähigkeit des damaligen rus=
sischen Unterhändlers Golovin und nicht in der Thatsache, daß zwei

französische Jesuitenpatres es waren, welche die chinesischen Geschäfts=
träger beim Abschluß dieses Vertrages unterstützten; es war viel=
mehr einfach die damalige wirtschaftliche Unfähigkeit des Mosko=
viterreiches und die militärische und wirtschaftliche Überlegenheit des
China jener Zeit, welche die Ursachen gebildet haben für das
Scheitern dieses ersten russischen Versuchs, im Amurgebiet festen Fuß
zu fassen. Erst annähernd zweihundert Jahre später war Rußland
so weit erstarkt und China so weit innerlich zurückgeblieben und durch
die Kämpfe mit England und Frankreich sowie durch die Taiping=
Revolution erschüttert, daß Murawioff, der größte und erfolgreichste
Politiker Rußlands in Ost=Asien, den vor zweihundert Jahren mit
einer russischen Niederlage geendeten Kampf um das Amurgebiet
wieder aufnehmen konnte. Aus den wenigen angedeuteten Daten
kann man schon erkennen, daß Rußland und China von langer Zeit
her Gegner sind. Rußland ist sogar das erste europäische Land,
das mit China Schlachten geschlagen hat, und das die älteste Schu=
lung im diplomatischen Verkehr mit ihm besitzt. Es ist charakte=
ristisch für die Kämpfe des 17. Jahrhunderts, daß China es war,
das sich als der wirtschaftlich und politisch Stärkere erwies; eben=
so charakteristisch ist es aber auch für die russische Politik China
gegenüber, daß diese in erster Linie auf Landerwerb und erst in
zweiter auf Handelsbethätigung hinauskam. Der durch Murawioff
schließlich zu Ende geführte Erwerb des Amurgebietes in der Kon=
vention von Aigun vom 16. Mai 1858, die durch den Vertrag der
Pekinger Konvention vom 2. November 1868 ergänzt werde, ist
aber schließlich nichts anderes als die Wiederaufnahme der bereits
vor zweihundert Jahren eingeleiteten russischen Politik gegenüber China.

Es würde zu weit führen, sollten an dieser Stelle alle die
Einzelheiten jener Erwerbung erörtert werden. Es kommt hier schließ=
lich für uns nur auf die Hauptgrundzüge und auf die Fakta an.
Erst und ausschließlich durch Murawioffs Energie wurde es beim
Zaren durchgesetzt, daß die sibirische Frage als Kolonisationsfrage
praktisch die dauernde Aufmerksamkeit der russischen Regierung er=
hielt. Murawioff selbst hatte in dem damaligen russischen Minister
Nesselrode nicht nur einen erbitterten persönlichen Gegner, sondern

auch einen Feind seiner sibirischen Politik; aber er hat seinen Willen durchgesetzt und damit das Eintreten Rußlands als moderner Staat in die chinesische Frage herbeigeführt. Freilich wußte man zu jener Zeit noch nichts von einem gemeinsamen Vorgehen gegen China, und der anders geartete Charakter der russischen Politik brachte es mit sich, daß Rußland das vorhin bereits erwähnte Engagement Chinas durch England und Frankreich dazu benutzen konnte, um seine privaten Forderungen zunächst ohne weitere Wünsche um die handels= politische Erschließung Chinas durchzusetzen. Diese Politik hat aber Rußland bis zum heutigen Tage beibehalten. Sie äußert sich in der Ausnutzung der für China ebenso durch den japanisch=chinesischen Krieg wie durch den Krieg des vergangenen Jahres geschaffenen Zwangslagen. Zunächst der Erwerb des Amurgebietes, dann die Eisenbahnkonzessionen durch die Mandschurei und der Erwerb des Port=Arthur=Gebietes, sowie die vollständige, wenn auch noch nicht zugegebene Einverleibung der Mandschurei, das sind die drei Etappen einer seit der Mitte des vergangenen Jahrhunderts konsequent durch= geführten Landerwerbspolitik. Aus diesen alten Beziehungen zu Rußland und aus dem häufig nachgiebigen, im großen Ganzen aber mit sehr viel Energie durchgeführten russischen Vordringen in China erklärt sich auch die Sonderstellung, die Rußland bei der chine= sischen Diplomatie sich erworben hat. Aus dieser Thatsache erklären sich andererseits wieder manche Maßnahmen der russischen Politik, die gerade während des letzten Feldzuges dem Politiker mehrfach Rätsel aufgegeben haben. Man muß aber den Gang der Entwicklung auch hier kennen, um die Konsequenzen daraus ziehen zu können für die vermutliche weitere Politik Rußlands in Ost=Asien. Es hat diese insofern nunmehr einen anderen Charakter angenommen, als sie nicht mehr Politik China gegenüber bedeutet, sondern eine Politik den Mächten gegenüber. Da in Zukunft aber die Chinapolitik der einzelnen Mächte hauptsächlich für die ausgleichende Politik der Mächte unter einander in Frage kommt, so ist die Stellungnahme Rußlands innerhalb dieser Politik der Mächte nunmehr auch für uns unter diesem Gesichtspunkt zu behandeln.

2. Kapitel.

Die Zeit seit dem Abschluß der Handelsverträge zwischen den Vertragsmächten und China.

1. Abschnitt.

Rußlands Sonderstellung in China gegenüber den andern Mächten.

Noch vor Ablauf der soeben behandelten Epoche, die dem Zu=
standekommen der Handelsverträge mit China vorausging, platzte
bereits die englische und russische Politik im fernen Osten aufeinander.
Zwar war die ostasiatische Frage nicht unmittelbar die Veranlassung
dazu geworden, aber im Grunde ist die Thatsache, daß sich russische
Kosaken und eine englisch=französische Flotte im äußersten Osten des
fernen Asiens eine Schlacht liefern konnten, ein Beweis dafür, daß
auch damals schon im Osten sich bestimmte Gegensätze herausge=
bildet hatten, wenngleich deren Schwerpunkt noch auf der sogenannten
Kontinentalpolitik beruhte. Der Krimkrieg war es, der auch auf
den ostasiatischen Gewässern bis zu einem gewissen Grade mit zur
Entscheidung gebracht werden sollte, und zwar fiel der Hauptschlag
in einer Gegend, in der niemals andere Leute Interessen verfolgt
haben, es seien denn amerikanische Walfischjäger, nämlich bei Petro=
pawlowsk auf der Halbinsel Kamschatka. Bei dieser erstmaligen
Äußerung der für die Folgezeit wichtigen Gegnerschaft zwischen Eng=
land und Rußland in Ost=Asien fiel die Entscheidung für Rußland
günstig aus. Es widerfuhr dem englischen Nationalstolz sogar der
bittere Schmerz, daß der Kommandant des kombinierten englisch=

französischen Geschwaders, ein Engländer, sich vor dem zweiten ver=
geblichen Versuch, die Festungswerke von Petropawlowsk zu nehmen,
selbst entleibte.*)

In der Periode, welche eingeleitet wird durch den Abschluß der
Handelsverträge, ist deutlich der Kampf dieser beiden verschiedenen
Politiken mit einander um China zu erkennen. Daß man den
russischen Bestrebungen im Norden Asiens in dieser Zeit verhältnis=
mäßig sehr wenig Beachtung geschenkt hat, so daß selbst heute noch
sehr wenig Leute etwas über die russische Expansion vom Amur
bis herunter nach Talienwan zu erfahren bekommen haben, liegt
daran, daß die Handelsmächte fast sämtlich zu der Interessengruppe
gehören, die unter der Hegemonie Englands ihre Interessen nur in
Süd= und Mittelchina gesucht hatte.

Rußland und England waren auf asiatischem Boden längst
alte Feinde, und zwar wegen des indischen Besitzes. Der aggressive
Teil dabei war auch hier Rußland, während Englands Bestrebungen
kaum darüber hinausgingen, bezüglich Indiens eine Verteidigungs=
stellung einzunehmen. Indien ist ja für England heute noch ein
unsicherer Besitz, und die Furcht, es zu verlieren, gepaart mit dem
Bewußtsein, daß dies leicht eintreten kann, mögen die Haupturfachen
dafür abgegeben haben, daß England die Gegnerschaft Rußlands
bezüglich Asiens heftig erwidert hat. Während nun aber Rußland
unaufhaltsam und vermittelst einer echt asiatischen Politik seinen
Einfluß bis nach Afghanistan hin ausdehnte und die russische Grenze
der englischen verhältnismäßig sehr nahe auf den Leib rückte, hatte
England nun auch noch die Angriffe Rußlands auf seine Stellung
in China zu befürchten, und die nicht gerade besonders glänzende
englische Politik des Lord Palmerston hat sich von diesem Gedanken,
man möchte geradezu sagen, blenden lassen. Denn sonst ist es nicht
zu erklären, daß England es versäumen konnte, sich eine Anzahl
weiterer, Rußland gegenüber durchaus notwendiger Stützpunkte in

---

*) Über die Einzelheiten dieser Angelegenheit sind die Akten noch nicht
geschlossen. Wer darüber nachlesen will, wie überhaupt über das Vordringen
Rußlands in Ost=Asien, wird näheres finden in meinem demnächst im selben
Verlag erscheinenden Werke: „Durch die Mandschurei und Sibirien". (D. B.)

Ost-Asien zu sichern. So aber war Englands Bestreben fast ausschließlich darauf gerichtet, sich mit Rußland friedlich ins Einver-
nehmen zu setzen, in dem es seinen einzigen Feind vermutete. Es
liegt darin eine eigenartige Verkennung der wirklichen Gefahren.
Die englische Kolonialpolitik und der englische Handel in Ost-Asien
hatte nicht so sehr das Vordringen des als Exportland kaum in
Betracht kommende Rußland als das Festsetzen des nicht russischen
Handels im eigentlichen Interessengebiet Englands, das heißt in
Süd- und Mittelchina, zu befürchten.

Es ist bekannt, daß es für die gegenseitige Überwachung und
Kontrolle zweier Staaten wesentlich ist, eine gemeinsame Grenze zu
besitzen, die sich über Land hinzieht. Das ist wichtiger als
eine Meeresküste als Grenze, die schließlich den Schiffen aller
Nationen gleichermaßen zugänglich ist. Ist nun ein Staat zwar
verhältnismäßig schwach, wie es von China im allgemeinen angenommen wird, verspricht er aber andererseits vermöge seiner Land-
und Wirtschaftsverhältnisse einen großen Nutzen in der Zukunft, als
Absatzgebiet oder was es auch sein mag, so ist es für jeden Koloni-
sationsstaat von Wichtigkeit, eine handelspolitische Operationsbasis
zu gewinnen, die eine gemeinsame Landgrenze hat mit dem Lande, auf
das man es absieht; und so erklären sich daraus die verschiedenen
Bestrebungen der Völker, auf dem ostasiatischen Kontinent Grenz-
nachbarn Chinas zu werden. In der Epoche, der wir uns jetzt
zuwenden, kann man diesen Kampf an verschiedenen Stellen einsetzen sehen. Die weitaus besten Resultate hatte vermöge seines
kontinentalen Charakters natürlich Rußland. Aber auch England
war sich des Wertes einer solchen gemeinschaftlichen Landesgrenze
mit China wohl bewußt und richtete sein Hauptaugenmerk darauf,
von seinem großen asiatischen Kontinentalbesitz aus, von Indien,
die Brücke zu schlagen nach dem chinesischen Reich. Es setzte sich
daher in Birma politisch fest und annektierte diesen Staat in der
Folgezeit mit dem vollen Bewußtsein, daß von dieser Seite der
Weg anzubahnen sei nach dem Innern Chinas. Auf der östlichen
Seite der malayischen Halbinsel waren es die Franzosen, welche
von ähnlichen Gesichtspunkten ausgehend, sich in Tongking und

Annam festsetzen und sich von da aus gleichermaßen den Weg nach
China öffneten. Auch Japan, das anfing, eine Kolonialmacht zu
werden, richtete schon seit längerer Zeit seine Politik darauf ein,
sich demnächst gleichfalls auf dem ostasiatischen Kontinent festzusetzen
sei es nun in Korea, sei es in der Mandschurei oder in beiden. Auf
diese Weise wurde im Lauf der Jahrzehnte eine völlig veränderte
politische Situation geschaffen. Man betrachtete China, dessen inner=
politische Schwäche und Unfähigkeit gegen die modernen Mittel
der Technik, der Kriegsführung und des Handels dauernd Wider=
stand zu leisten mehr und mehr zu Tage trat, bereits als eine will=
kommene Beute. Und den Löwenanteil nahm naturgemäß auf Grund
der Entwicklung seiner Stellung in Ost=Asien England in Anspruch.
Die französische Kolonialpolitik hatte gerade an der Erwerbung
Annams und Tongkings, mit dem es so wie so nicht viel anzufangen
wußte, genug zu thun. Auch die dauernd beunruhigten innerpolitischen
Verhältnisse Frankreichs verhinderten die energische Durchführuug
einer Kolonisationspolitik, die England hätte gefährlich werden können.
Japan dagegen war zu jener Zeit noch zu jung und wurde noch
zu sehr als das liebe Wunderkind behandelt, als daß England ihm
bereits damals eine ernstliche Bedeutung zugestanden hätte. Im
Gegenteil, England war noch so naiv, zu glauben, daß es Japan
Rußland gegenüber, wenn auch nicht als einen Pufferstaat, so doch
immerhin als einen Staat behandeln dürfe, der für England ein=
mal die Kastanien aus dem russischen Feuer holen sollte. Den
größten Erfolg jedoch hatte, wie gesagt, in der Schaffung von
Stützpunkten China gegenüber die russische Politik. Rußland, das
an sich schon mit China eine lange gemeinschaftliche Grenzlinie besaß,
setzte an einer Stelle ein, an der ein Vordringen zunächst einmal recht
harmlos erscheinen mochte, nämlich tief drinnen in Central=Asien, an
der turkestanischen Grenze. Angeblich um einen in Kaschgarien aus=
gebrochenen Aufstand für China niederzuwerfen, besetzte Rußland
Kuldscha; doch als der Aufstand unterdrückt war und China Ruß=
land aufforderte, das Kuldschagebiet zurückzugeben, verweigerte Ruß=
land dieses — eine der bekannten wenig noblen Pfiffigkeiten, an denen
die russische Politik ja so reich ist. Freilich war China damals noch

ſtark genug, oder beſſer geſagt, es beſaß noch Preſtige genug, um b
Angelegenheit durch diplomatiſche Repreſſalien Rußland gegenüb
zu ordnen, wobei freilich auch England ſeine Hand mit im Spie
hatte — die Verhandlungen wurden in London geführt; un
andererſeits wäre Rußland damals (1871) auch kaum in der Lag
geweſen, ſeinen Forderungen im Falle eines Krieges mit China be
nötigen Nachdruck zu verleihen. Das eine hat Rußland immer ge
konnt: zugreifen, wenn es glaubte, daß es unbemerkt geſchehen konnte
wenn aber die Repreſſalien kamen, dann hat Rußland bisher i
Oſt=Aſien wenigſtens, ſtets wieder zurückgehakt. Freilich der Momen
in dem es wirklich unbemerkt wiederkommen konnte, hat ſich nur zu
oft geboten, und dann hat es Rußland allerdings auch verſtanden
ſich in einer einmal gewonnenen Stellung ſo feſtzuſetzen, daß es un
möglich erſchien, es wieder hinauszudrängen.

Die Erwerbung Tongkings durch Frankreich beginnt mit dem
Jahre 1882. Tongking gehörte politiſch zu Annam, und China
war ſo thöricht, zu Annams Gunſten gegen Frankreich ſich in dieſer
Streit einzumiſchen. Es konnte nicht verhindern, daß Tongking
mit einer Anzahl von Grenzgebieten franzöſiſch wurde. Damit
war aber auch die franzöſiſch=chineſiſche Grenze hergeſtellt, und mit
der Zeit mußte ſich China ſogar zu beſonderen Vergünſtigungen
des franzöſiſchen Handels verſtehen, ſo weit er über dieſe Grenze
hinüberging. Der Friede mit Frankreich wurde im April 1885 in
Paris abgeſchloſſen. Der 24. Juli 1886 brachte eine neue Schlappe
für China, nämlich den Verluſt von Birma an England. Birma
ſtand zu China in einem ähnlichen Verhältnis wie die Nord=
mandſchurei und das Amurgebiet. Zugleich mußte China auch an
der birmaniſch=chineſiſchen Grenze den Engländern beſtimmte Handels=
vergünſtigungen zugeſtehen, die ſich ſonſt nur auf die Vertragshäfen
bezogen.

2. Abschnitt.

Mißglückter Versuch China zu einem Pufferstaat zu machen.

Die Sicherung eines alterworbenen Kolonialbesitzes geht im allgemeinen der Erwerbung neuer Kolonien an Wichtigkeit voraus. Infolgedessen ist es verständlich, daß die englische Politik in Asien zunächst einmal stark bedacht war, den englischen Kolonialbesitz in Indien zu sichern gegenüber dem drohenden russischen Vordringen nach Süden. Dieser Gesichtspunkt hat nicht unwesentlich auch auf die Politik Englands und damit der Vertragsmächte gegenüber China eingewirkt. Das Zusammenprallen der englischen und russischen Politik im fernen Osten ließ bei England, dessen Interessen wesentlich im Süden lagen, den Gedanken aufkommen, die Theorie der Puffer= staaten, die es bereits in Zentral=Asien Rußland gegenüber in An= wendung gebracht hatte, auch auf die beiden mongolischen Reiche im fernen Osten, auf China und Japan, anzuwenden. Diese Theorie der Pufferstaaten war denn auch längere Zeit maßgebend für die gesamte ostasiatische Politik und ist es geblieben bis noch vor wenigen Jahren, als bereits die Politik der Interessensphären sich stark geltend machte. England glaubte damals noch, durch innere Stärkung Chinas und Japans und durch Umwandlung beider zu Staatengebilden, die dem Vordringen Rußlands ein Bollwerk ent= gegen setzen sollten, seinen eigenen Kolonialbesitz in Süd=Asien zu sichern und zu gleicher Zeit die genannten beiden Länder handels= politisch seinen eigenen Interessen dienstbar zu machen. Aus diesen Erwägungen ergab sich eine Politik, die, auf beide Staaten gleich= mäßig angewendet, doch zu recht verschiedenen Resultaten geführt hat. Es folgte daraus nämlich der Versuch, China und Japan zu modernen Staaten umzubilden und zu erziehen. England war es, das auch hierin systematisch vorging, das zuerst seine Militär- instrukteure, seine Handelsexperten und Ingenieure China und Japan zur Verfügung stellte. Es ist nicht Englands Verdienst, daß während dieser Periode sowohl China wie Japan, nachdem sie eben erst ein gewisses Verständnis erlangt hatten für die Beurteilung europäischer Dinge, sich mehr an Deutschland hielten und Deutschland veran- laßten, einen großen Teil der Aufgabe zu leisten, die England selbst sich ursprünglich vorgenommen hatte. Es ist nun sehr interessant, zu beobachten, wie verschiedenartig diese Politik auf China und Japan gewirkt hat, und es ist notwendig, auch hierauf einen Blick zu werfen. Es soll jedoch gleich bemerkt werden, daß die Politik der Pufferstaaten auch späterhin noch festgehalten wurde, als, wie schon erklärt, die Interessensphärenpolitik hereinspielte. Als letztes Resultat dieser Pufferstaatenpolitik möchte ich einen bald nach dem japanischen Kriege erschienenen Vorschlag der Londoner Zeitschrift „Graphic" bezeichnen, welcher gewisse Interessensphären europäischer Staaten in China abgrenzte und als selbständiges China nur noch die zentralen Teile nördlich vom Jangtse und südlich von der großen Mauer bestehen lassen wollte. Das unaufhaltsame Vordringen Rußlands in Ost-Asien hat diese Politik bald zum Scheitern gebracht. Noch mehr aber ist der Grund dieses Scheiterns die verschieden- artige Entwickelung, die speziell Japan und China angesichts dieser Erziehungsversuche durchgemacht haben. Das Abkommen, das England mit Rußland nach dem japanisch-chinesischen Kriege traf und das für die englischen und russischen Interessen die große Mauer als Grenze festlegte, war nur problematischer Natur und hat selbst in der Form, in der es abgeschlossen ist, nur für Rußland irgend welchen Wert gehabt. Denn Englands Interessen sind nie- mals über die große Mauer hinausgegangen, Rußland dagegen hat trotz dieses Abkommens niemals daran gedacht oder auch nur denken können, seine Einflüsse in China nur bis an die große Mauer auszudehnen, soweit eben nur von Einflüssen und nicht von Landerwerb die Rede ist. In der späteren Politik Chinas treten dann noch zwei neue Erscheinungen, man möchte sagen, Experimente

hinzu, die sich begrenzen lassen durch die beiden Worte: „Auf=
teilung" und „Politik der offenen Thür". Ehe wir dazu
kommen, müssen wir, wie gesagt, die Wirkungen der Pufferstaaten=
theorie untersuchen, und es ist notwendig, einen kurzen Blick zu
werfen auf die Resultate des Versuchs, Europa als Erzieher in
Ost=Asien auftreten zu lassen.

———

3. Abschnitt.

Europa als Erzieher.

Japan war ein gelehriger Schüler in abendländischer Kultur. Die Zeiten des Beginns der wirtschaftlichen Erschließung Japans liegen ungefähr in denselben Jahren, in denen der Abschluß der Handelsverträge mit China durch England vorbereitet wurde. Während aber die Bemühungen bei China auf unfruchtbaren Boden fielen, bildeten sie für Japan den Anfang einer rapiden Entwickelung, die es vermocht hat, dieses Land innerhalb von fünfzig Jahren zur ostasiatischen Vormacht zu erziehen, die von den europäischen Mächten durchaus als gleichstehend behandelt werden muß. Es ist genug über den Gang dieser Entwickelung in Japan geschrieben worden, und uns interessiert ja hier schließlich auch nur die Analogie zu China und die Beziehung, in die der auf neuen Grundsätzen aufgebaute japanische Staat späterhin zu China getreten ist. Betrachtet man vom Standpunkte der Gegenwart aus das Erziehungswerk der Staaten an Japan, so kann man leicht bemerken, wie sich die Zahl derjenigen mehrt, welche dieses ganze Erziehungswerk als eine falsche Spekulation bezeichnen. Es ist ja nun allerdings fraglich, ob die europäischen Mächte in der Lage gewesen wären, das Aufblühen der japanischen Intelligenz und Thatkraft zu hindern oder in engere Grenzen einzuschließen. Man ging wohl abgesehen von der Pufferstaatentheorie von dem Gesichtspunkt aus, daß es für einen modernen Handelsstaat von Wert sei, wenn die Macht, mit der man einen Handelsvertrag abschließt, in sich selbst die Garantie bietet für eine ungehinderte Erfüllung der aus dem Handelsvertrag resultierenden Handelssicherheit. Freilich hätte man den Gang der Entwickelung in Japan wohl verzögern können, und schließlich ist es ja auch die Aufgabe einer gesunden Politik, allzu rapide wirt=

schaftliche Entwickelungen derartig einzudämmen, daß darunter nicht
andere in Mitleidenschaft gezogene Handelszweige allzusehr zu leiden
haben. Das ist das Prinzip der Schutzzollpolitik; — warum hätte
sich dieses nicht schließlich auch auf die Entwickelung eines ganzen
Staatengebildes anwenden lassen sollen? Freilich lag es schließlich
weniger in der Hand der einzelnen Regierungen, z. B. der deutschen,
hier für den eigenen Exporthandel nach Japan Schutzmaßregeln zu
ergreifen, als vielmehr in der Hand einzelner Privatleute. Es ist
infolgedessen gerechterweise wohl auch nur diesen die Schuld daran
beizumessen, daß es Japan gelungen ist, so überraschend schnell die
europäische und speziell die deutsche Industrie zu kopieren und durch
seine Konkurrenz das Gebiet und die Ausdehnungsfähigkeit des
deutschen Handels in Ost=Asien stark einzuschränken. Besonders die
sächsische Textil=Industrie hat darunter sehr zu leiden gehabt, und
es ist heute noch unverständlich, wie große Welthäuser unbedenklich
japanischen Emissären ihre Fabrikgeheimnisse offenbaren konnten
und sich zur ausführlichen schriftlichen Beantwortung von Anfragen
aus Japan über Maschinen und Geschäftsbetrieb verstehen konnten,
Anfragen, die von anderer Seite gestellt, sicher als unglaubliche
Zudringlichkeiten und Zumutungen zurückgewiesen worden wären.
Es ist faktisch nicht so sehr die hervorragende Qualität der deutschen
Industrie gewesen, welche allein es bewirkt hat, daß die japanische
Industrie hauptsächlich von der deutschen beeinflußt ist und ihr
naturgemäß daher auch mit eigenen Waffen Konkurrenz bereiten
kann, als vielmehr die vom Standpunkte der nationalen Wirtschafts=
politik aus tief zu bedauernde Bereitwilligkeit, mit der eben deutsche
Fabrikanten sich zu den intimsten Erklärungen verstanden haben,
und zwar im Gegensatz sowohl zu den Amerikanern wie auch den
Engländern. Wohl haben diese hier auch manchen Fehler gemacht,
aber im großen Ganzen sind sie doch weitaus vorsichtiger verfahren,
als gerade wir guten Deutschen. Andererseits werden Leute, die
mit Japan Geschäfte machen, vor allen Dingen in Japan ansässige
europäische Häuser, zahlreiche Beispiele dafür anführen können, daß
der japanische Handelsmann, was Treue und Redlichkeit im Ge=
schäft anlangt, bei weitem noch nicht das Vertrauen verdient,

daß man dem Bürger eines modern regierten Handelsstaates im; allgemeinen entgegenzubringen gewohnt ist. Mala fide Aus= nutzung europäischer Kulanz ist es häufig, was man den japanischen Handelsleuten zum Vorwurf macht, und es gehört daher heutzutage fast zu den Unmöglichkeiten, mit Japan direkt Kreditgeschäfte abzu= machen, trotz der guten Erziehung, die es politisch genossen hat.

Man kann daher auch solchen Stimmen durchaus nicht das Gehör versagen, welche die politische Stärkung Japans vom Stand= punkt der europäischen Handelsvölker aus als einen Mißgriff be= zeichnen. Politik ist immer von egoistischen Gesichtspunkten aus geleitet, und es ist kein Zweifel, daß die Stellung der europäischen Mächte innerhalb der Politik Ost=Asiens gesicherter wäre, wenn man den mächtig gewordenen politischen und wirtschaftlichen Konkurrenten Japan ausscheiden, beziehungsweise heute noch auf gleicher Stufe mit China behandeln könnte. Dazu kommt, daß die japanische Staatskunst es bisher meisterlich verstanden hat, sich einen Platz in dem abendländischen Kulturring zu erobern und zu behaupten. Diese Thatsache kann kaum dadurch modifiziert werden, daß Japan gegenwärtig wirtschaftlich eine heftige Krise durchzumachen hat; ebensowenig darf man sich verhehlen, daß Japan nur dadurch auf die Höhe seiner jetzigen Weltmachtstellung gelangen konnte, daß es alle nur irgendwie verfügbaren Mittel darauf verwendete, sein Heer, seine Kriegsflotte und seine Schiffahrt zu einer hervorragenden zu gestalten. Rußland speziell, der schärfste Gegner Japans in seiner asiatischen Kolonialpolitik, weiß selbst am allerbesten die Macht= stellung zu schätzen und zu beurteilen, die Japan innerhalb Ost=Asiens einnimmt. Freilich wird Japans Macht und Einfluß vor der Hand noch neutralisiert durch das Zusammenhalten und die Kontrolle, die von den europäischen Mächten ja immer noch in allen ost= asiatischen Fragen ausgeübt wird, und die Japan z. B. bitter hat fühlen müssen nach dem Friedensschluß von Schimonoseki 1895. Bekanntlich mußte es die damals durch den Sieg über China ge= wonnenen Vorteile, soweit sie sich auf Landerwerb auf dem ost= asiatischen Kontinent bezogen, infolge des Einschreitens Deutschlands, Frankreichs und Rußlands wieder fahren lassen. Fraglich ist es aber, wie das Verhältnis sich gestalten wird, wenn einmal irgend eine Macht sich mit Japan zu gemeinsamer Aktion verbündet.

So liegt auf der einen Seite ein zu Ende geführtes Experiment vor, dessen Resultate sehr zweifelhafter Natur sind. Auf der anderen Seite haben wir den Versuch, das gleiche Experiment auch mit China auszuführen, nur mit dem Unterschied, daß Japan willig war, sich zu einem modernen Staat mit Hilfe der andern Mächte und unter deren stillschweigender Garantie für äußere Sicherheit ummodeln zu lassen, während bei China das Gegenteil der Fall war. Auf Japans Seite lag die wirtschaftliche Notwendigkeit zu dieser Um= wandlung vor, — auf chinesischer Seite nicht. Außerdem erfreute sich, wie gesagt, Japan während seiner Entwickelungszeit der be= sonderen politischen Fürsorge der Mächte, die diese ihrem Wunder= kinde angedeihen ließen, bis es im chinesisch=japanischen Kriege bewies, daß es nun auch selbständig tanzen könnte. An China war bereits von allen Seiten herumgezaust und dieses oder jenes Glied ihm bereits vom Rumpfe abgetrennt. Kein Wunder also, daß China diesen freundschaftlichen Akten und Angeboten herzlich wenig Zutrauen entgegenbrachte. Es hat ein Recht, dieselben abzuschlagen, eben weil es ein Wirtschaftsgebiet ist, für welches der wirtschaftliche Zwang zur Expansion nach außen hin nicht vorliegt.

Trotzdem hat man die Erziehungspolitik auf China in Anwen= dung gebracht. Es ist geradezu köstlich, dabei die merkwürdigen Illusionen zu verfolgen, die sich in der Presse der beteiligten Staaten, Deutschland nicht ausgenommen, an diesen Erziehungsversuch ge= knüpft haben. Erregt es doch heute noch eine gewisse Sensation, wenn ein deutscher Militärinstrukteur durch einen Japaner oder Franzosen oder Engländer ersetzt wird, oder wenn umgekehrt ein deutscher Ingenieur in die Dienste der chinesischen Regierung ge= nommen wird. Selbst die Missionen mußten dazu herhalten, um die Güte dieser Erziehungspolitik China gegenüber zu beweisen. Da wurde genauestens abgezählt, wie viel chinesische Gauner nun das deutsche, das französische, das englische oder griechisch=katholische Christen= um angenommen hatten, und auf jeden einzelnen Christen erhob das betreffende Land politischen Anspruch. Jede dieser einzigen Erscheinungen

wurde mit einer fabelhaften symptomatischen Bedeutung für das An=
wachsen des Einflusses dieses oder jenes Staates in China ausgestattet.

Etwas anders liegen die Dinge ja schließlich mit dem Import
von Waffen, Munition u. s. w., und es ist eine bekannte Thatsache,
daß speziell Deutschlands Kanonen=, Waffen= und Munitionsfabri=
kanten ein paar Jahrzehnte hindurch viele blanke Dollars aus dem
Lande der Mitte bezogen haben. Auch da wurde ausgerechnet, wie
groß die Beteiligung speziell des deutschen Imports nach China
sei, und es fanden sich Statistiker genug, welche aus dem Anschwellen
dieser Ziffern ein Anwachsen des deutschen Einflusses in China
herausbozierten. Es ist kaum zu sagen, zu welcher Verblendung
dieser Tanz um das goldene Kalb geführt hat im Hinblick auf die
allgemeinen politischen Nützlichkeitsrücksichten. Es ist in der That
ein von den Kulturstaaten verdienter Spott, wenn der „Simplicissimus"
einen fetten Chinesen hinter einem dicken Festungswall sitzen und die
europäischen Truppen mit europäischen Granaten beschießen läßt,
indem er ihnen zuruft: „Da habt ihr eure heiligsten Güter wieder!"

Vergegenwärtigen wir uns einmal kurz, was denn nun eigent=
lich als Resultat dieses Wettlaufs, sich bei der Erziehung Chinas
durch Staatsangehörige politischen Einfluß zu sichern, herausgekommen
ist. Ich will hier ganz schweigen von den negativen Resultaten,
die schließlich darin gipfelten, daß China uns heute mit eigenen
Waffen auf das beste bekämpfen gelernt hat. Ich will nicht davon
reden, daß es durch uns eingeführt worden ist in die moderne
Schule des Krieges, daß ihm von unseren Ingenieuren Eisenbahnen
gebaut, eigene Arsenale, Pulver= und Geschützfabriken eingerichtet
worden sind, und daß es befähigt ist, das schließlich doch nicht
gehaltene Importverbot von Waffen durch Ersatz aus seinen eigenen
Arsenalen und Pulverfabriken zu decken. Ich will nur sprechen von
den Erfolgen, welche die chinesische Industrie durch unsere Erziehung
gezeitigt hat, von anderen Erfolgen völlig zu schweigen. Wenn man
aber da das weite Land China überschaut, so bleibt der Blick nur
an einigen wenigen kümmerlichen Pünktchen hängen, die die Resul=
tate dieser durch Jahrzehnte hindurch währenden Bestrebungen bilden.
Während in Japan allerhand Industrie nach der neuen Schule

aufschoß, ist China industriell bei seinen alten liebgewordenen Er=
fahrungen geblieben. Wir haben z. B. in Tschifu eine Seidenfabrik,
die von einem Europäer nach europäischem Muster vor Jahren ein=
gerichtet wurde: sie ist bankerott geworden. Wir haben Europäer,
die in chinesischen Bergwerksbetrieben angestellt sind: auf allen
Wegen sind sie gehemmt, überall sind ihnen die Hände gebunden.
Denn der Chinese, der einmal Besitzer eines Bergwerkes ist, wird
sich kaum dazu verstehen, seinem europäischen Ingenieur so weit zu
folgen, daß dieser faktisch in der Lage ist, nach europäischen Grund=
sätzen und mit europäischer Intensität zu arbeiten. Es sind neue
Industrien in China eingeführt worden, wie z. B. die Verarbeitung
der Baumwolle in Shanghai. Man braucht nur die von Zeit zu
Zeit in ostasiatischen Zeitungen erscheinenden Berichte dieser Fabriken
zu lesen, um zu erkennen, auf wie schwachen Füßen dieser neue
Industriezweig steht. Und das ist eine Industrie, die zwar zum
großen Teil mit chinesischem Gelde arbeitet, aber doch unter aus=
schließlicher Leitung von Fremden. Der Chinese besitzt einen
so schlauen, aber natürlich nur einseitig geschulten Kaufmanns=
stand, daß der Aufbau eines europäischen Fabrikbetriebs auf den
unsicheren chinesischen Marktverhältnissen immer ein Wagnis ist,
auch für Europäer. Chinesen aber, wenn sie einmal europäisch
arbeiten, unterliegen natürlich denselben Marktverhältnissen wie
Europäer, sie beherrschen die Branche nicht, der vor allen Dingen
die Organisation des Marktes der Rohprodukte mangelt, begeben
sich in ausschließlich chinesischen Betrieben niemals ihrer Autorität
als Leiter derselben und werden infolgedessen häufig genug in Fias=
kos mit hineingezogen, wie sie z. B. das Fallit sämtlicher in China
arbeitenden Federreinigungsfabriken erzeugte. Sie verlieren den
Mut und gehen zu ihrer chinesischen extensiven Methode zurück, die
mit geringerem Verdienst, aber mit größerer Sicherheit arbeitet.
Vielfach wird der Generalgouverneur der Provinzen am Mittellauf
des Jangtse, der oft genannte Tschan=tschi=tung, als Beispiel an=
geführt; gewiß, die von ihm geleiteten Maschinenbauwerkstätten in
Han=yang, gegenüber von Hangkau, haben eine Art Berühmtheit
erlangt; aber niemand kann ableugnen, daß er selbst sich nicht zu

dem Standpunkte aufschwingen kann, den dort als Leitern beschäftigten Europäern die Möglichkeit zu bieten, dauernd nach europäischen Grundsätzen zu arbeiten.

Es ist in der That ein klägliches Resultat, das sich hier ergiebt: Arbeit von mehreren Jahrzehnten und die chinesisch-europäische Industrie und der chinesische Handel stehen eigentlich prinzipiell immer noch auf dem Standpunkte von vor dieser Zeit. Der Versuch, China zu einem europäischen Staat umzuformen, ist bisher mißglückt. Er ist gescheitert an der Unmöglichkeit, den von Grund auf anders gearteten chinesischen Charakter derartig zu schulen und zu bilden, daß er thatsächliches Verständnis bekommt für die Aufgaben einer europäischen Industrie und Kultur. Mag dieses auch in einzelnen wenigen hervorragenden Köpfen der Fall sein, so steht diese Minorität doch in schroffem Gegensatze zu dem Volke der Elastizität und des Anpassungsvermögens im benachbarten Japan. Freilich haben wir es hier nicht mit Mongolen zu thun, sondern mit einem malayisch-mongolischen Mischvolke. Daraus erklärt sich manches. Haben wir so einerseits die grundsätzliche Thorheit begangen, China unseren politischen Interessen entgegen militärisch und innerlich zu stärken, so haben wir uns auf der anderen Seite zwecklos lange Jahre hindurch abgemüht, China wirtschaftlich zu uns hinüberzuziehen. Bis jetzt ist das nicht gelungen; ob es je gelingen wird, ist eine Frage der Zukunft. Sie sollte am besten ganz ausscheiden aus dem Kreise der chinesischen Politik und aus der Reihe der Kriterien, die für die Beurteilung unserer eigenen Macht- und Interessenstellung innerhalb Chinas als maßgebend angesehen werden. Wir haben da viel gut zu machen, obwohl die Entwickelung schließlich noch nicht so weit gediehen ist, daß nicht manches wieder gut zu machen wäre. Solange wir als Unternehmer innerhalb Chinas auftreten können, mögen wir es thun, da haben wir unsern Verdienst dabei. Aber zwecklos erscheint es, China selbst den Verdienst, den wir zunächst abschöpfen könnten, in die Tasche zu spielen, und vor allen Dingen erscheint es widersinnig, diese Thätigkeit als eine besondere Ruhmesthat der Staatskunst hinzustellen.

4. Abschnitt.

Der chinesisch-japanische Krieg und seine unmittelbaren Folgen.

Auf die bisher geschilderte Weise wurstelte sich die ostasiatische Politik eine Anzahl von Dezennien weiter. Der ferne Osten spielte in der Politik der Völker noch eine ziemlich geringe Rolle. Die beiden einzigen außerasiatischen Völker, welche vitale Interessen an der Entwickelung in Ost-Asien besaßen, waren eigentlich nur Rußland und England. Speziell für Deutschland lag noch verhältnismäßig wenig Veranlassung vor, sich in seiner innern Politik groß von der ostasiatischen Politik beeinflussen zu lassen. Wenngleich das stetige Aufblühen des deutschen Handels in China den leitenden deutschen Staatsmännern keineswegs entging, so bildete doch die ostasiatische Frage in der großen Öffentlichkeit der damaligen Zeit nur einen kleinen Bestandteil des landläufig in den Zeitungen und am Biertisch erörterten politischen Materials. Es ist charakteristisch, daß selbst zu jener Zeit noch, als das viel erörterte Bild des deutschen Kaisers entstanden war, „Völker Europas, wahret eure heiligsten Güter!", die Presse daran weitaus mehr nebensächliche und gleichgültige Dinge kommentierte, während nur wenige Stimmen laut wurden, denen man ein wirkliches Verständnis anhörte für das, was das Bild eigentlich besagen wollte. China und Japan wurden noch vorwiegend im Feuilleton abgehandelt; es waren das Zeiten, in denen ein Chinareisender noch mit großen Augen angestaunt wurde, und das Publikum der damaligen Epoche gab den Nährboden ab, auf dem seichte und verständnislose Globetrotterberichte noch zu herrlicher Blüte gedeihen konnten.

Den eigentlichen Anstoß zu einem Umschwung in der Behand-

lung der oftafiatifchen Frage hat der japanifch=chinefifche Krieg ge=
geben. Er wirkte wie ein Gewitter, das die Luft reinigt und den
Blick klärt. Auf der einen Seite erkannte man Chinas Ohnmacht
troß der europäifchen Erziehungsverfuche, oder fagen wir richtiger
das Mißlingen diefer Erziehungsverfuche, auf der andern Seite wurde
man frappiert durch das Auftreten Japans. Der Eindruck, den
diefes auf die europäifchen Völker machte, verhalf dem Infelreich
beim großen Publikum zum Ritterfchlage. Das kam einerfeits in
überfchwänglichen Reifebefchreibungen zum Ausdruck, andererfeits
aber in einer größeren Referviertheit der politifchen und Handels=
kreife. Solange Japan noch das liebe Ziehkind war, wurde ihm
alles nachgefehen; feitdem es mündig geworden war, begann man
ihm die Großmannsallüren der Flegeljahre abzugewöhnen.

Das mußte Japan am empfindlichften fühlen nach dem bereits
erwähnten Friedensfchluß von Schimonofeki, bei dem zum erften=
mal europäifche Mächte es unternommen haben, dem allzu fchnell
aufwärts fteigenden Vogel die Flügel zu befchneiden. Auch hier
intereffiert uns das Militärifche nur infofern, als es unmittelbar im
Zufammenhang fteht mit der Verfchiebung der Politik der Mächte.
Den Anftoß gab Rußland, deffen oftafiatifche Politik zu jener Zeit,
wie zum großen Teil auch heute noch, unter dem Zeichen der Eifen=
bahnprojekte ftand. Urfprünglich hatte man die transfibirifche Bahn
an das Verkehrsneß des Amurbeckens anfchließen wollen. Diefes
war zum Teil bereits ruffifcher Befiß, und ruffifche Kultur und
Kolonifation war diefen Weg gewandert. So bilden die Nieder=
laffungen am Amur gewiffermaßen eine Oafenkette, die fich durch
das große fibirifche Urland hindurchzieht. Die großen Schwierig=
keiten aber, die der Bau der Bahnftrecke am Amur entlang bietet,
und die Erwägung daß der Amur felbft dort eine, wenn auch nur
notdürftige, Straße bildet, beftimmten Rußland, diefen Plan fallen
zu laffen. Vor allen Dingen aber war es der Wunfch, einen eis=
freien Hafen zu bekommen, der Rußland auf die Notwendigkeit des
Befißes der Mandfchurei oder Koreas hinwies. Große Hinder=
niffe hatten fich dem Vordringen Rußlands in Oft=Sibirien und
darüber hinaus nicht in den Weg geftellt, und fomit wurde auch

der Wunsch zur Annektierung der Mandschurei oder Koreas nicht durch besondere Befürchtungen eingeengt. Andererseits wiesen die geographischen Verhältnisse der sibirischen Bahn den Weg nach dem Golf von Petschili, und der Erwerb der Mandschurei wurde unter diesen Gesichtspunkten für Rußland einfach zu einer Notwendigkeit. Bereits vor dem Ausbruch des japanischen Krieges hatte der Plan, die Eisenbahn durch die Mandschurei zu legen, in den Kreisen der mit Sibirien und mit Rußlands ostasiatischer Politik Vertrauten greifbare Gestalt angenommen. Rußland hatte bereits eine Anzahl wissenschaftlicher Expeditionen ausgesandt, welche in der Mandschurei ihre Forschungen und Vermessungen anstellten, und stand auch bereits bezüglich der Konzession mit China in Unterhandlungen. Da kam der japanisch-chinesische Krieg. Hervorgerufen durch die Einmischung Japans in die auch Rußland auf das stärkste interessierenden Fragen Koreas und durch die Thatsache, daß China seine Oberhoheit über Korea nicht aufgeben wollte, veränderte dieser Krieg mit einem Schlage die gesamte Sachlage zu Ungunsten Rußlands. Der siegreiche Japaner bekam ganz Korea in die Hand, besetzte ebenso die Mandschurei und drohte sich auf dem Kontinente gerade an einer Stelle festzusetzen, deren Wegnahme Rußland von dem Ausbau seiner Eisenbahnpläne und von der Erreichung eines eisfreien Hafens abgeschnitten haben würde. Was ist natürlicher, als daß sich Rußland mit Händen und Füßen dagegen sträubte und sein Glück zunächst einmal auf diplomatischem Wege versuchte, indem es Deutschland und Frankreich bei dem eingeleiteten Verfahren als Eideshelfer benutzte!

Für uns ist das Wichtigste an dem chinesisch-japanischen Kriege, daß durch ihn die Augen der ganzen Welt und vor allen Dingen Deutschlands mit Macht auf den Osten gelenkt wurden, und daß seit jener Zeit eigentlich erst unsere moderne deutsche ostasiatische Politik in die Erscheinung getreten ist. In der Zeit unmittelbar nach dem japanischen Kriege wird von der Presse der ganzen Welt die chinesische Frage diskutiert; es werden neue Prinzipien aufgestellt, neue ostasiatische Probleme zur Debatte gebracht, es beginnt ein neuer, erregter Kampf um den Osten, der sich ganz und gar unterscheidet von dem vorhergehenden. Deutlich treten nunmehr die Absichten der einzelnen Staaten hervor, sich ein Stück der guten Beute, für die China galt, nach Offenbarung seiner scheinbaren Schwäche anzueignen. Die ostasiatische Frage fängt seit jener Zeit an, eine interne Frage der Weltpolitik zu werden. Ihr Objekt ist China, über das man nach Majoritätsbeschluß verfügt. Der „Politik der Aufteilung" tritt die „Politik der offenen Thür" bewußtermaßen gegenüber, beziehungsweise als Kompromiß zwischen beiden die „Politik der Interessensphären".

5. Abschnitt.

„Aufteilungspolitik", „Politik der Interessensphären" und „Politik der offenen Thür".

Wir nähern uns mit der Behandlung dieser Fragen den neuesten Abschnitten der ostasiatischen Politik. Die hier mitgeteilte Darstellung nimmt daher mehr und mehr das Recht für sich in Anspruch, als Sache der persönlichen Anschauung und Auffassung behandelt zu werden. Aktenmäßiges Material darüber ist nicht zugänglich und in absehbarer Zeit auch nicht zu erlangen. Man wird also den Wert der hier mitgeteilten Auffassungen, je nach der persönlichen Stellungnahme des Lesers, entweder in ihnen selbst oder aber in der Anregung zu suchen haben, die dem Leser gegeben wird, um überhaupt zu einer Klärung der hier behandelten Vorgänge zu gelangen. Denn eine verständige und verständnisvolle Stellungnahme in diesen Fragen ist dem Staatsbürger heute mehr denn je notwendig, in einer Zeit, in der eine kurzsichtige innere Parteipolitik im Begriff ist, die in einer mehr denn dreißigjährigen mühevollen Arbeit vorbereiteten Erfolge des gewerblichen Deutschlands in Frage zu stellen.

Man darf bei der Beurteilung der Stellungnahme der Vertragsmächte zu China besonders in der jetzt zu behandelnden Epoche nicht aus den Augen lassen, welche Motive die Staaten bewogen haben, an der Entwickelung der ostasiatischen Dinge ein intensives Interesse zu nehmen. Wir wissen alle, daß diese Motive zwar verschieden geartet sind und verschieden zum Ausdruck kamen, aber bei allen Vertragsstaaten kommen sie schließlich hinaus auf die Absicht, daß jeder einzelne für sich und seine Staatsangehörigen nach Möglichkeit die größten materiellen Vorteile aus seiner Chinapolitik herausschlagen will. Daß dabei das sogenannte „Prestige" nicht Selbstzweck, sondern schließlich auch nur Mittel zum Zweck ist leuchtet ohne weiteres ein.

Es ist also im Grunde einerlei, ob nun England seine Handels=interessen, Frankreich den Schutz der katholischen Christen in Ost=Asien, Deutschland den Schutz seiner Missionsinteressen in den Vordergrund rückt, ob Rußland China fortwährend seinen politischen Schutz offeriert; es ist gleichviel ob Japan sich andauernd bemüht, seine Staatsangehörigen in chinesische Verwaltungsstellen, besonders in Heer und Marine, hineinzuschmuggeln, ob die Vereinigten Staaten China gegenüber den Ton der Humanität und der Moral herrlich schwingen lassen oder ob die Italiener den besseren Teil ihrer kriegerischen Thätigkeit in China im Mausen von Hühnern und im Fortschleppen von Dingen finden, die zum Versilbern ge=eignet sind oder es nicht mehr nötig haben, weil sie nämlich schon von Silber sind — das kommt im Grunde alles auf eins hinaus; alle wollen etwas von China, nur daß der Eine diese Absicht etwas mehr cachiert, als der andere, um desto unbeobachteter in seine Tasche hinein wirtschaften zu können. Das Ziel ist schließlich bei allen dasselbe, nur über die Mittel und Wege ist man sich im Unklaren. Am radikalsten geht jedenfalls Rußland vor. Es geht gleich aufs Ganze, und wo es festsitzt, haben die andern ihre Rechte verloren.

Dafür werfen aber diese die Würfel über den Rest, wenngleich sich Rußland auch bei diesem Spiel noch besonders vertreten läßt und gern auf die Karten Frankreichs oder Belgiens setzt. Aber bei diesem Spiel wird wiederum mit List und Schlauheit verfahren. So erklären sich die verschiedenartigen Politiken, die seitens dieser oder jener Macht in Bezug auf China im Laufe der Jahre proklamiert worden sind. Sie haben schließlich zu einem Chaos der An=schauungen und zu einer Politik geführt, die gerade infolge der Menge der vorgeschlagenen Systeme, über die man sich übrigens niemals bindend geeinigt hat, eine Regellosigkeit im einzelnen er=zeugt hat. Wenn schließlich diese Regellosigkeit in den Zusammen=hängen nicht allzu sehr äußerlich zu Tage tritt, so liegt das eben

daran, daß die Intentionen der einzelnen Mächte im Grunde die=
selben sind: „Jeder für sich, Gott für alle". Der springende Punkt
bei alledem scheint mir aber zu sein, daß irgend welche bindende
progammatische internationale Abmachungen bezüglich der Politik
der Mächte China gegenüber bis auf den heutigen Tag nicht ge=
troffen worden sind. So ist es für die Allgemeinheit unverbindlich
und ziemlich gleichgültig, wenn von dieser oder jener Seite irgend
ein Programm zur Behandlung der chinesischen Frage proklamiert
worden ist oder vielleicht noch proklamiert werden wird.

Leider ist diese Auffassung nicht immer allgemein zum Be=
wußtsein gekommen, und es ist besonders in Deutschland zu be=
klagen, wenn das große Publikum wie schließlich auch die nicht
ausreichend informierte Presse in der ostasiatischen Frage nicht immer
die notwendige Vorsicht walten läßt. Selbst diejenigen Angehörigen
unseres Wirtschaftsstaates, die sich um auswärtige Dinge infolge
ihres Geschäftes oder infolge allgemeiner Interessen bekümmern,
leiden häufig genug unter dem Mangel an ausreichenden Infor=
mationen, und durch die Thatsache, daß die deutschen Zeitungen in
Bezug auf überseeische Nachrichten im allgemeinen ausschließlich auf
die englischen Depeschenbureaux und den Weltnachrichtenmarkt
London angewiesen sind. Ist es doch leider wahr, daß kein einziges
deutsches Depeschenbureau dauernd eigene direkte Kabelbepeschen
erhält, außer von London oder über London, einen mäßigen Kabel=
dienst aus Amerika abgezogen, den das Wolff'sche Bureau erhält.
Und ebenso können sich wenige deutsche Zeitungen den Luxus leisten,
in allen Weltteilen eigene Korrespondenten zu halten, auf deren
persönliche Qualitäten nun freilich auch noch außerordentlich viel
ankommt. Der Weg, auf dem die außereuropäischen Nachrichten
an das deutsche Leserpublikum gelangen, ist im allgemeinen der
folgende: In London sitzt ein Vertreter, manchmal auch ein ganzer
Redaktionsstab des deutschen Depeschenbureaus oder auch der
deutschen Zeitung, die sich einen solchen leisten kann. Diese Leute
haben die Aufgabe, die Depeschenzettel der englischen Kabelbüreaux,
vor allen Dingen des Reuterschen Bureaus, sowie die Ausgaben
der englischen großen Tageszeitungen sofort nach Erscheinen zu

5*

lesen und darin enthaltene Neuigkeiten eilends nach Deutschland auf telegraphischem oder telephonischem Wege hinüberzugeben. Das Wolff'sche Bureau zumal, — man bedenke, unser deutsches offiziöses Depeschenbureau — besitzt einen eigenen Kontrakt mit dem Reuter= schen Bureau, demzufolge es mit diesem seine Depeschen austauscht. Kleinere Depeschenbureaux und sonstige Mitläufer haben derartige Kontrakte im allgemeinen nicht und nehmen die Nachrichten einfach, wo sie sie finden. Andererseits sind die Leute, die diesen Dienst besorgen, auch keineswegs immer die fähigsten und sachkundigsten Journalisten. Es sind zum großen Teil journalistische Tagelöhner, ausgediente Offiziere u. s. w., jedenfalls oft Leute, bei denen es mehr auf zuverlässige mechanische Arbeit, als auf großes politisches Verständnis ankommt. Leider liegt ja bei uns in Deutschland das Reportertum so sehr im argen. Und doch beruht schließlich alle Beurteilung von Thatsachen und Verhältnissen auf der Nachricht, auf dem Was und Wie dieser Nachricht. Daß aber die beschriebene Art der Nachrichtenversorgung nicht gerade die weitgehendsten Garantien in der Hinsicht bietet, geht leicht aus dem Gesagten hervor.

Darin scheinen mir aber auch die Ursachen zu liegen für die Leichtigkeit, mit der in Deutschland für irgend welche auswärtigen Dinge Interesse gemacht oder verhindert werden kann, und mit der es möglich ist, daß sich Anschauungen beim Leserpublikum festsetzen, denen man häufig nicht einmal in England eine höhere Bedeutung beigemessen hat, als geistreichen Ideen oder Thesen. Es ist aber gar kein Wunder und den deutschen Journalisten in England schließlich auch kein Vorwurf daraus zu machen, wenn sie in der Beurteilung der Dinge, die auf dem Gebiete der auswärtigen Politik uns interessieren könnten, sich leiten lassen von dem größeren oder geringeren Interesse, das die englischen Zeitungen diesen Fragen zollen. Bedenkt man fernerhin, daß die Depeschen eines Bureaus, wie des Wolff'schen, in fast alle deutschen Zeitungen übergehen, und zwar unverändert in Inhalt und Form, so kann man sich leicht vorstellen, wie es möglich ist, daß sich Nachrichten und An= schauungen, die auf diesem Wege importiert sind, oft epidemienartig bei dem deutschen Leserpublikum festsetzen. Dieses ist sogar häufig genug dann der Fall, wenn die Nachrichten mit den eigensten Interessen Deutschlands kollidieren. Es fehlt eben dem deutschen Leser im Hinblick auf die auswärtige Politik außerordentlich an Kritik und politischer Schulung. Das ist eine Thatsache, deren Ernst wir uns leider nicht entziehen können, und die uns in auswärtigen Fragen schon manchen bösen Streich gespielt hat. In der Politik gilt aber mehr als anderswo das Wort: „Wo die Begriffe fehlen, da stellt ein Wort zur rechten Zeit sich ein", es entsteht schließlich ein Schlag= wort und jeder legt sich dieses dann nach seiner Weise aus, so daß als Resultat häufig genug gerade das Umgekehrte von dem heraus= kommt, was die Wahrheit ist. Eines der frappantesten Beispiele dieser Art ist es, daß es bis auf den heutigen Tag Politiker in Deutschland giebt, die den Jangtse immer noch als englische In= teressensphäre ansehen und es der Regieruug z. B. zum Vorwurf gemacht haben, daß sie durch ein Abkommen mit England dieser Auffassung definitiv den Boden entzogen hat. England posaunte seiner Zeit aus, der Jangtse sei englische Interessensphäre, obgleich kein Staat ihm jemals dieses Zugeständnis gemacht hatte; im Gegenteil. Aber in der englischen Presse wurde es als Thatsache behandelt, ging aus dieser als Thatsache in die deutsche Presse über, und es hat uns schwere Kämpfe gekostet, ehe wir diese An= schauung berichtigen konnten, was bis jetzt leider auch erst zum Teil gelungen ist. So ist es uns aber in der auswärtigen Politik oft gegangen, vor allen Dingen mit Ost=Asien. In die Kategorie dieser Schlagwörter müssen wir auch die Dreizahl verweisen: „Politik der offenen Thür", „Politik der Interessensphären", „Politik der Aufteilung". Bei Lichte besehen, sind sie nichts als Namen, Theorien, Programme, die von einzelnen Staaten, oft auch nur von einzelnen für die Regierungen unverbindlichen Politikern auf= gestellt worden sind, und die für die übrigen Staaten und Politiker höchstens die Bedeutung von diskutierbaren Theorien besitzen. Ja es läßt sich zu einem großen Teil nicht einmal bestimmt sagen, von wem diese oder jene Theorie denn faktisch zuerst aufgestellt worden ist. Freilich wurde sie stets von der offiziösen Presse auf=

gegriffen und diskutiert, man sprach darüber, und inzwischen thaten die Regierungen, was sie in Verfolgung ihrer Separatabsichten für thunlich und zweckdienlich hielten.

Leider aber haben durch diese Schlagwörter sich zahlreiche Personen des Handelsstandes, die als Pioniere der Politik zu betrachten sind, abhalten lassen, bestimmten Gebieten ihre Aufmerksamkeit zu schenken, von denen es hieß, sie seien die Interessensphären dieses oder jenes Staates, nur nicht Deutschlands. Zum Beispiel ist eine Fiktion, die gleichfalls weder von Deutschland, noch von einem andern Staat anerkannt worden ist, von Frankreich bisher mit Erfolg ausgenutzt worden, nämlich die, daß Frankreich besondere Vorrechte auf die industrielle Bethätigung, besonders in Minenangelegenheiten, in den Provinzen Kwangtung, Kwangsi und Yünnan besitze. Kein Staat, vor allen Dingen nicht Deutschland, hat diese Ansprüche jemals offiziell anerkannt, und doch hat diese fixe Idee bis zum heutigen Tage deutsche Unternehmer abgehalten, sich an die Ausbeutung der außerordentlich reichen Minendistrikte dieser Provinzen heranzumachen. Es waren gewissermaßen politische Wahnvorstellungen, die auf dem Wege über London der Menge eingeimpft wurden, häufig genug auf lange Jahre hinaus einen epidemienartigen Charakter annahmen und ein gesundes, zielbewußtes Vorwärtsschreiten deutscher Bethätigung im Auslande oft genug gehindert haben.

Man darf daher diesen Theorien mitsamt der auf ihnen beruhenden Politik auch hier in der Behandlung unter allgemeinen Gesichtspunkten nicht allzu große Bedeutung beimessen. Die drei hier zusammen behandelten Politiken haben keine andere Bedeutung als die von Mittelchen, die von den einzelnen an Chinas Entwickelung interessierten Mächten angewendet worden sind, um die eigene Stellung in dieser Interessengemeinschaft zu einer möglichst einflußreichen zu gestalten. Nur von diesem Gesichtspunkt aus würde ihnen eine Bedeutung beizumessen sein. Wie das im politischen Leben so geht, wurden sie je nach Bedarf einmal von dieser, einmal von jener Macht gebilligt oder doch nicht verworfen, je nachdem diese oder jene Annäherung erwünscht erschien, aber wohl immer zu anderen Zwecken, als um der Theorie selbst Geltung und Durchführung zu verschaffen. Sie bilden samt und sonders Mittel im Kampfe, die bald hier, bald da wie Koulissen zur Verwendung kamen, um die Illusion der uneigennützigen Absichten aufrecht zu erhalten. Wohl ist diese oder jene Theorie dann und wann auf den Schild erhoben worden. So wurde z. B. gelegentlich des Beginnes der gemeinsamen Aktionen der Mächte im Boxeraufstande durch das Rundschreiben des Grafen Bülow die Theorie als Grundlage proponiert und angenommen, daß China in seiner damaligen politischen Gestalt erhalten bleiben sollte. Aber das selbständige Vorgehen Rußlands in der Mandschurei ist der beste Beweis für meine Kritik dieser Theorien: sie sind alle nicht ernsthaft gemeint, kein Staat denkt daran, sich für alle Zukunft daran zu binden, keiner zur zwangsweisen Durchführung dieses Abkommens eine Hand zu rühren, es sei denn, daß er vitale Interessen dabei hätte, wie in dem angeführten Beispiele Japan. Es war eben ein Gedankenaustausch, eine internationale Resolution, welche eine Operationsbasis zu einem bestimmten Zwecke bilden sollte. Damit dürfte aber zugleich auch die Bedeutung aller der politischen Programme auf ihr Höchstmaß zurückgeführt sein, die bisher in der Zeit der Sturm= und Drangperiode, welche die Vertragsmächte mit China ausgestanden haben, bezüglich Chinas aufgestellt wurden. Es wäre in der That dringend zu wünschen, daß wir in Deutschland uns nicht durch irgend welche anderen bisher aufgestellten Theorien abhalten ließen, ganz China als Objekt unserer Betrachtungen, unseres Handels und unserer industriellen Thätigkeit anzusehen, besonders unbekümmert um die Interessensphären anderer Länder. Insofern ist die Politik der offenen Thür für uns augenblicklich diejenige, die uns die besten Handhaben bietet für eine freie Konkurrenz auf dem chinesischen Markte. Nur von diesem Gesichtspunkte aus werden wir dagegen protestieren müssen, wenn andere Staaten für sich bestimmte Interessensphären abgrenzen. Freilich wird diese Politik naturgemäß erst dann eine gewisse Bedeutung erlangen, wenn faktisch deutsches Kapital beziehungsweise deutsche Arbeitskraft sich in angeblich fremden Interessensphären

zu engagieren gedenkt. Natürlich wird die Regierung, wenn der=
artige Fragen an sie herantreten, immer noch von Fall zu Fall
zu entscheiden haben, ob sie es für zweckmäßig hält, den betreffenden
Unternehmern unbedingte und rückhaltlose Unterstützung, gegen wen
es auch sei, zu gewähren, oder ob nicht gewichtige politische Gründe
vorwalten, um in diesem oder jenem Falle davon abzusehen. Unter
allen Umständen aber möchte der Gedanke festgelegt werden, daß,
wie die Dinge gegenwärtig liegen, sich jemand, der Kapitalien in
China anlegen will, nicht abhalten lassen darf, etwa prinzipiell
irgend ein Gebiet Chinas aus seinen Kalkulationen als „fremde
Interessensphäre" auszuschließen, in der ihm grundsätzlich verwehrt
werden würde, Geld und Arbeitskraft anzulegen. Allerdings steht
es auf einem anderen Blatte und muß als Thatsache referiert
werden, daß — wenn irgendwo in China von einer faktischen Inte=
ressensphäre gesprochen werden kann, einer Interessensphäre, in
der ohne Zustimmung des betreffenden Staates von Angehörigen
anderer Staaten kein industrielles Unternehmen großen Stiles ins
Werk gesetzt werden kann — dieses Schantung ist. Ich wüßte in
der That keine Provinz Chinas zu nennen, die so unbestritten einer
bestimmten Macht anheimgefallen wäre — die Mandschurei viel=
leicht ausgenommen, die ich aber politisch bereits zu Rußland glaube
rechnen zu dürfen — als „unser" Schantung. Gegenteiligen Be=
hauptungen zum Trotz ist es so, und was Deutschland dazu be=
fähigt hat, ist seine Machtstellung unter den an Ost=Asien interes=
sierten Staaten, die durch seine Führerrolle während der letzt=
vergangenen Ereignisse in China nicht etwa gelitten, sondern ge=
wonnen hat, was vielleicht aus dem Folgenden noch mehr hervor=
gehen wird.

Es bleibt mir somit nur noch übrig, den Zusammenhang der
oben bezeichneten drei Theorien kurz anzugeben. Wir haben im
früheren Abschnitt gesehen, wie die ostasiatische Politik unter dem
Zeichen des englisch=russischen Gegensatzes steht und wie dieser
Gegensatz für lange Zeit beherrschend und ausschlaggebend war
für die Gesamtpolitik der Mächte bezüglich Ost=Asiens. Wir haben
ferner gesehen, wie England es versuchte, sowohl Japan wie China

dadurch, daß es beide Länder innerlich stärken wollte, zu Puffer=
staaten gegenüber der russischen Gefahr heranzubilden, wie diese
Versuche verschiedenartig ausgeschlagen, wie sie beide mißlungen
sind; bei China deshalb, weil es absolut unzugänglich war für
nichtchinesische Kultur, bei Japan deshalb, weil es allzu früh
mündig geworden und seinen Lehrmeistern etwas über den Kopf
gewachsen ist. Wir haben gesehen, wie schließlich dem Vorgehen
Englands sämtliche andere Staaten mit ausgesprochenen Handels=
interessen gefolgt sind, wie England die Verhältnisse aus den Händen
herauswuchsen, da es neben dem politischen Kampfe mit Rußland
auch noch den handelspolitischen Kampf mit den übrigen Mächten
im eigenen Lager aufnehmen mußte. Ein fortwährendes Abschließen
von Kompromissen, die durch neue Kompromisse wieder umgestoßen
werden mußten, bezeichnet die absteigende Bahn, auf der sich die
Bedeutung Englands in Ost=Asien bewegt. In Theorien war England
immer stark, und es ist wohl eine Thatsache, daß auch die drei
hier behandelten hauptsächlichen Theorien bezüglich Chinas mehr
oder weniger dem anglikanischen Lager entstammen. Als man sah,
daß man die Pufferstaatentheorie fallen lassen mußte, trat an Eng=
land die Notwendigkeit heran, sich mit seinen Gegnern und Kon=
kurrenten in anderer Weise abzufinden. Zu sagen, welche der drei
Theorien zeitlich die frühere war, ist kaum möglich; jedenfalls kann
die Politik der Aufteilung dem ganzen Verhältnis zwischen England
und Rußland entsprechend, nach dem japanisch=chinesischen Krieg, der
die Schwäche Chinas angeblich offenbarte, noch als die nächstliegende
bezeichnet werden. Diese Frage wurde lebhaft, freilich im allge=
meinen immer nur in englischen Blättern diskutiert; es erschienen
allerhand Vorschläge, unter denen gelegentlich auch wieder die Theorie
der Pufferstaaten in etwas anderem Gewande auftrat. So brachte
w. g. der „Graphic“ eine Karte, die einen derartigen Vorschlag
machte. Freilich sind diese Vorschläge eben nur englische Vor=
schläge; es darf daher nicht wunder nehmen, daß auf dieser
Karte die acht fruchtbarsten Provinzen Chinas als englisch be=
zeichnet wurden, daß Deutschland, Frankreich, Japan und Italien
je eine Provinz zugewiesen erhielten, und daß Rußland die Mongolei,

die Mandschurei und die Nebenländer zugedacht waren. Sechs mittlere Provinzen sollten als Pufferstaaten dienen. Dieser wunderliche Vorschlag traf in England auf viel Enthusiasmus, ließ aber die anderen Staaten, besonders Rußland, kühl; denn Rußland besaß zu jener Zeit bereits zum größten Teil ohne Englands Zustimmung und Anerkennung, was ihm dieses hier als ein Geschenk darzubringen gedachte. Die englische Politik hat sich überhaupt in der ostasiatischen Frage als höchst unfähig und krämerhaft erwiesen.

Die Politik der Aufteilung hat vor allen Dingen deshalb wenig Anklang gefunden, weil sie eine Anzahl von Ländern, die in Kolonialangelegenheiten nicht so weit wie England waren, gezwungen hätte, sich an politische Aufgaben heranzumachen, deren Lösung einen großen Aufwand erfordert hätte, ohne indessen von vornherein eine Amortisierung des Anlagekapitals besonders aussichtsreich erscheinen zu lassen.

Mit günstigeren Augen wurde bereits die Politik der Abgrenzung von Interessensphären angesehen. Sie wollte die politische Gestalt Chinas bestehen lassen und das Land derartig einteilen, daß die Angehörigen bestimmter Länder in bestimmten Provinzen besondere Vorrechte erhalten sollten, die sich auf Industrie und Bergbau, sowie auf Verwaltung bezogen, im übrigen aber an den Geldbeutel der Staaten keine größeren Ansprüche stellten. Es ist das Charakteristische an allen diesen Theorien, das man die Rechnung ohne den Wirt, d. h. ohne China selbst aufstellte, eine Thatsache, die späterhin den ganzen Wert dieser Theorien ohne weiteres als illusorisch erscheinen lassen kann.

Noch weniger Ansprüche an den Regierungsapparat und an aktive Leistungen der Staaten stellt die Theorie der offenen Thürpolitik, die nichts anderes ist als Freihandel und freie industrielle Bethätigung unter gemeinsamen gleichmäßigen Schutz der zu diesem Zwecke politisch vereinten an China interessierten Staaten. Ein Kind dieser Theorie war schließlich das geschlossene Zusammengehen der Mächte gelegentlich der chinesischen Wirren, aber dieses Kind war eine Mißgeburt. Es ist ja nun sehr schön und gut, wenn man versucht, sich zunächst unter einander bezüglich des Vorgehens

gegen China zu einigen, man hat aber dabei, wie bereits ange=
deutet, übersehen, daß doch schließlich China selbst auch noch ein
Wörtchen mitzureden hat. Anstatt sich über gemeinsame Maßnahmen
zu einigen, die in der Lage gewesen wären, den Widerstand Chinas
selbst absolut zu brechen, ist man gleich an die Teilung einer Beute
herangegangen, die man noch gar nicht gemacht hatte. Soweit wir
Deutschen dabei in Frage kommen, haben wir uns eigentlich
officiell allen diesen Vorschlägen gegenüber mit äußerster Reserve
verhalten. Wir haben in der Zeit, als die Theorie der Interessen=
sphären diskutiert wurde, diese Theorie benutzt, um uns in Schan=
tung festzusetzen. Als die Theorie der offenen Thür=Politik nachher
aufs Schild kam, waren wir natürlich nicht geneigt, von den hier
einmal erworbenen Vorrechten wieder abzugehen. Jetzt, da die
Politik der offenen Thür wieder einmal auf einige Zeit Mode ge=
worden zu sein scheint, wird uns dies natürlich nicht zwingen,
unsere Vorrechte in Schantung als unserer Interessensphäre aufzugeben,
kann uns aber auch nicht hindern, energisch gegen Vorrechte anderer
Staaten in anderen Provinzen zu protestieren, die nicht derartig
fest begründet sind. Die Politik Deutschlands hat demzufolge die
Feste gefeiert, wie sie gefallen sind, und so kommt es, daß unsere
Stellung aus diesem Widerspiel der Theorien in überraschend kurzer
Zeit als gefestigt hervorgegangen ist. Unsere deutsche Politik be=
züglich Ost=Asiens war bisher, soweit sie eben ausschließlich Politik
ist, mindestens eben so glänzend, wie die russische, und es muß
auch in Deutschland ausgesprochen werden, was längst die Auf=
fassung des Auslandes ist, daß diese thatkräftige und energische
Politik ausschließlich zurückzuführen ist auf die absolut klare und
initiativereiche Stellungnahme, die Kaiser Wilhelm II. in allen
diesen Fragen als spiritus rector eingenommen und durchge=
führt hat.

Es hat uns somit durchaus nichts geschadet, daß wir selbst uns
fern gehalten haben von Theorien, die uns eventuell die Hände
hätten binden können. Wir haben sie von außen an uns heran=
kommen lassen, sie benutzt, solange sie uns gelegen kamen, und
weggeworfen, sobald eine neue politische Konstellation dies erlaubte

ober bedingte. Durch diese ruhige und verständige Politik, die sich eigentlich jenseits jeglicher Diskussion im eigenen Lande abgespielt hat, ist beim deutschen Publikum freilich verhältnismäßig wenig Klärung erzeugt worden. Aber wir haben alle Ursache dazu, zu unserer ostasiatischen Politik, wie sie sich in den letzten Jahren herausgebildet hat, das vollste Vertrauen zu hegen, auch in den Fällen, in denen der Laie nicht ohne weiteres hinter die Absichten der Regierung sehen kann. Es ist in der Politik schließlich der beste Grundsatz, keine Grundsätze zu haben oder sie wenigstens nicht sehen zu lassen.

6. Abschnitt.

Die chinesische Frage eine interne Frage der Weltpolitik.

Das im vorigen Abschnitt geschilderte Chaos der auf China
angewendeten politischen Programme hat es in letzter Hinsicht ver=
schuldet, daß in der Diskussion über China dieses selbst als aktiver
Faktor stark in den Hintergrund trat. Der chinesisch=japanische
Krieg hatte der Welt die Augen darüber geöffnet, daß China mili=
tärisch bis dahin absolut unfähig war, einer modern ausgerüsteten
und geschulten Kriegsmacht auf die Dauer Widerstand zu leisten.
Wie man nun so häufig aus einem Extrem in das andere fällt,
so auch hier. Man begann China, das man bis dahin immer mit
zu großem Respekt betrachtet hatte, nunmehr allzusehr über die
Achsel anzusehen. China spielt in den Diskussionen der letzten
sechs Jahre eigentlich immer nur die Rolle eines willen= und
machtlosen Objektes, eines Dinges ohne eigene Impulse und Wider=
standskraft. So kam es, daß man darüber das Eine stark aus
dem Auge verlor, daß nämlich China in der ganzen chinesischen
Frage eigentlich doch den Hauptfaktor bildete, und daß man über
einen Gegenstand nicht eher losen kann, als bis man ihn faktisch
besitzt. Die Kehrseite dieser Erscheinung war nun freilich günstiger,
nämlich insofern, als man sich daran gewöhnte, die chinesischen
Fragen nicht mehr als Fragen einzelner Mächte China gegenüber
zu behandeln, sondern als interne Fragen der Weltpolitik, deren
Entscheidung bei der Gesamtheit der an China interessierten Mächte
liegt. Diese beiden Faktoren wirkten zusammen, um nach der einen
Richtung hin eine gewaltige Enttäuschung, nach der andern aber
die Festsetzung eines Grundsatzes herbeizuführen, der unter den
gegenwärtigen Verhältnissen als der einzig richtige betrachtet werden

kann. Das ist der Grundsatz, die Entscheidung über chinesische Angelegenheiten zum Gegenstande gemeinsamer Verständigung der Mächte zu machen. Ununtersucht soll hier bleiben, in welcher Weise sich die Mächte dabei das Gleichgewicht hielten. Festgestellt werden soll nur die schließliche Durchführung dieses Standpunktes, die freilich bereits beim ersten Male auf bedeutende Schwierigkeiten gestoßen ist, und zwar eben deshalb, weil dabei zu wenig die innere Kraft und Selbständigkeit Chinas in Rechnung gestellt wurde. Die chinesischen Wirren der letztvergangenen Jahre sind nichts weiter als der Versuch einer praktischen Anwendung des Grund= satzes, der in der chinesischen Frage eine interne Frage der Welt= politik sieht. Der Grundsatz ist auch zweifellos der richtige. Man hätte sich längst auf diesen Standpunkt stellen sollen, der schließ= lich in der Praxis nichts anderes bedeutet, als wenn ein einzelner Staat einem kulturell tiefer stehenden Lande seine Herrschaft oktroyiert, nur daß die Mächte sich hier erst zu einer Gesamtheit zusammen= thun mußten, um auf diesen primitiven Standpunkt zurückzukommen. Daß man zu dieser Einsicht gelangt ist, ist das Resultat des letzten Dezenniums, und man darf sich auch von der Verfolgung des nun einmal eingeschlagenen Weges nicht dadurch abbringen lassen, daß der erste Versuch zur Durchführung des als richtig erkannten Prinzips nicht nach Wunsch ausgefallen ist. Ein zweiter Versuch wird besser gelingen, [wenn man dabei den bis jetzt außer Acht gelassenen Hauptfaktor, China selbst, gebührend einschaltet.

Es war bereits ein Irrtum, anzunehmen, daß China durch seinen Mißerfolg im chinesisch=japanischen Kriege nichts gelernt habe. Es hat die Lehren vielleicht nicht in der Weise gezogen, wie man das in modern regierten Staaten zu thun gewöhnt ist, aber es sind doch einer ganzen Anzahl von patriotischen chinesischen Männern, die ein Interesse haben an der Entwickelung ihres Heimatlandes und die etwas mehr mit der Außenwelt in Berührung gekommen sind, die Augen geöffnet worden. So war einer der unmittelbarsten Erfolge der chinesischen Niederlage das Aufkommen der sogenannten Reformpartei, bei deren Nennung man besonders an den Namen Kang yu wei erinnert wird. Die Reformer, die auch den jungen

Kaiser Kwangsü mit Erfolg zu gewinnen suchten, waren freilich starke Enthusiasten und konnten nichts ausrichten gegen die nun einmal in China auf Grund der Verhältnisse tief eingewurzelten konservativen Anschauungen. Seiner Zeit ist von den Zeitungen die chinesische Reformbewegung als ein für die Interessen der Europäer günstiges Vorzeichen der selbständigen Erschließung Chinas lebhaft begrüßt worden. Man muß daran zweifeln, ob das berechtigt ist, denn eine Stärkung Chinas, wie sie seitens der Reformer beabsichtigt war, ist zweifellos zu gleicher Zeit eine Schwächung der Position der Mächte, wie sich aus dem Prinzip „die chinesische Frage eine interne Frage der Weltpolitik" ergiebt. Es ist für die Geschichte der Beziehungen der Handelsmächte zu China verhältnismäßig belanglos, wie die Reformbewegung im einzelnen eingesetzt hat und wie sie durch den Staatsstreich der chinesischen Regierungsverweserin, der Kaiserin=Witwe, sich gestaltet hat. Die Reformbewegung mit ihrem kurzen Aufflackern hat auf der Grundlage, auf der sie angelegt war, kaum nachhaltigen Eindruck hinterlassen. Ihre Grundlage war die Erschließung Chinas unter Nutzbarmachung der von den Fremden gewonnenen westlichen Kulturerrungenschaften. Jedenfalls wäre es verfehlt, die Reformbewegung in Zusammenhang zu bringen mit einer andern gleichfalls durchaus patriotischen Bewegung in China, wie sie sich im Boxeraufstand dokumentiert hat. Die Reformbewegung wollte sich europäische Kenntnisse aneignen, um mit diesen die Europäer selbst zu schlagen. Die Bewegung der letzten beiden Jahre dagegen hatte zum Ziel, die Fremden mitsamt ihrem Einfluß und ihrer Kultur durch die alte chinesische Kultur selbst zu bekämpfen und zu vertreiben.

Kurz soll noch erwähnt werden, daß die mehrfachen Versuche Japans nach dem chinesisch=japanischen Kriege, mit China zu einem Bündnis zu gelangen, gleichfalls gescheitert sind, und zwar ebensosehr an der Hartnäckigkeit der chinesischen Staatsmänner, die sich keine Bevormundung seitens Japans gefallen lassen wollten, wie an den Gegenmaßnahmen, die seitens einiger europäischer Mächte unternommen worden sind, um ein dauerndes Festsetzen Japans in China zu verhindern. Ich erinnere an das Angebot Japans vom

Jahre 1899, China die eroberte Flotte zurückzugeben, ein geordnetes Finanzwesen in China zu schaffen, sowie die gesamte Reform des chinesischen Militärs und der Marine durch Japaner vornehmen zu wollen. Der Versuch ist mißglückt. Sollte er einmal glücken, so haben wir alle Ursache, uns ihm gegenüber feindlich zu stellen.

Zu Beginn der Boxerunruhen ergaben die Verhältnisse folgendes Bild. Während Rußland von seiner Sonderpolitik China gegenüber nicht abging und dem gemeinschaftlichen Vorgehen der übrigen Mächte stets intriguanterweise ein Bein stellte, wurde auf der andern Seite immer wieder versucht, die ostasiatische Frage durch gemeinschaftliches Vorgehen, jedenfalls unter Schaffung eines ostasiatischen Gleichgewichtes zu lösen. Dieser Gesichtspunkt ist insofern hochwichtig, als er aller Voraussicht nach noch auf lange Jahre hinaus maßgebend sein wird für die Behandlung ostasiatischer und speziell chinesischer Fragen. So ist es gekommen, daß China heutzutage der Gradmesser geworden ist auch für das gegenseitige Verhältnis der Machtstellung der einzelnen Staaten innerhalb der Weltpolitik überhaupt. Die chinesische Frage gewinnt also nach zwei Richtungen hin Bedeutung, einmal in der eben erwähnten, und zweitens als chinesische Frage im engeren Sinne, insofern als diese sich in Einzelfragen teilt, deren Lösung von dem Vorgehen einzelner Staaten gegenüber China und ihrer Stellung im Konzert der Mächte abhängig ist.

7. Abschnitt.

Deutschland in China.

Speziell Deutschlands Stellung innerhalb der chinesischen Frage war bis zur Besetzung des Kiautschougebietes noch verhältnismäßig wenig politisch. Erst mit dem Augenblick, als Deutschland dem Vorgehen Englands, Frankreichs und Rußlands folgte und sich einen Gebietsteil als militärischen Stützpunkt seiner Interessen in Ost=Asien sicherte, trat es ein in die Reihe der Nationen, die im Vordergrund der chinesischen Frage und damit der brennendsten Frage der Weltpolitik stehen. Die Position, die Deutschland sich in der kurzen Zeit innerhalb dieser Staaten durch sein Vorgehen in China erworben hat, ist in der That frappierend. Vor wenigen Jahren noch kaum genannt, ist Deutschland in Ost=Asien immer vor= wärts gegangen, und seine Stellung wird treffend charakterisiert durch die Worte „Tsingtau" und „Jangtse=Abkommen." Es ist bezeich= nend, daß gerade Deutschland in der Folge während der gemeinschaft= lichen Aktionen der Mächte, die in das Treiben der chinesischen Politik eingegriffen haben, an die Spitze dieser Mächte trat. Man mag über die Vorteile und Nachteile, die sich für Deutschland aus der Übernahme des Oberkommandos ergaben, urteilen wie man will; die Thatsache ist jedenfalls unanfechtbar, daß es Deutschland ge= lungen ist, sich in wenigen Jahren eine derartige Machtstellung in Ost=Asien und in der Weltpolitik überhaupt zu erobern, daß die Staaten ihm, wenn auch gewiß nicht immer gern, den Vortritt lassen mußten. So viel hat der Verlauf des chinesischen Feldzuges ergeben, daß Deutschland bei den gegebenen Verhältnissen seiner Stellung unter allen Umständen Ehre gemacht hat. Ich nehme daher nicht viel voraus, wenn ich bereits jetzt auf Grund der in diesem 4. Buch behandelten Entwickelung erkläre, daß wir keine Ur= sache haben, uns darüber zu beklagen, wie wir drüben in Ost=Asien

„abgeschnitten" haben. Im Gegenteil, unsere Stellung ist gefestigter denn je und zwar — das ist das Wesentliche dabei — nicht bloß in Ost=Asien, sondern auf dem Erdenrund überhaupt. Die An= strengungen, die wir drüben gemacht haben, sind daher mehr auf das Konto unserer Weltmachtstellung überhaupt zu setzen, als auf dasjenige unserer Stellung in China. Wir dürfen daher gerechter= weise nicht so kalkulieren, daß wir fragen, ob wir unser Geld nun gerade von China wieder hereinbekommen. Die Ausgabe war notwendig auch wenn wir von vornherein hätten annehmen sollen, daß wir von China niemals einen Pfennig davon zurückerhalten würden. Es waren Repräsentationsgelder, die unser Prestige erforderte. Das ist die Bedeutung, die die chinesischen Wirren für uns Deutsche besitzen, und wir haben daher ein gewisses Recht, uns unter dem Wort: „Deutschland in China" etwas Kompaktes, reelle Werte, vorzustellen, die ihren Kurs behalten, auch wenn sie nicht auf einem großen Landbesitz mündelsicher angelegt sind.

Hält man diese Gesichtspunkte fest, so wird man auch die nach= folgenden mehr persönlichen Schilderungen richtig auffassen. Ich gebe nunmehr im folgenden eine Anzahl von Bildern, die frisch aus den Ereignissen selbst herausgegriffen sind. Natürlich gilt dies im allge= meinen nur von den Ereignissen, bei denen ich selbst aktiv beteiligt war. Der Vollständigkeit halber werde ich aber auch über diejenigen Hauptereignisse, deren Augenzeuge ich nicht selbst war, auf Grund besten Quellenmaterials, das gleichfalls von Augenzeugen stammt, referieren. Ich habe ja bereits früher ausgesprochen, daß es nicht meine Absicht ist, ein systematisches Werk über den chinesischen Krieg zu schreiben, sondern daß ich zufrieden bin, wenn man die von mir geschilderten Fakten als Material annimmt, als eine Art Quellensammlung, deren systematische Verwertung Berufeneren überlassen bleiben möge. Ich wende mich nunmehr der eigentlichen Schilderung der chinesischen Wirren zu, und zwar so weit sie für die Frage: „Deutschland in China" in Betracht kommen. Meine persönlichen Erlebnisse beginnen mit dem Eintreffen des ostasiatischen Expeditionskorps im fernen Osten. Ich werde daher zunächst nötig haben, um den Zusammenhang herzu= stellen, eine kurze Schilderung der vorhergehenden Ereignisse zu geben.

Zweites Buch.

Der Feldzug in China 1900/01.

1. Kapitel.

Der eigentliche chinesische Feldzug.

1. Abschnitt.

Die Boxerbewegung.

Definition eines Boxers. — Die ganze Bevölkerung war aufständisch, d. h. beteiligte sich an der fremdenfeindlichen Bewegung. — Fehler in der Behandlung der aufständischen Bevölkerung. — Die Organisation der Aufständischen. —
Verhältniß der „Boxer" zur chinesischen Regierung. — Verhältnis zum chinesischen Militär. — Die Boxer werden häufig zu gering geachtet. — Ein chinesischer Gewährsmann.

Was ist ein Boxer? — Die Antwort auf diese Frage war
und ist bis auf den heutigen Tag eine der schwierigsten Aufgaben,
selbst für den, der leibhaftige Boxer gesehen hat. Man klagt über
eine gewisse Unklarheit, die während des ganzen chinesischen Feld=
zuges lähmend gewirkt hat und auch auf das gemeinschaftliche Vor=
gehen der Mächte wie auf die Unternehmungen einzelner Detache=
ments Einfluß hatte. Ein Hauptgrund dieser Unklarheit lag in
der Unmöglichkeit, die eigentlichen Boxer zu erkennen. Zwar sagte
man allgemein, daß die Boxer sich rote Fäden und gelbes Papier
in die Haare flöchten und rote Schärpen trügen, daß sie sogenannte
Boxertänze aufführten, daß sie behaupteten, schuß= und hiebsicher
zu sein, die Gebäude der fremden Teufel mittelst eines einfachen
Strickes einreißen zu können u. s. w. Einer unserer deutschen Stabs=
offiziere erklärte mir sogar, als ich ihn um die Definition eines
Boxers bat, manche Boxer gingen in ihrem Fanatismus so weit,
auch ihre Hühner mit roten Fäden und Bändern zu schmücken.
Trotzdem ist es mir sehr schwer gefallen, an dem mit roten Bändern
im Schwanz herumlaufenden Federvieh den Eigentümer, d. h. den
Boxer im Dorfe zu erkennen.

Man geht wohl nicht fehl, wenn man annimmt, daß der Name Boxer in dem Sprachgebrauch, wie er sich nun einmal eingebürgert hat, weit mehr bezeichnet, als nur eine fanatische Sekte. Selbst die vollständig willkürliche Uebersetzung eines chinesischen Wortes, das ungefähr „große Faust" bedeuten soll,*) hat in Verbindung mit dem angeblich ursprünglichen Ziel der Boxergesellschaft im engeren Sinne, das in körperlicher Ausbildung, im Fechten und Turnen gipfelte, die Vorstellung erzeugt, als habe man es da mit Leuten zu thun, die à là Tommy oder Bobby in die Arena zu treten gewohnt sind; mir persönlich ist bei diesem verballhornisierten Ausdruck mehr denn einmal die Ideenassoziation von boxenden Känguruhs aufgetaucht. Die Boxer, mit denen wir es hier zu thun haben, sind doch wohl etwas anders zu charakterisieren, wenigstens wenn man danach urteilen will, wie sie in die Erscheinung getreten sind.

Gewiß, es giebt in China einen großen Hang zur Geheimbündelei, wie überall, wo die Regierungen nicht stark genug sind, ihn zu unterdrücken. Auch in China sind Geheimbünde häufig genug seitens der Regierung oder seitens einzelner Parteiführer am Hofe zu Sonderzwecken ausgenutzt worden. Trotzdem wäre es ein Irrtum, wenn man nun annehmen wollte, daß alle Leute, die in China gegen die Fremden gearbeitet haben, und die schließlich den Ausbruch der chinesischen Unruhen herbeiführten, auch sämtlich Mitglieder der Gesellschaft von der „großen Faust" gewesen seien. Aus der Geschichte des chinesischen Widerspruchs gegen die Eröffnung des Landes für die Fremden und aus der Thatsache, daß China von dem Standpunkt der Weigerung, die Fremden einzulassen, freiwillig niemals abgegangen ist, ergiebt es sich allein schon, daß diese konservativen Gedanken auf gewissen Stimmungen im Volke beruhen müssen, die im allgemeinen weit über das Wesen eines einzelnen Geheimbundes hinausgehen. Ich kann bezeugen, daß ich auf den zahlreichen und ausgedehnten Expeditionen, an denen ich während des Feldzuges in Petschili beteiligt war, keinen

---

*) Es bedeutet auch „großer Bund" und ist zu gleicher Zeit ein Ausdruck für Gerechtigkeit.

einzigen Boxer gesehen habe, der die oben angedeuteten Kennzeichen getragen hätte. Freilich behaupten einwandfreie Zeugen, daß sie bei den Kämpfen um Tientsin und auch in der Mandschurei Boxer mit echten Boxerabzeichen gesehen hätten. Im großen und ganzen aber haben die später nach Petschili gekommenen Okkupations= truppen mit Boxern in diesem Sinne kaum noch etwas zu thun ge= habt, wenigstens sind ihnen nur sehr selten solche zu Gesicht ge= kommen. Trotzdem haben wir eine Anzahl Gefechte mit Nicht= regulären gehabt, die nicht etwa Boxer in dem Sinne der gelben Papierstreifen und der in den Schwanz der Hühner eingeflochtenen roten Fäden gewesen sind, und die sich uns doch feindlich gegenüber gestellt haben, so daß wir nur mit den Waffen in der Hand und nach verlustreichen Kämpfen ihrer Herr werden konnten.

Es war, wie schon angedeutet, schlimm für uns, daß diese Unterscheidung einmal eingeführt war, und daß unsere Okkupations= kriegsführung und Säuberung der Provinz Petschili von Boxern und Regulären unter dem Zeichen dieser Unklarheit stand. Be= sonders bemerkbar war diese Unklarheit bei dem Zuge von Tientsin nach Pautingfu, sowie bei den später angeschlossenen Expeditionen um Tientsin herum. Der Fehler liegt in der Definition des Be= griffs „Boxer". Faktisch haben wir es zu thun gehabt mit einer im vollen Aufstand befindlichen Provinz, in der fast die ganze Bevölkerung sich an dem Aufstande be= teiligte. Solange die Truppen in unmittelbarer Nähe standen und drohend das Land in Schach hielten, erschien alles friedlich, friedliche Bürger reichten den Pferden der durchreitenden Truppen Wasser und den Reitern Kuchen und Thee. Wußten sich aber die Chinesen in der Uebermacht oder glaubten sie es zu sein, dann waren sie sofort wieder die alten heimtückischen Feinde. In den Erlassen der chinesischen Regierung wurde übrigens im Anfange auch nicht von Boxern gesprochen, sondern von „schlechten Menschen", die den Weisungen der Regierung Widerstand entgegensetzten und Unruhe stifteten. Das ist schon ein Zeichen dafür, daß auch offiziell seitens der chinesischen Regierung nicht ausschließlich die Boxerge= sellschaft als Trägerin des Aufstandes angesehen wurde. Die

ganze Bevölkerung der Provinz Petschili war es, die sich gegen die
Europäer stellte. Freilich sind es die Angehörigen bestimmter
Sekten, vor allen Dingen derer von der großen Faust und der be=
sonders in Schantung thätigen Sekte vom großen Messer gewesen,
die zum Aufstand reizten und als politische Agitatoren in Petschili,
Schantung und der Mandschurei herumgezogen, um die Massen
aufzuwiegeln. Doch darf diese Thatsache darüber nicht hinweg=
täuschen, daß wir uns bei unseren Expeditionen durch die zu enge
Definition des Wortes „Boxer" selbst in vieler Hinsicht die Hände
gebunden haben. Wenn der Erfolg unserer Expeditionen nicht der
wünschenswerte war, und man bereits während der Expeditionen
häufig von einer gewissen Schwäche im Vorgehen gegen die Auf=
ständischen reden konnte, so liegt das zum großen Teil darin be=
gründet, daß es den Heerführern nicht gegeben war, auf Grund
der ihnen gemachten Mitteilungen und Direktiven die Aufständischen
als solche zu erkennen und zu behandeln. Man hätte in der That
nicht nach Boxern oder Rebellen, d. h. Feinden der Fremden suchen
sollen, sondern einfach das ganze Land als aufständisch behandeln
und nicht die penible Unterscheidung zwischen guten und schlechten
Kerlen machen sollen, die doch nur in den wenigsten Fällen gelang.
Der Krieg verallgemeinert bekanntlich, ein Grundsatz, gegen den
sich in der Praxis nichts machen läßt, und diese Auffassung lag
wohl auch den Kaiserworten zu Grunde, die vom Pardon sprachen,
der nicht gegeben werden sollte, und von der Absicht, den Chinesen
eine derartige Achtung vor den Deutschen einzuflößen, daß es selbst
nach hundert Jahren keiner wieder wagen sollte, einen Deutschen
auch nur scheel anzusehen. Faßt man den Sinn dieser Worte
richtig, dann wird man auch finden, daß sie einen Standpunkt
vertreten, der vielleicht nicht der Theorie, aber der Praxis gerecht
wird, und ich habe es oft bedauert, daß dieser einzig richtige
Standpunkt in der Praxis keine Durchführung fand, und daß die
leitenden militärischen Kreise sich späterhin durch die sogenannten
Hunnenbriefe beeinflussen ließen, Konzessionen zu machen und von
dem ursprünglichen praktischeren Standpunkte sich abzuwenden.
Wäre dies nicht geschehen, so wären wir vielleicht weiter gekommen

und hätten auch durchaus nicht nötig gehabt, auf die politische
Agitation des Auslandes, die ja in jedem Falle zu erwarten war,
große Rücksicht zu nehmen. Der Erfolg würde uns gerechtfertigt
haben.

Ueber die Organisation der Aufständischen liegt verhältnis=
mäßig sehr wenig Material vor. Eine feste staffelförmige Organi=
sation, wie bei unserem Heer ist kaum anzunehmen; meistenteils
waren es einzelne Haufen unter eigenem Führer, der häufig von
der Boxer=Sekte gestellt wurde. Ich persönlich erinnere mich
speziell eines Falles, in welchem ein ganzes Dorf, d. h. die
männliche Bevölkerung, sonst ganz friedliche Bürger und Acker=
bauer, zu den Waffen griff und unter der Führung von einzelnen
als solchen bekannten Boxeragitatoren uns den Weg verlegte; das
ist geschehen bei Hophu.

Über das Verhältnis der Boxerbewegung zur chinesischen
Regierung sind die Akten auch noch nicht geschlossen; jedoch scheint
sich nach allem, was über dieses Thema gesammelt worden ist, die
Thatsache zu ergeben, daß die chinesische Regierung die Boxer=
bewegung, d. h. den fremdenfeindlichen Aufstand direkt und grund=
sätzlich protegiert hat. Daß diese Gelegenheit von Raufbolden und
Räubern, deren es in ganz China Legionen giebt, benutzt wurde,
um auf eigene Faust im Trüben zu fischen, Beute zu machen,
Mandarinen festzusetzen und gegen Lösegeld wieder loszulassen, darf
durchaus das Bild nicht irritieren, das wir uns von der Boxer=
bewegung und von dem Verhalten der Regierung den Boxern
gegenüber machen; derartige Vorkommnisse sind in China an der
Tagesordnung, und um ihnen zu steuern, dazu bedarf es keines
Truppenaufgebots fremder Mächte: die chinesische Regierung ist
damit im allgemeinen selbständig und recht gut fertig geworden.
Daß einzelne Hände sich während des Boxeraufstandes gegen die
Regierung erhoben haben, entkräftigt daher die Thatsache nicht, daß
die Boxerbewegung unter dem besonderen Schutz und der besonderen
Initiative maßgebender Mitglieder des Pekinger Hofes gestanden hat.

Das Verhältnis der Boxer zum chinesischen Militär ist leicht
zu charakterisieren, sie waren Bundesgenossen — organisatorisch

natürlich getrennt. Während des eigentlichen chinesischen Feldzuges, vor der Okkupation der Provinz Petschili, haben chinesische Truppen mit den Boxern Schulter an Schulter gefochten; speziell die Seymour-Expedition weiß davon interessante Details zu berichten. Zuerst waren es die Boxer, welche als Feinde auftraten; das Militär trat späterhin dazu. Über eine Unterordnung und organische Verbindung von Boxerhorden und Militär ist zu wenig bekannt geworden, als daß man daraus allgemeine Beobachtungen hätte ziehen können.

Wir brauchen uns gar nicht mit der Frage zu beschäftigen, wie der Boxeraufstand sich in China so ausbreiten konnte und wie er aufgezogen wurde. Es ist Thatsache, daß er nichts weniger ist als der Ausdruck einer gewaltigen fremdenfeindlichen Stimmung, die in China seit langen Jahren, eigentlich überhaupt solange wie wir das Land kennen, bestanden hat. Sich besonders über die Schuftigkeit der Boxer den Fremden gegenüber aufzuregen, ist vollkommen überflüssig. Die Boxer in dem Sinne, in dem ich von ihnen sprach, sind in der That eine gewaltige chinesische Patriotenpartei, und will man objektiv bleiben, so muß man diese Thatsache anerkennen. Natürlicherweise brauchen wir uns durchaus nicht abhalten zu lassen, ihre grausame orientalische Kampfesweise für unzivilisiert zu erklären und sie mit Feuer und Schwert zu bekämpfen, da dieses eben im Selbsterhaltungsinteresse der Mächte begründet liegt. Immerhin darf man sich wundern, daß es heute noch Leute giebt, die über die fremdenfeindliche Bewegung urteilen, als wenn sie gar nichts zu bedeuten hätte. Die Bewegung war zu mächtig und wurzelt zu nachhaltig in der chinesischen Volksseele, als daß man sich der Hoffnung hingeben dürfte, es sei mit diesem erstmaligen Niederwerfen des Aufstandes ein für allemal gethan. Um nur Oel auf die Wellen zu gießen, hat man zuviel, um China niederzuzwingen, zu wenig gethan; das Resultat ist Stückwerk.

Es hat genug Leute gegeben, die die Boxerbewegung als eine große fremdenfeindliche Bewegung vorausgesehen und energisch auf diese Thatsache hingewiesen haben. Das waren nicht allein Europäer, es waren auch Chinesen selbst. Man war aber zu jener Zeit, als man über China wie über den Rock Christi die Würfel warf, noch viel zu sehr in seinem Kulturdünkel befangen, als daß man derartigen hochwichtigen Symptomen Beachtung geschenkt hätte. Die Stimmen vernünftiger Leute, die immer wieder darauf hinwiesen, hat man nicht gehört oder nicht hören wollen; im Gegenteil, man hat den unliebsamen Warnern eher den Mund zu stopfen versucht. Das war ein großer Fehler. Freilich läßt sich das von heutigen Gesichtspunkten aus ganz leicht sagen, und ich selbst muß gestehen, daß ich nicht in der Lage wäre, die Mittel anzugeben, die unter damaligen Verhältnissen ergriffen werden mußten, um der Boxergefahr und dem Fremdenhaß der Chinesen energisch vorzubeugen. Ich bin vielmehr der Überzeugung, daß es erst einmal zum Ausbruch von Unruhen kommen mußte, ehe der Welt als solcher die Notwendigkeit vor Augen trat, daß unser in Ost-Asien viel bedeutendere und schwerwiegendere Aufgaben harren, als solche, die im Feuilleton abgehandelt zu werden pflegen. Wer als Löwe des Balles gelten will, muß im Tanzsaal erscheinen, so geht es auch in der Politik. — Als ein interessanter Beleg für das Gesagte sei eine Äußerung aus dem Werk des chinesischen Zensors, Admiral Yü lin, und des früheren chinesischen Gesandten in Washington, Hsu Ching chu, „Das nachsichtige Auftreten gegen die Fremden" zitiert. Sie ist wiedergegeben in dem Buch des Leutnant z. S. CoucheronAmot: „Durch das Land der Chinesen".*)

Die Stelle lautet:

„Den Umgang mit den Ausländern kann man mit einer chronischen Krankheit vergleichen, die uns verhindert, das zu thun, was wir in gesundem Zustande thun würden. Seit dem Abschluß der Verträge hat China auf mancherlei Weise gelitten. Man vergleiche z. B. die Verträge Englands und Amerikas mit den unsrigen! Desto schlimmer, wir sind hilflos, gerade jetzt. Man darf jetzt nicht vom Kriege sprechen, da wir noch von den Opiumkriegen und der Taipingrevolution her geschwächt sind. Es würde nur dazu dienen, Territorium einzubüßen. Daher ist es von Wichtigkeit, daß wir

---

*) Leipzig 1898, Baum.

nachgeben, bis wir zum Kriege vorbereitet sind. Jede der großen Nationen trachtet nach chinesischem Gebiet; wenn sie erst einen Hafen haben, verlangen sie nach mehreren. Nur gegenseitige Eifer=sucht und teilweise internationales Gesetz legten ihnen Zügel an, nicht das chinesische Heer und die Flotte. Die europäische Eifer=sucht und Uneinigkeit sind ein Vorteil, den der Himmel China sendet, daß es sich vorbereiten kann. Wenn alles zum Kriege vorbereitet ist, dann werden wir mit einem Schlage die Vergangenheit rächen."

Coucheron=Amot fügt zu dieser Auslassung des Chinesen hinzu: „Diese Äußerungen glaube ich als einen korrekten Ausdruck der chinesischen Politik der Neuzeit ansehen zu können, und es würde ein Erfolg für beide Teile sein, wenn die Nationen des Westens sie ad notam nähmen und ihr Auftreten danach richteten."

2. Abschnitt.

Chinas Wehrkraft.

Polizeitruppen. — Kriegsdjunken. — Chinas moderne Armee. — Die Flotte. — Mangelhafte Offiziersausbildung. — Erfolglosigkeit der Tientsiner Marineschule. — Chinas seefahrende Bevölkerung. — Das alte mandschurische Bannerheer. — Die nach europäischem Muster ausgebildete Landarmee. — Yuanschikais Elitetruppen. — Warnung, das chinesische Heer zu unterschätzen. — Persönliche Tapferkeit der Chinesen. — Chinas Fortifikationen. — Ersatz von Kriegsmaterial durch Fabrikation im eigenen Lande. — Geringe Wirkung des Waffeneinfuhrverbots. — Der kompakte Landbesitz Chinas, eines seiner besten Verteidigungsmittel.

Es ist nicht meine Absicht, an dieser Stelle mit trockenen statistischen Aufzählungen und Daten aufzuwarten, die man in jedem neueren Konversations=Lexikon ziemlich zuverlässig nachlesen kann. Ich will nur einige allgemeinere Worte sagen über die Wehrkraft Chinas, wie sie sich äußert in der chinesischen Flotte, der Landarmee, in den Fortifikationen zur Verteidigung des Landes sowie in den Anlagen, die zur Bewaffnung und Ausrüstung der chinesischen Heeresmacht dienen. Wir müssen bei der chinesischen Flotte wie überhaupt bei der ganzen Bethätigung der Wehrkraft Chinas unterscheiden zwischen ursprünglich chinesischen Institutionen und zwischen Institutionen nach europäischem Muster. Die ursprünglich chinesischen Institutionen dürften kaum irgendwo im Zusammenhang behandelt sein, es fehlt jedes glaubwürdige statistische Material darüber. Jedoch wäre es verfehlt, aus diesem Grunde annehmen zu wollen, daß dieser rein chinesische Teil der Wehrkraft Chinas jeglicher Bedeutung entbehre. Man darf nicht übersehen, daß der gesamte ausgedehnte Apparat, der heute in China innerhalb des gewaltigen Landes Ordnung hält, bis auf den heutigen Tag noch eine rein chinesische Institution ist. Wir wissen selbst, was für ein Aufgebot von Polizei

dazu gehört, um in einem nach modernen Gesetzen und Prinzipien
regierten Staate die Ordnung und Ruhe aufrecht zu erhalten.
Wenn man bedenkt, daß wir es hier mit einem Staate zu thun
haben, der nicht in dem Maße ein festes Gefüge bildet, wie ein
europäischer, so wird man vielleicht allein schon aus dieser Erwägung
heraus sich eine Schätzung erlauben dürfen über den Apparat, den
China braucht, um die Gesetze des Landes im Innern durchzuführen.
Es wäre falsch, wollte man dabei etwa von dem Gesichtspunkte
ausgehen, daß China im Innern ein wenig zivilisiertes Land sei.
Im Gegenteil, die Stellung der chinesischen Regierung in ihrem
eigenen Lande ist weitaus gesicherter und kräftiger, als man im
allgemeinen anzunehmen pflegt, trotz mehrfacher Mißstände, die in
der innern Verwaltung Chinas zum Ausdruck kommen. Zur Auf=
rechterhaltung der Ordnung im Innern Chinas besitzt jeder General=
gouverneur und dann staffelförmig jeder Verwaltungsbeamte
bis zum Dorfmandarinen herunter eine von ihm selbst bestellte
Polizeimacht, die häufig genug im Kampfe mit chinesischen Räubern
Mut und Kraft zu erproben hat. Allerdings fehlt hier die Or=
ganisation; wäre sie vorhanden, so würde eine solche Polizeimacht
allein bereits einen bedeutenden Faktor der inneren Stärke und
Kraft Chinas repräsentieren. Ich scheide jedoch diesen ausschließlich
für innere Verwaltungszwecke dienenden Apparat aus. Er besteht
außer den bereits erwähnten Polizisten, die häufig, z. B bei großen
Höfen von Generalgouverneuren, eine recht erkleckliche Anzahl bilden,
noch in den besonders durch ganz Mittel= und Südchina bis in die
kleinsten Flußläufe hinauf verteilten Kriegsdjunken. Diese Djunken
sind meistenteils bestückt mit kleinen Kanonen ältester Konstruktion,
die in der Praxis kaum von Bedeutung sein dürften; der Schreck=
schuß thut beim Chinesen in manchen Fällen schon seine gute Wir=
kung. Dennoch erinnere ich daran, daß wir bei dem Gefechte bei
Hophu aus solchen Mörsern, sogar mit Erfolg, beschossen worden
sind. Im übrigen trägt die Besatzung der Djunken das durchweg
in der chinesischen Armee eingeführte Kleid. Es unterscheidet sich
im wesentlichen nicht von dem des Bürgersmannes, nur ist die
Jacke mit verschiedenen Farben eingebordet, und der Polizeisoldat

trägt auf Brust und Rücken ein rundes Schild, auf dem seine Zu=
gehörigkeit verzeichnet ist, etwa wie das bei unserem Militär durch
die Achselklappen geschieht. Diese Polizeimacht ist hin und wieder
auch in Petschili gegen europäische Soldaten zur Verwendung ge=
kommen. Der Mangel an Disziplin und Organisation jedoch hat
ihnen niemals eine große Bedeutung verliehen. Aus diesen immerhin
etwas, natürlich nur nach chinesischer Manier, geschulten Leuten
rekrutierte sich ein Teil der Anführer in den Wirren. Freilich konnte
man gerade bei ihnen sicher sein, daß sie ihre Führerrollen auf
die schnödeste Weise zum Nachteil und zu Erpressungen von ihren
eigenen Untergebenen und unter einander ausnützen würden.

Die Wehrkraft Chinas im eigentlichen Sinne, d. h. soweit diese
im Kriege gegen äußere Feinde verwendet wird, kommt nur in
Frage bei der mehr oder weniger nach modernem Muster aus=
gebildeten Armee. Was die Seestärke Chinas anlangt, so besaß
es vor dem chinesisch=japanischen Kriege ein recht gutes, modernes
Geschwader, das sich teilte in eine Nord= und eine Südflotte. Die
Nordflotte ging während des erwähnten Krieges an Japan verloren;
die Südflotte, die weitaus minderwertiger ist, besteht heute noch
und zwar im wesentlichen aus kleinen Torpedobooten, fälschlich
oft als Kanonenboote bezeichnet, die meistenteils in der Nähe von
Kanton stationiert sind. Soviel meine Nachforschungen ergaben,
gehört zu dieser Südflotte eigentlich nur ein Kreuzer, der mindestens
dreißig Jahre alt ist und im übrigen wohl kaum für irgend jemand
anders als für seine eigenen Insassen gefährlich werden dürfte.
Nach dem chinesisch=japanischen Kriege ist auf Betreiben besonders
des verstorbenen Li hung tschang ein neuer Flottenplan für China
aufgestellt worden; es blieb jedoch bei der Bestellung einiger weniger
Kreuzer, die an Stelle des sogenannten Nordgeschwaders geführt
werden, obgleich ein solches offiziell noch nicht wieder eingerichtet
worden ist. Die wenigen modernen Schiffe, die China bis in die
neueste Zeit zur Verfügung hatte, und deren Zahl durch den
Verlust der vier schönsten in Deutschland gebauten Torpedobootzer=
störer, die von den Mächten vor Tongku gekapert worden sind,
noch stark vermindert worden ist, wären unter europäischen Verhält=

nissen durchaus nicht verachtenswert; es sind Schiffe neuerer Kon=
struktion, die freilich unseren neuesten Schiffen nach Art der „Hansa",
„Herta", des „Fürst Bismarck" u. s. w. nicht gleichkommen. Was der
chinesischen Flotte jedoch ihre Bedeutung nimmt, ist die mangelnde
Ausbildung der Besatzung, in erster Linie der Offiziere. Zwar ist
durch europäische und speziell durch deutsche Instrukteure in Tientsin
eine Marineschule für Chinesen errichtet worden, mit der Idee, hier
die künftigen Offiziere für die chinesische Flotte auszubilden. Doch
liegt es in der Natur des Instituts begründet, daß der Erfolg in=
sofern ziemlich fraglich ist, als die entlassenen Schüler der Marine=
schule nicht in höheren Stellen verwendet werden. Diese sind alle
im Besitz irgend welcher Generäle oder Günstlinge; mögen sie etwas
von der Schiffahrt verstehen oder nicht, sie erhalten die Komman=
dantenposten der Schiffe. Die Offizierstellen werden nach ihrer Gunst
besetzt und die fachmännisch ausgebildeten Leute werden in subalternen
Stellungen verwendet, wo sie ihre Kenntnisse nicht verwerten können.
Durch dieses System kommt es auch, daß unter den Offizieren der
chinesischen Marine genau dieselben Unsauberkeiten, Unterschleife,
Bestechungen, Squize vorkommen, wie man das in ganz China bei
den Beamten gewöhnt ist. Ich erinnere nur an das Eine, was
sich im chinesisch=japanischen Kriege herausstellte, daß der Komman=
dant eines Kreuzers die für Anschaffung von Munition u. s. w. ihm zur
Verfügung gestellte Summe einfach unterschlagen und die Pulver=
kammern statt mit Munition mit Erbsensäcken hatte füllen lassen.
Das sind keine Märchen, sondern Fakten, die nicht vereinzelt da=
stehen. Würde China thatsächlich einmal dazu übergehen, sich zu
einer Seemacht herauszumausern, so dürfte gar kein Zweifel sein,
daß das Menschenmaterial, das ihm zur Verfügung steht, dazu
ganz hervorragend geeignet ist. China besitzt an seiner sehr langen
Küste eine geübte seefahrende Bevölkerung. Die große Mehrzahl
der in Ost=Asien verkehrenden europäischen Handelsdampfer hat eine
Besatzung, die mit Ausnahme der Offiziere durchweg aus Chinesen
besteht. In Südchina auf den großen Flußläufen, auf denen sich
ein ganz bedeutender Dampfpinassenverkehr findet, sind die Führer,
Maschinisten, Matrosen u. s. w. sämtlich Chinesen. Freilich ist es hier

wie dort: auch ihnen fehlt die Durchbildung; meistenteils sind
es Leute, die als Arbeiter auf den großen Dockanlagen in
Hongkong und Shanghai gearbeitet haben und denen dann ein
kleiner Dampfer anvertraut worden ist, der allerdings häufig genug
von ihnen durch schlechte Behandlung des Kessels und der Maschinen
in kurzer Zeit zu Grunde gerichtet wird. Darüber kann aber
kein Zweifel sein, daß das Menschenmaterial, das China für eine
Bemannung seiner Marine stellen könnte, der Besatzung der europäischen Marine an Tüchtigkeit nicht viel nachstehen würde.

Die Landmacht Chinas teilt sich in zwei Kategorien, in das
alte mandschurische Bannerheer und in die nach neuem System ausgebildete Armee. Die alten Mandschu-Bannerheere sind gewissermaßen Bürgerwehren, nur daß sie eben ausschließlich aus den
Nachkommen der alten Eroberer bestehen. Die Offiziers- und auch
die gewöhnlichen Soldatenstellen sind verbunden mit gewissen Vorrechten und Privilegien vor den übrigen angeworbenen chinesischen
Soldaten. Oft genug sind die Offiziersstellen herabgesunken zu
einfachen Pfründen. Dieser Umstand setzt der Ausbildung chinesischer
Truppen nach europäischem Muster ein starkes Hindernis entgegen,
und vor allen Dingen wird die Finanzkraft Chinas, soweit sie zur
militärischen Stärkung flüssig zu machen wäre, dadurch absorbiert,
daß diese Klasse, ohne etwas dafür zu leisten, die Pfründen in die
Tasche steckt.

Die nach europäischem Muster ausgebildete Armee läßt noch
genug zu wünschen übrig. Die einzige Armee, die mit unseren
Truppen an Organisation und Einheitlichkeit der Ausrüstung wie
allgemeiner Schulung zu vergleichen wäre, ist die Armee des bisherigen Gouverneurs der Provinz Schantung, Yuanschikai, die nach
Abzug der Truppen aus Petschili in Peking als Besatzung eingerückt ist. Yuanschikai bietet zwar durchaus nicht die Garantieen
dafür, daß er nun, wie häufig angenommen wird, in fremden-
speziell deutsch-freundlichem Sinne seine Armee benutzen werde; jedenfalls ist er aber ein Mann, der weiß, mit wem er es zu thun hat,
und der die europäischen Hilfsmittel, eben weil er sie durch die
Deutschen in Schantung persönlich kennen gelernt hat, nicht unter-

schätzt. Man kann daher mit ihm als einem Faktor rechnen, der etwas sicherer ist, als die übrigen chinesischen Generäle. Er hat sich während seiner Thätigkeit in Schantung einer gewissen Beliebtheit bei den Deutschen erfreut, jedoch darf man auch da die Sympathien nicht zu weit gehen lassen. Er hat z. B. in der Regelung von Minenangelegenheiten und anderen Dingen bewiesen, daß es ihm nicht darauf ankommt, Verträge und Abmachungen mit derselben Schlauheit zu verdrehen, wie man das sonst von chinesischen Diplomaten gewöhnt ist.

Über die Dislocierung der chinesischen Landarmee kann man gleichfalls an anderm Ort das Nähere nachlesen, ich möchte nur auf eines aufmerksam machen, was leider bei der Beurteilung des chinesischen Militärs häufig genug zu schiefen Anschauungen Veranlassung gegeben hat. Im allgemeinen unterschätzt man das chinesische Heer zu sehr. Wer nur die Okkupation in Petschili mitgemacht hat, ist kaum in der Lage, den chinesischen Soldaten zu beurteilen, da er ihn einfach nicht kennen gelernt hat. Anders derjenige, der während des eigentlichen chinesischen Krieges, des Seymourzuges, der Kämpfe um Tientsin u. s. w. mit regulären chinesischen Truppen in offener Feldschlacht gefochten hat. Von vielen hört man häufig genug hochfahrende Urteile über den Chinesen als Soldaten. Es steht das in einem oft geradezu lächerlichen Gegensatz zu dem Eifer, mit dem dieselben Leute, wenn sie einmal mit Chinesen ins Gefecht gekommen waren, von Heldenthaten zu berichten wußten. Es heißt nicht allein seine eigenen Siege herabsetzen, wenn man den Feind herabsetzt, es entspricht auch ganz einfach den Thatsachen nicht, wenn man das in diesem Falle thut. Der chinesische Reguläre ist durchaus kein verachtenswerter Feind, er hat sich speziell mit den deutschen Truppen ernstlich und kräftig geschlagen. Es ist kein Wunder, daß die ausgezeichnete Schulung, die den deutschen Truppen bereits für europäische Verhältnisse den Vorrang sichert, schließlich auch den Chinesen gegenüber den Sieg davon getragen hat. Aber auch von Chinesen sind Heldenthaten geleistet worden; ich erinnere an die Gefechte bei Taku, bei Szekingkuan an der großen Mauer, sowie an die Gefechte der Pawelschen Ex-

pedition in Nordpetschili. Später ist es sogar vorgekommen, daß
ein deutsches Bataillon sich von den Chinesen in eine Falle locken
ließ, aus der es nur mit einer Schlappe und unter überflüssigen
Verlusten wieder herauskommen konnte. Es ist das geschehen in
den letzten Kämpfen im vergangenen Sommer, als man bereits
eine reiche Erfahrung den Chinesen gegenüber besaß oder zu be=
sitzen glaubte. Auch hier kann ich nur wiederholen, was ich bereits
bei der Marine gesagt habe, daß die Chinesen im allgemeinen ein
gutes Material abgeben für den Kriegsdienst. Der Mangel an
Ausbildung, an Schulung und Disziplin darf darüber nicht hinweg=
täuschen. Alle Militärinstrukteure und alle Leute, die chinesische
Kompagnien eingerichtet haben, darunter Deutsche und Engländer,
stimmten darin überein, daß der Chinese ein ausgezeichneter Soldat
ist. Vor allen Dingen bewundernswert ist eine Eigenschaft, die
besonders bei der Infanterie von größtem Wert ist, nämlich die
Fähigkeit, große Strecken zu marschieren. Hieß es doch von uns
im deutsch=französischen Kriege, daß dieser im wesentlichen gewonnen
worden sei durch die Marschfähigkeit unserer deutschen Soldaten.
Ich muß gestehen, ich habe selbst später in Schantung Leistungen
im Marschieren beobachtet, welche die Durchschnittsfähigkeit deutscher
Truppen ziemlich in den Schatten stellten.

Auch sonst sind Beispiele aus den letztvergangenen chinesischen
Wirren in Menge vorhanden, die von einer geradezu blendenden
persönlichen Tapferkeit einzelner Chinesen sprechen. Es mag zuge=
geben werden, daß die Leute von religiösen Wahnvorstellungen be=
geistert waren, und daß daraus ihre Tapferkeit, die oft geradezu
in Tollkühnheit ausartete, zu erklären ist; immerhin kommt es doch
aber in der Praxis gar nicht so sehr darauf an, ob ein Soldat
infolge seiner moralischen Fähigkeiten oder infolge seines Fanatis=
mus im gegebenen Augenblick sich tapfer zeigt. Es soll damit
selbstverständlich nicht gesagt sein, daß eine moralisch geschulte Armee
nicht unter allen Umständen einer solchen von fanatisierten Kämpfern
vorzuziehen sei; wenn aber schließlich beides zusammen kommt, dann
dürfte die Mischung doch nicht ohne weiteres gering zu schätzen
sein. Das zeigte sich speziell in dem Gefecht von Hophu. Die

Herausforderung seitens der Chinesen hier war für jeden vernünftigen Menschen einfach ein hirnverbrannter Gedanke. Die Idee, daß 500 schlechtbewaffnete Leute, angeblich alle der chinesischen Landwehr, also der Mandschuarmee zugehörig, in der Lage sein sollten, einem kriegsstark heranrückenden europäischen Bataillon erfolgreich Widerstand zu leisten, ist geradezu wahnsinnig. Und doch war der Kampf von chinesischer Seite her von langer Hand vorbereitet, und er wurde durchgefochten mit einem Mut und einer Entschlossenheit, die eines Erfolges würdig gewesen wären. Ich schließe mich infolgedessen aus voller Überzeugung denjenigen an, die vor einer Unterschätzung der chinesischen Kriegsmacht warnen. China ist ein Land, das bezüglich seiner Wehrkraft noch in früheren Jahrhunderten steckt und gewissermaßen nur in das moderne Zeitalter hinein dilettirt hat. Lasse man aber in den Militärdilettantismus erst einmal ein System hineinkommen, dann dürfte es nicht mehr möglich sein, China mit so geringen Truppenmitteln zu bekämpfen, mit denen die Verbündeten es gegenwärtig thun konnten. Sehr richtig sagt der englische Major Bower bezüglich der Eigenschaften des Chinesen als Soldat: „Der Chinese, durch Erziehung ein Mann des Friedens, durch Instinkt und Neigung Handelsmann, liebt den Krieg nicht und sucht ihn zu vermeiden. Aber in der Verzweiflung kämpft er wie besessen, und die Nachrichten über die bei Taku und Tientsin stattgehabten Gefechte besagen übereinstimmend, daß der Widerstand der Chinesen ein unerwartet und außerordentlich heftiger gewesen sei und sie wie die Wütenden kämpften."

Es erübrigt noch zu sprechen von den Fortifikationen, die von China zum Schutz seiner Landesgrenzen angelegt worden sind. Der harmlose Wanderer, der die Gestade Chinas bereist, merkt verhältnismäßig wenig davon, oder er schenkt ihnen in seiner Sorglosigkeit wenig Beachtung. Wir wissen heute, daß die Takuforts, die Peitangforts wie auch einzelne der zahlreichen bei Lutai und Schanhaikwan gelegenen Forts Befestigungen neuester Konstruktion sind, und die Thatsache, daß in der Betonmasse der Forts etwas zu viel getrockneter Peihoschlamm sich befindet, entkräftet nicht die andere Thatsache, daß diese Forts gewaltige Bollwerke hätten sein

können gegen einen Einfall europäischer Heere vom Golf von Pet=
schili her, wenn nur die Besatzung der Forts besser geschult und
geführt worden wäre. Und man darf nicht vergessen, daß China
fast überall da, wo sich Fremdenniederlassungen befinden, seiner=
seits in der Nähe der Settlements sowohl Forts wie Arsenale ein=
gerichtet hat. Das ist der Fall bei Tschifu, bei Schanghai, in der
Nähe von Hongkong und Kanton, sowie bei den meisten kleineren
Settlements an der chinesischen Küste und am Yangtse. China ist
darin durchaus systematisch vorgegangen und zwar ausgesprochener=
maßen zum Schutze gegen eine ausländische militärische Invasion,
nachdem es das Eindringen des ausländischen Handels nicht mehr
hindern konnte. Allerdings ist es verschiedenen Mächten gelungen,
China seiner stärksten Positionen an der Küste zu berauben.
Deutschland nahm die hervorragendste natürliche Flottenstation
Chinas an der Ostküste, die Kiautschoubucht, England bemächtigte
sich des chinesischen Kriegshafens Weihaiwei, Rußland des Kriegs=
hafens Port Arthur, beide sind mit mehr oder weniger modernen
Forts und der letztere speziell mit einer modernen Kriegshafen=
anlage versehen. Hierdurch dürfte der chinesischen Flotte die Mög=
lichkeit, sich zweckmäßig zu entwickeln, außerordentlich erschwert sein.

Eine sehr wichtige Frage für China ist natürlich auch die,
wie ein Ersatz des Kriegsmaterials, das anfangs in großen
Massen von Europa, beziehungsweise von Amerika bezogen wurde,
beschafft werden kann, und wie dem Verbot der Waffenaus=
fuhr nach China zu begegnen ist. China hat sich zu diesem Zwecke
eine weitaus größere Anzahl von Arsenalen, Waffenstapelplätzen
und Fabrikationsorten eingerichtet, als man annimmt. Auch hier
liegt die Gefahr der Unterschätzung nahe. Freilich muß zugegeben
werden, daß die beste Fabrikation nichts nützt, wenn die Geschütze,
Gewehre und Munitionen nach Ablieferung dauernd in den Arsenalen
verschwinden und weder zu Übungszwecken noch im Ernstfalle zweck=
mäßig verwendet werden. Immerhin würde es eine Selbsttäuschung
sein, wollte man glauben, mit dem Waffenausfuhrverbot dauernd
wirksam gegen China vorgehen zu können. China wird stets in
der Lage sein, vermittelst seiner Arsenale und seiner über das ganze

Land verbreiteten reichhaltigen Waffendepots auf Jahre hinaus eine
starke Armee zu bewaffnen. Wenn auch die gelieferten Waffen,
Munitionen u. s. w. vielleicht nicht die Güte der europäischen oder
amerikanischen Fabrikate erreichen sollten, so würde doch das, was
an ihnen mangelhaft ist, stark aufgewogen werden durch die kompakte
Größe Chinas, die ja auch bereits in Petschili fast ohne Blutver-
gießen der europäischen Invasion ihre passive Obstruktion entgegengesetzt und sie oft zu einem Kampfe gegen Windmühlen gemacht
hat. Auch die gewaltige Ausdehnung Chinas und der Umstand,
daß es nicht auf den Import von der See her angewiesen ist, da
es innerhalb des eigenen Kontinents seinen handelspolitischen
Schwerpunkt besitzt, ist einer derjenigen Faktoren, die der Kriegsführung mit China die allergrößten Schwierigkeiten bereiten. Ehe
man sich nicht dazu entschließt, ganz China, soweit es für Operationen
überhaupt in Frage kommen kann, daraufhin zu studieren, und ehe
man sich nicht frei macht von der in solchem Lande zum Teil gar
nicht durchführbaren Theorie der Etappenstraßen, so lange wird der
gewaltige Umfang des chinesischen Reiches an sich schon der europäischen Invasion Hindernisse entgegensetzten, die vielleicht in der
Zukunft in noch stärkerem Maße zum Ausdruck kommen werden.
Das sind Fragen, die bei der Abschätzung der Wehrkraft Chinas
schwer ins Gewicht fallen, und die man nur dadurch überwinden
kann, daß man sie auf das intimste studiert, Details dafür sammelt
und so den guten deutschen Grundsatz befolgt, daß die Wissenschaft
einer der besten Teile der Kriegskunst ist.

3. Abschnitt.

Der Ausbruch der Feindseligkeiten.

Die Beurteilung der politischen Lage seitens der in China lebenden Europäer unmittelbar vor Ausbruch der Feindseligkeiten. — Die Thätigkeit der „großen Messersekte" im Hinterlande von Kiautschou. — Übergreifen der Bewegung auf die Provinz Petschili. — Ausbruch der Wirren. — Erste Landung russischen Militärs. — Die Gesandtschaftswachen. — Die Verbindung mit Peking wird abgeschnitten. — Der Aufbruch der Seymourschen Entsatzkolonne. — Die militärische Besetzung von Tientsin. —

Das Leben und Treiben in denjenigen Städten Chinas, die Fremdenniederlassungen beherbergen, war zu Beginn des Jahres 1900 durch keinerlei Trübsal und politische Befürchtungen beeinträchtigt. Da drüben im fernen Osten lebt im allgemeinen ein lustiges Völkchen von Europäern, daß dem traurigen Milieu und der Abgeschlossenheit von europäischer Kultur, in der es zu leben verdammt ist, nach Möglichkeit die angenehmsten Seiten abzugewinnen versteht. Die Europäer, die in den Fremdenniederlassungen an der See leben, merken verhältnismäßig wenig von chinesischem Leben, und es giebt zahlreiche junge und ältere Kaufleute, die von den Eigenschaften und Gewohnheiten der Chinesen wenig mehr wissen, als was ihnen der Komprador oder der office boy erzählt hat, und die ihre Nase im allgemeinen für zu gut halten, um die angenehmen Düfte aufzunehmen, denen man sich freilich aussetzen muß, will man etwas näher in das chinesische Leben und Treiben eindringen. In geradezu beneidenswerter Sorglosigkeit lebt der Ostasiate in seinem Küsten= städtchen, in seinen Palästen, im Klub, auf Yacht und Hausboot, bei Rennen und Bällen in den Tag hinein; die Leute, die sich um chinesische Verhältnisse an Ort und Stelle kümmern, sind unter den Tausenden von Europäern in Ost-Asien zu zählen. Ein etwas anderes Aussehen besitzt die europäische Gesellschaft Pekings. Diese ist eine ausgesprochene Gesellschaft von Ministern und Gesandten; nur wenige Mitglieder stellen die Europäer in chinesischen Diensten, vor allen Dingen die europäischen Beamten des Seezollamtes dar. Wie in ganz China spielen die Missionare auch hier eine gesellschaftliche Rolle nicht. Immerhin trug auch die Pekinger europäische Gesellschaft zu jeder Zeit den Stempel des Sorglosen; die Diplomaten luden sich gegenseitig ein, wenn sie diese oder jene Frage zu besprechen hatten; man ging in die Sommerfrische, veranstaltete Rennen, besuchte einige Zeit am Tage den Peking-Klub, wo man in diplomatischen Formen seinen Whisky mit Soda oder seinen Coktail nahm, vielleicht auch einer Pinte Sekt den Hals brach. Die diplomatische Arbeit erstreckte sich vielfach auf Intriguenspiel, das im einzelnen wenig erbaulich war. Es drehte sich im allgemeinen, wohl nur die russische und vielleicht auch die deutsche Diplomatie ausgenommen, weniger um Fragen von höherer politischer Bedeutung, als etwa um irgend ein kleines Konzessiönchen oder um die Geltendmachung dieses und jenes Entschädigungsanspruches, oder um die Absicht, dem Vertreter irgend eines anderen Landes diesen oder jenen Anschlag zu vereiteln. Man hat in den Zeitungen, und zwar durchaus nicht allein in deutschen, sich vielfach aufgehalten über dieses kleine Intriguenspiel, und man hat ihm einen Teil der Verantwortung dafür zugeschoben, daß das Ansehen der auswärtigen Mächte bei der chinesischen Regierung nicht gerade gewachsen ist. Dieser Standpunkt mag in einer gewissen Weise seine Berechtigung haben; man darf aber nicht vergessen, daß die ganze chinesische Politik für die auswärtigen Mächte lange Zeit ein noli me tangere gewesen ist, und daß die Gesandten, die schließlich nicht allzuviel zu thun hatten, dafür sorgen mußten, daß sie etwas zu thun bekamen. Da wurde plötzlich die Situation mit einem Schlage anders, als der Staatsstreich der Kaiserin-Witwe den bereits stark geschwächten Einfluß des chinesischen Kaisers auf ein Minimum reduzierte, als der Kaiser im Kaiserpalaste selbst wie ein Gefangener behandelt wurde und ihm jegliche Möglichkeit genommen war, an den Regierungsgeschäften aktiven Anteil zu nehmen. Schon damals fürchtete man aus gewissen Anzeichen den Ausbruch einer fremden= feindlichen Bewegung, und so verlangten die Gesandten die Stellung einer Gesandtschaftswache, die aber sehr bald wieder zurückgezogen wurde. Trotz dieser Anzeichen blieb die Sorglosigkeit das vor= herrschende Charakteristikum der Zeit vor dem Ausbruch der chinesischen Wirren, und obgleich manche Kassandra erstand, ließ man sich doch in seiner optimistischen Ansicht über die Lage in ganz China einschließlich Peking nicht beirren bis zu dem Augenblick, da es zu spät war. Man kann es ja immerhin noch entschuldigen, wenn die Kaufleute in den Settlements einen gewissen Optimismus aufrecht erhielten und vor allen Dingen bemüht waren, ungünstige Nachrichten, die auf den Gang der Geschäfte und auf die Kredit= verhältnisse sowie auf die Unternehmungslust ungünstigen Einfluß aus= üben konnten, zu vertuschen. Sprach man in Shanghai und Hong= kong Befürchtungen aus, so bekam man von den eingesessenen europäischen Kaufleuten fast nur lachende Gesichter zu sehen. Die Europäer in den Settlements stehen eben gesellschaftlich fast außer jeglicher Fühlung mit den Chinesen. Ferner will man die Handels= lage den Fremden gegenüber und nach außen hin günstig erscheinen lassen, und wiegt sich so schließlich selbst in eine gewisse Sicherheit, die angesichts der chinesischen Verhältnisse eigentlich niemals am Platze war und auch in Zukunft nicht am Platze sein dürfte.

Zu den drohenden Zeichen gehörte vor allen Dingen auch das Auftreten der sogenannten „großen Messersekte" in Schantung. Man hat vielfach den Ursachen der eigentlichen Boxerbewegung nachgespürt, auch diese oder jene Theorien aufgestellt. Die unmittel= bare Veranlassung zu den Wirren selbst aber dürfte die Sekte Tatauhui gegeben haben, als deren Gründer Tschautientji aus der Stadt Tsautschoufu in Schantung genannt wird. Ist nun auch die Besetzung des Kiautschougebietes vielfach tendenziös mit der Boxerbewegung in unmittelbaren Zusammenhang gebracht worden, so hat sie doch in gewisser Weise den Anlaß mit dazu gegeben. In der Gegend von Tsautschoufu waren viele Räubereien vorgekommen; um diesen entgegenzutreten, that sich dort die ge=

nannte Gesellschaft zusammen. Ihr gehörten ursprünglich sehr anständige und ehrbare Chinesen an, die mit den Europäern und den chinesischen Christen auch in ziemlicher Freundschaft lebten. Wie bei allen chinesischen Sekten spielten auch hier Zauberei und Aberglauben eine gewisse Rolle. Vor allen Dingen proklamierte diese Sekte die Idee der Unverwundbarkeit; damit war ursprünglich keineswegs eine Unverwundbarkeit spezifisch gegen die Geschosse der fremden Teufel, sondern überhaupt gegen Hieb und Stich auch von chinesischer Waffe gemeint. Der Gouverneur von Schantung, Yü Schien, benutzte daher diese Sekte, die sich durch Mut und Energie auszeichnete, als Polizei gegen die Räuber. Es ist das ein Vorgang, der in China durchaus nicht selten ist. Man vertreibt Baal durch Beelzebub. Es sei hier an einen andern Vorgang erinnert, der ganz ähnlich war, nämlich an das Engagement der räuberischen Kosaken unter Yermack zu den Unternehmungen im östlichsten Rußland. Die Sekte Tatauhui gewann infolgedessen an Ansehen. Ihre Hauptleute wurden durch den Gouverneur besonders ausgezeichnet, kurz und gut, die Sekte erhielt einen offiziellen Anstrich. Wie es bei den Chinesen sehr häufig geht, barg die Sekte, seitdem sie mehr oder weniger berufsmäßig auftrat, auch eine Anzahl schlechter Subjekte unter ihrem Deckmantel und vor allen Dingen waren es die Herren Räuber selbst, die Mitglieder wurden und sich anwerben ließen. Der ursprüngliche Erfolg hielt infolgedessen nicht an, und schließlich wurden es die Mitglieder der Sekte selbst, welche die Räubereien und Bedrückungsversuche bei der friedlichen Bevölkerung unternahmen. Die Zügellosigkeit wurde so groß, daß es im Jahre 1886 zu einem förmlichen Aufstand der großen Messersekte kam, bei welcher Gelegenheit auch viele Christendörfer geplündert wurden. Die europäischen Christen mußten flüchten, wohl weniger wegen ihrer Religion, als weil man bei ihnen und ihren Proselyten viel Geld vermutete. Die Mandarinen sahen sich genötigt, gegen die Sekte einzuschreiten und Yü Schien selbst zog mit einem Heereshaufen in das aufständige Gebiet und ließ die Hauptanführer und Rädelsführer köpfen. Was nun aber zu einer argen Mißstimmung auch bei der friedlichen Bevölkerung

Anlaß gab, war der Umstand, daß infolge der Vorstellungen der
Missionare und fremden Regierungen die Häuser der chinesischen
Christen auf Staatskosten wieder aufgebaut und ihnen Entschädigung
für Verluste an Leben und Eigentum gezahlt wurden, während die
nichtchristliche Bevölkerung, die ebenso unter den Räubereien zu
zu leiden gehabt hatte, leer ausging. Infolgessen warf sie auf die
christlichen Chinesen ihren Haß, und auch bei der Sekte selbst machte
sich die Auffassung breit, als sei sie durch das Dazwischentreten
der fremden Regierungen betriegt worden. So ist es erklärlich, daß
die Sekte bei der unberücksichtigten und unzufriedenen Bevölkerung
mehr und mehr an Sympathie gewann, und da sie an sich schon
eine zugkräftige Vereinigung war, so dehnte sie sich von Jahr zu
Jahr mehr aus und wurde immer mächtiger. Eine der Folgen
dieser Vorgänge dürfte es gewesen sein, daß im Jahre 1897 die
beiden Patres Nies und Henle ermordet wurden. Die Antwort
darauf war die Besetzung des Kiautschougebietes. Damit aber
kam man natürlich Yü Schien ins Handwerk. Dieser hatte bereits
von Peking eine Belohnung bekommen für die Niederwerfung des
Aufstandes der großen Messersekte. Als nun aber den Entschädigungs-
ansprüchen der Missionare die Begründung beigelegt wurde, daß
die große Messersekte die Schuld an allen Vorkommnissen trage,
eilte er, um Weiterungen zuvorzukommen, sofort wieder an Ort und
Stelle, machte einer Anzahl von Mitgliedern der großen Messersekte den Prozeß und ließ zweien von ihnen den Kopf abschlagen.
Es wird behauptet, daß die Getöteten die Mörder der oben genannten beiden Missionare nicht gewesen seien. Angeblich soll nun
Yü Schien Befürchtungen gehegt haben wegen seines ungerecht geführten Prozesses, der seiner Zeit viel Aufsehen erregte. Um sich
zu salvieren, und zu gleicher Zeit aus Ärger darüber, daß China
durch die Abtretung des Kiautschougebietes an Deutschland sowie
später durch die Besetzung von Waiheiwei durch England zwei
seiner besten Kriegshäfen weggenommen worden waren, soll er nunmehr zum erbittertsten Feind der Europäer geworden sein. Sein
Streben fand auch bei der chinesischen Regierung Unterstützung, die
sich darin dokumentierte, daß er, der frühere Präfekt von Tsau-

tschoufu, jetzt zum Gouverneur von Schantung ernannt wurde. Von nun ab benutzte er die Sekte wiederum für seine eigenen Zwecke. Unter seiner Ägide verbreitete sie sich fast über ganz Schantung und war dort die Trägerin des fremdenfeindlichen und vor allen Dingen des christenfeindlichen Gedankens. Yü Schien bildete sie zu einer Art Miliz aus, die sich selbstthätig auswuchs und zwar weit über die Grenzen von Schantung hinaus nach den umliegenden Provinzen. Diese Verbreitung ist für den Kenner chinesischer Verhältnisse nicht wunderbar, denn Schantung ist diejenige Provinz, welche ganz Nordchina mit Arbeitern, Kulis, versorgt. Petschili ist überschwemmt mit Schantungleuten, auch in der Mandschurei bilden diese jetzt schon ein sehr erhebliches Kontingent der Bevölkerung. Diese Leute kehren fast regelmäßig zu Neujahr in ihren Heimatsort zurück und tragen von dort aus die Anregungen weiter in die Provinzen, die ihnen bessern Verdienst geben, als die Heimat. Wie nun aber seiner Zeit Yü Schien die große Messersekte in Schantung benutzt hat, so that es die fremdenfeindliche Hofpartei in Peking. Freilich der Zusammenhang der großen Messersekte und der Sekte Tatuan*) — eine Bezeichnung, die fälschlicherweise mit dem Namen „Boxer" übersetzt worden ist — ist nicht vollständig klar. Es scheint aber doch, daß die große Messersekte und die „Boxergesellschaft" im wesentlichen ein und dieselbe Gesellschaft sind.

Anfang Mai 1900 nahm die Boxerbewegung einen bedrohlichen Umfang an, und die fremden Gesandten mußten von der chinesischen Regierung schärfere Maßregeln gegen sie verlangen. Gleichwohl wurden die Boxer in den Regierungsedikten noch als lobenswerte Gesellschaft behandelt. In einem dieser Edikte wird gesagt, sie lägen der Ausbildung der Körperkraft durch Fechten u. s. w. ob und machten sich dadurch um das Land verdient, daß

---

*) Ta — groß, tuan — eine Thätigkeit des Schließens, sodaß ich geneigt wäre, das Wort zu übersetzen „großer Bund" oder „große Gesellschaft", vielleicht auch „geschlossene Hand — Faust". Die Übersetzung mit „Gesellschaft verbündeter Patrioten", die A. v. Müller gebraucht, entbehrt jeglicher Grundlage.

fie der Regierung großen Aufwand für Soldaten erfparten. In einem andern Edikt heißt es nur, unter dieser Gesellschaft befänden sich einige schlechte Menschen, die Unruhe stifteten und gegen die energisch vorgegangen werden solle.

Ende Mai 1900 war es, als die fremdenfeindliche Bewegung in Petschili einen Umfang annahm, der selbst den europäischen Ge= sandten in Peking auffiel. Es gehörte dazu allerdings bereits die Niedermetzelung von Christen in Laishu, die Zerstörung der Bahn= strecke nach Pautingfu, der Eisenbahnbrücken von Yangtfun und Lofa zwischen Peking und Tientfin, sowie schließlich die Tötung mehrerer belgischer Ingenieure, die an der Luhanbahn*) angestellt waren. Der erste Staat, der zur Hand war, um die geschaffene Situation zu feinem Vorteil auszunützen, war, wie in solchen Fällen gewöhnlich, Rußland. Es benutzte sofort die Gelegenheit, um sich der Sache der angegriffenen belgischen Ingenieure anzunehmen, und bot der chinesischen Regierung seine freundschaftliche Unterstützung an. Als diese abgelehnt wurde, verlangte es Garantien für die Sicherheit der Europäer und des in China angelegten Kapitals. Da aber zu jener Zeit die chinesische Regierung diese Garantien nicht bieten wollte und auch wohl nicht bieten konnte, so ließ Rußland, gestützt auf seine Position in Port Arthur kurzer Hand 2000 Kosaken in Taku landen. Am 31. Mai passierte die erste Abteilung russischer Truppen die Forts von Taku. Bereits damals ergab sich ein Faktum, das späterhin als ein Mißverständnis seitens der Chinesen hingestellt wurde, das aber immerhin nicht uninteressant war. Als nämlich die Russen landen wollten, eröffneten die chinesischen Forts Feuer, worauf die Russen sich zurückzogen. Die Chinesen erklärten späterhin, es sei ein Salutfeuer gewesen, das einem chinesischen hohen Beamten gegolten hätte, der außerhalb der Barre auf einem chinesi= schen Kriegsschiffe sich befunden habe. Gleichzeitig landeten auch die Franzosen und Italiener von ihren Kriegsschiffen, die um Taku angesichts der drohenden Wirren bereits konzentriert waren, Truppen, um sie nach Tientfin, beziehungsweise nach Peking zu

---

*) D. i. die Bahn von Peking nach Hankau, damals fertig bis Pautingfu.

senben, von wo aus die Gesandten wieder um eine Gesandtschafts=
wache gebeten hatten. Zwar gestattete der Vizekönig die Benutzung
der Eisenbahn nach Peking noch nicht, jedoch wurde diese Erlaub=
nis am selben Tage noch, am 31. Mai erteilt, so daß am Nach=
mittag ein Sonderzug mit englischen, französischen, amerikanischen,
italienischen, japanischen und russischen Truppen nach Peking abging.
Es waren im Ganzen 22 Offiziere, 334 Mann und fünf Schnell=
feuergeschütze. Es kommt wirklich unbegreiflich vor, wenn man
heute die Depeschen jener Zeit wieder durchliest und darunter
noch am 31. Mai die Erklärung findet, daß Tiensin nicht in Ge=
fahr sei. Vier Tage später standen die Boxer vor Tientsin und
bereiteten den Angriff auf das Europäerviertel vor. Die chinesische
Regierung that zu jener Zeit, als ob sie die ehrliche Absicht habe,
den Boxeraufstand niederzuwerfen. Sie konzentrirte ihre Truppen
und verbreitete große Berichte von Kämpfen mit den Boxern. Es
ist wohl möglich, daß einige solche Gefechte stattgefunden haben,
im großen Ganzen aber dürfte es der chinesischen Regierung mit
der Niederwerfung nicht ernst gewesen sein. Leider ließen sich
die europäischen Mächte durch die Versicherungen der chinesischen
Regierung dupieren und gaben es ungehindert zu, daß die chine=
sischen Truppen plein pouvoir erhielten, selbst in der unmittelbaren
Nähe der eigentlichen Operationsbasis der Alliirten, nämlich auf
der Eisenbahn nach Tientsin und weiter. Noch auf den Seymour=
schen Zuge wurde ein Gefecht mit Boxern abgebrochen, als man
„befreundete chinesische Truppen" plötzlich sich gegenüber bemerkte.
Die Eisenbahn nach Peking war bereits Ende Mai zerstört worden;
angeblich sollten chinesische Truppen die Verbindung wieder herge=
stellt haben, was sich jedoch später als eine Unwahrheit erwies.
Die chinesischen Bahnbeamten waren jedenfalls bereits von der
Strecke verschwunden und der Zugverkehr war eingestellt worden.
Am 3. Juni traf auch das deutsche Wachkommando mit einem
Offizier (Graf Soden) und 50 Mann von Tsingtau her auf der
„Kaiserin Augusta" in Taku ein, und zwar als letzte der Gesandt=
schaftswachen. Am 6. Juni fand ein Gefecht statt zwischen dem
chinesischen General Nieh und einem Boxerhaufen von etwa 4000

Mann. Nieh war mit einer Armee von 1500 Mann ausgesandt, um die Boxer auseinander zu treiben. In diesem Gefechte wurde der General von den Boxern umzingelt und erhielt späterhin einen scharfen Tadel von der Regierung, weil er zu scharf gegen die Boxer vorgegangen sei. In Peking selbst ging die Herrschaft mehr und mehr in die Hände des Prinzen Tuan über; er war Vater des Thronfolgers und wurde später von der Kaiserin noch zum Mitglied des Tsungli-Yamens (des auswärtigen Amtes) ernannt. Die Gesandten befanden sich bereits damals in einer außerordentlich prekären Lage. Die ursprüngliche Sorglosigkeit war einer fast verzweifelten, andererseits aber auch heroischen Auffassung der Lage gewichen. Die kleine europäische Gemeinde in Peking traf gemeinsam mit den Gesandtschaftswachen Vorbereitungen, um eine Belagerung aushalten zu können. Was an Lebensmitteln zusammenzubringen war, wurde in die Gesandtschaften gebracht und diese in Verteidigungszustand gesetzt. Gleichzeitig aber entschlossen sich die vor Taku versammelten Admirale der fremden Flotten zur Ausrüstung einer Entsatzexpedition nach Peking, die unter Führung des englischen Admirals Seymour am 10. Juni Vormittags von Tongku aus, der Bahnstation in der Nähe von Taku, vor sich ging. Das Expeditionskorps in Stärke von 1400 Mann fuhr mit der Bahn nach Tientsin und von dort aus nach kurzem Aufenthalte direkt weiter bis Yangtsun, wo es am Abend eintraf. Dort war es mittlerweile auf etwa 2200 Mann verstärkt; zu gleicher Zeit mußte es jedoch Halt machen, da die Bahnstrecke von dort ab zerstört war. Wir überlassen dieses Expeditionskorps zunächst einmal seinem weiteren Schicksal.

Unterdessen hatte die bedrohliche Haltung der Chinesen in Tientsin und Umgegend immer mehr und mehr zugenommen, so daß man auch in Tientsin begann, sich in Verteidigungszustand zu setzen. Die Fremdenniederlassungen wurden scharf durch Freiwillige und durch Mannschaften der Landungskorps der fremden Schiffe bewacht. Vor allen Dingen waren es die Russen, die sich um die Verteidigung von Tientsin kümmerten, und am 14. Juni hatten sie bereits nahezu 2000 Mann dort versammelt. Auch Japaner und

Amerikaner sollten in dem harten Kampfe, der späterhin um und in Tientsin stattfand, eine bedeutsame Rolle spielen. Am 15. Juni abends kam es denn auch in Tientsin zu Kämpfen; nicht weniger als drei Angriffe der Boxer auf die Europäerstadt mußten abge= schlagen werden. Das war aber erst der Anfang eines schweren und erbitterten Kampfes, der sich an den Namen von Tientsin knüpft. Überhaupt muß gesagt werden, daß diese ersten Monate den eigentlichen Krieg ausmachten; die Thätigkeit der Expeditions= korps, die nachträglich von den europäischen Mächten ausgesandt worden sind, ist nur eine Okkupationsthätigkeit gewesen. Der Schwerpunkt der chinesischen Kämpfe liegt zweifellos in und um Tientsin. Während sich aber bereits damals die Verhältnisse in Tientsin bedrohlich gestalteten und die Kämpfe schon eröffnet waren, und während die Seymoursche Expedition unter den schwierigsten Verhältnissen zunächst ohne jegliche Verbindung mit Tientsin sich durch feindliche Truppenkörper und Boxer durchschlagen mußte, er= fuhr die Welt von der Aufnahme der Feindseligkeiten eigentlich erst durch den Sturm auf die Takuforts, obgleich dieser später als die bisher erwähnten Ereignisse, nämlich erst in der Nacht vom 16. zum 17. Juni stattgefunden hat.

4. Abschnitt.

Der Sturm auf die Takuforts.

Konferenz der Kommandanten unter Vorsitz des deutschen Korvettenkapitäns Lans. — Vorbereitungen zum Angriff. — Die Chinesen eröffnen das Gefecht. — Der „Iltis" mit Volldampf voraus. — Das Landungskorps avanciert zum Sturmangriff. — Die Forts genommen. — Unsere Verluste.

Zu jener Zeit war ich selbst noch nicht auf dem ostasiatischen Kriegsschauplatze angelangt und kann demnach über die ersten Kämpfe nicht aus eigener Anschauung berichten. Um den Zusammenhang herzustellen, gebe ich daher bei der Schilderung dieses erstes Teils Berichte von Augenzeugen, wie sie der Lage der Dinge entsprechend zumeist in dem in Shanghai erscheinenden deutschen Blatte, dem „Ostasiatischen Lloyd" zum Abdruck gelangt sind. Bezüglich des Sturms auf die Takuforts stütze ich mich auf den Bericht eines Herrn Schmellitschek, eines Deutsch-Australiers, der sich während des Gefechtes auf dem deutschen Dampfer „Knivsberg" im Peiho vor Taku befand und die erste anschauliche Schilderung des Sturmes auf die Takuforts in dem genannten deutschen Blatte publiziert hat. —

Am Sonnabend, den 16. Juni, nachmittags 5 Uhr wurde an Bord des russischen Kreuzers eine Konferenz der Kommandanten aller im Hafen von Taku stationierten Kriegsschiffe abgehalten und beschlossen, ein Ultimatum an den chinesischen General mit der Forderung zu senden, die Forts bis um 2 Uhr morgens zu räumen. Tags zuvor waren bedeutende Truppen-Massen in die Forts geworfen und die Lage für die innerhalb der Barre gelegenen Schiffe sehr kritisch geworden. Der amerikanische Kommandant weigerte sich, an der Beschießung teilzunehmen, da seine Instruktion laute, nur dann einzugreifen, wenn amerikanische Bürger und amerikanisches Eigentum bedroht sei.

Ein russischer Oberst wurde mit der Uebergabe des Ultimatums betraut.

Eine Angriffstruppe zu Land, bestehend aus etwa 800 Mann Deutschen, Engländern, Russen, Österreichern und Japanern unter dem Befehl des Kapitäns zur See Pohl, Kommandant S.M.S. „Hansa", war in der Nähe des Bahnhofes stationiert und hatte Befehl, um 2 Uhr morgens marschbereit zu sein.

Die Kriegsschiffe beabsichtigten, sich um 3 Uhr morgens bei Hochwasser vor die Forts zu legen und zwar in folgender Reihenfolge: 1. englisches Kanonenboot „Algerine", 2. deutsches Kanonenboot „Iltis", 3. französisches Kanonenboot „Lion", 4. russisches Kanonenboot „Bobre", dann sollten folgen die englischen Torpedobootzerstörer „Whiting" und „Fame", sowie das russische Torpedoboot „Gaidamak".

Genau 10 Minuten nach 1 Uhr morgens wurde die Luft durch den Blitz eines Schußes hell erleuchtet, ein furchtbarer Krach folgte: Die Chinesen begannen mit der Beschießung. Es folgte nun Schuß auf Schuß. Gegen 2 Uhr ging der „Iltis" mit Volldampf voraus. Kurz darauf folgte der Franzose, der große Schwierigkeiten hatte, sein Schiff gegen den Strom zu wenden. Engländer und Russen lagen bereits in der Nähe des Forts.

Die Kanonade begann nun auch seitens der Verbündeten mit fürchterlichem Feuer; man hörte deutlich das Knack-Knack-Knack der Maschinengeschütze des „Iltis" und das Rasseln der Schnellfeuerkanonen von dem französischen kl. Kreuzer „Lion", auf dessen Holzmasten zwei Kanonen aufgestellt waren. Zwei russische Kanonenboote fuhren den Fluß hinunter. Englische Torpedozerstörer kamen mit zwei chinesischen Torpedobooten heran, die sie gekapert hatten.

Gegen 3 Uhr 30 fing es an, hell zu werden, die Sonne ging blutrot auf. Ein Fort war in Brand geschossen. Immer mehr Granaten sausen um uns herum und schlagen vor und hinter uns ins Wasser. Ein Granatenschuß ging quer über das Deck des amerikanischen Kanonenbootes „Monocacy" und zerschlug ein Rettungsboot; darauf dampfte das Boot flußaufwärts, um in Sicherheit zu kommen. Ein anderer Schuß streifte den Dampfer, richtete indessen nur wenig Schaden an.

Der „Iltis" hatte an beiden Masten große deutsche Kriegsflaggen gehißt. Die Forts begannen sich auf die Distanzen einzuschießen; die Lage wurde immer gefährlicher, ein Treffer in den ungepanzerten „Iltis" hätte genügt, ihn außer Gefecht zu setzen. Da dampft der „Iltis" stolz voraus an der „Algerine" vorbei und nimmt Stellung dicht hinter dem ersten Nordfort. Die „Algerine" begrüßt den „Iltis" mit begeistertem Hip Hip Hurrah und folgt langsam nach; die Russen bleiben liegen. Wie sich später herausstellte, hatte das russische Kanonenboot einen Schuß durch die Kesselräume und war zum Teil unter Wasser.

Deutsche, Engländer und Russen schossen vorzüglich; es brannte schon an vielen Stellen; auf dem „Iltis" ging ein Signal, ein Ball, auf: das Signal für die Landungstruppen zum avancieren. Kapitän Pohl war bei Beginn der Kanonade mit seiner Truppe vorgerückt. Angesichts des heftigen Granatfeuers zog er indes seine Leute zurück, um seine Kräfte für den entscheidenden Moment zu reservieren. Sobald das Signal gegeben, rückten die Truppen im Laufschritt vor, warfen sich beim Annähern der Granaten zu Boden und avancierten in auf= gelösten Kolonnen.

In der Nähe des ersten Forts wird ein mörderisches Schnell= feuer auf die Truppe gerichtet, die Avantgarde feuert mit Maschinen= kanonen, jede Nation wetteifert mit der andern an Mut und Tapferkeit. Die Japaner erklettern die Forts mit affenartiger Ge= schwindigkeit, dem ersten wird der Kopf mit einem Beil gespalten, 2 Offiziere und 25 Mann sind getötet und verwundet.

Engländer und Deutsche folgen, ein englischer Offizier steht schon auf der Spitze des Forts, während die Chinesen noch von der Mitte aus mit Gewehren schießen. Österreicher und Russen stürmen das zweite Fort, ein österreichischer Kanonier wendet ein chinesisches Geschütz nach dem dritten Südfort, und obwohl ihm die Technik des Geschützes fremd war, gelang es ihm, mit dem ersten Schuß ein großes Pulvermagazin im dritten Fort in Brand zu schießen. Eine ungeheure Säule — ca. 200 m hoch — von aufgeworfener Erde, vermischt mit weißen zischenden Dämpfen ging in die Luft, und in den Trümmern wurden unzählige Chinesen begraben.

Es war mittlerweile 6 Uhr geworden. Deutsche und Österreicher stürmten das dritte Fort; um 6 Uhr 50 sahen wir die deutsche Flagge auf dem dritten Fort, die englische und japanische auf dem ersten und die russische auf dem zweiten Fort.

Niemand hatte einen solchen Widerstand erwartete. Die Chinesen hatten ca. 54 Geschütze auf den Forts, darunter manche deutsche Krupp- und amerikanische Armstrong-Geschütze neuester Konstruktion. Es wurde durchweg zu hoch geschossen; wären die Geschütze besser bedient, so hätten die kleinen Kanonenboote und 800 Mann Angriffstruppen diese drei Forts niemals nehmen können.

Nachdem Fort 3 genommen, flohen die Chinesen in hellen Haufen und leisteten auf Fort 4 keinerlei Widerstand. Die Forts südlich von dem Dampfer „Knivsberg" waren zum Glück nicht besetzt, es waren nur einige leichte Feldgeschütze wahrzunehmen.

Die Tapferen auf dem „Iltis" haben den Sieg mit teurem Blut erkaufen müssen. Dem unerschrockenen und braven Kapitän Lans wurde der Fuß von einer Granate zerschmettert und sein Gesicht durch einen Granatsplitter verletzt. In eine Pinasse getragen, wich er nicht von der Seite seines Schiffes, bis der Sieg errungen war.

Das Oberdeck des „Iltis" war fast gänzlich demoliert, der russische Kreuzer hatte einen Schuß durch die Kesselräume, die Beschädigungen auf den anderen Schiffen waren beim Vorbeifahren nicht wahrzunehmen.

In den Forts war die Verwüstung eine ungeheure, besonders im Fort 1 lagen Leichen und Verstümmelte in großen Haufen; die Russen schlugen die Verwundeten mit dem Kolben tot. Viele Montierungen der großen Geschütze waren vollständig demoliert. Es waren noch große Vorräte von Munition und Gewehren vorhanden. Das Innere der Forts war mit Sprengstücken besät. In dem Quartier des chinesischen Generals, wo Kapitän Pohl seinen Stab aufgeschlagen hatte, fand man als Kuriosa Bildnisse des deutschen Kaisers, des Prinzen von Wales und des Kaisers von Japan vor.

Um 12 Uhr wurden ca. 19 Minen gesprengt, die von den Chinesen quer über den Fluß gelegt waren.

Die Kanonenboote und die Angriffstruppe haben Heroisches geleistet. Drei starke Forts mit 800 Mann zu nehmen, steht wohl einzig da in der Geschichte!

5. Abschnitt.

Die Kämpfe um Tientsin.

a. Die Einschließung.

Ostasiatische Sorglosigkeit. — Die Flammenzeichen rauchen. — Die militärische Sicherung der Fremdenniederlassung. — Der erste Angriff auf den Bahnhof. — Die Zerstörung der Militärschule. — Die ersten Trophäen. — Das brave deutsche Freiwilligenkorps. — Erneuter Angriff auf den Bahnhof. — Mutige Rekognoszierungsfahrt einer deutschen Dampfpinasse. — Ein verwegener Ritt. — Munition und Proviant werden knapp. — Das Entsatzkorps rückt an.

Die Wegnahme der Takuforts war das Signal für die Chinesen zum Beginn der Angriffe auf die Fremdenniederlassung in Tientsin. Auch diese Kämpfe waren von langer Hand vorbereitet, in ihnen liegt mehr oder weniger der Schwerpunkt der militärischen Ereignisse. Man gestatte mir daher, daß ich diesen Teil des Krieges etwas ausführlicher schildere, indem ich gleichfalls wiederum Augenzeugen das Wort gebe. Ein fast klassischer Bericht über die Zustände in Tientsin im Anfang und im Verlaufe der Belagerung und Beschießung findet sich wiederum im „Ostasiatischen Lloyd". Leider hat sich der Verfasser nicht genannt, dem ich hier gern als dem anscheinend objektivsten Augenzeugen das Wort erteile:

„Wer vor wenigen Wochen der sorglosen Einwohnerschaft unserer Stadt Tage des Schreckens und der Not prophezeite, wurde einfach ausgelacht. Kein Mensch wollte hier an eine Gefahr glauben; alle Warnungen wurden in den Wind geschlagen — bis es zu spät war. Heute liegen da, wo sich vor kurzem noch geschäftige Thätigkeit und heiteres Leben zeigten, rauchende Trümmerhaufen und eingestürzte Mauern.

Man wußte seit dem Anfang dieses Monats (Juni), wie verzweifelt die Lage der Europäer in Peking war; man sah am 9. und 10. das Expeditionskorps des Generals Seymour die Stadt passieren. Es trafen fortgesetzt Truppenabteilungen zum Schutz der Europäer= niederlassungen in unserer Stadt ein. Aber die Bewohner Tient= sins konnten sich noch immer nicht an den Ernst der Lage ge= wöhnen. Die wenigen, die tiefer geschaut hatten und erkannten, was sich hier vorbereitete, wurden als unverbesserliche Schwarzseher ver= schrieen. Ja, selbst als allnächtlich großer Feuerschein über der Chinesenstadt aufging, als die Lagerfeuer der chinesischen Truppen und der Boxer rings um die Stadt jederman sichtbar auflohterten, hatte man für den, der die Lage ernst auffaßte, nur ein mitleidiges Lächeln. «Das Gesindel da draußen wird nie einen Angriff auf Tientsin und seine starke europäische Besatzung wagen!» sagte man sich.

Inzwischen wuchs in der chinesischen Bevölkerung die Angst vor den Boxern von Tag zu Tag. Es wurden unglaubliche Ge= schichten berichtet von ihrer Unverwundbarkeit und ihrer Unempfind= lichkeit, von ihrer Fähigkeit, im Kampfe gefallen, nach drei Tagen wieder aufzuerstehen. Wo ein Boxer ein Gebäude nur mit seinem Schwerte berühre, ginge es in Flammen auf u. s. w. Durch den chine= sischen Diener (den „Boy") oder den Reitknecht („Mafu") erfuhr auch der Europäer von diesem Aberglauben der Leute; vielleicht war es dieser Unsinn, der sie vor allem dazu brachte, der ganzen Bewegung keine tiefere Beachtung zu schenken. Aber die Folgen der Verbreitung dieser Märchen blieben nicht aus.

Es dauerte nicht gar so lange, da kamen die Flammenzeichen dichter und dichter an die Stadt heran. Als dann sogar die große französische Kathedrale gestürzt war, da war es zu Ende mit dem Vertrauen der chinesischen Diener. Die Boys liefen davon, der Mafu ließ das Pferd seines Herrn ohne Aufsicht im Stall, und Wäscher waren überhaupt nicht mehr zu erreichen. Die Ordnung im sonst so wohlgeregelten Haushalt der Europäer war gestört. Die Frauen mußten ungewohnte Arbeiten verrichten. Das Geschäft ruhte vollständig. Aber noch immer gab es Optimisten, die spöttelnd auf die verängstigten Gesichter ihrer Nachbarn schauten. «Solange wir noch unsern kalten Whisky=Soda im Hause haben, glauben wir nicht an den Ernst der Sache», sagten sie.

Inzwischen nahmen die militärischen Operationen in und um Tientsin einen immer größeren Umfang an. Die Fremdenniederlassungen wurden von den Chinesen mit starken Postenketten umstellt. Deren Hauptstreitkräfte hielten sich damals noch innerhalb der Chinesenstadt. Die Truppen der verbündeten Mächte dagegen richteten ihr Hauptaugenmerk auf die rückwärtige Verbindung nach Taku und die nach vorwärts in der Richtung auf Peking, wo auf das Seymour'sche Korps fortwährend von den Boxern und den mit ihnen gemeinsame Sache machenden chinesischen Truppen Angriffe gemacht wurden. Immer von neuen Punkten kamen Nachrichten, die Bahn sei zerstört. Am 13. war bereits jede Verbindung mit dem Seymour'schen Korps unterbrochen. Nur mit Not und Mühe hatte sich ein Arbeitszug, der zur Reparatur der Bahn abgesandt war, retten können. Er hatte eben eine Eisenbahnbrücke passiert, als man gewahrte, daß Feuer an sie gelegt sei; der Zug mußte über die schon brennende Brücke zurückgeführt werden. Es darf nicht unerwähnt bleiben, daß auf diesem Zuge ganz besonders auch das deutsche Maschinenpersonal sich durch mutvolles Vorgehen und treue Pflichterfüllung auszeichnete. Die Leute drängten sich geradezu dazu, den gefahrvollen Dienst auf den von den Chinesen verlassenen Lokomotiven zu thun oder in der Glut der Sonne mit an das Reparaturwerk auf der Strecke Hand zu legen.

Am 15. wurde die Lage plötzlich erheblich ernster. Hatten sich die Chinesen bisher noch außerhalb der Stadt gehalten, so machten sie jetzt einen Angriff auf den Bahnhof. Zwar wurde dieser erfolgreich zurückgewiesen, aber es war jetzt klar, daß die Chinesen Ernst machten und Tientsin ebenso von Taku abschneiden wollten, wie es ihnen gelungen war, Peking von Tientsin abzuschneiden. Die Engländer, die dank der trefflichen Ausstattung ihrer Schiffe über große Hilfsmittel verfügten, sandten jetzt armierte und mit Scheinwerfern ausgerüstete Schiffe her, um mit ihnen die Bahn nach Taku abzupatrouillieren und etwaige Angriffe zurückzuweisen. Mit Hilfe der Österreicher, die zu diesem Zweck einen kleinen Schein=

werfer zur Verfügung stellten, vermochten dann auch die Deutschen einen derartigen Zug herzustellen, und nun befuhren Deutsche und Engländer abwechselnd, nicht selten unter dem Feuer der chinesischen Geschütze, die Strecke. Am 17. Juni kam dann die Nachricht von der Wegnahme der Takuforts. Die Berichte waren nur spärlich, aber man wußte jetzt, daß die Lage böse sei. Die Telegraphenverbindung war gestört. Ein letzter Versuch, am 17. einen Zug von Taku nach Tientsin durchzutreiben, war mißlungen. Die Verbindung war unterbrochen.

Jetzt mehrten sich die ernsten Gesichter, jetzt war auch der Whisky plötzlich warm geworden. Aber nun war es zu spät, guten Ratschlägen zu folgen. Die ganze europäische Bevölkerung saß in Tientsin genau so in der Falle, wie die Ausländer in Peking. Man konnte sich auch keinem Zweifel mehr darüber hingeben, daß die chinesischen Regierungstruppen einen regelrechten Angriff auf Tientsin machen würden.

Nun galt es, sich zur Verteidigung einzurichten, vor allem aber sich einer Position zu bemächtigen, von der aus die chinesischen Stellungen zu beherrschen wären. Schon früher hatte Kapitänleutnant Kühne, der erste Offizier des „Iltis", auf die Bedeutung der Militärschule auf dem linken Peiho-Ufer für einen derartigen Zweck hingewiesen. Diese ist einem Fort ähnlich angelegt und beherrscht das ganze linke Flußufer. Geschütze, die in ihm aufgestellt werden, bestreichen die ganze europäische Niederlassung. Die anderen Offiziere stimmten dem Rat bei, sich dieser in den Händen der Chinesen sehr gefährlichen Stellung durch einen Handstreich zu bemächtigen.

Noch am selben Nachmittag, am Sonntag den 17., rückten deutsche, englische, österreichische und italienische Truppen nach dem Bund. Der Fluß war auf bereit liegenden Booten schnell überschritten, und in kurzem war der äußere Wall der Schule in den Händen der Verbündeten. Es entspann sich im Innern ein heftiges Gewehrfeuer, aber bald zeigte aufsteigender Qualm und wenige Minuten später das Niedergehen der chinesischen Flagge, daß der Handstreich, die erste gemeinsame Aktion der Verbündeten in Tientsin, glänzend gelungen war. Leider aber waren die Streitkräfte der Verbündeten viel zu schwach, um die wichtige Stellung auf die Dauer gegen die enorme Übermacht der Chinesen halten zu können. So blieb denn nichts übrig, als die reichen Munitionsvorräte, die in dem Gebäude lagen, zu vernichten, die Geschütze unbrauchbar zu machen und die Gebäude selbst in Brand zu stecken. Dann aber galt es, den Rückzug wieder anzutreten und die gegenüberliegende Seite des Peiho zu gewinnen. Mit verhältnismäßig geringen Verlusten auf seiten der Europäer — die Deutschen verloren den Heizer Andres von S. M. S. „Irene" bei dieser Gelegenheit — wurde auch das ausgeführt, während die Chinesen sehr erhebliche Verluste zu verzeichnen hatten. Mit lautem Hurrah wurden unsere tapferen deutschen Truppen begrüßt, als sie unter Führung des Leutnants zu See Mönch, von S. M. S. „Irene" in die Europäerstadt wieder einrückten, als schöne Beute mehrere chinesische Banner mit sich führend. Wir alle waren stolz auf diese erste deutsche Waffenthat. Aber den braven Soldaten war keine Ruhe gegönnt. Sofort mußten sie im Laufschritt durch die ganze Niederlassung nach dem Südwall, denn soeben waren neue alarmierende Nachrichten eingetroffen von einem bevorstehenden Angriff auf die Stadt. Zum Glück erwies sich in diesem Falle die Meldung als übertrieben.

Wir Deutsche in Tientsin aber wußten uns von da an unter dem Schutz des deutschen Detachements sicher. Die Tage der Belagerung, die dann durchgemacht wurden, haben das Band zwischen dem deutschen Kaufmann und der deutschen Marine sehr eng geschlungen; es ist uns daher eine besondere Freude gewesen, daß Offiziere und Mannschaften gleichmäßig von der gastlichen Aufnahme, die sie hier bei uns gefunden haben, befriedigt gewesen sind. Ganz besonders herzlich aber hat sich das Band der Kameradschaft zwischen den Soldaten und unserem deutschen Freiwilligenkorps gestaltet, und auch auf dieses blicken wir heute mit berechtigtem Stolz. Mehr als einmal habe ich aus dem Munde der Offiziere gehört: «Leistungen, wie sie Ihre deutsche Freiwilligentruppe unter Führung des Herrn Kuchenbeißer aufweisen kann, gereichen jeder regulären Truppe zu hoher Ehre.»

Die Erstürmung der Militärschule war die Einleitung zu den nun folgenden Kämpfen mit den chinesischen Truppen. Schon der 18. Juni sollte einer der schwersten Tage für die Stadt werden.

Vom frühen Morgen an tobte der Kampf am Bahnhof. Mit großer Uebermacht und unerwarteter Ausdauer suchten die chinesischen Truppen diesen wichtigen Punkt in ihre Gewalt zu bekommen. Alle Nationen sandten ihre entbehrlichen Leute den Russen zur Verstärkung, die mit bewunderungswürdiger Zähigkeit und nicht wankender Tapferkeit hier viele Stunden in schwerem Kampfe standen. Unter großen Verlusten wurde der Feind zurückgeworfen, und niemand in Tientsin konnte den Russen den Ruhm versagen, daß sie allein die Stadt gerettet hatten.

Aber Schrecken und Grauen mußte den erfassen, der nach beendetem Kampfe das Schlachtfeld besuchte. Der Bahnhof war in einen rauchenden Trümmerhaufen verwandelt. Überall in den Straßen lagen Menschen= und Pferdeleichen. Die Häuser am Bund, der Brücke gegenüber, waren durch Granaten zerfetzt. Vorsicht war auch jetzt noch geboten, denn überall pfiffen die Kugeln durch die Straßen.

Der Feind war geworfen und hatte die Übermacht der Europäer gefühlt. Aber über die Verteidigung hinauszugehen, war unserer schwachen Garnison nicht möglich. Immer enger zog nun der Feind seinen Kreis um die bedrängte Niederlassung. Auf dem linken Peiho=Ufer, dem Bund gegenüber, boten sich ihm vorzügliche Stellungen, um von dort durch Gewehrfeuer aus gedeckten Stellungen die Straßen der Niederlassung zu bestreichen und die deutschen Vorpostenstellungen am Takuthor Tag und Nacht unter Feuer zu nehmen.

Bald begann auch das Fort in der Chinesenstadt, das die ganze Umgebung beherrschte, die Fremdenniederlassung mit Granaten zu bewerfen. Das Sausen und Krachen der einschlagenden Granaten und das unaufhörliche Pfeifen der Gewehrkugeln ließ uns überhaupt nicht zur Ruhe kommen. Die meisten Familien hatten ihre Häuser verlassen müssen. Das deutsche Konsulat und die Deutsch=Asiatische Bank dienten den Frauen und Kindern als Unterkunft. Dort vor allem regten sich helfende Hände.

In erster Linie möchte ich hier der Frauen gedenken, die un=
erschrocken und keine Gefahr scheuend, helfend thätig waren, die
Verwundeten zu pflegen, für das Essen zu sorgen und alle häus=
lichen Arbeiten ohne Zaudern auf sich zu nehmen. Bei dem gänz=
lichen Mangel an Bedienungspersonal war diese aufopfernde Thätig=
keit nicht hoch genug anzuschlagen. Die Frauen haben sich ein außer=
ordentliches Verdienst erworben, indem sie nach ihren Kräften, ja,
ich möchte sagen, über ihrer Kräfte hinaus halfen. Es ist oft be=
klagt worden, daß es nicht gelungen ist, die Frauen vor diesen
ernsten Tagen in Sicherheit zu bringen. Aber hinterher müssen
wir doch sagen, daß es ohne ihre Hülfe für uns weit schwerer gewesen
wäre, auszuhalten. Stolz können wir aber sein, daß auch hier
unsere deutschen Frauen in rastlosem Schaffen mit unter den ersten
gewesen sind.

Wer von den Männern nicht als Freiwilliger die Waffe in der
Hand trug, der half beim Bau der Barrikaden oder leistete wert=
volle Dienste im Heranbringen von Proviant und Munition.

Jetzt, wo der Ernst der Lage etwas geschwunden ist, da er=
heitert man sich gern in Erinnerung an manches Bild aus den
kriegerischen Tagen, und ein geschickter Zeichner würde ein dank=
bares Arbeitsfeld gefunden haben, Bilder festzuhalten, die der Komik
nicht entbehren. Noch vor wenigen Wochen hatte wohl mancher
nicht geglaubt, daß er schwer arbeitend einen Karren mit Granaten
oder Patronen durch die Victoria Road ziehen oder in der Mittags=
hitze Wollballen und Reissäcke zum Barrikadenbau herausschleppen
müsse. Aber wenn man auch jetzt über solche Bilder scherzt, sie
könnten sich wahrlich überall sehen lassen und dankbaren Herzens
wollen wir sie uns einprägen.

Als dann die Nacht sich über das blutige Bild herabsenkte,
da leuchtete um die ganze Stadt der lobernde Flammenschein und un=
aufhörliches Pfeifen der Gewehrkugeln mahnte daran, daß der Ernst
der Lage noch lange nicht vorüber sei.

Der 19. Juni brachte uns auch keine Ruhe. Die Beunruhi=
gungen am Bund wurden immer stärker. Man mußte fürchten,
daß die Chinesen auf dieser langen Strecke einen übermächtigen

Vorstoß wagen und über den schmalen Fluß setzend, hier einen Ein=
bruch versuchen würden.

Heftig spielte das Feuer von Flußufer zu Flußufer, und mancher
brave Soldat mußte hier sein Leben lassen. Auch der Führer des
italienischen Detachements, Carlotto, erhielt hier seine Todeswunde.

Am Nachmittag kam die Nachricht von den Signalposten auf
den Türmen der Stadt, die Chinesen schienen unterhalb der Stadt
übersetzen zu wollen; es würde dort anscheinend eine Brücke aus
Dschunken hergestellt. Gleichzeitig setzte ein heftiges Granatfeuer gegen
die Stellungen am Südwall und am Takuthor ein. Im Vorge=
lände wurden zahlreiche Boxerhaufen gesehen und am Erdwerk ge=
arbeitet. Alles ließ darauf schließen, daß ein Angriff von dieser
Seite, wohl einer der schwächsten der ganzen Verteidigungsstellung
geplant sei.

Die deutsche Pinasse, die vom Leutnant z. S., von Gilgen=
heim, vom S. M. S. „Hansa" geführt wurde, erhielt daher Befehl
den Fluß nach Süden aufzuklären. Ziemlich unbehelligt war sie
auch bis zur ersten Flußbiegung vorgedrungen und konnte feststellen,
daß allerdings zahlreiche Fahrzeuge dort versammelt waren und
das Übersetzen größerer Truppenmassen also schnell bewerkstelligt
werden könnte. Kaum war aber das kleine Boot auf dem Rück=
wege in die Nähe der chinesischen Erdwälle am linken Flußufer ge=
kommen, so wurde es von allen Seiten mit Gewehrfeuer aus nächster
Nähe überschüttet. Tapfer wehrte es sich, nur schwer gegen den
starken Strom ankämpfend, mit Maschinengewehr= und Gewehr=
feuer, und eine Zeitlang schien der verwegene Durchbruch zu ge=
lingen. Da traf ein Geschoß das Dampfrohr, und heftig aus=
strömende Dampfwolken zwangen, das Boot so schnell wie möglich
auf den Strand zu setzen, um es zu retten. Der Mannschaft ge=
lang es, an Land zu kommen. Nur der Unteroffizier und der leicht
verwundete Offizier blieben beim Boot und fanden hinter dem
Bootsrumpf, mehrere Stunden bis zum Einbruch der Dunkelheit im
Wasser sitzend, notdürftigen Schutz gegen den nicht enden wollenden
Geschoßhagel. Nicht unerwähnt soll bleiben, daß in echt soldatischer
Kameradschaft und selbstloser Weise die englische Pinasse so schnell

wie möglich zu Hilfe eilte, um ihren bedrängten deutschen Kameraden durch das Feuer aus ihrem leichten Geschütz nach besten Kräften beizustehen.

Die Nacht verlief natürlich in gespannter Aufmerksamkeit. Ein Angriff des Feindes erfolgte nicht; auch wurde nicht beobachtet, daß die Truppen über den Fluß gingen. Es ist fast unbegreiflich, daß die Chinesen diesen allgemein gefürchteten Angriff nicht gewagt haben.

Erst bei völliger Dunkelheit verließ ein kleiner Trupp verwegener Reiter, ein Herr Wats, begleitet von drei Kosaken, lautlos die Stadt nach Süden, um die bringende Bitte um Verstärkungen nach Taku zu bringen. Der Erfolg ihres kühnen Rittes war den bewunderten Reitern selbst Dankes genug.

Der 20. Juni brachte uns noch einen unruhigen und ernsten Tag. Von der linken Peihoseite stets unter Feuer, wurden wir auf fast allen Seiten der Niederlassung hart bedrängt, so daß die Kräfte bis auf das Äußerste angespannt werden mußten. So wich die Sorge nicht von unserer Seite. Von außen fehlte noch jede Nachricht; der Proviant wurde knapp, und man wollte wissen, daß auch die Munition bei einzelnen Truppenkörpern zu Ende ging. Die Barrikaden in den Straßen wurden immer sorgfältiger vorbereitet, und mit bangem Herzen sah mancher den kommenden Tagen entgegen, als die dunkle Nacht auch dem chinesischen Geschützfeuer Schweigen geboten hatte.

Mit dem 21. trat eine merkwürdige Stille ein. Man wollte erst gar nicht daran glauben. Es fehlte einem ordentlich das Zischen der Granaten und das Pfeifen der Kugeln. Vorsichtige Leute prophezeiten natürlich nur die Ruhe vor dem Sturme, und ich muß gestehen, etwas kam es auch mir so vor. Es war zu ungewohnt. Zahlreiche Truppenbewegungen im Umkreise der Stadt, deren Absicht nicht klar erkennbar war, bestätigten die Gerüchte bald und bestärkten die Schwarzseher.

Aber auch über dem 22. war noch dieselbe Stille ausgebreitet; und nun ließ die Nervenspannung etwas nach, man atmete auf. Die Gerüchte wuchsen aber wie die Pilze empor. Jeder hatte eine andere Erklärung, und jeder mußte dem vorhergehenden etwas hinzuzusetzen so lange, bis schließlich der Urheber selbst sein eigenes Gerücht nicht wiedererkannte.

---

b. Der Entsatz der Frembenniederlassung.

Der Aufbruch von Tongku unter schwierigen Verhältnissen. — Verlassen der Bahnlinie. — Das Gefecht entwickelt sich. — Der russische General Stößel schickt die Deutschen gegen das sogenannte Ostarsenal von Tientsin vor, um der Truppe die Flanke zu decken. — Starke Verluste auf deutscher Seite. — Die Deckung gelingt. — Einzug in Tientsin. — Rückkehr des Seymourschen Expeditionskorps. —

Am 23. ging es wie ein Lauffeuer durch die Stadt, schneller, als die Zunge es verbreiten kann. Von Süden her auf dem linken Peiho-Ufer sind Truppen in Anmarsch, wahrscheinlich das Entsatzkorps. Wie oft ist nicht in jenen Tagen die Nachricht von den anmarschierenden Entsatztruppen verbreitet worden! So recht hatte es keiner geglaubt, aber diesmal mußte es sein, das allgemeine Gefühl konnte nicht trügen. Alle Türme waren dicht besetzt, und viele Augen spähten aus, die Nationalität der Truppen zu erkennen.

Kurz nach ein Uhr waren die englischen Matrosen deutlich zu sehen, wie sie am jenseitigen Ufer vordrangen, den schwachen Widerstand der wenigen Chinesen leicht überwindend. Mit brausendem Jubel wurden die als erste Entsatztruppen einrückenden begrüßt; bald wehten die Flaggen aller Nationen über der Stadt.

«Dem Herrn sei Dank, der uns bis hierher geholfen!» Aber wohl manchem wollte die bange Sorge noch nicht vom Herzen weichen; denn mit doppelter Teilnahme wandten sich nun alle Gedanken den Truppen zu, die man mit der Peking-Expedition in schweren und ernsten Kämpfen suchte. Die Nachrichten waren schon zu lange ausgeblieben; solche Strapazen konnten sie auf die Dauer nicht ertragen. In den inzwischen in Tientsin immer weiter durchbrechenden Jubel über die Entsetzung der Stadt, der sich nun überall bemerkbar machte, mischte sich aber gerade für uns Deutsche ein bitter=ernster Ton. Bald war es nämlich bekannt geworden, daß mit den Russen zusammen auch zwei Kompagnieen unseres dritten Seebataillons unter Führung des Majors Christ vor der Stadt eingetroffen seien. So sehr wir suchten, wir fanden unsere Lands= leute nicht im frohen Kreise. Endlich wurden wir ihrer gewahr. Ernst und feierlich war dort unter den deutschen Kriegern die Stimmung, welche weit vor der Stadt ihr Lager bezogen hatten. Im Kampfe gegen vier Forts beim Ostarsenal hatten sie den all= gemein beliebten Leutnant Friedrich und sechs Mann auf der Wal= statt zurücklassen müssen, und 27 Verwundete hatten ihr Blut her= gegeben, um den Weg zum Entsatze unserer Stadt zu öffnen. Ein einsames Kreuz zeigt jetzt die Stelle, wo so viel treues deutsches Blut geflossen ist, und wir wollen stets daran denken, daß es für uns geschah, um uns zu helfen, um uns zu retten. Unsere deutschen Truppen waren nicht die ersten in der Stadt; gar mancher hätte es heimlich gewünscht. Aber wir können uns doch sagen, daß sie an der Seite der russischen Truppen in Kameradschaft dort ihren Mann gestanden hatten, wo die Gefahr am größten war."

Soweit speziell die Beteiligung unserer deutschen Truppen an diesem Zuge in Frage kommt, fuße ich auf den Mitteilungen meines verehrten Nachfolgers am „Ostasiatischen Lloyd", des bei Taku verwundeten Kriegsberichterstatters Herrn J. Herrings. Er spricht über den Anteil des Detachements vom 3. Seebataillon an den Kämpfen um Tientsin in einer kleinen Separatschrift, die ich der Schilderung jener Vorgänge zu Grunde lege.

Am 19. Juni hatte sich ein Detachement des 3. deutschen See= bataillons, 265 Mann stark, nach dem Schauplatz der Unruhen im nördlichen China eingeschifft. Tongtu, der Ausgangspunkt der Bahn nach der Hauptstadt Peking, war bereits in den Händen der Europäer, der Weg nach dem hartbedrängten Tientsin aber war noch ver= schlossen. Russen, Japaner, Engländer, Amerikaner standen bereit, sich Bahn zu brechen, um dem belagerten Ort zu Hilfe zu kommen. Sie erwarteten noch die kleine deutsche Truppe, ehe sie den Vor= marsch begannen. Jene bestand aus zwei Kompagnieen zu je 120 Mann unter der Führung von Major Christ, dem Kommandeur des 3. See=

bataillons. Die andern Offiziere des Detachements waren Leutnant Cretius als Adjutant, Hauptmann Gené und Hauptmann von Knobelsdorff als Kompagnieführer, Oberleutnant Hagemeister, Leutnant Friedrich, Marineoberassistenzarzt Dr. Ruesse und der kaiserliche Dolmetscher Dr. Betz.

Am 21. Juni nachmittags 1 Uhr fand die Ausschiffung in Tongku statt.

Im Maschinenschuppen begrüßte man wackere Kameraden vom siegreichen „Iltis"; die braven Österreicher von der „Zenta" lagen hier und Engländer, die einige Tage vorher gar tapfer die Wälle der Forts erklommen hatten.

Noch während die Ausschiffung vor sich ging, traf die Meldung ein, daß Truppen des chinesischen Generals Ma, von Schanhaikwan kommend, über Peitang in der Stärke von ca. 15 000 Mann gegen den Bahnhof im Anmarsch seien.

Major Christ erbot sich sofort, den Schutz des Bahnhofs und der Ausschiffung zu übernehmen. Dankend wurde dies Anerbieten von dem den Oberbefehl über die Truppen der vereinigten Mächte führenden russischen General Stößel angenommen, welcher Major Christ noch zwei weitere Kompagnieen und vier Maschinengewehre zur Verfügung stellte. Während diese Streitkräfte und die deutschen Truppen entlang der Zweigbahn Aufstellung nahmen, die nach Lutai resp. Schanhaikwan, führt, wurde bereits ein chinesischer Gefangener eingebracht. Durch seine Vernehmung erfuhr man, daß in einer Entfernung von etwa vier Kilometern bei Peitang ein mit 1500 Mann chinesischer Infanterie besetztes Fort läge. Eine vorgeschobene deutsche Patrouille, die durch breite Kanäle schwimmen mußte, bestätigte diese Aussage des Gefangenen, worauf dem kommandierenden General Mitteilung davon gemacht wurde. Es lag jedoch nicht in dessen Plan, dieses Fort jetzt anzugreifen, vielmehr kam es ihm vor allem darauf an, seine Truppen so schnell wie möglich gegen Tientsin vorzuschieben, um die bedrängte Stadt zu entsetzen. Den deutschen Truppen fiel also die Aufgabe zu, den Rücken der Kolonne gegen einen Angriff von Peitang oder Schanhaikwan her zu schützen.

Indessen hatte General Stößel die Verladung der Kompagnie von Knobelsdorff, zweier Kompagnieen Russen nebst vier Geschützen und vier Maschinengewehren in einen Zug geleitet, der jetzt in der Richtung nach Tientsin abfuhr.

Da man fortwährend eines feindlichen Überfalles gewärtig sein mußte, so konnte der Zug nur mit größter Vorsicht vorwärts bewegt werden. So kam es denn, daß man Chun liang cheng erst bei Anbruch des nächsten Tages (22. Juni) erreichte. Oberhalb dieser Station hatten die Chinesen die Bahn völlig unbefahrbar gemacht. Mit der Kompagnie von Knobelsdorff als Avantgarde voraus wurde nun der Marsch zu Fuß weiter fortgesetzt. Brennende Dörfer zeigten den Weg, den hinter den Deutschen die tapferen, aber wenig zartfühlenden Russen zogen. Noch zehn oder zwölf Kilometer von Tientsin entfernt, dicht an der Bahn, wurde nachmittags vier Uhr Biwak bezogen.

Unterdessen war auch Major Christ mit der Kompagnie Gené und zwei weiteren Kompagnieen Russen von Tongku, wo der Feind sich absolut unthätig verhalten hatte, heraufgekommen und hatte sich mit General Stößel vereinigt. Freiwillig übernahm Major Christ mit seinen Seesoldaten in der Front des Lagers, wo alsbald beunruhigende Beobachtungen gemacht wurden, die Sicherung. Man bemerkte chinesische Kavallerie, die gegen das Lager der Europäer vorzustreifen schien. In westlicher Richtung, etwa drei Kilometer entfernt, hatten die Chinesen ein Lager aufgeschlagen. Die Artillerie erhielt den Auftrag, den Feind in respektvoller Entfernung zu halten.

Die Kompagnie von Knobelsdorff ging etwas weiter gegen Tientsin vor und Oberleutnant Hagemeister übernahm die äußerste Wache nach dieser Richtung, wo ein nächtlicher Ueberfall möglich erschien.

Die Leute waren die Nacht zuvor und den ganzen Tag über nicht zur Ruhe gekommen. An Gepäck mußte jeder selbst schleppen, was er brauchte, denn Gepäck- und Provianttrains gab es nicht, zu essen also auch nichts — außer der eisernen Portion; dazu einen Trunk aus den gelben Fluten des Peiho.

Noch vor Tagesanbruch (23. Juni) wurde das Zeichen zum Wecken geblasen, und gegen ein halb sieben Uhr erfolgte der Befehl zum Vormarsch. Inzwischen war auch die Meldung eingetroffen, daß Engländer und Amerikaner auf dem linken Flügel in zwei Stunden eingreifen könnten. Schon auf Kilometer entfernt gewahrte man die Schützenlinien der Engländer, die sich wie lange braune Regenwürmer über die lehmige Fläche schlängelten.

Die Kompagnie von Knobelsdorff hatte den Oberleutnant Hagemeister mit einem Halbzug vorgeschoben und folgte auf 200 Meter in Kompagniekolonnen; links gestaffelt mit 200 Meter Abstand stand die Kompagnie Gens, welche zur Sicherung der linken Flanke Patrouillen bis an den Peiho vortrieb. Gegen 7 Uhr vernahm man östlich des Bahndammes lebhaftes Gewehr= sowie Geschützfeuer. Die dort vorgehenden russischen Kompagnieen bekamen Fühlung mit der chinesischen Arsenalbesatzung, die auf nahe Entfernungen durch Anbringen von Entfernungsmarken sich ein genaues Feuern gesichert hatte.

Um 8 Uhr vormittags hatte sich eine Rechtsschwenkung auf der ganzen Linie fühlbar gemacht. Die Kompagnie Gens war hierdurch in die vorderste Linie gelangt und ging in Schützenlinien vor. Die Kompagnie von Knobelsdorff folgte zunächst auf dem linken Flügel in Kompagniekolonnen. Engländer und Amerikaner griffen zwischen russischen Abteilungen und den Seesoldaten ein. Um 9 Uhr etwa erreichten Engländer und Amerikaner den Bahndamm südlich der Brücke.

Ein Teil der Kompagnie Gens überschritt als die erste Truppe die heftig vom Arsenal aus beschossene Eisenbahnbrücke. Der Rest der Kompagnie ging durch den Fluß. Dann blieb die ganze Kompagnie zunächst am Eisenbahndamm halten.

Wenige Minuten später versuchten die Chinesen die Eisenbahnbrücke in die Luft zu sprengen. Die Kompagnie von Knobelsdorff ging gleichzeitig über die Holzbrücke unterhalb der Eisenbahnbrücke, beschoß eine auf etwa 1200 Meter marschierende Wagenkolonne und stellte sich darnach auf dem linken Flügel zur eventuellen Unterstützung der Kompagnie Gens bereit.

9*

Um 9 Uhr 30 Min. vormittags ging die Kompagnie Gens östlich des Bahnkörpers gegen das Arsenal zusammen mit dem linken russischen Flügel vor.

Um 10 Uhr war die Kompagnie Gens sprungweise im Verein mit dem linken russischen Flügel bis auf 500 bis 600 Meter an das Arsenal herangekommen und eröffnete nun das Feuer gegen die dortige Besatzung, die sehr heftig erwiderte.

Es war jetzt fast 11 Uhr, und das Gefecht schien seinen Höhepunkt erreicht zu haben.

Da brachten Leutnant Cretius und Dr. Betz durch den ärgsten Kugelregen quer über das Gefechtsfeld und die Eisenbahnbrücke, auf welche der Feind sein Feuer immer mehr konzentrierte, an Major Christ die Meldung von General Stößel: Der General beabsichtige diese feindliche Position heute nicht zu nehmen, sondern gedeckt hinter dem Eisenbahndamm weiter in der Richtung auf das Stationshaus Tientsin abzumarschieren.

Dieser, der starken Besatzung des Arsenals (etwa 1000 Mann) gegenüber gewagte Abmarsch konnte nur gelingen, wenn der Feind bis zur Beendigung in Schach gehalten wurde. Major Christ erbot sich daher, mit seinen Kompagnieen den Abmarsch zu decken, was General Stößel dankbar annahm. Gegen 11 Uhr erst konnte der Major die Kompagnie Gens, die unter dem heftigen Feuer des ausgezeichnet gedeckten, weit überlegenen Gegners bereits große Verluste erlitten hatte, wieder an das Detachement heranziehen.

Um dies Loslösen vom Gegner zu erleichtern, stellte General Stößel dem Major Christ auf dessen Wunsch die Batterie zur Verfügung, welche mit Hilfe der Kompagnie von Knobelsdorff auf dem steil ansteigenden Bahndamm postiert wurde.

Unter dem Schutze der Artillerie wurde nun die Kompagnie Gens an den Bahndamm zurückgezogen. Sie hatte ihre Feuertaufe gründlich empfangen; von 120 Mann waren in knapp zwei Stunden zehn Mann gefallen, darunter Leutnant Friedrich, und 27 verwundet. Ein Glück, daß es der Kompagnie noch gelang, ihre Verwundeten sämtlich mitzunehmen, denn der grausame Fanatismus der Chinesen macht weder vor dem Tode noch vor der Hilflosigkeit des Verwundeten Halt. Als die Toten der Kompagnie Gené in blutgetränkten Zelttüchern an den Russen vorübergetragen wurde, spielte die russische Kapelle ihnen ein Totenlied.

General Stößel sprach noch während des Gefechtes den deutschen Truppen seine besondere Anerkennung für die tapfere Unterstützung und das todverachtende Aushalten aus, wodurch der Abmarsch des Gros an der Bahn entlang auf Tientsin und die Vereinigung mit der dort fechtenden Garnison ermöglicht worden war.

Um 3 Uhr 25 Min. nachmittags war das Detachement bis dicht an Tientsin herangerückt und gewann Fühlung mit dem dortigen Gegner. Zu gleicher Zeit brang die russische Besatzung des Stationsgebäudes von Tientsin gegen die chinesischen Schützenlinien, die den Anmarsch der Deutschen befeuerten, vor. So unter zwei Feuer genommen, hielten diese nicht stand, und gegen vier Uhr war die Vereinigung mit der russischen Besatzung am Südostthor an der Eisenbahn hergestellt und Tientsin entsetzt.

Endlich trafen nun auch bestimmte Nachrichten von dem Expeditionskorps Viceadmiral Seymours ein. Wider alles Erwarten war es ihm unter unsäglichen Strapazen gelungen, in ständigem Gefecht sich den Weg zurückzubahnen und nach der Einnahme von Hsiku sich dort festzusetzen.

Nach einem gemeinsamen Vorstoße der in Tientsin eingetroffenen Truppen gegen dieses Arsenal rückte dann am 25. Morgens das Seymoursche Korps vom Bahnhofe her wieder in die Stadt ein.

---

c. Der Seymour-Zug.

Mit der Bahn nach Yangtsun, wo die einzelnen Detachements sich vereinigen. — Die ersten Leichen und Bahnzerstörungen. — Beschluß, die Bahnstrecke wieder fahrbar zu machen. — Anlage von Etappen. — Ein dringender Notschrei aus Peking. — Aufgehalten durch Boxerangriffe. — Neuer Plan, zu Wasser den Vorstoß fortzusetzen. — Der erste Kampf mit chinesischen Regulären. — Die Verbindung ist auch rückwärts abgeschnitten. — Beschluß, nach Tientsin umzukehren. — Von Yangtsun ab wählt man den Wasserweg. — Schwere

Gefechte. — Nur nachts wird marschiert. — Eroberung des Arsenals Hsiku.
— Festsetzung im Arsenal. — Der Ersatz des Entsatzkorps. — Rückkehr nach
Tientsin. — Kritik des Seymourzuges.

Ich komme nunmehr zur Schilderung einer Episode, die wohl
als die verhängnisvollste während des ganzen chinesischen Feldzuges
angesehen werden kann. Es liegen darüber drei Quellen von
originalem Werte vor; erstens der amtliche Bericht des Viceadmirals
Seymour, den dieser alsbald nach der Rückkehr der Expedition
nach Tientsin publizieren ließ, sodann das Tagebuch des Kapitäns
z. S. von Usedom, des Befehlshabers der deutschen Truppenmacht,
die am Seymourzuge beteiligt war, sowie die Aufzeichnungen des
während des Rückzuges selbst schwer verwundeten Korvettenkapitäns
Schlieper.*) Ich werde versuchen, an der Hand dieser Quellen ein
kurzes Bild der Vorgänge zu entwerfen. Bereits früher wurde
mitgeteilt, daß ein kombiniertes Detachement in Stärke von etwa
2100 Mann von Tientsin aus mit der Bahn vorgedrungen war,
um die eingeschlossenen Gesandtschaften in Peking, die einen Not=
schrei über den andern nach Tientsin sandten, zu befreien. Das
deutsche Landungskorps bestand aus 25 Offizieren und 527 Mann.
Es führte vier Maschinengewehre mit sich und vereinigte sich am
10. Juni nachmittags mit dem bereits unter Admiral Seymour
in Tientsin zusammengetretenen Hauptkorps. Bereits in Tientsin
versuchten die Chinesen, der Expedition Hindernisse in den Weg
zu legen, indem sie die Schienen vor dem Maschinenschuppen auf=
zureißen suchten. Der Bahnhof mußte mit dem Bajonett gesäubert
werden, und es gelang, sich einer genügenden Anzahl von Wagen
sowie einer Lokomotive gewaltsam zu bemächtigen. Die Expedition
fuhr in vier Zügen von Tientsin ab. Rechts und links vom
Bahndamm bemerkte man dichte chinesische Truppenlager. Noch
konnte man damals nicht wissen, ja man wies den Gedanken weit
von sich weg, daß man in eine Mausefalle hineinging, die sich
schließen sollte, wenn die Mäuschen alle darinnen wären. Die

---

*) Schlieper: „Meine Kriegserlebnisse in China. Die Expedition Seymour.
Minden i. W. Wilhelm Köhler 1901.

absolute Unklarheit in der Auffassung der Lage, die den ganzen Feldzug kennzeichnet, war schuld daran, daß man immer noch die chinesischen Truppen als gute Freunde behandelte, die gegen die Boxer ausgezogen wären. Noch waren ja die Takuforts nicht gefallen, und auch in Tientsin war noch alles verhältnismäßig ruhig gewesen. Man gelangte am Abend dieses Tages nach Jangtsun, wo die Truppen an der Weiterfahrt durch die zerstörte Bahn verhindert wurden. Nach einer Reparatur, die nicht allzu schwierig war, fuhr man am andern Morgen um 7 Uhr weiter bis Lofa, wo eine zerstörte Eisenbahnbrücke ein erneutes Hindernis bot. Am Bahndamme sah man Chinesenleichen liegen — harmlose Gemüter mochten noch geneigt sein, sie für Boxer zu halten, die von den chinesischen Regulären getötet worden seien; in der That aber waren es die Leichen von Bahnangestellten, die der Wut der Horden zum Opfer gefallen waren. Die Leichen mahnten zur Vorsicht. Die Sorglosigkeit, mit der man abgefahren war, und die Spötteleien über die Chinesen wichen bereits am zweiten Tage ernsteren Besorgnissen. Um 9 Uhr vormittags langte ein Zug mit Bahnmaterial aus Tientsin an, die Station Lofa wurde durch eine Etappe von 30 Engländern unter einem Leutnant besetzt, alsdann ging es nach notdürftiger Reparatur der Brücke nachmittags langsam weiter. Im Verlaufe des Tages kamen noch 200 Russen und 50 Franzosen von Tientsin an. Gegen 6 Uhr abends wurde der Zug aufgehalten durch einen Boxerangriff, der nach anderthalbstündigem Gefecht abgeschlagen wurde.

8 Uhr abends hielt man bei der Station Langfang, wo die Bahnstrecke arg zerstört war. Eine deutsche Kompagnie unter Kapitänleutnant Weniger blieb in Langfang, dessen Bahnhof zu einem kleinen Fort eingerichtet wurde, als Etappe zurück. Am 12. Juni unternahmen die Engländer eine Rekognoszierung am Bahndamme 13 englische Meilen entlang und fanden die Bahn derartig zerstört, daß sie unter drei Tagen nicht zu reparieren war. Man bereitete sich also vor zu einem Aufenthalt in Langfang; da Wassermangel eingetreten war, wurde ein Zug nach Jangtsun und einer nach Lofa zurückgeschickt, um Wasser zu holen. Beim Rangieren

entgleiften in Lofa vier Wagen mit Bahnmaterial; nur unter un=
endlichen Schwierigkeiten konnten sie wieder auf die Schienen gebracht
werden. Gegen Abend waren die beiden Züge wieder in Langfang;
sie waren während der Fahrt dauernd von Boxern beunruhigt
worden.

Am 14. Juni unternahmen die Boxer einen Angriff auf die
Station Langfang, wobei fünf Italiener, die auf Feldwache gewesen
waren, überfallen und getötet wurden; doch wurde der Angriff,
der namentlich dem „Gefion"=Zuge gegolten hatte, zurückgewiesen.
Am 15. Juni, dem dritten Arbeitstage, den man in Langfang
verbrachte, wurden verschiedene Requisitionen vorgenommen, die
einzelnen Züge wurden nach Nationalitäten verteilt, die Russen
stellten sich unter das Kommando des Kapitäns von Usedom. Seit
dem 15. Juni war die rückwärtige Verbindung mit Tientsin unter=
brochen. Am 16. Juni fiel die Entscheidung. Da die Verbindung
nach vorwärts und rückwärts abgeschnitten war, so beschloß der
Kriegsrat, den Vormarsch nach Peking aufzugeben und den Rück=
marsch nach Tientsin anzutreten. Kapitänleutnant Schlieper war
mit seiner Kompagnie auf einem Arbeitszuge zur Bedeckung der
Bahnarbeiten bei Lofa zurückgeschickt worden. Die nachträgliche
Bahnzerstörung war dort wieder bedeutend. Die Station Langfang
wurde also aufgegeben; am selben Tage traf ein Kourier ein aus
Peking, der nochmals die dringende Bitte um Hilfe seitens der
Gesandtschaften überbrachte. Der Plan Seymours war nun zunächst,
infolge dieses erneuten Hilferufes Langfang und Lofa für den Vor=
marsch noch zu halten. Er selbst schreibt in seinem amtlichen
Berichte, daß er beabsichtigt hätte, nach Langfang zurückzukehren,
um von dort aus das Vordringen zu Wasser zu bewerkstelligen.
In derselben Nacht fand übrigens der entscheidende Sturm auf die
Takuforts statt. Es sei bemerkt, daß der 16. Juni auch für die
in Peking Eingeschlossenen ein entscheidungsreicher Tag war; erstens
wegen der definitiven Erklärung des Kriegszustandes durch den
Sturm auf die Takuforts, zweitens weil dieser Tag das Mißlingen
des Entsatzversuches der Gesandtschaften entschied. Hatten während
dieser Zeit die Angriffe auf die Gesandtschaften in Peking bereits

wesentlich nachgelassen, so wurden sie durch diese beiden Ereignisse, von denen das eine die Chinesen erbitterte, das andere ihren Mut gewaltig stärkte, mit verdoppelter Kraft und Gewalt wieder aufgenommen.

Der Plan, Lofa und Langfang zur Deckung des Rückmarsches sowie eines erneuten Vorstoßes auf dem Wasserweg von Jangtsun aus zu benutzen, konnte auf die Dauer nicht zur Durchführung gelangen. Zwar besetzten Deutsche und Russen am 17. Juni wiederum die beiden genannten Stationen, aber eine Patrouille, die abends ausging, ergab das Resultat, daß man nicht allein Boxer, sondern auch reguläres chinesisches Militär vor sich habe. Es waren die Truppen des Generals Tungfushian, der von Peking aus dem Seymourschen Expeditionskorps entgegengesandt war. Eine Aufklärungspatrouille unter Oberleutnant Bendemann, die am 18. Juni vormittags ausgeschickt wurde, fand die Bahnzerstörungen wieder bedeutend. Um 1 Uhr nachmittags traf ein Zug mit Engländern in Langfang ein. Seymour schlug auf Grund der empfangenen unerfreulichen Nachricht eine Wiedervereinigung der Detachements und die erneute Aufgabe von Langfang vor. Während die Abteilung des Kapitänleutnant Schlieper jenseits Lofa ein Gefecht mit Boxern hatte, fand um 2 Uhr nachmittags ein Angriff von regulären Truppen und Boxern auf das deutsche und englische Detachement statt. Die „Marine-Rundschau" berichtet über dieses Gefecht folgendermaßen: „Während die Kompagnien in Langfang Anordnungen zum Rückzug trafen, erfolgte plötzlich um 2 Uhr ein Angriff starker Boxermassen und regulärer chinesischer Infanterie und Kavallerie von Peking her. Der Feind entwickelte große Streitkräfte, wohl gegen 5000 Mann, so daß ein Eingreifen aller Kompagnieen der Deutschen, Engländer, Russen und Japaner nötig wurde. Da der Feind aus gedeckter Stellung hinter Erdwällen und Waldrändern heraus feuerte, traten große Verluste ein. Nach anhaltendem Feuergefecht erfolgte das Vorgehen vom rechten Flügel aus, die „Hertha"-Kompagnie voran. Auf diesen Angriff zog sich der Feind zurück. Unmittelbar darauf, als die Kompagnien vor dem Waldrande Halt machten, erfolgte ein Angriff des Feindes mit blanker Waffe, an dem hauptsächlich Boxer teilnahmen. Der Angriff wurde abgewiesen, worauf der Feind in wilder Flucht zurückging. Die Deutschen hatten 1 Toten, 17 Verwundete, die Engländer 3 Tote, 24 Verwundete, die Russen 3 Tote, 10 Verwundete. Der Verlust des Feindes betrug weit über 100 Mann, davon trugen viele die Uniform der chinesischen Regulären. Die „Hertha"-Kompagnie hatte sich beinahe verschossen, als man beim ersten Anlauf bemerkte, daß der Feind Patronengürtel mit Patronen Mod. 71/84 hatte; aus diesen wurde die Munition ergänzt. Von einer Verfolgung des Feindes wurde bei dem Mangel an Kavallerie abgesehen und der Rückzug nach Jangtsun angetreten."

Das war also das entscheidende Gefecht, das erstmalige Zusammentreffen mit chinesischen regulären Truppen. Das Gefecht endete zwar damit, daß diese zurückgeworfen wurden; immerhin aber sah man sich nun definitiv gezwungen, den Rückzug anzutreten, weil ein Vordringen auf der Bahnstrecke ein Ding der Unmöglichkeit war. Am 19. Juni sah man sich genötigt, die Bahn zu verlassen; die Zerstörung der Strecke hinter dem Rücken der Truppen war wieder zu weit vorgeschritten. Vor allen Dingen war die große Peihobrücke bei Jangtsun zerstört, und man entschloß sich, den Rückzug auf, bezw. am Peiho entlang anzutreten. Durch die Vorsicht des Leutnant Röhr war es gelungen, sich einiger chinesischer Djunken zu bemächtigen, die zum Material-, Munitions-, Proviant- und Verwundetentransport eingerichtet wurden. Es waren vier Djunken; auf jede kamen also ungefähr 500 Mann. Daß diese alle Platz haben konnten, war selbstverständlich ausgeschlossen; außerdem lag die Notwendigkeit vor, rechts und links am Ufer kleine Detachements zur Deckung marschieren zu lassen. Um 4 Uhr nachmittags wurde der Rückzug angetreten, der durch häufiges Festkommen der überladenen Djunken stark erschwert wurde. Mit Einbrechen der Dunkelheit machte man Halt. Am 20. Juni wurde der Rückzug fortgesetzt, der bereits auf energischen Widerstand stieß, da die feindlichen Truppen und Boxer sich in zahlreichen am Peiho gelegenen Dörfern festgesetzt hatten und jedes einzelne Dorf erst im Sturm genommen werden mußte. Es entwickelten sich regelrechte Gefechte, da die Chinesen außer guter Artillerie auch Infanterie und Kavallerie besaßen. Vom 21. Juni ab wurde auf beiden Seiten des Flusses marschiert, da der Feind auf beiden Seiten Widerstand leistete. Bereits früh am Morgen machten sich Anzeichen dafür bemerkbar, daß man an diesem Tage auf sehr heftigen Widerstand stoßen würde. Das war auch der Fall; von 9 Uhr ab begann ein außerordentlich heftiger Kampf. Es entwickelte sich ein reguläres Feldgefecht, in dem die Ueberlegenheit der Bewaffnung auf Seiten der Chinesen war. Diese schossen mit modernsten Waffen, mit rauch- losem Pulver, kleinkalibrigen Gewehren, Schnellladekanonen u. s. w., während die Deutschen noch mit dem alten deutschen Modell be- waffnet waren und über rauchloses Pulver nicht verfügten. Da- gegen thaten ihnen die mitgenommenen Maschinengewehre vorzüg- liche Dienste. Dieser heiße Tag kostete speziell den Deutschen harte Verluste an Verwundeten und Toten, unter andern wurde an diesem Tage Kapitänleutnant Schlieper schwer verwundet. Die Folge dieses Kampfes war die, daß man beschloß, den Weitermarsch bei Tage aufzugeben und Nachtmärsche zu versuchen. Am 22. Juni um 1 Uhr nachts zog man weiter, um 2 Uhr kam der berühmte Befehl heraus, der die Anerkennung enthielt für die Ueberlegenheit der deutschen Truppen; „the germans to the front!" In der höchsten Not waren es die Deutschen, auf die der englische Kom- mandant die beste Zuversicht setzte. Mit Tagesanbruch fand man sich gegenüber dem Arsenal Hsiku, dessen Wälle stark besetzt waren; das Arsenal wurde nach heftigem Kampfe genommen. Nachdem der Feind daraus vertrieben, wurden die Wälle in aller Eile ein- gerichtet zur Verteidigung und zur Unterbringung der Verwundeten, die durch den schwierigen Transport auf den Djunken außerordent- lich zu leiden gehabt hatten. Der Weitermarsch wurde aufgegeben und die Absicht war, sich im Arsenal festzusetzen, bis Entsatz aus Tientsin käme. Diese Stadt war keine zehn Kilometer mehr ent- fernt vom Fort. Die Besichtigung desselben ergab einen enormen Vorrat von Gewehren, Geschützen, Munition und auch Proviant, vor allen Dingen Reis. Nachmittags 4 Uhr versuchten die Chinesen das Arsenal wieder zu erobern; es erfolgte ein außerordentlich heftiger Angriff, der den Deutschen 6 Tote und 16 Verwundete kostete. Die Verluste gerade dieses Tages waren besonders schwer, weil unter den Toten sich der allgemein beliebte und sehr tüchtige Korvettenkapitän Buchholz befand, während die Leutnants von Krohn und Lustig schwer verwundet wurden. Hundert englische Matrosen, die in der Nacht einen gewaltsamen Durchbruch nach Tientsin versuchten, kehrten um 2 Uhr morgens ohne Erfolg zurück, und zwar mit 5 Toten. Der Morgen des 23. Juni brachte einen heftigen feindlichen Angriff, der die internationalen Truppen über= raschte und der wiederum nur mit ziemlich schweren Verlusten zu= rückgeschlagen werden konnte. Man richtete die Wälle und Gebäude zur Verteidigung ein, montierte zwei Kruppsche Belagerungskanonen auf den Wällen und schoß damit die Dörfer ringsum in Brand. Am 24. wurden zwei weitere Geschütze montiert und die Dörfer erneut beschossen; während der Nächte waren sämtliche Truppen auf die 4000 Schritt langen Wälle des Arsenals verteilt. Am 25. Juni früh 6 Uhr sah man Geschützfeuer von dem nur 300 bis 400 Meter vom Arsenal entfernt liegenden Fort bei Tientsin. Zwei der Geschütze wurden infolgedessen auf dieses Fort gerichtet, das auch nicht säumte, seinerseits zu antworten. Um 9 Uhr end= lich wurden uniformierte Truppen sichtbar; es war das von Tientsin aufgebrochene Entsatzkorps, welches sich nunmehr mit dem in Hsiku eingeschlossenen Seymourschen Expeditionskorps vereinigte. Am 26. Juni früh verließ man das Arsenal, das alsdann vollständig zerstört wurde, und nachmittags um 1 Uhr rückte man endlich wieder in Tientsin ein.

Die Ansichten über diese Expedition sind geteilt. Zunächst ist ja freilich zu sagen, daß Marinetruppen im allgemeinen nicht geeignet sind zu Landexpeditionen. Wenn sich auch in der Marine häufig die Meinung festgesetzt hat, der Matrose könne einfach alles, so ist das ein Bramarbasieren, das nicht besser Lügen gestraft wer= den kann, als durch den Hinweis auf den Mißerfolg der Expedition Seymour. Es soll nicht verkannt werden, daß die Truppen des Seymourschen Expeditionskorps im einzelnen ganz Hervorragendes geleistet haben, daß sie zweifellos Heldenthaten vollbracht haben, die des Ruhmes der Nachwelt wert sind. Wenn man aber die ganze Expedition als solche betrachtet, muß man doch sagen, daß sie von vornherein in ihrer Anlage verfehlt war. Es lag das allerdings an der Führung; der englische Admiral hatte gezeigt, daß ihm jedes Verständnis abging für die Auffassung der Dinge. Trotzdem man längst wußte, daß die Bahnstrecke zerstört war, hat er sich ängstlich an die Bahn angeklammert, um auf ihr Peking zu erreichen. Mit welcher sinnlosen Unvorsichtigkeit Seymour vorgegangen ist, ersieht man schon daraus, daß er seine Truppen nur mit Proviant für zwei Tage ausgerüstet hatte. Man hat ja in den modernen Kämpfen zur Genüge die Bedeutung der Bahn als Beförderungsmittel schätzen gelernt, aber eben so weiß man, wie leicht eine Bahnstrecke zu zerstören ist und wie unendliche Schwierigkeiten es bereitet, sie wieder herzustellen. Wollte Seymour seinen Plan, auf der Bahn nach Peking durch Feindesland vorzudringen, faktisch vernunftgemäß ausführen, so hätte er dazu eine Truppenmacht nötig gehabt, zum mindesten fünfmal so stark, als er sie hatte. Denn eine Strecke von über 100 Kilometern in ihrer ganzen Länge gegen Zerstörung zu sichern, dazu gehört eine dichte und kräftige Etappenlinie. Es war überhaupt einer der vielen Fehler, von denen wir uns in China nicht frei machen konnten, daß wir allzu schülermäßig an der Theorie der Etappe festhielten. Ein in sich geschlossenes fliegendes Korps, dessen Aufgabe es ausschließlich ist, in irgend einer Richtung vorwärts zu kommen, und das absieht von einer Schwächung durch Zurücklassung von Etappen, kann, wenn es darauf ankommt, ganz China durchqueren. Hier aber klammerte man sich an die Bahnlinie und nachher, wie Seymour wollte, an den Peiho zum Vormarsch auf Peking. Man ließ ganz außer Acht, daß es außer der Bahn und dem Peiho noch eine Anzahl von Wegen gab, durch deren Zerstörung eine marschierende Truppe noch nicht lahm gelegt wird, und daß es ja schließlich keine besondere Leistung ist, 100 Kilometer zu marschieren. Wollte man durch die chinesischen Truppen und Boxer durchbrechen, so wäre das meines Erachtens zweifellos möglich gewesen. Jedenfalls aber war es im freien Terrain leichter, als auf der Bahnstrecke oder dem Peiho. Denn diese sind beide dicht mit Dörfern besetzt, von denen jedes einzeln hätte erobert werden müssen, wenn man die Passage auf dem nun eingeschlagenen Wege erzwingen wollte. Im freien Terrain dagegen wäre ein Ausweichen leicht möglich gewesen; außerdem sind die Dörfer in jener Gegend wohlhabend, und die Truppen hätten auf dem Zuge von Tientsin nach Peking ebenso wenig Mangel zu leiden gehabt, wie späterhin auf anderen Zügen durch China. Dieses Anklammern an die Bahnlinie hat schließlich die ganze Expedition zum Scheitern gebracht; es war ein verfehlter Plan, der hier zu Grunde lag. Das ist der Vorwurf, der Admiral Seymour trifft, einschließlich seiner Berater. Es giebt nur eine Entschuldigung; daß sein Korps eben nicht ein Korps von Landtruppen war, sondern ein Marineexpeditionskorps. Ein Korps Landtruppen von über 2000 Mann, nicht an eine bestimmte Bahnlinie oder an einen Fluß gebunden, hätte aller Wahrscheinlichkeit nach viel leichter den Kollisionen mit Regulären und Boxern ausweichen können; auch wäre es in der Lage gewesen, irgendwie durchzubrechen. Denn auch auf dem Seymourschen Zuge hat sich die Thatsache herausgestellt, daß der Chinese selbst bei guter Bewaffnung nicht in der Lage ist, einem europäisch geschulten Korps im Gefechte stand zu halten. Durch die ewigen Bahnreparaturen, die man nicht sichern konnte, und durch den geradezu kindlichen Versuch, mittelst einiger weniger Kompagnieen eine lange Bahnstrecke vor der Zerstörungswut chinesischer Truppen und Boxer zu bewahren, hat man das Hauptziel aus dem Auge verloren: den Durchbruch nach Peking à tout prix. Daß die Gefahr in Peking auf das Höchste gestiegen und Hilfe unter allen Umständen nötig war, mußte dem Führer des Detachements durch die verschiedenen Boten aus Peking klar werden. In seiner liebenswürdigen Weise entschuldigt Korvettenkapitän Schlieper den Admiral Seymour. Er schreibt: „Admiral Seymour ist wegen dieses Zuges viel angegriffen worden. Bei der unparteiischen Beurteilung vergesse man aber nicht, daß die Angriffe der regulären Armee erst erfolgten, als wir uns bereits 8 Tage lang tief im Innern des Landes befanden. Hätte man vorher gewußt, daß man eines Tages gegen eine große reguläre Armee, mit den modernsten Waffen ausgerüstet, kämpfen sollte, ja, dann wäre es ein großer Leichtsinn gewesen, so los=zuziehen."

Nein, es war unter allen Umständen ein Leichtsinn, so loszu=ziehen. Denn wenn Admiral Seymour in den ersten 8 Tagen seines Zuges der Überzeugung sein konnte, daß er es ausschließlich mit Boxern zu thun hätte, dann ist es eine kaum zu qualifizierende Nachlässigkeit, wenn er 8 Tage auf sinnlose Bahnreparaturen ver=wendete. Stellte sich aber nach 8 Tagen die Situation derartig verändert heraus, daß er erst dann merkte, er würde es mit der regulären chinesischen Armee zu thun haben, so war die Lage für ihn schließlich mit Rücksicht auf seine Aufgabe dieselbe, ob er nun nach vorwärts oder rückwärts durchstieß, da er ja auf beiden Seiten reguläres Militär zu erwarten hatte. Seine Aufgabe, sich mit den Europäern in Peking zu vereinigen, hätte ihn veranlassen müssen, alle Mittel anzuwenden, den Vorstoß nach Peking auszuführen; er durfte nicht nach Tientsin zurückkehren, — er hatte es auch hierhin wie dorthin ziemlich gleich weit. Jedenfalls hat der Mißerfolg der Expedition die Sachlage auf dem Kriegsschauplatze aufs peinlichste zu Ungunsten der Europäer verändert. Insonderheit waren es die Europäer in Peking, die darunter auf das schwerste zu leiden hatten. Von diesem Moment an war der Nimbus der europäischen Truppen dahin, daß ihr Vorbringen unaufhaltsam sei, und diejenigen, denen der Seymourfche Zug Befreiung bringen sollte, waren es, die auf das schwerste unter dem Mißerfolg der Expedition zu leiden hatten. Wäre es Seymour gelungen, nach Peking durch=zubringen — und das wäre faktisch so schwer nicht gewesen —, dann wäre er der Held des Tages gewesen. So aber ist die Expedition Seymour nichts als ein neuer Beweis für die geringe Leistungs=fähigkeit und Feldherrnbegabung englischer höherer Offiziere, die ja auch in andern Teilen der Erde vielfach Bestätigung ge=funden hat.

d. Die Eroberung der Chinesenstadt Tientsin.

Die Beschießung des Ostarsenals. — Zwei gewaltige Explosionen. — Das Ostarsenal wird im Sturm genommen. — Wiederherstellung und Sicherung der Strecke Tongku-Tientsin. — Feuergefechte am Bahnhof und in der chinesischen Vorstadt. — Die Beschießung der Fremdenniederlassung aus der ummauerten Chinesenstadt wird wieder aufgenommen. — Das sogenannte Westarsenal wird erobert. — Der Angriff auf die „City". — Russen, Deutsche und Franzosen fassen die chinesischen Artilleriestellungen am Lutai-Kanal in der Flanke und erbeuten 12 Geschütze. — Der Straßenkampf in der Vorstadt. — Die „City" wird tags darauf genommen, besetzt und teilweise verbrannt.

Durch das Eintreffen der Ersatztruppen und die Rückkehr der Expeditionstruppen waren die in Tientsin versammelten Streitkräfte um ein Bedeutendes gestiegen — so fährt der Augenzeuge der Kämpfe in Tientsin im „Ostasiatischen Lloyd" fort. Der Geist und die Thatkraft der schwerbedrängten Bewohner der Fremdenniederlassungen und auch der Truppen mußten sich hier neu beleben und kräftigen. Endlich zeigte sich die Möglichkeit, durch energische Offensivvorstöße den Ring von innen zu sprengen, und den Chinesen das Bewußtsein der Überlegenheit zu nehmen. Schon am 27. gingen die Russen zum Kampf gegen das bereits beim Entsatz Tientsins angegriffene Ostarsenal vor, dessen Position ihr Lager schwer bedrohte.

Alle Nationen wollten dabei sein; auch unsere Matrosen, noch überanstrengt von den schweren Strapazen der vergangenen Wochen, wollten nicht zurückstehen. Zwei Kompagnieen wurden alarmiert, und im Eilmarsch rückten sie über die Brücken bei der Militärschule den Russen zu Hilfe.

Ebenso wie das 3. Seebataillon mit seinen bisherigen Waffenbrüdern auch an diesem heißen Tage im Zentrum der russischen Kolonnen dem Feinde sich entgegenwarf, so fochten unsere braven Matrosen auf dem rechten Flügel der Verbündeten frisch und unerschrocken gegen die Wälle des Arsenals vorgehend, als ob die Mühen der eben überstandenen Expedition nichts für sie gewesen wären.

Sengende Glut lag über dem weiten Brachfelde, über das so

schnell wie möglich vorgerückt wurde, denn schon standen die Truppen im lebhaften Feuergefecht. Der Bahndamm ließ einen leichten Über= blick gewinnen, und nach schnellgefaßtem Plane wurden die Schützen= linien rechts an die Russen sich anhängend, gegen die feindliche Position vorgeschoben. Unaufhörlich pfiffen die Kugeln, und als die breiten Reihen über das fast schutzlose Gelände vorgingen, da fiel mancher Tapfere, von der grausamen Kugel getroffen. Fast kein Schuß fiel bei unseren Leuten, denn hinter dem Wall und den Bäumen war ein Ziel noch nicht zu erkennen, aber das unaufhaltsame Vorgehen und der Sturm der Verbündeten von allen Seiten brachte die Chinesen zum Wanken.

Da erfolgten kurz hinter einander zwei mächtige Explosionen, Trümmer und Balken in die Höhe schleudernd und enorme Rauch= säulen zum Himmel treibend. Diese mächtigen Ereignisse brachen den Mut der Verteidiger. In wilder Flucht stürzten die chinesischen Truppen über die freie Ostseite aus dem Arsenal, ehe es gelingen konnte, ihnen hier den Weg zu verlegen.

Der Kampf auf den andern Punkten der Linie war ebenso erfolgreich durchgeführt worden und mit derselben Energie. Schwere Lücken hatten dort z. B. den Engländern die chinesischen Granaten in die vorgehenden Schützenlinien gerissen.

Eine Verfolgung des fliehenden Feindes war leider nicht möglich, und so marschierten unsere Leute nach kurzer Rast in die Quartiere zurück. Glühend heiß war der Tag gewesen, und der brennende Durst mußte alle Kehlen trocken machen; von Staub bedeckt kehrten unsere Leute heim, aber das deutsche Soldatenlied durfte doch nicht fehlen. Frische deutsche Lieder klangen uns entgegen, als die Kom= pagnieen in die Stadt einmarschierten, und erinnerten uns an unsere ferne deutsche Heimat, an manches Bild aus unserm teueren Vaterlande.

Spät abends rückte auch das 3. Seebataillon in seine neuen Quartiere in der Universität, und dabei wurde es von seinen bis= herigen Kampfgenossen, den Russen, in herzlicher, kameradschaftlicher Weise verabschiedet.

Die nächste Zeit brachte verhältnismäßige Ruhe, denn die

Chinesen schienen durch diesen Schlag doch etwas unsicher geworden zu sein. Auf dem nun offenen Wasserwege von Taku trafen dauernd Verstärkungen ein, und reichlich zugeführter Proviant ließ auch die Nahrungssorgen zurücktreten. Ja, im Rücken der Stadt, wo es am ruhigsten war, entwickelte sich schon wieder ein kleiner Handel mit allerlei Feldfrüchten.

Ernste Nachrichten dagegen trafen von Peking ein, und die Besorgnis wurde immer größer, daß unsere Landsleute dort oben, wie überhaupt alle Fremden, nicht mehr am Leben seien.

Die ruhige Zeit sollte aber nicht lange mehr anhalten; bald entwickelten sich wieder in der Nähe des Bahnhofes und in der Chinesenstadt verlustreiche Feuergefechte, welche immer häufiger auftraten, und es dauerte nicht mehr lange, bis die Beschießung der Niederlassungen wieder mit alter Heftigkeit einsetzte. Östlich der Chinesenstadt, am Lutaikanal, hatten die Chinesen Batterieen aufgefahren, um von hier aus auf das russische Lager zu drücken und gelegentlich die Frembenniederlassung zu beschießen. Das Pagodafort warf immer von neuem seine Granaten in die Straßen der Frembenniederlassung. Auch im Westen und Rücken der Stadt wurden die Chinesen wieder thätiger.

Die Engländer arbeiteten mit übergroßen Anstrengungen daran, in der Nähe des „Recreation Ground" und beim Ostarsenal schwere Schiffsgeschütze aufzustellen, um von hier aus die chinesischen Geschützstellungen zu beschießen, indem sie durch Signale und Telephon geschickt das Feuer vom Turme des Stadthauses leiteten.

Vom 1. Juli dauerte so das Bombardement mit Unterbrechungen an, von Tag zu Tag sich steigernd. Stundenlang sausten jeden Tag die Granaten durch die Stadt und schlugen mit Krachen in die Häuser oder wühlten sich, hohen Staub aufwerfend, in die Straßen ein. Zum Glücke aber fehlten auch jetzt meist die Zünder.

Unsere Truppen aber waren noch immer zu schwach, um einen neuen energischen Vorstoß wagen zu können, das besetzte Gebiet war zu ausgedehnt und es war daher zu schwer, sich gegen den andrängenden Feind zu decken.

Erst am 9. Juli früh morgens sollten die Chinesen wieder die Massen der Verbündeten fühlen.

Eine starke Abteilung Japaner, Engländer, Russen und Amerikaner rückten im Süden aus dem Takuthor heraus, um die Gegend bei dem Detringschen Hause und das Westarsenal vom Feinde zu säubern.

Den Japanern gebührte das Hauptverdienst des Tages. Die ganze Last des Angriffs nahmen sie auf sich, und schwere Verluste sollte der Tag ihnen kosten. Bei ihrem energischen Vorgehen, das von den übrigen Truppen kräftig unterstützt wurde, konnte der Feind schnell aus seinen Stellungen geworfen und in eiliger Flucht nach Westen zurückgetrieben werden. Auch die japanische Kavallerie warf sich mit großer Bravour den aus den Dörfern vordrängenden Boxern entgegen und trieb sie mit blutigen Köpfen zu Paaren. Nach kurzem Artilleriefeuer wurde mit stürmender Hand das Westarsenal genommen, und um 8 Uhr morgens war der ganze Süden vom Feind gesäubert. Leider konnte das Westarsenal nicht dauernd gehalten werden. Nach gründlicher Zerstörung der noch vom früheren Brande übrig gebliebenen Anlagen und Vorräte wurde es gegen Abend von den Verbündeten wieder aufgegeben. Die Lage des Arsenals war zu exponiert und die Stellung dort zu schwer von der Stadt aus zu unterstützen. Die Wirkung der Expedition blieb aber eine nachhaltige. Im Süden der Stadt hat sich seitdem kein Feind mehr gezeigt. In der Chinesenstadt und den Batterieen am Lutaikanal saß der Chinese aber noch so fest wie früher. Allerdings waren die Anstrengungen der Engländer nicht ohne guten Erfolg geblieben. Ihr wohlgezieltes Feuer aus den Schiffsgeschützen brachte die chinesische Artillerie manchesmal zum Schweigen, und am 11. ging nach wenigen Schüssen aus einem vierzölligen Geschütze die Pagoda im Cityfort in Flammen auf. Schon lange war der Plan gefaßt und besonders von den Russen, die am meisten unter der ständigen Beunruhigung zu leiden hatten, eifrig betrieben, durch einen vereinten Angriff die Chinesen aus diesen Stellungen hinauszuwerfen.

Ein Versuch, diesen Vorstoß in der Nacht zum 10. zur Aus=

10*

ührung zu bringen, hatte sich leider zerschlagen; aber der überaus heftige Kampf, der sich noch am frühen Morgen des 11. im Norden der Niederlassung und am Bahnhof entwickelte und besonders den Japanern und Franzosen schwere Verluste kostete, ließ deutlich erkennen, daß mit der endlichen Ausführung nicht länger gezögert werden dürfe, sobald genügend Truppen vorhanden waren.

Endlich am 12. waren nach Ansicht aller Befehlshaber genügend Truppen verfügbar, um den entscheidenden Schlag mit Erfolg führen zu können. Die Verabredungen waren bald getroffen.

Es ist schwer, ein Bild von diesem heißen Kampf zu geben, über dem die Sonne am 13. aufging.

Im Osten hatten die Russen, von zwei Kompagnieen unserer Matrosen und französischer Artillerie unterstützt, im Dunkel der Nacht einen weiten Umgehungsmarsch unternommen und waren am Ostarsenal vorbei bis zum Lutaikanal vorgegangen, der auf einer mitgeführten Pontonbrücke von einem Teil der Truppen überschritten wurde. Mit Morgengrauen erfolgte dann hier ein mit großer Kraft angesetzter, die Chinesen völlig überraschender Flankenvorstoß gegen die chinesischen Batterieen.

Der heftige Artilleriekampf, bei sich entwickelte, wurde wirkungsvoll unterstützt von den englischen Geschützen beim Ostarsenal. Schon um halb sechs Uhr war ein Pulvermagazin in die Luft geflogen; kurz vor 6 Uhr erfolgte dann eine ganz ungeheuere Explosion. Mächtig brach die schwere Qualmwolke, Trümmer, Balken und Steine mit sich reißend, zu enormer Höhe hervor, und der gewaltige Stoß warf ringsum alles zu Boden. Menschenleben waren zum Glück auf unserer Seite nicht zu beklagen, nur der russische General Stößel war mehrfach verwundet worden, konnte aber bald die Leitung der Operation wieder übernehmen.

Nun gingen die Russen zu einem kühnen, verlustreichen Frontangriff vor, während die andere Kolonne, bei der sich unsere Leute befanden, den Feind von der Flanke her aufrollte.

Bald nach 7 Uhr war hier der Kampf beendet und 12 feindliche Geschütze in den Händen der tapferen Truppen. Nur das Granat- und Schrapnelfeuer aus dem Pagodafort beunruhigte noch lange die ermüdeten Mannschaften; doch wurde für diesen Tag von einem weiteren Vorgehen hier abgesehen, um neue Kräfte zu sammeln.

Auf der Westseite der Stadt waren die übrigen Verbündeten vom Westarsenal aus bei Tagesanbruch gegen die Chinesenstadt zum Angriff vorgegangen. Den ganzen Tag aber wurde dort mit großer Bravour ein mörderischer Kampf in den Straßen der Vorstädte geführt. Schritt vor Schritt mußte der Weg gebahnt werden. Die ungeheueren Verluste, welche dieser Tag kostete, gaben ein beredtes Zeugnis für die Hitze des Kampfes. Leider war auch der tapfere Führer der amerikanischen Truppen unter den Gefallenen. Bis zum Dunkelwerden waren die Truppen bis dicht unter die Wälle der Stadt vorgedrungen.

Der nächste Tag brachte die Früchte der heißen Arbeit. Von beiden Seiten wurde mit Tagesanbruch der Angriff wieder aufgenommen und von Osten und Westen her ohne erheblichen Widerstand des Feindes die Chinesenstadt und die Befestigungen in den Vorstädten vom Feinde gesäubert. Einzelkämpfe und Gewehrfeuer entspannen sich noch an vielen Punkten, aber gegen Ende des Tages schwieg der Kampf und nur die Rauchwolken der brennenden Chinesenstadt wälzten sich noch schwer über die Häuser der Stadt.

Der Feind war an allen Punkten geworfen und Tientsin endlich von dem schweren Druck der Belagerung befreit.

Alle Verbündeten hatten zur Erreichung dieses Ziels ihr Bestes eingesetzt, und überall war mit gleichem Mut und gleicher Entschlossenheit gekämpft worden, eine Nation die andere anstachelnd und antreibend. Gemeinsam, wie sie gestritten haben, jeder für die Ehre seiner Flagge, so liegen die gefallenen Helden friedlich neben einander gebettet in gemeinsamer Ruhestätte. Ehre ihrem Andenken!

Uns Deutsche aber erfüllte es mit besonderem Stolz, daß über unsere Matrosen nur eine Stimme der Anerkennung herrschte.

6. Abschnitt.

Die Rüstungen der Mächte.

Mangelhafter Nachrichtendienst aus dem fernen Osten. — Deutschlands Rüstungen. — Die Rüstungen der andern Mächte. — Abfahrt der deutschen Transportdampfer.

In Europa hatte man mit bangen Erwartungen die Nachrichten aus Asien verfolgt; leider erwies sich der Nachrichtendienst aus dem fernen Osten als vollkommen unzureichend. Amerikanische Revolverjournalisten und englische Sensationsreporter arbeiteten zusammen, um das Bild der ostasiatischen Wirren in den Köpfen der Europäer nach Möglichkeit zu verwirren. Ein direkter deutscher Nachrichtendienst aus Ost-Asien existiert ja leider bis jetzt immer noch nicht, wenigstens keiner, der sich auch nur annähernd mit der englischen und amerikanischen Konkurrenz vergleichen ließe oder ihr die Wage halten könnte. Außerdem ist durch das klägliche Scheitern der Nachrichten-Expedition des Deutschen Flottenvereins die Verwirklichung einer solchen Hoffnung in unabsehbare Ferne gerückt worden. Auch die amtlichen deutschen Nachrichten von drüben ließen leider zumeist recht lange auf sich warten und gaben auch kein zusammenhängendes Bild von den Zuständen und Verhältnissen, die zu jener Zeit in Ost-Asien herrschten. Was aber doch aus den spärlichen Nachrichten hervorging, war, daß gewaltige Gefahr im Verzuge war, und daß die europäischen Mächte ihre Stellung im fernen Osten aufs Spiel setzten, wenn sie nicht energisch eingriffen. Deutschland und speziell die Initiative des deutschen Kaisers war es, der die schnellsten und energischsten Schritte nach dieser Richtung hin zu verdanken waren, wie denn überhaupt eine spätere historische Würdigung der hier geschilderten Vorgänge die führende

Antheilnahme des deutschen Kaisers noch mehr, als es heute bereits geschieht, in ein helles Licht rücken wird. Zu einer Zeit, als der deutsche Philister noch am Biertisch viel zu reden wußte über Moral und Kultur der Chinesen, die man respektieren müsse, als bereits eine thörichte und alberne Agitation einsetzte, die den Leuten glauben machen wollte, wir trügen drüben unsre Haut zu Markte, da war es der deutsche Kaiser, der in richtiger Erkenntnis und großer Auffassung der Dinge die Seebataillone mobilisierte, um sie nach Ost-Asien zu senden, und kurze Zeit darauf auch eine deutsche Panzerdivision nach dem fernen Kriegsschauplatz abgehen ließ. Erst die Nachricht von der Ermordung des deutschen Gesandten brachte auch den hartnäckigsten deutschen Philister der chinesischen Frage etwas näher. Es ist aber gerade mehr die Aufregung über den schnöden Bruch des Völkerrechts und den Gesandtenmord gewesen, als das Verständnis für ostasiatische Fragen, welche die große Mehrzahl des deutschen Publikums veranlaßten, begeistert dem nunmehr sich nötig machenden Truppentransport nach dem fernen Osten zuzustimmen. Die kleine Erörterung darüber, ob die Regierung ohne die Zustimmung des Reichstages zu diesen Maßnahmen befugt gewesen sei, konnte die Begeisterung, die zu jener Zeit noch in der Heimat betreffs der chinesischen Frage herrschte, nicht herabdrücken.

Es ist allgemein bekannt, daß Deutschland ein ostasiatisches Expeditionskorps formierte, das sich zusammensetzte aus auserlesenen Offizieren und Soldaten der Landarmee. Es wurde auf deutschen Schiffen der „Hamburg-Amerika-Paketfahrt-Aktien-Gesellschaft" und des „Norddeutschen Lloyd" nach Ost-Asien transportiert. Es war der erste größere überseeische Krieg, den Deutschland zu führen hatte, und Deutschland hat militärisch auf dem ostasiatischen Kriegsschauplatze die Rolle gespielt, die es spielen mußte als ein Staat, der den Ruhm genießt, das beste Militär der Welt zu besitzen. Mögen auch die weittragenden kriegerischen Ereignisse späterhin nicht in dem gewünschten Maße gefolgt sein, so hat Deutschland doch diese Stellung in dem gegebenen Rahmen nicht allein aufrecht erhalten, sondern erheblich gestützt und erhöht.

Das ostasiatische Expeditionskorps bestand aus 6 Infanterieregimentern, einem Reiterregiment, einem Feldartillerieregiment sowie den vollständigen dazu gehörigen Hilfs=Formationen. Zu jener Zeit war die Frage, ob sämtliche Europäer in Peking verloren seien oder nicht, noch offen, und der Ruf: „Auf nach Peking!" bildete angesichts des mißglückten Seymourschen Entsatzversuches die allgemeine Parole. Niemand konnte wissen, daß beim Eintreffen des ostasiatischen Expeditionskorps diesem nur noch die Aufgabe einer Okkupationsarmee im wesentlichen zufallen würde.

Außer dem ostasiatischen Expeditionskorps sind bei der Aufzählung noch zu nennen die vorhin bereits erwähnten zwei Seebataillone sowie die in Ost=Asien bereits versammelten deutschen Seestreitkräfte. Diese bestanden erstens aus einem Kreuzergeschwader, zweitens aus dem ad hoc nach Ost=Asien gesandten Panzergeschwader und drittens der Besatzung des Kiautschougebietes. Die Seetruppen standen unter der Führung des Chefs des deutschen Geschwaders, Vizeadmiral Bendemann, während die Landarmee dem Kommando des Generalleutnants v. Lessel unterstand.

Auch die übrigen Mächte standen nicht hinter den deutschen Rüstungen zurück. Vor Allen waren es die Japaner, die eine sehr bedeutende Truppenmacht nach der Provinz Petschili schickten, sowie die Russen, die von Port Arthur und ihren sibirischen Militärposten ein bedeutendes Kontingent von Landtruppen gleichfalls nach der aufständischen Provinz entsandten. Allerdings mußte Rußland zu diesem Zwecke die Mandschurei sowie seine sibirischen Grenzbesitzungen sehr von Militär entblößen, und es sah sich daher bald gezwungen, den größten Teil seiner Heeresmacht wieder nach der Mandschurei zu verlegen. Denn die Pazifizierung dieses Landes war viel schwieriger und nahm viel längere Zeit in Anspruch, als die Pazifizierung der Provinz Petschili durch die Truppen der vereinigten Mächte. Frankreich war zunächst durch Teile seiner Kolonialarmee vertreten, die freilich durchaus nicht auf gleicher Stufe standen mit den späterhin eintreffenden Linientruppen. Italien entsandte gleichfalls eine kleine Armee, vorwiegend Bersaglieri, die ebenso wie das kleine österreichische Detachement treue Bundesgenossen der deutschen Truppen gewesen sind und mit ihnen gemeinschaftlich im späteren

Verlaufe der Okkupation die meisten militärischen Aktionen unter=
nommen haben. Verhältnismäßig am schwächsten waren die Eng=
länder zu Lande vertreten. Durch den Krieg in Südafrika waren
sie verhindert, bedeutendere Truppenmassen zu entsenden. Mit Aus=
nahme eines kleinen Freiwilligendetachements der australischen Frei=
willigenflotte und einer Abteilung Artillerie bestanden die englischen
Truppen fast ausschließlich aus Farbigen, speziell aus Indern.
Nordamerika schließlich hatte einen Teil seiner Truppen von Manila
nach der Provinz Petschili entsandt, die frühzeitig auf dem Kampf=
platze auftraten und sich besonders in den Kämpfen um Tientsin
auszeichneten, wo sie zum Teil hervorragende Proben ihrer Tapfer=
keit ablegten. Späterhin zog Amerika, dessen Stellung China
gegenüber überhaupt von vornherein ziemlich lau und unzuverlässig
gewesen war, den größten Teil seiner Truppen wieder zurück und
ließ nur, ebenso wie Rußland, nach Eintreffen der Landstreitkräfte
der europäischen Staaten so viel Leute zurück, als notwendig waren,
um eben notdürftig noch auf dem Kriegsschauplatze vertreten zu
sein. Es blieben nur kleine Detachements in Tientsin und die
Gesandtschaftswachen in Peking zurück. Außerdem verwaltete
Rußland bis zum Februar 1901 die Bahnstrecke Tongku—
Schanhaikwan.

In der Zeit um den 1. August gingen die ersten deutschen
Truppentransporte des Expeditionskorps von Cuxhaven und Bremer=
haven nach Ost=Asien ab. Das Vorkommando, das die ersten Vor=
bereitungen der Truppen in Ost=Asien zu leisten hatte, war bereits
über Genua mit einem deutschen Postdampfer vorausgefahren. Ich
selbst weilte zu jener Zeit nach einem längeren Aufenthalt in Ost=
Asien wieder in Deutschland; man hatte mir in Berlin die Erlaubnis
erteilt, mich, auf dem Kriegsschauplatze angelangt, unseren Expeditions=
truppen anzuschließen. Ich wählte daher gleichfalls einen Postdampfer,
und zwar die „Hamburg", um mich nach Ost=Asien einzuschiffen.
Den Transportdampfer „Rhein", der unter anderm das Kommando
und den Stab des Expeditionskorps beförderte, trafen wir zum
erstenmal in Singapore und späterhin wieder in Shanghai, wo ich
selbst an Bord des „Rhein" aufgenommen wurde. Von da ab

habe ich mich bis nach Abschluß des Präliminarfriedens dauernd
bei unsern deutschen Truppen, und zwar zumeist auf Expeditionen
bei den verschiedensten Truppenteilen aufgehalten, und habe mit
ihnen Freud und Leid während des Feldzuges geteilt. Ehe ich
jedoch in die eigentliche Schilderung unseres Zusammenlebens eintrete,
ist es notwendig, noch einen Blick zu werfen auf die Vorgänge, die sich
in dem zu jener Zeit noch mit banger Sorge genannten Peking zu=
getragen haben.

7. Abschnitt.

Der Entsatz der Gesandtschaften in Peking.

a. Der Zug des zweiten Entsatzkorps.

Verzögerter Abmarsch. — Das Groß der deutschen Truppen war vom Kriegs=
schauplatz zurückgezogen worden. — Mangelnde Kriegsbereitschaft der Eng=
länder. — Das Gefecht bei Peitsang. — In Eilmärschen nach Peking. — Der
schließliche Entsatz Pekings. —

Am 13. Juli 1901 war die Chinesenstadt Tientsin vor dem
Ansturm der Verbündeten gefallen, aber erst am 5. August setzte
sich eine Kolonne der in Tientsin konzentrierten Verbündeten in Be=
wegung, um nun endlich den in Peking Eingeschlossenen Hilfe zu
bringen. Warum die Verbündeten solange damit gewartet haben,
das ist eine der vielen Fragen, an deren Beantwortung man nur
mit einem gewissen Kopfschütteln herangehen kann. Die verant=
wortlichen Führer selbst fanden natürlich genügende Gründe zur
Entschuldigung. Da gab es einen Peiho, der ausgetreten sein sollte.
Dann sollte es feststehen, daß die Europäer in Peking längst ermordet
seien und ein gewagter Entsatzversuch daher zwecklos wäre. End=
lich sollten zu viele von den bösen Boxern und kaiserlich=chinesischen
Truppen zwischen Tientsin und Peking stehen. Alles das entkräftet den
Vorwurf nicht, daß es für einen nach europäischem Muster geführ=
ten Krieg etwas merkwürdig ist, wenn die konzentrierte Truppen=
macht in einem Falle, in dem die Entscheidung auf das dringlichste
notwendig ist, drei Wochen wartet, um den Entschluß zu fassen,
einen kräftigen Vorstoß, selbst wenn er durch Boxerhorden und
chinesisches Militär hindurch führt, zu wagen.

Deutsche Truppen standen, mit ganz geringen Ausnahmen, zu
jener Zeit nicht im Norden, da das Detachement des 3. See=

bataillons, unmittelbar nachdem es noch ruhmreich bei den Kämpfen um die Chinesenstadt Tientsin mitgefochten hatte, nach Tsingtau zurückbeordert worden war. Denn dieses war zu sehr von Streitkräften entblößt, und außerdem erheischten die im Hinterlande von Kiautschou ausgebrochenen Unruhen bringend im Interesse der Sicherheit der Kolonie die Zurückziehung der Besatzung von Tsingtau. Die beiden Seebataillone, die von Deutschland her unterwegs waren, konnten jedoch nicht vor dem 17. in Tientsin erwartet werden. Sicher durfte der Vorstoß nach Peking nicht aufgeschoben werden wegen Uneinigkeit der Generäle: und ebensowenig durften Erwägungen, ob zu wenig Truppen in Tientsin wären, den Ausschlag geben. Dieselbe Furcht vor ungeheuerlichen Hindernissen, die aus der Unkenntnis des Landes entsprang, dieselbe geringe Energie und Zaghaftigkeit, die sich bereits bei dem Seymourzuge gezeigt hatte, konnte auch hier wieder beobachtet werden.

Das Haupthindernis bot die stete Unfertigkeit der Engländer. Übrigens ist es hierbei interessant und für englische Preßverhältnisse bezeichnend, daß gerade die englischen Zeitungskorrespondenten in Tientsin selbst es waren, die entrüstete Telegramme an ihre Zeitungen nach Europa schickten und erklärten, die Engländer seien es, die nicht fertig werden könnten und den geplanten Vormarsch auf Peking aufhielten. Überhaupt der Wahrheit die Ehre, die englische Presse hat im allgemeinen ihrer eigenen Regierung und speziell im Kriege auch ihrem Militär gegenüber noch das relativ stärkste Rückgrat. Daß sie in allen außerpolitischen Fragen spezifisch englisch ist und sich dank ihrer langen nationalen Schulung nicht durch kleine innerpolitische Streitigkeiten zu thörichten und nutzlosen Agitationen hinreißen läßt, ist gleichfalls ein Vorzug, der sie namentlich vor der deutschen Presse, insgesamt genommen, auszeichnet. Mögen wir von unserm Standpunkt aus die englische Presse hassen, was an ihr anzuerkennen ist, müssen wir doch anerkennen, und es ist fraglich, ob wir uns in Dingen, die uns selbst höchst unangenehm sein würden, einer solchen Objektivität befleißigen würden, die im allgemeinen in der guten englischen Presse zu finden ist.

Am Vormarsch auf Peking, der unter Führung des rang-

:esten Offiziers, des russischen Generalleutnant Liniewitsch erfolgte, :hmen teil annähernd 7000 Japaner, 4000 Russen, 2000 Eng= :nder, 400 Franzosen, 1700 Amerikaner und späterhin auch 200 :eutsche mit je 30 Oesterreichern und Italienern unter Kapitän S. Pohl, so daß alles in allem etwas über 15000 Mann zur :erfügung standen.

Charakteristisch für das damalige Verhältnis der Verbündeten :ter einander war es, daß der Vormarsch trotzdem durchaus nicht :wa unter einheitlicher Leitung erfolgte; die Japaner, deren mili= :rischer Energie und Thatkraft in diesem Kriege so manches gute :eugnis auszustellen war, waren es, die zuerst aufbrachen. Kurz :arauf folgten die Engländer und Amerikaner, sowie die Russen, :ährend die Franzosen erst aufbrachen, als die andern bereits unter= :egs waren. Einige Tage später versuchte auch das obenerwähnte :eutsche Matrosendetachement nebst Italienern und Oesterreichern unter :apitän z. S. Pohl den Verbündeten nachzueilen, kam jedoch zu :en Hauptgefechten nicht mehr zurecht.

Den kräftigsten Widerstand fand das Hauptdetachement bei :em Dorfe Peitsang, in der Nähe Tientsins; dort nämlich hatte :ich in den Trümmern des Arsenals Hsiku sowie in dem umliegen= :en Gelände eine ziemlich starke chinesische Armee postiert, deren :Widerstand erst gebrochen werden mußte. Der Ort, nach dem :as Gefecht genannt wurde, ist Peitsang. Das war eigentlich das :etzte große Gefecht des Feldzuges, der letzte thatkräftige und ener= :gische Widerstand im großen, den die chinesische Armee leistete. Die Verbündeten hatten außerordentliche Verluste zu verzeichnen, :ie Chinesen fochten mit großer Ausdauer und Bravour. Dennoch :onnten sie sich nicht halten und wurden aus ihrer starken Stellung :ertrieben. Eine Verfolgung schloß sich unmittelbar an, und noch am Abend desselben Tages (6. August) befanden sich die Verbündeten im Besitz von Yangtsun. Nunmehr, da man sich nicht mehr an die Bahnlinie klammerte, wie beim Seymourzuge, ging der Vor= marsch glatt von statten. Vorausgeschickte Reiterei säuberte das Gelände vor sich her, und ohne Widerstand zu finden drang man vor. Die fabelhaften Ueberschwemmungen des Peiho erwiesen sich als nicht vorhanden, oder doch als wenig hindernd. Mit welcher Schnelligkeit der Vormarsch erfolgte, kann man daraus ersehen, daß das deutsche Matrosendetachement, das ohne Aufenthalt den Truppen nachgezogen war, erst zwei Tage nach dem Entsatz Pekings dort eintraf. Dazu soll also ein so langes Warten notwendig gewesen sein, um schließlich nach einem kurzen Gefecht, ohne weiteren Widerstand zu finden, einfach auf Peking loszumarschieren! Die Geschichte von dem Entsatz Pekings bietet in der That kein allzu erfreuliches Bild, weder der erste Zug noch der zweite. Der letztere war im wesentlichen nur ein Hasentreiben, das sich bis an die Mauern Pekings fortsetzte. Es boten sich auch dann keine allzu großen Schwierigkeiten mehr, als die Truppen unter den Mauern Pekings angelangt waren. Die Stadt, die bei regelrechter Verteidigung den heftigsten Widerstand hätte leisten können, fiel nach unbedeutendem Kampf in die Hände der Verbündeten; zu einem eigentlichen Gefecht kam es nur im Norden der Stadt. Dort waren es wieder die Japaner, die den Hauptruhm des Tages ernteten. Und der kann ihnen dadurch nicht geschmälert werden, daß es Inder (Sikhs) gewesen sind, die als die ersten durch einen Abzugsgraben unter der Stadtmauer hindurch in die Tatarenstadt*) und zwar direkt in das Gesandtschaftsviertel eindrangen und von den Eingeschlossenen als die Befreier bewillkommnet und bejubelt wurden. Am Morgen des 15. August befand sich das ganze Entsatzheer in den Mauern Pekings, und erst am 18. August traf das deutsche Matrosendetachement mit je 30 Oesterreichern und Italienern ebenfalls in Peking ein. Wenig später kamen auch die beiden deutschen Seebataillone unter Generalmajor v. Höpfner, die am 17. und 18. von Tientsin aufgebrochen waren. Sie hatten die anstrengendsten und entbehrendsten Tagemärsche um so mehr zu fühlen, als sie durch die lange Seereise, zumal durch die Tropen, der Anstrengungen etwas ungewohnt geworden waren.

---

*) Dieser Teil der Stadtmauer trennt die Chinesenstadt von der Tatarenstadt.

b. Die Belagerung der Gesandtschaften.

in interessantes Aktenstück. — Beunruhigende Gerüchte. — Boxer und die
anfu=Truppen des General Tungfusian kommen nach Peking. — Der deutsche
esandte ermordet. — Die Angriffe auf die Gesandtschaft. — Waffenstillstand.
— Ein letzter Versuch. — Die schließliche Befreiung.

Es war höchste Zeit gewesen, daß die in Peking eingeschlossenen
Europäer befreit wurden; sie hatten, seitdem sie von der Außenwelt
abgeschnitten worden waren, Schlimmes durchgemacht. Auf 64 Tage
beläuft sich die Schreckenszeit der Eingeschlossenen, und es ist ein
wahres Wunder, wie es dieser kleinen Schar samt den ebenfalls
kleinen Gesandtschaftswachen, zu denen jede Nation nur 50 Mann
gestellt hatte, möglich gewesen ist, sich gegen eine ungeheure Ueber=
macht zu halten. Die Belagerung von Peking gehört zweifellos
mit zu den interessantesten Epochen, die in der Geschichte der Kriege
vorgekommen sein mögen. Hier ist vor allem auch der 50 deutschen
Seesoldaten und ihres heldenhaften Führers des Oberleutnant Graf
Soden zu gedenken, deren Namen auf die Ehrentafeln der deutschen
Nation gesetzt zu werden verdienen.

Die Belagerung von Peking zeigt verschiedene Phasen, die meist
bedingt waren durch die Vorgänge auf dem Kriegsschauplatze außer=
halb Pekings. Eine ausgezeichnete Schilderung der Begebenheiten
dieser denkwürdigen Tage bietet das Tagebuch eines deutschen Be=
amten im chinesischen Zolldienst, des Herrn Hermann Bismarck.
Es ist vom 27. Mai, als dem Tage, an dem die Boxer drohten,
alle Fremden umzubringen, bis zum 14. August, dem Tage des Ent=
satzes Pekings, auszugsweise publiziert worden — ein kleines Akten=
stück, aber von großem historischen Wert und Interesse. Es ist
natürlich ganz unmöglich, an dieser Stelle ausführlich auf die
Einzelheiten der Pekinger Belagerung einzugehen und größere Mit=
teilungen aus dem Bismarck'schen Tagebuche zu geben. Es sei nur
gestattet, hier wenigstens einige der hauptsächlichsten Daten an=
zuführen. Gerade für die Entstehung der Boxergefahr interessant
ist die Schilderung der ersten Zeit der Unruhen. Die Gefahren
wurden Ende Mai größer und größer. Täglich trafen Mel=
dungen von Missionarsmorden und Ermordungen einheimischer

Christen ein. Chinesische Christen strömten in Scharen nach Peking hinein und wurden vorwiegend in der geräumigen englischen Gesandtschaft untergebracht. Schließlich trafen die Gesandtschaftswachen ein, und sämtliche Europäer zogen sich auf ein Stadtviertel, das in Verteidigungszustand gesetzt wurde, zurück. Am 13. Juni abends aber drangen die Boxer selbst durch das Hatamen, eines der Thore in der Stadtmauer zwischen Chinesenstadt und Tatarenstadt, an die das Gesandtschaftsviertel sich anlehnt, in die Tatarenstadt ein, metzelten mit ihren Schwertern und Lanzen alle Chinesen, die sie auf der Straße trafen, nieder und äscherten die amerikanische Kirche an der Hatamenstraße ein. Am 14. Juni befand man sich bereits im regelrechten Kampf mit den Boxern; an der trennenden Mauer in der Chinesenstadt hielten sie ganz ungeniert ihre Uebungen ab und stoben erst davon, als man sie von der Mauer herab, die von den Gesandschaftswachen besetzt war, beschoß. Die gewaltigen Verwüstungen im Gesandtschaftsviertel und in den angrenzenden Chinesenvierteln, besonders aber auch jenseits der Mauer in der Chinesenstadt, zeugten davon, wie die Boxer in jener Zeit in der Hauptstadt des Landes gewütet haben müssen; denn was man dort an Zerstörung sah, war nicht europäische Arbeit, sondern die Arbeit einer wilden, zügellosen Horde von fanatisierten Leuten, die in ihrer Wut ihre eigenen Landsleute von dem Europäer nicht mehr zu unterscheiden vermochten.

Tags darauf und die folgenden Tage wurde es etwas ruhiger in der Stadt; es war das die Zeit, in der Admiral Seymour mit seinem Entsatzkorps aufgebrochen war und man in Peking noch nicht wissen konnte, wie die Dinge laufen würden. Noch mußten die Chinesen nicht, daß dieser erste Versuch des Entsatzes resultatlos bleiben sollte. Da sie eher das Gegenteil erwarteten, fingen sie an zu parlamentieren, und am 19. Juni sandten sie die Aufforderung an sämtliche Gesandten, die Stadt binnen 24 Stunden zu verlassen; nach Ablauf dieser Frist lehne das Tsungli Yamen jegliche Verantwortung für die Sicherheit der Europäer ab. Faktisch war die große Mehrzahl der in Peking Eingeschlossenen bereit, diesen Abzug anzunehmen. Es wäre ihr Verderben gewesen, denn bereits war jener verhängnisvolle Befehl herausgekommen: „Tötet alle Europäer, wo ihr sie seht"; bereits waren in Peking die Hauptstraßen von regulärem Militär, besonders von den mohamedanischen Kansutruppen des General Tungfufian, räuberischen schlimmen Gesellen, besetzt, und der deutsche Gesandte, Freiherr von Ketteler, der sich am 20. Juni noch zu einer Sitzung nach dem Tsungli Yamen tragen ließ, wurde das erste Opfer dieses niederträchtigen und heimtückischen Vorgehens der chinesischen Regierung. Der Tod des Freiherrn von Ketteler öffnete den übrigen die Augen, sie wußten nun, daß sie auf dem Marsche von Peking im freien Felde weit weniger Sicherheit für ihr Leben besaßen, als hinter den schützenden Mauern der Gesandtschaften. Der Tod des Freiherrn von Ketteler war das Signal zum Bleiben und damit die Rettung aller in Peking anwesenden Kaukasier. Nunmehr verschanzte man sich in den Gesandtschaften, vor allen Dingen in der deutschen und englischen, und rechnete von jetzt ab mit dem Äußersten. Am Nachmittag des 20. Juni trat denn auch chinesisches Militär in Aktion, und von hier ab datiert die eigentliche Belagerung der Gesandtschaft. Es folgten nun schlimme Zeiten für die Eingeschlossenen. Ständiger Kampf, Tag und Nacht auf Posten, knappe Nahrungsmittel, Verluste und Krankheiten, trübe Gemüter. Man lebte in jener Zeit kaum noch, man vegetierte nur, allerdings des einen gewiß, daß man sein Leben nur um teuersten Preis verkaufen würde. Bei aller Uebermacht, die die Chinesen hatten, war es ihnen doch nicht möglich, nennenswerte Erfolge zu erzielen; allgemein wurde berichtet, die Chinesen hätten zwar gewaltige Mengen von Patronen verknallt, fürchteten sich aber, wie man sagte, vor ihrer eigenen Flinte. Sie hoben meistens das Gewehr über den Kopf und knallten los, ohne zu zielen. Demnach dürften die den Chinesen bei der Belagerung beigebrachten Verluste auch nicht allzu groß gewesen sein; denn die Kulis waren sehr schlau gerade im Verbergen. Die Gesandtschaftswachen konnten daher mit ihren Munitionsvorräten sehr zu Rate gehen und schossen klugerweise auch nur dann, wenn sie sicher waren, ihr Ziel nicht zu verfehlen. Besonders heftig wurden die Angriffe der Chinesen, als die Nachricht nach Peking kam, daß Seymour zurückgeschlagen sei; den heftigsten Angriffen aber folgten schließlich auch wieder Zeiten der Ruhe, und der Humor brach immer wieder als treuer Freund in schlimmen Zeiten durch und kam zu seinem Recht. Der 13. Juli brachte einen sehr heftigen Kampf speziell für die deutsche Gesandtschaftswache, der Angriff der Chinesen wurde jedoch durch das heldenmütige Vorgehen des Grafen Soden und einiger seiner Leute zurückgeschlagen. Am 16. Juli trat plötzlich eine Wandlung ein. Es war das nämlich die Zeit, als die chinesische Regierung in heuchlerischer Weise eine Anzahl der Großmächte um Vermittelung ersuchte und das Tsungli Yamen beziehungsweise der als „fremdenfreundlich" bekannte Prinz Tsching einen gewissen Einfluß bei Hofe erhielt. Auch waren die Nachrichten von dem siegreichen Vorgehen der verbündeten Truppen bei Tientsin eingetroffen, und durch den Fall der Chinesenstadt Tientsin war das mächtigste Bollwerk, das dem Vordringen nach Peking eventuell im Rücken hätte Schwierigkeiten bereiten können, beseitigt. Der amerikanische Gesandte Conger gab infolgedessen durch das Tsungli Yamen eine Depesche ab, ein Weg, der späterhin auch von den übrigen Gesandten mehrfach beschritten wurde. Am 17. Juni boten die Chinesen einen Waffenstillstand an; die Eingeschlossenen erhielten nun wieder die ersten Nachrichten von außen her, obgleich in chinesischer Beleuchtung arg entstellt. Von nun an hatten die Belagerten aber etwas mehr Bewegungsfreiheit; faktisch hielt der Waffenstillstand bis zum 7. August an. Es trifft dieser Zeitpunkt wieder zusammen mit dem Aufbruch des zweiten Entsatzkorps und dem Gefecht bei Peitsang, das am 6. August stattgefunden hatte. Am 9. August erreichte das Feuer wieder eine ziemliche Heftigkeit, doch ist die Beschießung, die nunmehr erneut von den Chinesen aufgenommen wurde, kaum zu vergleichen mit derjenigen, die am 12. August begann, als die geschlagene und von der Entsatzkolonne gejagte chinesische Armee in Peking wieder Zuflucht suchte. Nunmehr setzten die Chinesen, da sie sahen, daß alles verloren war, das Äußerste daran, um den Europäern in der Stadt wenigstens jetzt noch den Garaus zu machen. Es waren noch einige heiße Tage, die die Eingeschlossenen zu bestehen hatten, besonders der 13. August. Kurz nach 8 Uhr morgens begann ein heftiges Feuer der Chinesen, die sehr rasch und gut mit modernen Gewehren und von der Nordbrücke her mit 3 zölligen Krupp'schen Kanonen schossen. Die Eingeschlossenen versuchten durch hartnäckiges Ignorieren des Feuers die Angreifer, wie in früheren Fällen auch, zum Schweigen zu bringen, doch gelang ihnen das nicht; die Chinesen feuerten und zwar mit Erfolg weiter, fanden aber offenbar nicht den Mut, zum Sturm vorzugehen. Nachmittags gegen halb 3 Uhr hörte man Geschützfeuer außerhalb Pekings, es war die anrückende Entsatzkolonne. Nunmehr begannen auch die Europäer drinnen energisch zu feuern, und der Kampf dauerte bis tief in die Nacht hinein. Der 14. August brachte etwas Ruhe, das Schießen von draußen kam näher und näher, und Nachmittags um 3 Uhr begrüßte man im Gesandtschaftsviertel jubelnd die ersten Inder: die Eingeschlossenen waren gerettet.

----

c. Kämpfe in und um Peking unmittelbar nach dem Entsatz.

Der Entsatz von Petang und die Einnahme des Kaiserpalastes. — Der Kaiser und die Kaiserin-Witwe sind entkommen. — Der Durchzug durch die verbotene Stadt. — Säuberung der Umgegend Pekings von Boxern.

Nunmehr befand sich Peking in den Händen der Verbündeten, bis auf eine christliche Kirche, die sich nordwestlich von der kaiserlichen Stadt befand und in der sich zahlreiche chinesische Christen sowie eine kleine Abteilung Franzosen konzentriert hatten. Der Entsatz dieser kleinen tapferen Schar rief gleichfalls noch ein heftiges Gefecht hervor; die Eroberung der Kaiserstadt selbst aber war kaum mehr eine Eroberung zu nennen. Die Thore der verbotenen Stadt wurden sofort besetzt; aber zunächst war es nicht erlaubt, diese selbst zu betreten.

Leider kamen die Eroberer um die schönste Frucht ihres Sieges: der Hof, voran die Kaiserin-Witwe und der Kaiser, hatten, angeblich erst am Tage des Einzuges der Truppen in der Stadt, den Kaiserpalaft durch eine Pforte in der Nordmauer verlaffen und waren abgezogen, nicht etwa in der Richtung nach Pautingfu, wie man vielfach anzunehmen pflegt, fondern in der Richtung nach Norden, um auf dem Wege über den Rangkupaß die Provinz Schanfi zu gewinnen. Leider unterblieb auch hier eine energifche Verfolgung! Leider entfprach der nachher von den Verbündeten arrangierte Durch= zug durch die verbotene Stadt, eines der heiligften Bauwerke, das China aufzuweifen hat, nicht dem, was man nach alle dem Vorhergegangenen hätte erwarten dürfen, nämlich einem Einzug der Sieger in erobertes Gebiet. Im Gegenteil, einwandfreie Augenzeugen haben mir verfichert, daß der Durchzug auf fie den Eindruck eines gaftlichen Empfanges feitens der Chinefen gemacht hätte, und fo wurde es von diefen auch hingeftellt. Die Verbündeten zogen mit Mufik vom Südthor her in die verbotene Stadt ein und verließen fie in Marfchkolonne durch das Nordthor wieder, begleitet von den zur Bewachung der ver= botenen Stadt beftellten Mandarinen und Eunuchen.

Mit dem Fall Pekings war der Krieg als folcher wohl mehr oder weniger entfchieden; freilich war der Boxeraufftand damals noch nicht niedergedrückt, und es machten fich eine Anzahl von Ex= peditionen in der engeren und weiteren Umgebung von Peking not= wendig, um reine Bahn zu fchaffen. An diefen Expeditionen, auf denen es, wie z. B. bei der Eroberung von Leangfianghfien, noch zu kleineren Scharmützeln kam, find zu einem bedeutenden Teil unfere beiden Seebataillone (I. und II.) beteiligt gewefen; im großen Ganzen aber begann nunmehr eine Okkupationsthätigkeit, eine Thatfache, an der auch fpäterhin durch das Eintreffen der Land= armee nichts mehr geändert wurde. Die Früchte des Sieges waren teils vorweg genommen, teils waren fie dadurch, daß man fo lange gezögert hatte, fie zu pflücken, wurmftichig geworden. Mittlerweile war auch durch internationales Übereinkommen ein Oberkommando über die internationale Truppenmacht in China eingerichtet worden, an deffen Spitze der deutfche Feldmarfchall Graf Walderfee geftellt wurde, und deffen Abreife noch vor der Zeit der Eroberung Pekings datiert.

Die Eroberung Pekings fowie die kleinen fogenannten „Be= ruhigungszüge" in die Umgegend von Peking und Tientfin füllten die Wartezeit aus bis zum Eintreffen größerer Truppenmacht, die späterhin die Aufräumearbeiten noch gründlicher besorgen sollte. Man wartete also auf das Eintreffen der Landmacht. Bisher waren es fast nur Seestreitkräfte gewesen, die zu Aktionen gelangt waren; die Landarmee war noch unterwegs, als der eigentliche chinesische „Krieg" bereits seinem Ende zuneigte. — —

Ich bitte nunmehr den Leser, den eigentlichen Kriegsschauplatz zunächst auf kurze Zeit zu verlassen und sich mit mir im Geist zu versetzen nach der Südspitze Asiens, wo mein Dampfer „Hamburg" gemeinsam mit dem ersten deutschen Truppentransportschiff „Rhein" an dem Quai des Hafens von Singapore verholt war. —

8. Abschnitt.

Mit dem deutschen Expeditionskorps zum Kriegsschauplatz.

Die Ausreise. — Singapore. — Die ersten deutschen und fremden Transportschiffe in Singapore. — Eine Pferdetaufe. — Ankunft in Hongkong. — Eintreffen des ersten Dampfers der deutschen Linie Sibny-Hongkong. — Eine Begegnung mit Professor Koch. — Auf der Fahrt nach Shanghai. — Die Rhede von Wusung. — Mißglückte englische Hinterlist. — Die Maßnahmen zur Sicherung der Fremdenniederlassung Shanghai. — Shanghai deutsche Garnison. — Enthüllungen aus der ostasiatischen Lügenfabrik. — Der „Iltis" und seine Mannen. — Einschiffung auf dem „Rhein" zur Fahrt nach Taku. — Einige Zahlen vom „Rhein". — Leben an Bord des deutschen Transportschiffes. — Ein Abschiedsessen in der Höhe von Kiautschou. — Auf der Reede von Taku. — Der gekaperte chinesische Torpedobootzerstörer.

Singapore, eine kleine Insel, die „Tigerinsel" genannt, ist erreicht. Hier verläßt man den gemeinen Osten, und der „far east", das heißt der „ferne" Osten beginnt.

Auf dem Kriegsschauplatze sind wir nun zwar noch nicht angelangt, aber mit dem Eintritt in den „fernen Osten" war auch plötzlich das Bewußtsein bei uns erwacht, daß wir uns nun in den Gewässern befinden, die unter Kriegsrecht stehen. Bis Singapore haben wir, abgesehen von dem auf der Ausreise begriffenen deutschen Kanonenboot „Bussard", das wir im Hafen von Aden antrafen, und von einigen englischen Schiffen in den englischen Häfen, die wir anliefen, nichts Außerordentliches gesehen, das man mit dem chinesisch-europäischen Kriege hätte in Zusammenhang bringen können. Doch in Singapore wurde das Bild plötzlich ein anderes: Am Tage unser Abreise, am 31. August, erreichte uns hier der Truppentrans-

portdampfer „Rhein" mit dem Stab des ostasiatischen Expeditions=
korps an Bord, und seitdem sind wir in Kriegsstimmung.

Außer dem „Rhein" lag auch noch der Truppentransportdampfer
„Aachen" am Pier. Ich besuchte beide Dampfer und hörte über
den Gesundheitszustand während der Tropenfahrt zu meiner Freude
nur das Beste. Abgesehen von einem Sergeanten, der im Roten
Meere am Hitzschlag verstorben ist, sind keine Unfälle zu beklagen.
Die Stimmung unter den Offizieren und Mannschaften war eine
ganz vorzügliche. Die Leute sind gut untergebracht und haben
auch ganz nette Bewegungsfreiheit. Freilich an Bequemlichkeiten
und sonstige Dinge, die dem verwöhnten Europäer Lebensbedürfnisse
sind, konnte nicht groß gedacht werden. Unsere Eisenbahnen sind
recht schön und bequem, und doch vermeidet man sie gern in der Hoch=
saison. So ist es auch mit einem Dampfer. Wenn wenig Leute
darauf sind, ist er bequem und die Fahrt ist ein Genuß. Wenn
aber jeder verfügbare Platz so belegt ist, wie auf dem „Rhein",
auf dem über zweitausend Personen untergebracht sind, dann wird
auch auf See das Reisen zu einer Strapaze. Immerhin waren
unsere deutschen Kameraden noch anderer Ansicht, sie waren sehr
vergnügt; auch unter den Offizieren herrschte dieselbe fröhliche
Stimmung, die jeden zu beseelen pflegt, der hofft, Thaten entgegen=
zugehen. Man hatte auf der Reise nicht waschen lassen können.
Die chinesischen Washermans in Singapore machten daher große
Geschäfte. Eine andere Unannehmlichkeit war die, daß im Roten
Meere das Eis ausgegangen war, so etwas ist in den Tropen ein
Unglück. Aber man scherzte sich darüber hinweg und freute sich
der überstandenen Mühen. Nur eins wurde unangenehm auf dem
„Rhein" empfunden: es roch so intensiv nach Menschen! Doch
schien diese unangenehme Empfindung bei mir individuell zu sein,
denn bei den Deutschen Singapores standen die Landsleute im besten
Geruch: Sie bereiteten ihnen am selben Abend noch ein Fest, das
wir leider nicht mehr erlebt haben, da wir am Nachmittag bereits
weiterfuhren. Der Rhein wird „Hongkong" nicht berühren, sondern
direkt nach Schanghai gehen und von da aus gleich nach dem
Norden. Wahrscheinlich wird unser Dampfer zu gleicher Zeit mit

dem „Rhein" in Shanghai eintreffen, wohin sich zunächst auch das
Kanonenboot „Lux" begeben wird, das bei unserer Einfahrt in
Singapore am Quai lag, um Kohlen zu nehmen.

Auch ein russisches Truppentransportschiff, die „Moskau",
passierte am selben Tage (31. August) Singapore und begrüßte
uns sowie die deutschen Truppendampfer mit gewaltigen Hurra=
rufen, auf die wir mit nicht minderem Enthusiasmus antworteten.

Gegen 6 Uhr nachmittags schlug auch für uns die Stunde
des Aufbruchs. Unsere Kapelle spielte beim Passieren der im Hafen
liegenden fremden Schiffe deren Nationalhymnen. Die holländischen
Schiffe hatten über die Toppen geflaggt, es war der Geburtstag
der Königin Wilhelmine. Beim Passieren brachten wir ein dreifaches
Hoch aus auf die lüttje Königin, in das die patriotischen Holländer
jubelnd einstimmten. Dann kamen der „Rhein", die „Aachen",
mehrere englische Schiffe und schließlich das russische Transport=
schiff, die „Moskau" und ein amerikanischer Handelsdampfer, un=
gerechnet die zahllosen Dampfer, die auf der weiten Reede von
Singapore lagen. Wo wir nah vorbeikamen, wurde gegrüßt und
gewinkt. Besonders herzlich war natürlich unser Abschiedsgruß an
die deutschen Schiffe, waren doch auch auf der „Hamburg" eine
ganze Menge Personen, die den Landsleuten noch zuguterletzt ver=
eint hinüberrufen konnten: „Auf Wiedersehen vor Taku!"

Den südlichsten Punkt unserer Reise hatten wir also erreicht;
nun ging es wieder nach Norden, dem Sommer entgegen. Bekanntlich
haben die Äquatorialgegenden zweimal im Jahre Sommer, und
zwar zur Zeit der Äquatorial=Tag= und Nacht=Gleichen, d. h. an
den beiden Tagen im Jahre, an denen die Sonne den Äquator
überschreitet. Um diese Zeit stand die Sonne nördlich vom Gleicher,
so daß wir das Vergnügen hatten, zweimal in Gegenden zu kommen,
die gerade den längsten Tag hatten. Die südchinesische See war
von einer geradezu beunruhigenden Glätte. Während sonst der
Spiegel des Meeres gewöhnlich mit Spiegelglas nicht die geringste
Ähnlichkeit hat, lag diesmal das Meer in der That wellenlos da,
seine Oberfläche glänzte vom Widerschein der Sonne, und nur hier
und da wurde das Email des Meeres durchbrochen, wenn ein

Delphin aus der blauen Tiefe herausschnellte, oder wenn in ganzen Schwärmen fliegende Fische sich erhoben, um 20 bis 30 Meter weit über die See dahinzustreichen.

Der zweite September war ein Sonntag. Gutem Brauche gemäß fanden sich Passagiere und Mannschaften gegen 10 Uhr vormittags zu einer Andacht zusammen, die unter freiem Himmel auf dem unteren Promenadendeck stattfand. Unter den Krankenpflegern des Roten Kreuzes befand sich ein Kandidat der Theologie, Herr Muthmann, der die Andacht abhielt. Ein Choral, den die Schiffskapelle begleitete, stimmte die Gemüter feierlich, sodaß jedermann, Erbauung im Herzen, den improvisierten Dom verließ.

Im Anschluß an diese Andacht hielt die gleichfalls an Bord befindliche späterhin kläglich gescheiterte Nachrichtenexpedition des deutschen Flottenvereins Pferdetaufe ab. Ein Assessor Chonitz, der zum Stabe des Vereins gehört, war mit den Tieren, nicht ohne vorher mit dem Kapitän der „Hamburg" und telegraphisch mit der Hamburg=Amerika=Linie über die vierfüßigen Passagiere verhandelt zu haben, an Bord gekommen, und nun legte man den Pferden recht stolze Namen bei. Die Mitfahrenden vergnügten sich bei der Zeremonie recht gut; die Herren des Vereins fühlten sich bei solchen Gelegenheiten recht in ihrem Element, und man konnte wohl hoffen, daß sie auch, wenn der ernstere Teil ihrer Arbeit beginnen würde, ebenso ihren Mann stehen würden, wie sie es als Gesellschafter zweifellos thaten. An allerlei spöttischen Bemerkungen über die Vereinsdeputierten, die mit recht gutem Mute in ein Land zogen, über dessen Verhältnisse sie nicht gerade vollkommen orientiert waren, fehlte es natürlich auch nicht. So erzählte man sich nicht ohne eine gewisse, allerdings nicht boshafte Schadenfreude von dem Mißgeschick, was ihnen bei der Anwerbung von Malayen in Singapore passiert war. Man hatte 40 dieser Asiaten aufgetrieben und ihnen auch je ein Handgeld von ein Pfund Sterling gegeben. Als man sich jedoch zur Abfahrt rüstete, waren von den 40 nur 10 zur Stelle. Man ist sich auch nicht klar darüber, warum man Malayen mitgenommen hat, wo doch genug chinesische Kulis zur Verfügung stehen. Aber der Flottenverein hat ja nicht

nötig, jeden Groschen ängstlich umzudrehen, bevor er ausgegeben wird.

Am 3. September fiel nichts besonderes vor. Bei herrlichstem
Wetter ging es vorwärts, bis am 4. gegen ein halb fünf Uhr nachmittags die dem chinesischen Festlande vorgelagerten Inseln, unter
ihnen Hongkong in Sicht kamen. Wir befanden uns im Mündungs-
gebiete des Sikiangflusses, an dem einige Stunden stromaufwärts
die große südchinesische Handelsmetropole Kanton liegt. Der Mündung dieses Stromes vorgelagert, ragen eine Anzahl Inseln hervor,
meist kahle Gelände, die steil und spitz aus dem Wasser heraus-
tauchen. Diese Inseln bildeten früher den Schrecken der Seefahrer.
Hierher stammen fast alle die Sagen und Erzählungen von chinesischen Seeräubern, die in den Seegeschichten früherer Zeiten einen
so breiten Raum einnehmen. Und in der That blüht auch heute
noch auf diesen kleinen Inseln das Seeräuberhandwerk. Die Räuber
bilden eine richtige Zunft mit Normen und Gesetzen, wie die Bettler-
zunft und viele andere in China. Aber das Seeräuberwesen hat
sich doch etwas vor der Kultur zurückgezogen. Die Insel Hongkong ist eine dieser früheren Seeräuberinseln, und seitdem sich England dieser wichtigsten und größten Insel bemächtigt hat, hat sich
das lichtscheue Gesindel an die Flußläufe des Sikiang und seiner
Nebenflüsse zurückgezogen. Hier bildet es allerdings noch heute
eine Plage für die Kaufmannschaft. Es sind keine Märchen, wenn
hin und wieder in den Zeitungen berichtet wird, daß die Räuber-
zunft gelegentlich von diesem oder jenem europäischen Geschäfts-
hause, das Waren auf den Flüssen laufen hat, einen Tribut for-
dert. Die europäischen Firmen lassen sich zwar nicht darauf ein
und besetzen ihre Boote genügend; zahlreiche chinesische Kaufleute
aber bezahlen noch heute gern ihren Tribut, können sie dann doch
sicher sein, daß sie vor Schaden bewahrt bleiben. Es ist das gewissermaßen eine Versicherung gegen Raub, deren Aktionäre die
Räuber selber sind. Und doch wurde noch im Jahre 1899 ein
Deutscher in unmittelbarer Nähe der englischen Kolonie Hongkong
auf seinem Hausboote überfallen und konnte sich nur durch Schwimmen
retten. Zum Glück sind solche Fälle Ausnahmen. Immerhin ist

es unendlich schwer, mit dem Räuberunwesen aufzuräumen, da jeder Räuber nebenbei auch gewöhnlich noch Schneider und Handschuh= macher, noch häufiger Polizist, Steuer= und Zollbeamter ist. Die niedrigsten Beamten und die Soldaten sollen die schlimmsten Räu= ber sein.

Es dunkelte schon, als wir in den Hafen von Hongkong ein= fuhren. Rechter Hand steigt steil die Insel „Hongkong" in die Höhe, deren höchster Punkt, der „Peak", sich zu einer Höhe von mehr als 2000 Fuß erhebt. Linker Hand wurden die Höhen des chinesischen Festlandes und der zahllosen vorgelagerten Inseln eben noch durch die scheidende Sonne vergoldet. Nur eine kurze Däm= merung, dann wird es Nacht. Wir sind ungefähr unter dem Wende= kreis des Krebses, also an der Grenze der heißen Zone. Der chinesische Lotse kommt an Bord und bugsiert unsern großen Dampfer, der in jedem Hafen den Vorzug genoß, das größte Schiff zu sein, zwischen mehreren kleinen Inseln hindurch in das Hafenbecken von Hongkong. Eine kurze Wendung nach rechts: plötzlich erhebt sich zu unserer Rechten ein Meer von Lichtern, das aufwogt bis zu der höchsten Höhe des schroff ansteigenden Berges. Es ist wie wenn über einem Bergabhang ein Stück des glitzernden Nachthimmels ausgebreitet läge, ein herrlicher Anblick! Wir gehen vor Anker. Es ist zu spät, um noch am Pier anlegen zu können, wir müssen die Nacht im Hafen liegen bleiben. Ein grelles Licht blendet uns, es ist ein Scheinwerfer von „Green Island" aus; das ist eine kleine Insel im Hafenbecken, auf der ein „bis an die Zähne bewaff= netes" Fort liegt. Von diesem aus können die Engländer das ganze Hafenbecken, sowie einen beträchtlichen Teil der Flußmündung bestreichen.

Bei Sonnenaufgang gehen wir ans Pier. Dieses liegt auf Kaulun, gegenüber der Insel Hongkong auf dem Festlande. Es ist das erste Mal, daß wir auf unserer Reise am ostasiatischen Fest= lande anlegen, Aden ausgenommen, wo wir jedoch draußen im Hafen liegen bleiben mußten und nicht an Land durften. Die englische Kolonie Hongkong zerfällt in zwei Teile, die Insel Hong= kong mit der darauf befindlichen Stadt Viktoria auf der einen

Seite des Hafens und der Halbinsel Kaulun auf der anderen Seite. Diese Halbinsel ist erst vor einigen Jahren zu der älteren Kolonie Hongkong hinzugekommen. Auf Kaulunseite liegen nun die großen Magazine der Hongkong and Kowlon Warf=and Godawn=Coi, so= wie die Piers, an denen, wie in Singapore, die größten Seedampfer anlegen können.

Das Bild, das am 6. September frühmorgens vor meinen Blicken entstand, wird mir dauernd im Gedächtnis bleiben. In Grau und Nebel gehüllt lag der Peak vor Sonnenaufgang da, seine Front dem Norden zugekehrt. Da begann das Tagesgestirn zu steigen, ungewöhnlich groß tauchte es mit blutroter Scheibe über den chinesischen Bergen auf, vorher schon warfen die Wolken oben auf dem Peak durch ihre Reflexe das erste Licht hinunter ins Thal, noch ehe die Sonnenscheibe ganz sichtbar war. Dann aber dauerte es keine drei Minuten mehr, bis das ganze Firmament zu strahlen begann. Die Wolken und Nebel, die in den Schluchten und Sen= tungen des Peak lagen, schmolzen dahin, wie der Schnee vor der Frühlingssonne, und scharfe schwarze Schlagschatten traten an die Stelle der Nebel, die in Nichts zerflossen waren. Da lag denn die Stadt Victoria vor uns ausgebreitet. Wo gestern Abend Lichter, da heute Villen und Häuser. Unten am Meere entlang zieht sich die sogenannte „Praya" hin, der Strand, eines der groß= artigsten Bauwerke der modernen Kolonisationskunst. Denn dieser Strand (die Portugiesen im nahen Macao nennen ihn „Praya") ist nicht autochthon, sondern von tausenden und abertausenden fleißigen Händen in das Meer hinausgebaut und aufgefüllt worden, da der Peak keinen genügenden Platz ließ, auf dem die Europäer und die sich zu Tausenden unter der englischen Flagge ansiedelnden Chinesen hätten wohnen und ihre Geschäftsräume hätten errichten können. Ein geschäftsgewandter Mann, es war kein Engländer, sondern ein verachteter Parsi, ein Verstoßener seines Vaterlandes, kam auf die geniale Idee, den fehlenden Grund und Boden zu schaffen. Er ließ Berge von Erde und Felsen ins Meer werfen und erzielte so ein Gelände, auf dem heute Paläste stehen. Hier sind die euro= päischen Firmen untergebracht, hier wohnen Tausende von Menschen.

Jener Parsi aber ist heute einer der reichsten Männer von Hongkong, wo es bekanntermaßen deren sehr viele giebt.

Man thut recht daran, wenn man Hongkong als eine der
schönsten Städte der Welt bezeichnet. Ich habe mehrmals Monate
lang dort gelebt und geschwelgt in den landschaftlichen Schönheiten,
die dieses Fleckchen Fels und Erde bietet. Es würden Farben und
Pinsel dazu gehören, um die Herrlichkeiten des Panoramas zu
schildern, das sich auf dem Peak bietet beim Blick auf den Hafen
mit seinen zahllosen Schiffen und auf die blauen chinesischen Berge
von Kaulun. Eines der wundervollsten Wanderpanoramen der
Welt entrollt sich dem entzückten Auge, wenn man mit der Draht-
seilbahn von der Stadt Victoria hinauffährt zum Peakhotel, das
auf dreiviertel Höhe des Berges gelegen ist. Speziell der Hafen
von Hongkong ist zauberhaft schön; dazu kommt, daß er abgesehen
von Singapore den größten Durchgangsverkehr hat von allen
Häfen Ost-Asiens. So lagen auch jetzt zahlreiche Schiffe, darunter
viele deutsche Handelsdampfer, sowie der deutsche Kreuzer „Hertha“,
eines unserer schönsten Kriegsschiffe, dort unten.

Vom Kriegszustande merkte man in diesem ersten chinesischen
Hafen, den wir anliefen, nur wenig. Wohl lagen verschiedene
Kriegsschiffe im Hafen, darunter auch das große englische Schlacht-
schiff „Powerfull“, dessen Kanonen bei Ladysmith schon ihre Schuldigkeit gethan haben. Auch zwei chinesische Kreuzer lagen dort, bewacht
von den fremdländischen Kriegsschiffen, die bereit waren, in demselben Moment loszuschießen, in dem die chinesischen irgend eine
verdächtige Operation beginnen würden. In Hongkong hatte man
bisher nur wenig von Krieg und Kriegsgeschrei vernommen, und
Taku ist von da aus schließlich weiter als von uns in Deutschland
die Türkei. Freilich liegt der Handel fast ganz darnieder, und die
Preise für chinesische Arbeit sind ungeheuerlich in die Höhe gegangen.

Ich will übrigens nicht unterlassen, hier einer Begegnung Er-
wähnung zu thun, die der Zufall herbeiführte. Im Fremdenbuch
des Hongkonghotels las ich den Namen des Herrn Professor
Dr. Koch, der vor einigen Tagen mit der „München“ aus der

Südsee angelangt war und sich morgen an Bord des Reichspost=
dampfers „Prinz Heinrich" nach der Heimat einschiffen will. Da
galt es denn zunächst, einer unserer größten medizinischen Koryphäen
auf der Rückkehr von einer erfolgreichen Forschungsreise zu be=
grüßen. Zudem war die „München" der erste Dampfer, der soeben
eine neue Reichspostdampferlinie eröffnet hatte, nämlich die Linie
von Sydney nach Hongkong, abwechselnd mit Singapore. Diese
erste Reise der „München" ging glücklich und unter besten Auspizien
von statten. Das Schiff läuft die meisten unserer Südseekolonieen
an. So bildet diese erste Fahrt der „München" auf der ost=
asiatisch=australischen Linie einen wichtigen Moment in der Reihe
der Fortschritte, mit denen Deutschland und der unermüdliche
deutsche Pionier im Osten, der Norddeutsche Lloyd, allmählich auf
friedlichem Wege die Welt erobert. Leider hatte die „München"
kurz danach das Unglück, durch einen unfertigen malayischen Lotsen
im Eingang des Hafens von Yap auf Grund zu geraten und zu sinken.
Doch wurde sie nach langer mühevoller Arbeit wieder gehoben, nach
Hongkong geschleppt und dort repariert: sie war noch zu groß ge=
baut für diese klippenreiche Inselfahrt.

Ich versuchte Herrn Geheimrat Koch im Hotel zu treffen,
freilich ohne Erfolg, bis ich am Nachmittag die Ehre hatte, ihm
auf der Landungsbrücke vorgestellt zu werden und mit ihm und
seinem Assistenzarzt, Herrn Stabsarzt Dr. Ollwig auf der „Ham=
burg" bei einem Glase Bier, das „frisch vom Faße" kam, zu
plaudern. Er erzählte dieses und jenes von seinen Reisen, von
seinen Forschungen und Erfolgen, und zwar alles mit liebenswür=
diger Bescheidenheit und Zurückhaltung. Ich darf aus dem Ge=
spräch verraten, daß es Professor Koch gelungen ist, das Malaria=
fieber, dessen Bekämpfung und Erforschung den hauptsächlichsten
Zweck der Expedition bildete, auf ein geringes Minimum zu redu=
zieren. Wie mir Herr Stabsarzt Dr. Ollwig sagte, sei Professor
Koch überzeugt, ein untrügliches Mittel zur Bekämpfung des Malaria=
fiebers, des hauptsächlichsten Feindes unserer Südseekolonieen, ge=
funden zu haben.

Vielleicht interessiert bei dieser Gelegenheit eine Anekdote, die in Hongkong bei der Ankunft des Professor Koch kolportiert wurde. In Hongkong lebte ein sehr angesehener englischer Arzt, der sich selbst für tuberkulös hielt. Als nun Professor Koch nach Hongkong kam, bat er ihn, er möchte doch einmal seinen Auswurf untersuchen. Professor Koch that es und erklärte dem Arzte, er sei hochgradig tuberkulös, es könne ihn aber ein längerer Aufenthalt in Kimberley retten. Der Erfolg war frappierend. Am folgenden Tage fuhr gerade ein Dampfer nach Südafrika ab. Diesen benützte der berühmte englische Arzt, um auf Rat des noch berühmteren deutschen Arztes seine glänzende Praxis aufzugeben und die nächsten fünf Jahre auf einer Farm in der Nähe von Kimberley zuzubringen. Seitdem steht die deutsche ärztliche Kunst auch bei den Engländern in Hongkong in hohem Ansehen, und Professor Koch wurde mit einem Schlage der Löwe des Tages in den Salons der englischen Kolonie.

Am Abend gegen zehn Uhr lichtete die „Hamburg" die Anker und ging in der Richtung nach Shanghai in See.

Hinter Hongkong wurde das Bild etwas kriegerischer. Wir begegneten einer Anzahl von Kriegsschiffen, die in der südchinesischen See kreuzten, bis wir dann am 7. September an der schmutzig gelben Färbung der See merkten, daß wir uns der Mündung des schlammreichen Yangtsekiang näherten. Fast alle chinesischen Flüsse führen gewöhnlich große Mengen von Lößschlamm mit, der sich in dem untersten Laufe des Flußes ablagert und so die Schiffahrt sehr erschwert. Besonders stark machen sich diese Hindernisse aber beim Yangtsekiang und dem Peiho bemerkbar.

Als wir uns am 8. September vormittags Wusung, der Hafenstadt von Shanghai, näherten, wurde unsere Brust geschwellt durch den Anblick der deutschen Panzerdivision, die zusammen mit dem großen Kreuzer „Fürst Bismarck" hier vor Anker lag. Wir waren stolz darauf, die Schiffe zu Gesicht zu bekommen, von denen die Deutschen und auch die Angehörigen fremder Nationen in allen Häfen, die wir bisher passiert hatten, so rühmend gesprochen hatten. Unter klingendem Spiel dampfte die „Hamburg" an den Schiffen vorbei, Hurrarufe schallten hinüber und herüber, kurzum, es war ein erhebender Moment.

Der Anker fiel, die Zeit der Ausschiffung war für mich ge=
kommen. Der Tender der deutschen Reichspostdampfer, die „Bremen“,
kam längsseit; nachdem der englische Hafenarzt unseren Gesundheits=
zustand für befriedigend erklärt hatte, trennten sich die Passagiere
von dem gastlichen Dampfer, der ihnen in den letzten vier Wochen
Haus und Heim geworden war.

Der Tender „Bremen“ entführte uns und unser Gepäck zur
Stadt Shanghai. Nicht weniger als 36 Kriegsschiffe liegen vor
und um Shanghai vor Anker. In der Stadt selbst garnisonieren
Landtruppen aller an Shanghai interessierten Mächte, und zwar
450 Mann deutsche Infanterie, 3400 Mann britisch=indische Trup=
pen (Sikhs und Afghanen), 600 Mann französische Marineinfanterie
und 120 Mann annamitisch=tonkinger Truppen, sowie eine Bat=
terie französischer Artillerie mit 60 Mann. Dazu kamen im Not=
falle noch 1200 Mann des Shanghai=Freiwilligenkorps, sodaß
Shanghai mit annähernd 6000 Mann belegt ist. Dieses ge=
waltige Aufgebot europäischer oder doch unter europäischem Befehle
stehender Machtmittel ist die Folge der zahlreichen Hilferufe der
Kaufmannschaft Shanghais, die indessen ein internationales Inter=
mezzo herbeiführten. Zuerst waren nämlich englische Truppen unter
dem Befehl des Admirals Seymour vor Shanghai erschienen. Da
die Nichtengländer in der Stadt einen Handstreich befürchteten, so ver=
wahrten sich die fremden Konsulen zunächst gegen den Einzug der
Briten, und erst, als von Seymour bündige Versicherungen abgegeben
waren, erklärten sie sich mit dem englischen Schutze einverstanden. Bald
darauf trafen dann ja auch die übrigen Kontingente ein, und glücklicher=
weise hat Deutschland durch die Ausschiffung von Soldaten aus der
„Batavia“ bewiesen, daß es in Shanghai die gleichen Rechte in
Anspruch nimmt wie die Engländer. Es ist ja in Deutschland
vielfach der Glaube verbreitet, daß in Shanghai die deutschen
Interessen weit hinter den englischen zurückstehen, ja daß England
die meistberechtigten Ansprüche habe, seine Hand auf die Stadt zu
legen. Dem ist aber durchaus nicht so, und man ist ja auch
schließlich in der Heimat zu der Einsicht gelangt, daß Deutschland
die gleichen wirtschaftspolitischen Interessen in Shanghai und am

Yangtsekiang überhaupt hat, wie England. So hat man für die politische Anerkennung dieser Thatsache durch den Abschluß des deutsch-englischen Yangtse-Abkommens gesorgt, eine That, die vielleicht mehr Beachtung verdient, als die Besetzung des Kiautschougebietes.

Infolge der Konkurrenz der Mächte war die Stadt zur Zeit so gut geschützt, als sie es nur verlangen konnte, und die Gefahr, die vor dem Einzug der Truppen und der Ankunft der Kriegsschiffe zweifellos bestand, war so gut wie beseitigt. Die Bevölkerung von Shanghai selbst beurteilte die Sicherheit der Stadt mit gewohntem Optimismus. Man leugnete lachend alle Gefahr, gestand aber doch ein, daß man eine ganze Reihe von Tagen in ernstlicher Besorgnis gewesen war. Im Rücken von Shanghai liegt ein chinesisches Arsenal, dieses Arsenal ist vollgepfropft mit Munition und Kriegsgeräten, die von den Chinesen in den letzten zwei Jahren, teilweise bei Nacht und Nebel, dorthin gebracht worden waren. Dennoch entging es den Europäern in Shanghai nicht, daß die Chinesen alle Vorbereitungen trafen, die auf Angriff oder Bombardement der Europäerstadt hindeuteten. Bei Nacht legte man im Wangpoo unterhalb des Forts Flußtorpedos, um den Zugang zum Wasser zu sperren. Eine nicht unbedeutende Explosion, die im Arsenal erfolgte, und die den Chinesen auch zahlreiche Menschenopfer gekostet haben soll, legte Zeugnis dafür ab, daß in dem Arsenal ständig gearbeitet wurde. Als nun die Schreckenskunden aus dem Norden kamen, da wurde auch die Besorgnis der Europäer in Shanghai auf das höchste gesteigert, und das Maß wurde voll, als in einer schönen Nacht plötzlich die Kanonen des Arsenals zu brüllen anfingen. Es war freilich blinder Lärm; wie sich später herausstellte, schossen die Chinesen ihre Geschütze ein. Immerhin hatten sie das vorher nicht gethan, und diese Vorbereitungen waren ernsthaft und besorgniserregend genug, um die Bewohnerschaft von Shanghai, das damals noch sehr schwach besetzt war, zu bewegen, dringend um Hilfe zu bitten. Jetzt legte man das Grollen der Kanonen dahin aus, daß die Chinesen, veranlaßt durch die häufigen Übungen des Freiwilligenkorps, den Europäern hätten Schrecken einjagen wollen. Es läßt sich im Gegenteil wohl mit Bestimmtheit annehmen, daß Shanghai ein ähnliches Los hätte treffen können wie Tientsin, wenn nicht schneller als dort Hilfe von außen gekommen wäre.

Andererseits ist während der chinesischen Wirren wohl nirgends in ganz China von Europäern so viel zusammen gelogen worden, als in Shanghai. Alle die ungeheuerlichen und übertriebenen Gerüchte und Nachrichten, die uns zu Hause so sehr in Schrecken gesetzt und teilweise zu Maßregeln veranlaßt haben, die uns vielfach auf ganz falsche Wege leiteten, entstammen der Shanghaier Nachrichtenfabrik. Man erinnert sich vielleicht noch der schrecklichen Szenen, die das englische Sensationsblatt schlimmster Sorte, „Daily Expreß", schilderte, wie sämtliche Gesandte in Peking ermordet worden sein sollten. Man kennt das Märchen von der chinesischen Südflotte, die einen deutschen Truppentransport attakiert haben sollte. Man erinnert sich wohl noch der Nachricht, daß nahe bei Shanghai über 150 000 Boxer in einem Feldlager lägen und bereit seien, Shanghai anzugreifen. Man las seiner Zeit mit Thränen in den Augen die Geschichte von dem Seymourschen Expeditionszug, bei dem die Verwundeten, die angeblich zurückgelassen werden mußten, gefragt sein sollen, ob sie lieber von Freundeshand sterben oder in die Hände der Boxer fallen wollten, und die sich dann von ihren eigenen Landsleuten umbringen ließen! Alle diese und ähnliche Nachrichten und Gerüchte sind für teures Geld nach Europa bepeschiert worden, und sind, wie noch viele andere Meldungen, erfunden und erlogen. Es ist mir eine Genugthuung, zu konstatieren, daß die deutsche Presse an diesen Lügenmeldungen, die nur ein journalistisches Verbrechertum gezeugt haben konnte, unschuldig ist. Auch bin ich in der Lage, den Namen des Mannes zu nennen, der die Hauptschuld an dieser Irreführung der europäischen Leser, an diesem frivolen Spielen mit der Wahrheit trägt, und ich halte es für meine Pflicht, ihn zu nennen. Es ist ein gewisser O-schea, Redakteur der in Shanghai erscheinenden, von japanischem Gelde unterstützten englischen Zeitung „China Gazette", Korrespondent des Londoner „Daily Expreß".

In Shanghai hielt ich mich mehrere Tage auf, da ich den

„Rhein" abwarten wollte. In dieser Zeit hatte ich unter anderem
Gelegenheit, einem Feste beizuwohnen, das den deutschen Matrosen
gegeben wurde, die sich im Norden in rühmlichem Kampfe und
unter schwierigsten Verhältnissen geschlagen hatten. Es war die
gesamte Mannschaft des „Iltis", der in Shanghai in Dock gegangen
war, um seine vor Taku empfangenen Wunden flicken zu lassen,
sowie die Leute vom Kreuzer „Gefion", die an dem Seymourschen
Expeditionszuge teilgenommen hatten. Gastgeber waren die deutschen
Angehörigen des im Dienste der internationalen Gemeinde Shanghai
stehenden Freiwilligenkorps, das aus den Mitgliedern der Bürger-
schaft von Shanghai gebildet ist.

Am 13. September traf der „Rhein", auf dem bekanntlich
das Korpskommando und der Stab reiste, in Woosung ein, und
ich wurde mit einem Kollegen, Herrn Wilhelmi, zusammen an Bord
genommen zur Weiterfahrt nach Taku. Da der „Rhein" bis auf
den letzten Platz belegt war, so räumte man uns den Rauchsalon
2. Klasse ein, einen schönen geräumigen und kühlen Platz, der unter
den obwaltenden Verhältnissen als ein geradezu fürstlicher Aufent-
haltsort gelten mußte.

Wer Schiffsverhältnisse kennt, wird beurteilen können, was es
heißt, wenn auf einem Dampfer, der 158 Meter Länge, 17 Meter
Breite und 11 Meter Tiefe bei 10249 Registertonnen mißt, abgesehen von der Besatzung, die einschließlich der Offiziere u. s. w.
175 Mann zählte, noch 125 Offiziere, 50 Portepeeunteroffiziere
und Unter= Beamte, sowie 1931 Mann untergebracht sind. Auf
dem „Rhein" wimmelten demzufolge im ganzen 2281 Menschen
herum, die samt und sonders untergebracht sein wollten und gut,
relativ gut, untergebracht werden mußten. Wenn Zola auf dem
„Rhein" mitgefahren wäre, dann hätte er sicherlich einen spezi-
fischen Geruch wahrgenommen, mit dem er das ganze Milieu
charakterisiert haben würde. Hauptingredienz dieses Geruches
wäre natürlich Menschenfleisch gewesen, wozu dann alle die anderen zahlreichen Düfte kommen, die sich auf Passagierdampfern zu
einem undefinierbaren Ganzen zu vereinigen pflegen, als da sind
Küchendüfte, Oelfarbe, Hühnerstallgeruch, allerhand Desinfektions=

mittel und was sonst noch dazu gehört. Bei alledem muß aber
gesagt werden, daß der Norddeutsche Lloyd mit der Unterbringung
gethan hat, was er thun konnte. Jeder Mann hatte im Zwischen=
deck sein Bett, die Offiziere lagen zu zweien oder zu dreien zusammen
in den Kabinen, und die Verpflegung war angesichts der That=
sache, daß es eine Massenverpflegung war, exquisit. Freilich, ultra
posse nemo obligatur. Es fehlte einfach alles, was auch nur den
Anschein von Komfort erwecken konnte. Das schöne Rauchzimmer erster
Klasse, das sonst den beliebtesten Zufluchtsort bildet bei Hitze und
Kälte, der gewohnte Schauplatz für so manchen Skat und so man=
chen fröhlichen Seewitz, war in Bureauräumlichkeiten umgewandelt
worden. Im geräumigen Speisesaal saßen bis in die Nacht hinein
Militärbeamte, die kein eigenes Bureau erhalten konnten, und
schrieben. Wo überhaupt ein einigermaßen unbelegtes, unbegange=
nes oder unbestandenes Fleckchen war, da saß jemand und schrieb.
Erst wenn die Dunkelheit einbrach, wurde es auf Deck etwas
gemütlicher, dann wurden die Federn weggelegt und ein ander Bild
erschien. Schon während der Abendmahlzeit kamen die Burschen
und schlugen für ihre Herren die Feldbetten auf. Bekanntlich ist
es in der warmen Gegend schier unmöglich, nachts in der engen
Kabine zu schlafen, noch dazu, wenn mehrere Leute darin liegen.
Jeder flüchtet dann an Deck und sucht sich hier ein Plätzchen, mög=
lichst so, daß die deckwaschenden Schiffsmannschaften ihn nicht aus
Morpheus' Armen herausspritzen können. Wenn man abends nach
dem Essen wieder auf Deck kam, war aus der Schreibstube plötz=
lich ein Schlafsaal geworden, Feldbett neben Feldbett. Wer nicht
glücklicher Besitzer eines Feldbettes war, hatte mit ingeniösem Geiste
sich anderweitig zu helfen gewußt. Da stellt eben ein Bursche
einen Tisch auf den Kopf, an jedes der vier Beine bindet er einen
Zipfel eines Zelttuches, darauf kommt die Matratze aus der Kajütte,
darauf ein Leinentuch und später darauf wieder sein Leutnant.
Da das Promenadendeck nicht allzu groß ist auf dem „Rhein", so
stand in später Stunde Bett neben Bett, vielfach war zwischen
mehreren Betten nicht einmal mehr ein Gang, so daß der schlaf=
suchende Leutnant über das Fuß= oder Kopfende ins Bett steigen

mußte, wenn sein Nachbar nicht gerade ein guter Freund von ihm
war, der ihm den Weg über sein eigenes Bett gestattete. Wenn
nun nachts alles im schönsten Schlummer lag, dann erschien plötz=
lich um Mitternacht der Reinigungsteufel in Gestalt des Boots=
manns und dreier Matrosen, die mit einem großen Schlauch bewaffnet
das ganze Deck abspritzten und abscheuerten; darin kennt der Kapi=
tän keine Rücksicht; wer nicht hoch liegt, wird unbarmherzig fort=
geschwemmt. Und das muß auch so sein, denn was mehr denn
2000 Menschen den Tag über für Schmutz auf das Deck bringen,
ist geradezu unglaublich, und ein Schmutzfleck auf Deck ist für den
Kapitän ein schlimmeres Verbrechen, als ein Tintenkleck auf dem
Kragen eines seiner Offiziere beim Diner.

Schlimmer als die Offiziere hatten es allerdings die Mannschaften.
Ich ging nachts über das Hauptdeck, das ihnen angewiesen war,
denn im Zwischendeck und in ihren Betten schliefen die wenigsten,
da unten war es viel zu heiß. Da lagen denn die Jungen, wo sie
gerade Platz fanden, an Deck, meistens in den unglaublichsten
Stellungen, über Dampfwinden gebeugt, mit dem Kopf auf Rohr=
leitungen, auf Tauen oder sonstwo: so schliefen sie den Schlaf des
Gerechten, einen ordentlichen gesunden Schlaf; denn gesund waren
unsere „gelben" Jungen, kerngesund hatten sie die Seereise über=
standen und ihre Stimmung hatte nicht gelitten, im Gegenteil, sie
freuten sich, daß sie nun bald in Aktion treten sollten.

Was in diesen beschränkten Verhältnissen gethan werden konnte,
ist gethan worden, davon habe ich mich persönlich überzeugen können.
Ich habe sogar den Eindruck gewonnen, daß noch mehr gethan
worden ist; jedenfalls ist viel mehr geschehen als auf russischen und
französischen Transportschiffen, wo die Leute weit mehr zusammen=
gepfercht gelegen haben und weitaus weniger gut verpflegt wurden.
Den Hauptanteil an diesem Lobe verdient vor allen Dingen der
Transportführer Oberstleutnant von Petzel, dem die Aufgabe zuge=
fallen war, den Transport auf dem „Rhein" zu leiten.

Vielleicht interessiert es bei dieser Gelegenheit zu erfahren, wie
sich der tägliche Verbrauch an Lebensmitteln für unsere Mann=
schaften stellte, die auf dem „Rhein" untergebracht waren. Hier

sind die Zahlen eines beliebig herausgegriffenen Tages: 85 Pfund Kaffee, 14 Pf. Thee, 115 Pf. Zucker, 14 Pf. Cichorien, 95 Liter Milch, 480 Pf. Bohnen, 2000 Pf. Salzfleisch, 2800 Heringe, 144 Liter Essig, 2000 Brote, 1800 Kilo Kartoffeln; das sind die Rationen eines Tages, aus denen man ersehen wird, daß 2000 deutsche Soldaten einen guten Appetit entwickeln müssen, um solche Quantitäten täglich zu vertilgen.

Bei der Abreise des „Rhein" hatte der Kaiser zur Erhaltung der Gesundheit anstrengende Spiele und dauernde körperliche Beschäftigung empfohlen; in der That das einzige Mittel, das, mit Maß betrieben, den Menschen während einer Reise durch die Tropen aufrecht erhalten kann. Infolgedessen wurde an Bord eifrig gearbeitet, Tauziehen und „Frischwachs" waren an der Tagesordnung. Auch Exerzieren und Schießübungen mit dem neuen Gewehr wurden vorgenommen. Am Achterdeck schob man seitwärts drei Kopfziele (natürlich Chinesenköpfe) hinaus, auf die jeder Mann drei Schuß abgeben mußte. Die Entfernung betrug 60 Meter, außerdem schossen die Offiziere vom Heck aus eifrig ihre Revolver und Mauser= bezw. Bergmann=Pistolen ein und zwar auf freischwimmende Ziele, Delphine, Schweinsfische, herausgeworfene Kisten u. s. w. Mit den Schnellfeuerpistolen wurden noch auf 1000 Meter Resultate erzielt.

Sogar ein Schwimmbad hatte man für die Offiziere an Bord eingerichtet, man hatte achtern ein förmliches Bassin aus Segeltuch verfertigt, das hochgebunden und mit Seewasser gefüllt wurde. Dieses Schwimmbad stand von abends 6 Uhr bis morgens 6 Uhr den Offizieren zur Verfügung. Da entwickelte sich denn ein reges Strandleben. Man erschien teilweise in Pidjamas, das sind die flanellenen Schlafanzüge, die man im Süden und im Osten zu tragen pflegt und die man später nie wieder aufgiebt, wenn man sich erst einmal an sie gewöhnt hat, oder im japanischen Kimono, oder in der chinesischen Tunika, oder wenn man nichts von allen diesen Kostbarkeiten besaß, im stilvoll gefalteten Badelaken. Das war dann ein buntes und lustiges Bild, das sich abends und morgens am Schwimmbassin entfaltete. Denn das war auch der

Ort für allerhand ausgelassene Scherze, und die Gelegenheit, bei der man das Temperament einmal durchgehen ließ. Aber auch für die Soldaten war entsprechend gesorgt worden, sie mußten sich ausziehen, in einer Reihe hinstellen, und dann kam der Bootsmann mit seinem langen Schlauch und spritzte einen nach dem andern mit Seewasser ab, daß es eine Lust war.

Man kann sich denken, daß den Insassen des „Rhein" bei dieser ständigen Abwechselung die Zeit nicht lang geworden ist. Die Tagebücher der Offiziere — natürlich führte anfangs jeder Offizier sein Tagebuch so eifrig wie ein Backfisch — wissen von allerhand zu erzählen, das interessant und nett war. Ich selbst will nur noch kurz hinzufügen, daß an Bord auch Signalisieren gelehrt wurde, in der Weise, daß ein extra dazu kommandierter Ober= bootsmannsmaat von der Marine je drei Mann jeder Kompagnie darin unterrichtete. Außerordentlicher Beliebtheit erfreuten sich unter den Mannschaften auch die Unterhaltungsabende, die von den Offi= zieren abgehalten wurden. Die Hauptkosten dieser Abende bestritten allerdings die beiden Divisionspfarrer, die an Bord waren, der evangelische Divisionspfarrer Schmidt und der katholische Divisions= pfarrer Dr. Isele. An diesen Abenden wurde eigentlich alles besprochen, was man erlebt hatte und erleben sollte, und zwar in einer so vorurteilsfreien und rein menschlich=praktischen Weise, daß man den beiden geistlichen Herren gerade für diese Seite ihrer Berufsthätigkeit nur aufrichtigen Dank wissen kann. Unter den Offizieren gesellige Veranstaltungen größeren Umfanges zu arran= gieren, dazu fehlte leider der Platz. Dennoch gelang es, mehrere Bierabende zu stande zu bringen, an denen es sehr fröhlich her= ging, und von deren Verlauf zahlreiche Aufzeichnungen in Reim und Prosa Zeugnis ablegen. Vor allen Dingen war die dreißig= jährige Sedanfeier auf hoher See allen Beteiligten noch in bester Erinnerung.

Es hieße aber einen der am meisten charakteristischen Punkte unterschlagen, wenn ich nicht der zahlreichen Photographen Erwäh= nung thun wollte, die unseren „Rhein" bevölkerten. Ich kann wohl getrost die Behauptung aufstellen, daß bisher auf keinem Schiffe

der Welt so oft en gros und en detail photographiert worden ist,
wie auf dem „Rhein"; kam irgend eine Küste in Sicht und war
sie auch noch außer Büchsenlicht, dann stand schon die Reeling
entlang die kamerabewaffnete Legion, und knips — knips — knips
ging es die Reihe entlang. Eigentlich mußte man auf Schritt und
Tritt von dem Bewußtsein getragen sein: „Achtung, Sie werden
gleich photographiert!" Und da es an Bord eine ganze Anzahl
Leute gegeben haben soll, die immer erst ein Photographiergesicht
aufsetzen, wenn sie photographiert werden sollen, so kamen diese
aus der Angst gar nicht heraus, daß sie den Moment einmal ver-
passen könnten. Infolgedessen liefen sie dauernd mit dem Photographiergesicht herum und haben sich offenbar so sehr daran gewöhnt, daß sie es auch später nicht wieder abgelegt haben. Und das
sollen doch vorher noch ganz genießbare Leute gewesen sein.

Am 12. September hatte ich die Ehre, mit Herrn Wilhelmi
zusammen bei Seiner Excellenz dem kommandierenden General
Generalleutnant von Lessel, zum Diner geladen zu sein, zu dem
auch die an Bord befindlichen Generalstabsoffiziere erschienen waren.
Es war gewissermaßen der Abschied von der Seereise, der gefeiert
werden sollte. Unser Schiff lief in der Höhe von Kiautschou. Am
Tage darauf, am 13. September, passierten wir morgens gegen 6 Uhr
die Landzunge von Pingyon, bei der in der Nacht vom 23. zum
24. Juli 1896 der alte „Iltis" — Ehre seinem Andenken! —
strandete. Die Regimentskapelle des 3. Regiments spielte beim
Passieren der Begräbnisstelle der Iltismannschaft das Flaggenlied,
und eine ehrfurchtsvolle Stimmung herrschte an diesem Morgen
auf dem „Rhein". Gegen Mittag passierten wir Schantungkiau,
die östlichste Spitze der Provinz Schantung, und unser Schiff steuerte
zum erste mal wieder nach Westen hinein in den Golf von Petschili. Vorbei ging es an Wei-hai-wei, der englischen Kolonie, in
deren Hafen drei große englische Kreuzer lagen, vorbei an Tschifu,
das sich aus weiter Ferne nur durch einige rauchende Schiffs-
schornsteine bemerkbar machte. Dann ging es direkt auf unser Ziel,
auf Taku los. Am Abend vereinigten wir uns nochmals im Rauchsalon zu einer gemütlichen Unterhaltung, und am 15. September

morgens befanden wir uns auf der Reede von Taku. Ich zählte nicht weniger als 40 Schiffe aller Flaggen, die hier auf der Reede lagen, darunter eine Anzahl deutscher Kriegsschiffe, vor allen Dingen auch diejenigen deutschen Truppentransportschiffe, die schon vor uns angekommen waren. Ein Boot kam längsseit, es war der eroberte chinesische Torpedobootzerstörer, der von den Deutschen jetzt als Depeschenboot benutzt wird. Vorn führt es am Bug noch den chinesischen Drachen — made in Germany!

Am selben Tage noch verließ Herr Oberst von Rohrscheid den „Rhein“, um in Tientsin die Vorbereitungen für seine schleunige Reise nach Peking zu treffen, wo sich bereits seine Seebataillone befanden. Am 15. September nachmittags wurde das 2. Bataillon des 3. Regiments ausgeschifft und nach Tongku gebracht, während unsere Stunde erst am 16. September früh morgens um 3 Uhr, schlug.

9. Abschnitt.

Von Taku nach Tientsin.

Das letzte Faßbier. — Zwischen drohenden Festungsmauern. — Tongku, der internationale Hafenplatz. — Abziehen der russischen Regimenter. — Die Verladung in die Eisenbahn. — Umschau in Tongku. — Schlimme Geldverhältnisse. — Mit der Bahn nach Tientsin. — Eintreffen in Tientsin. — Erste Eindrücke.

Der 16. September, der Tag unserer Ausschiffung, war ein interessanter Tag. Wir waren auf dem Schauplatze großer Ereignisse angelangt. Wir waren mitten im Feindesland, die nächsten Tage mußten irgend etwas bringen, das weit abseits stehen würde von dem immerhin bequemen Leben einer Seereise, die nur deshalb den Schein der Unbequemlichkeit hatte, weil man den Maßstab einer Vergnügungsreise an sie legte. Nun mußte der Ernst kommen und die Aufgaben.

Freilich war die Stimmung unter unseren Offizieren und Soldaten nicht gerade glänzend. Freiwillig hatte man sich gemeldet, um hinauszuziehen in einen Kampf der Vergeltung und Machterweiterung zugleich. Mit Begeisterung hatten die Offiziere am Tage ihrer Einschiffung den Abschiedsworten ihres Kaisers zugejubelt, Abschiedsworten, in denen das Motiv der Rache und die so viel gedeuteten und bekrittelten Worte: „Pardon wird nicht gegeben!" eine große Rolle spielten, die sich aber doch wesentlich unterschieden von dem rauhen, fast unverständlichen Tone, den diese und ähnliche Reden unseres Kaisers in dem großen Schalltrichter „Presse" angenommen hatten. Man war nach alledem überzeugt, daß noch große Aufgaben winken würden, und dann schien mit einem Male dieser schöne Traum in Nebel zu zerfließen, als man in Colombo die Nachricht erhielt, Peking sei gefallen. Eine der besten Aufgaben war dadurch den deutschen Truppen vorweggenommen worden. Und wenn man auch tausendmal mehr Freude darüber empfand, daß die Leiden der heldenmütigen Verteidiger Pekings durch den Entsatz der Stadt beendet wurden, so wird doch jeder die Gefühle der Freiwilligen nachfühlen können. Aber es blieben noch genug Aufgaben übrig, die unsere deutschen Soldaten lösen sollen. Denn Peking ist nicht Paris und China nicht Frankreich! Machte auch die Thatsache, daß in Shanghai über 16 000 Mann fremde Truppen und über 40 fremde Kriegsschiffe lagen, noch keinen Krieg aus, ebensowenig der Umstand, daß das Geld teuer war und die Geschäfte schlecht gingen, so mußte sich das Bild doch verändern, wenn wir nun in Tongku an Land steigen und damit auf dem eigentlichen Schauplatze des Krieges anlangen sollten.

Um 2 Uhr morgens klopfte mich mein Bursche wach. Die Koffer waren bereits am Abend vorher auf den kleinen Flußdampfer geschafft worden, der uns über die Barre und über den flachen Peiho nach Taku und zur Bahnstation nach Tongku bringen sollte. In Eile erhob ich mich aus meinem Bett, auf Monate hinaus dem letzten, in dem ich schlafen sollte. Schnell noch einmal auf europäische Art mit allen Toilettechikanen gewaschen, dann fliegen auch diese letzten Kulturwaffen in den Mantelsack. Den Tropenhelm auf den Kopf, in den Gürtel Feldstecher und Revolver, die Feldflasche mit Cognak um die linke Schulter, den Photographieapparat um die rechte, Notizbuch und Ko-hi-noor in die äußere Brusttasche — so, nun kann die Reise losgehen. Eine freundliche Hand schiebt mir in meine Kabine noch ein großes Stück Schinken, eine Flasche Cognak und ein Schwarzbrot hinein. Dann gehe ich hinauf an Deck, wo die Kompagnieen bereits angetreten sind und auf das Kommando warten, um über die breite Brücke hinüberzusteigen zu dem kleinen Flußdampfer, der sich längsseit am „Rhein" verholt hatte. Das Kommando erfolgt, und mit nahezu tausend Menschen füllt sich das kleine Schiff. Ich stehe mit den Offizieren zusammen oben auf der Kommandobrücke, und wenn ich hinuntersehe aufs Deck, wo die Mannschaften stehen, sehe ich nichts als Hüte, lauter gelbe Hüte. Dann erfolgten drei heulende Pfiffe, der kleine Dampfer macht los, wir fahren bereits. Langsam lösen wir uns von dem schwarzen Rumpf des „Rhein" ab, und den zurückbleibenden gaſtlichen Lloydoffizieren bringen wir noch ein dankbares Hurrah dar.

Mittlerweile hat sich der Himmel im Oſten leicht gerötet. Die Dämmerung tritt ein, die Signallichter der zahllosen Schiffe auf der Reede verblaſſen gegenüber dem kommenden Morgen, und wir ſehen den „Rhein" als ſchwarzen Rumpf hinter uns liegen. Dann heißt's kehrt, den Blick nach vorn! Wir ſuchen die nach Weſten entweichenden Schatten zu durchbringen, es gelingt uns noch nicht. Außerdem haben wir noch eine Fahrt von etwa zwei Stunden vor uns. Der Morgen iſt kühl, man wickelt ſich in ſeinen Mantel, und ſo manch Einem fallen noch auf ein halbes Stündchen die Augen zu. So auch mir.

Da plötzlich wecken mich liebliche Töne aus meinem Halbschlummer; ein Klopfen neben mir, wie wenn der Wirt ein neues Faß anzapft. Und ſiehe da, neben mir ſteht auch wirklich ein Fäßchen von dem guten Dortmunder, das der Kapitän noch als letzten Labetrunk den ſcheidenden Gäſten mit auf den Weg gegeben hatte. Gläſer waren ſchnell zur Hand, und trotz der frühen Morgenſtunde kreiſte der Becher, die köſtliche Gabe des Gambrinus war unſer Morgenkaffee. — Das Fäßchen war nicht groß, es war bald zu Ende. — „Jetzt trinkt er auch kein Faßbier mehr" ſangen wir nach der Melodie des Chopinſchen Trauermarſches.

Endlich taucht die Peihomündung vor unſern Blicken auf. Die Fluten nehmen eine Färbung an wie Kaffee mit viel Milch; wir ſehen deutlich die Verengung des Fluſſes, die Hügel rechts und links; das ſind die Taku=Forts, vor denen unſere junge deutſche Marine ihre Feuertaufe erhalten hat.

Die Vorſtellungen, die wir uns bisher von dieſen Forts gemacht hatten, blieben weit hinter dem zurück, was wir vorfanden. Wir glaubten einige Wälle zu finden, hinter denen Kanonen ſtanden, und fanden eine moderne Küſtenbefeſtigung vor, deren ſich kein moderner Staat hätte zu ſchämen brauchen. Die Lage der Taku= Forts iſt ja aus Karten und Beſchreibungen beſtens bekannt; aber

der Kartenleser macht sich keine Vorstellung von den Empfindungen,
die man hat, wenn man zwischen diesen Ungetümen hindurchfährt,
auch wenn schon die Flaggen der vereinigten Mächte über ihnen
wehen. Es hat in der That etwas Drückendes, wenn man zwischen
diesen Fortwällen hindurch auf Tongku lossteuert. Diese Mauern
reden eine stumme und doch recht deutliche Sprache. Jedenfalls
habe ich den Eindruck gewonnen, daß es bei einer wirklich schul=
gerechten Verteidigung dieser Festungswerke einer kleinen Flotille
von Kanonenbooten kaum unmöglich gewesen wäre, sie zu nehmen.

Es ist als das Hauptverdienst des mit Recht so gefeierten
Korvettenkapitän Lans anerkannt worden, daß er darauf gedrungen
hat, die Taku=Forts um jeden Preis zu nehmen. Diese Aufgabe
wäre meiner Ueberzeugung nach unter den damaligen Verhältnissen
einfach unmöglich gewesen, wenn die Kanonenbootflotille vor der
Mündung des Peiho gelegen hätte und nicht in der Mündung des
Peiho selbst, nach Tongku zu, d. h. von der See aus betrachtet
hinter den Forts. Große Kriegsfahrzeuge können überhaupt nicht
weit genug an die Forts hinanfahren. Aber auch für eine von der See=
seite anfahrende Kanonenbootflotille würde es mit den allergrößten
Schwierigkeiten verbunden sein, an die Forts heranzukommen, da
sie von diesen ein mörderisches Feuer zu erwarten hätte. Anders
lag die Sache hier. Die Boote lagen bereits im Fluß, teilweise
gedeckt durch Uferränder u. s. w., die langwierigen und schwierigen
Landungsmanöver kamen in Wegfall. Insofern war die Aufgabe,
die Forts zu nehmen, überhaupt erst möglich nach dem Plane von
Lans; der Erfolg hat die Ausführbarkeit dieses Planes erwiesen.
Und darin liegt der Ruhm der vollbrachten That begründet.

Es war sonach ein Glück, daß die Chinesen die Kriegsschiffe
überhaupt in den Fluß gelassen haben. Denn dadurch wurde uns
erst die Möglichkeit geschaffen, einen Angriff auf die Forts zu wagen.
Daß die Beschießung und der nachfolgende Sturmangriff auf die
Forts außerdem noch eine militärische Leistung ersten Ranges war,
ist eine Sache für sich. Jedenfalls aber lag es in der Hand der
Chinesen, den Verkehr mit Tientsin und Peking von der Seeseite
her vollständig zu unterbinden, solange diese Forts in ihren Händen

waren und man sich einmal zu dem Entschlusse durchgerungen hatte,
Kanonen mitsprechen zu lassen. Als wir die Forts passierten, wehten
über ihnen die Flaggen der fremden Nationen. Eine scharfe
Biegung nach links, die der Fluß macht, bringt uns direkt auf die
der Meeresküste entgegengesetzte Seite der auf dem rechten Peiho-
ufer liegenden Forts; hier lag der „Iltis" in jener ereignis-
reichen Nacht.

Daß die Chinesen ihre Kanonen vor der Beschießung genau
auf den „Iltis" eingestellt haben sollen, ist eines der zahlreichen
Märchen, die aus Ost-Asien nach Europa gewandert sind. Der
„Iltis" lag zu Beginn des Kampfes viel weiter stromaufwärts und
ging erst während der Beschießung selbst vor. Die Chinesen haben
eben in der That vorzüglich geschossen. Das konnte man an den
Schußstellen sehen, die der „Iltis" noch im Dock in Shanghai
aufzuweisen hatte. Der „Iltis" hat zwei Schornsteine, vor dem
vorderen Schornstein steht der Kommandoturm. Die ersten chinesischen Granaten schlugen in dem hinteren Schornstein ein, die
nächsten drei bis vier in gleichen Abständen darunter. Dann
schlugen die Geschosse weiter in gleichen Abständen in den obersten
Teil des Rumpfes ein, bis sie bei der Kommandobrücke angelangt
waren, die sie dann wegfegten. Die chinesische Artillerie schießt
im allgemeinen überhaupt gut.

Eine Viertelstunde noch, und wir passieren die kleine chinesische Stadt Si-ku, die relativ wenige Spuren von Zerstörung aufweist. Dann kommen wir nach Tongku, der Bahnstation der beiden
Bahnen nach Peking. Hier wurden wir ausgeschifft. Die meisten
hatten zum erstenmal chinesischen Boden unter den Füßen.

Der Landungsplatz in Tongku glich einem großen internationalen Heerlager. Jede der an den chinesischen Verwickelungen
beteiligten Nationen verschiffte hier Truppen oder landete Provisionen
und Kriegsmaterialien; jede hatte hier zum mindesten ihr Etappenkommando, das die zahlreichen Geschäfte des Heeres in diesem
chinesischen Curhafen zu besorgen hatte. In einem früheren chinesischen Regierungsgebäude, einem Yamen, war ein russisches Lazarett
untergebracht, überhaupt trat hier das russische Element stark in

den Vordergrund. Kosaken tummelten sich auf ihren kleinen zottigen und doch so ausdauernden Pferdchen, die für diese Gegend viel geeigneter sind als unsere anspruchsvollen australischen Pferde. Russische Soldaten wurden verladen, um nach der Mandschurei gebracht zu werden. Es waren das die tapferen braunen Gestalten, denen Tientsin neben Deutschen und Japanern in erster Linie seine Rettung verdankt. Dazu kommt noch, daß die Russen die Bahnstrecke von Tongku über Tientsin bis Yangtsun wieder hergestellt haben und unterhalten. Da die Russen aber dabei sind, das Hauptfeld ihrer kriegerischen Thätigkeit nach dem Norden zu verlegen, so wird die Bahn späterhin in deutsche Verwaltung über= gehen. Gegenwärtig wird der Verkehr von den Russen sehr gut und pünktlich aufrecht erhalten. Von 6 Uhr morgens bis 6 Uhr abends geht alle drei Stunden von Yangtsun, Tientsin und Tongku je ein gemischter Zug ab. Russische Eisenbahnsoldaten führen ihn, längs der ganzen Bahnstrecke liegen russische Wachtkommandos.

Mit dem Zuge um 9 Uhr vormittags war bereits das I. Ba= taillon des 3. Ostasiatischen Infanterieregimentes nach Tientsin verladen worden. Ich folgte mit bem Mittagszuge nach, da ich mich vorher noch etwas in Tongku umsehen wollte. Aber in Tongku giebt es in der That nicht allzuviel umzusehen. Eigentlich ist es bloß eine Eisenbahnstation, in deren Nähe mehrere chinesische Häuser stehen, die samt und sonders in primitive Kaufläden um= gewandelt sind. Da kann man für teures Geld schlechtes Bier und Selterwasser japanischen Ursprungs, Konserven und derartige Dinge kaufen. Das Beste, das man darin bekommt, sind noch russische Zigaretten, das Tausend nur 8 Dollars. Selbst das erste Hotel von Tongku, das den stolzen Titel: „Foreign Hotel" trägt, ist nichts anderes als eine notdürftig mit einer europäischen Veranda versehene Chinesenbude, in der armenische Wirte schwere Gelder ver= bienen. Eine „Bar", drei Tische mit geflickten Beinen und eine Anzahl zerschundener Chinesenmöbel bilden die äußere Ausstattung dieses edlen Hotels, das sich von einer Spelunke bloß durch die anständigen Leute unterscheidet, die darin verkehren.

Uebrigens wollten die Geschäftsleute in Tongku nur Silber=

geld nehmen. Ueberhaupt sitzt jeder, der hier oben nicht über blankes Geld oder über Bankkredit in Dollars verfügt, auf dem Trockenen. Allenfalls, wenn auch nicht gern, werden noch die Kassenscheine der englischen Banken genommen, die in China etabliert sind. Böse Reinfälle mußten aber diejenigen erleben, die sich in Shanghai ihr deutsches Geld in Silber-Dollars hatten umwechseln lassen und Kassenscheine der Imperial Bank of China, der chinesischen Staatsbank, erwischt hatten. Das Gebäude dieser Bank in Tientsin ist nämlich zur Zeit der Tientsin-Wirren geplündert worden, und Niemand, keine Bank und kein Geschäftsmann, will diese Scheine haben. Ich bedaure, konstatieren zu müssen, daß eine Anzahl von Shanghai-Banken es über sich gewonnen haben, trotzdem sie über diese Thatsache doch sicherlich unterrichtet waren, diese Scheine auszuwechseln gegen deutsches Geld. Ich bedaure das umsomehr, als sich unter diesen Banken auch die Deutsch-asiatische Bank befindet. Mir ist unter anderm ein Fall bekannt, in welchem einer meiner Bekannten in Shanghai bei der deutschen Bank ausdrücklich eine Geldsorte wünschte, die er im Norden verwenden könne. Man gab ihm darauf Scheine der Imperial Bank of China! Als er diese nun nicht los werden konnte, ging er auf die Filiale der Deutsch-asiatischen Bank in Tientsin und wünschte dieselben gegen gangbare Münze umgewechselt zu haben. Man weigerte sich, die Scheine zurückzunehmen, und that es erst auf sehr energischen Protest hin.

Da ich nun einmal bei der Geldfrage bin, will ich gleich bemerken, daß die Geldverhältnisse hier oben geradezu aller Beschreibung spotten. Während unter normalen Verhältnissen der mexikanische Dollar auf 2 Mark steht, und zur Zeit unsrer Anwesenheit in Shanghai immer doch nur auf 2.10 Mark stand, erreichte er hier einen Kours von 2.45 Mk.! Infolgedessen verlieren diejenigen, deren Gehalt in Gold ausbezahlt wird, beim Einwechseln in Silber ganz enorm. Dazu kommt, daß es hier oben einen eigentlichen festen Kours gar nicht giebt. Speziell auf dem Tientsiner Silbermarkte herrscht die reine Anarchie. Die Banken kaufen den Dollar zu 2.20 bis 2.24 Mk. und verkaufen ihn zu 2.34 Mk. bis

2.45 Mk. Eigentliche mexikanische Dollars giebt es fast gar nicht mehr, man hat schon zu den minderwertigen Hongkong= und Straits= Dollars greifen müssen. Daß der Silberpreis bei der riesigen Nachfrage nach gemünztem Silber, die durch die großen Heeres= ansammlungen bedingt wurde, stark in die Höhe gehen würde, war ja vorauszusehen. Dennoch aber kann ich auch unsere deutsche Heeresverwaltuug nicht ganz von dem Vorwurf frei sprechen, an den jetzigen Geldverhältnissen mit schuldig zu sein. Sie stellt ge= radezu enorme Anforderungen an die Leistungsfähigkeit speziell der Deutsch=asiatischen Bank, die diese bei dem effektiven Mangel an Silber gar nicht zu leisten in der Lage ist. Hätte man die Bank frühzeitig davon benachrichtigt, daß man dann und dann die und die Summe in Silber verfügbar haben müsse, dann hätte die Bank sich noch rechtzeitig mit Silber versehen können. So aber ist man hier und verlangt Summen auf Summen, die die Bank gar nicht herbeischaffen kann. Sie muß daher à tout prix Silber kaufen, bezahlt dafür horrende Preise, und Heer und Privatleute leiden unter der enormen Preissteigerung, die ganz außer Verhältnis steht zu den auf dem Weltmarkt gezahlten Preisen. Es ist unter den gegenwärtigen Verhältnissen außerordentlich zu beklagen, daß es der Deutsch=asiatischen Bank nicht erlaubt ist, Kassenscheine auszu= geben, mit denen die englischen Banken hier draußen so gute Er= fahrungen gemacht haben. Aber daß die Heeresverwaltung sich zu Hause nicht sagt: „Geschäft ist Geschäft" und sich nicht ausschließ= lich auf die Deutsch=asiatische Bank beschränkt, sondern die Hilfe internationaler, selbst unter englischer Flagge segelnder Institute wie der Hongkong= und Shanghai=Bank in einer solchen Notlage in Anspruch nehmen mußte, das kostet dem Deutschen Reiche viel Geld.

Von dem armenischen Gastwirt in Tongku, der den Kassen= schein der Imperial Bank of China nicht nehmen wollte, begab ich mich, schließlich zur Bahnstation, um im Salonwagen erster Klasse der berühmten Pekingbahn nach Tientsin zu reisen. Es war ein langer Zug, vorn circa 20 Güterwagen, auf denen Güter des deutschen Expeditionskorps sowie des japanischen Korps verladen waren, und auf denen entweder ein paar deutsche oder ein paar japanische Soldaten thronten. Daran schlossen sich vier Wagen der zweiten Klasse, in denen die Soldaten, und ein Wagen erster Klasse, in dem wir reisten. Langsam setzte sich der Zug in Bewegung. Gleich hinter dem Bahnhof bot sich uns ein Anblick, der uns direkt in das grauenvolle Elend dieses halbbarbarischen Krieges versetzte. Linker Hand lag nämlich das Dorf Tongku, es war bis auf den Erdboden herunter zerstört! Da war aber auch kein einziges Dach mehr zu sehen, nur rauchgeschwärzte Umfassungsmauern ragten in die Höhe; was brennbar war, war verbrannt worden. Die Geschichte dieser Zerstörung ist folgende: Die Chinesen hatten eine Kosakenfeldwache überfallen und in das Dorf geschleppt, hatten die Soldaten grausam ermordet, dem Offizier dagegen beide Hände abgehackt und ihn dann aus dem Dorfe herausgejagt. Diese Greuelthat erbitterte die Russen so sehr, daß sie zunächst das ganze Dorf umstellten, alles, was ihnen unter die Hände kam, niedermachten, das Dorf plünderten und in Brand steckten. Aber damit nicht genug. Eine Anzahl Chinesen nahmen sie gefangen, führten sie an den Peiho und jagten sie in den Fluß. Aber hinüber ans andere Ufer kam keiner der Chinesen. Was nicht ertrunken war, wurde im Flusse selbst erschossen. Man mag in Europa ob einer solchen Grausamkeit zetern, man sage aber vorher ein Mittel, wie anders man Leuten Respekt einflößen soll, die sich in so unmenschlicher Weise Europäern gegenüber benehmen. „Kein Pardon", das ist und bleibt in einem solchen Falle das Richtige.

Abgesehen von russischen Wachtposten und Bahnbeamten sahen wir auf der ganzen zweiundeinhalbstündigen Strecke bis Tientsin kein lebendes Wesen, ich müßte denn die Milliarden von Heuschrecken ausnehmen, die in so dichten Schwärmen auftraten, daß sie zeitweilig die Aussicht verdunkelten. Dafür aber standen überall zerstörte Hütten und niedergebrannte Chinesenhäuser. Die Zerstörungsarbeit war hier mit einer Gründlichkeit besorgt worden, die nichts zu wünschen übrig ließ. Der Zug näherte sich Tientsin. Rechter Hand kommen einige zwanzig Fabrikschornsteine in Sicht. Das ist das sogenannte Ostarsenal, das unter thatkräftiger Mithilfe der Deutschen erstürmt worden ist. Dicht neben dem Bahndamme auf offenem Felde, wo sonst der Reis wächst, erhebt sich ein kleiner Hügel, darauf ein einfaches Holzkreuz: das Grab des Leutnant Friedrich, der beim Sturmangriff auf das Arsenal den Heldentod starb.

Der erste Eindruck von Tientsin war überwältigend; nicht wegen seiner Schönheit, nein, wegen seiner Grausigkeit. Zerstörung über Zerstörung! Die Stadt liegt links vor uns. Wir sehen lange Straßenzüge, die ein Raub der Flammen geworden sind. Im Hintergrunde stehen die Häuser der weit ausgedehnten Fremdenniederlassung. Am schlimmsten ist das französische Settlement mitgenommen. Fast kein Haus, das nicht durch Feuer oder durch chinesische Granaten gelitten hätte. Wir fahren langsam in den Bahnhof ein. Noch liegen da die Trümmer ausgebrannter Eisenbahnwaggons, das Bahnhofsgebäude ist gleichfalls eingeäschert; man ist eben dabei, es wieder aufzubauen. Die es zerstört haben, müssen es auch wieder aufbauen: man hat chinesische Maurer requiriert, die eifrig bei der Arbeit sind.

10. Abschnitt.

Die kriegerische Thätigkeit der in Petschili vereinigten Landtruppen vor dem Eintreffen des Oberkommandos.

a. Die Eroberung der Peitangforts.

Militärische Bedeutung der Bahn von Tongku nach Schanhaikwan. — Die Peitangforts beherrschen die Bahnstrecke. — Die Russen sind seit längerer Zeit mit Rekognoszierungen beschäftigt. — Ausmarsch der deutschen Truppen aus Tientsin. — Zusammensetzung des Aktionskorps. — Die Lage der Forts. — Die Beschießung beginnt. — Die Wirkung der deutschen Haubitzen. — Auf zum Sturm. — Heimtückische Minen. — Die Deutschen sind die ersten in den Forts. — Die Flucht der Chinesen. — Die Beute. — Die Verluste. — Wassermangel. — Schwere Verluste der Österreicher nach dem Gefecht. — Höflichkeit als Lebensretter. — Vorsichtiger Rückmarsch. — Feuer in der Nähe des Pulvermagazins. — Ein stimmungsvoller Abend, dem eine sorgenvolle Nacht folgt. — Wir verlassen das brennende Fort. — Biwak im chinesischen Militärlager. — Ärztemangel. — Rückmarsch zur Bahnstrecke. — Endliche Erlösung von quälendem Durst. — Die Rückfahrt nach Tientsin. —

Nehmen wir einmal eine Karte des Golfes von Petschili vor und sehen wir uns die Lage von Peking und Tientsin an mit Rücksicht auf die Verbindung mit der See. Diese ist möglich auf zwei Wegen, nämlich auf dem Peiho und auf der Eisenbahn. Die Eisenbahn beginnt erst auf der Station Tongku, die einige Kilometer oberhalb der Takuforts am Peiho gelegen ist. Die Takuforts, die zu beiden Seiten der Peihomündung liegen, beherrschen daher sowohl die Wasserstraße, wie die Eisenbahn. Infolgedessen mußten die Takuforts auf jeden Fall den Chinesen abgenommen werden. Durch den Sturm auf die Forts wurde der Weg nach Tientsin wieder frei. Nun friert aber der Peiho im Winter zu, das Eis erstreckt sich dann bis zu der Barre, die der Mündung vorgelagert ist. Es ist unmöglich, etwa durch Eisbrecher das Fahr-

wasser frei zu halten, da die Eisbrecher verhältnismäßig tief gehen
und die Peihomündung nur wenige Fuß Wasser mißt. Infolge=
dessen wäre Tientsin und Peking im Winter ohne Warenverkehr,
abgeschnitten von der Außenwelt, wenn nicht die Eisenbahn da
wäre, die bei Tongku nach dem Norden und zwar in der Richtung
nach Shanhaikwan zu ausbiegt. Diese Teilstrecke Tongku=Shanhai=
kwan bildet dann im Winter die Hauptzufuhrader für Tientsin und
sein Hinterland. Das ist vor allen Dingen in der Frage der
Kohlenzufuhr aus den an der Bahn gelegenen Kaipinggruben von
grundlegender Bedeutung. Infolgedessen ist der Besitz der Bahn=
strecke Tongku=Shanhaikwan eine notwendige Vorbedingung auch
für alle militärischen Operationen, die Tientsin als Basis haben
sollen.

Die Eisenbahn nach Shanhaikwan ist von den Boxern zer=
stört worden und zwar bis zu einem Bahnwärterhäuschen, das
etwa 7 Kilometer von Tongku entfernt liegt. Bis dahin ist die
Bahn befahrbar, weiter nicht; denn sie konnte bisher nicht repariert
werden, es hätte denn geschehen müssen unter dem Feuer der Ge=
schütze der von diesem Bahnwärterhäuschen nur etwa anderthalb=
tausend Meter entfernt gelegenen Peitangforts. Es blieb also die
Notwendigkeit bestehen, diese Forts zu nehmen, wenn man nicht
Gefahr laufen wollte, im Winter von der Zufuhr abgeschnitten
zu werden.

Das Hauptinteresse an der Einnahme der Peitangforts hatten
die im Norden am meisten engagierten Russen. Diese hatten auch
bereits seit Wochen daran gearbeitet, die Forts zu rekognoszieren,
sie waren überhaupt die Leiter der ganzen Aktion. Zur Teilnahme
wurden in erster Linie die Deutschen herangezogen in weiter Linie
die Franzosen; allerdings kamen diese nur als Reserve in Betracht.

Am 19. September nachmittags 3 Uhr rückte ein Detachement
deutscher Truppen nach dem Bahnhof Tientsin und fuhr unter klin=
gendem Spiele der Kapellen des 1. und 3. ostasiatischen Infanterie=
regimentes nach Tongku ab. Sie fuhren bis zur letzten Station vor
Tongku, Hsin=ho, in der Richtung nach den nördlich gelegenen Pei=
tangforts, von wo aus sie sofort zum Rendezvousplatze bei Si=bao=

zao marschierten. Das deutsche Detachement bestand aus dem 2. Bataillon des ersten ostasiatischen Infanterieregimentes unter Führung des Major von Mühlenfels, einer deutschen Haubitzenbatterie von vier 15 Ztm.=Geschützen unter dem Kommando des Hauptmann Krempkow, sowie der 1. Kompagnie des 3. ostasiatischen Infanterieregimentes unter Hauptmann von der Heyde, die zur Bedeckung der Batterie kommandiert wurde.

Von russischen Truppen waren bei der Aktion beteiligt eine Batterie von 6 Geschützen, ein Bataillon vom 6. Schützenregiment, eine Feldmörserbatterie von 6 Geschützen, zwei Feldbatterieen von je 8 Geschützen, eine Kompagnie Mineure, eine halbe Kompagnie Pioniere, eine Sotnie Kosaken. Dieses Truppenkontingent bildete zusammen mit unserm 2. Bataillon vom Regiment 1 und einer französischen Gebirgsbatterie nebst 2 französischen Mellinitgeschützen die linke Sturmkolonne, die dazu bestimmt war, bei dem Sturmangriff das nördliche der beiden Forts, das sogenannte Fort II anzugreifen. Befehligt wurde diese Kolonne von dem russischen Generalmajor von Zerpintzky. Die rechte Kolonne, der auch das Belagerungskorps angegliedert war, bestehend aus unserer Haubitzenbatterie, 6 russischen 15 Ztm.=Geschützen, einer russischen Feldbatterie, bestehend aus acht 7 Ztm.=Geschützen und der deutschen Bedeckungskompagnie vom 3. Regiment. Befehligt wurde die Artillerie durch den russischen Oberst Tachotjeleff. Die Sturmkolonne des rechten Flügels setzte sich zusammen aus einem Bataillon des 7. russischen Schützenregiments, einem Kommando Mineure, einer halben Kompagnie Pioniere und anderthalb Kompagnieen Eisenbahntruppen, sämtlich russischer Nationalität, befehligt durch den russischen Obersten Thomaschowsky. Der Oberbefehl über die rechte Kolonne lag in der Hand des russischen Kapitäns zur See Domojiroff. Die Aufgabe dieser Kolonne sollte in dem Angriff auf Fort I bestehen. Dieses Fort I war das südliche der beiden in Frage kommenden Forts. Die Reserve unter dem Befehl des Oberst Anisimow bestand aus 2 Kompagnieen französischer Marineinfanterie, einem Bataillon vom 7. und 12. und 2 Kompagnieen vom 10. russischen Infanterieregiment. Das Ganze stand unter dem Befehl des

russischen Generals Freiherrn von Stackelberg. Den Aufklärungs=
dienst bewirkten 2 Schwadronen Brimorsky=Dragoner und ein Sotnie
Kosaken unter dem Befehl des Obersten Pflug, Chef des Stabes
des Admirals Alexejew, des Höchstkommandierenden der russischen
Truppen. Den deutschen Truppen hatten sich außerdem ein Kom=
mando von 95 österreichischen Marinesoldaten von den Schiffen
„Kaiserin Elisabeth", „Maria Theresia", „Aspern" und „Zenta"
unter dem Kommando des Schiffsleutnants Schusterschütz ange=
schlossen. Die Belagerungsartillerie war bereits in der Nacht vom
19. zum 20. in ihre Positionen eingerückt. Sie hatte sich südlich
des Eisenbahndammes in der Höhe vom Fort I eingebaut, und
zwar hinter dem Bahndamme in unmittelbarer Nähe des vorhin
erwähnten Bahnwärterhäuschens.

Die Aufgabe, die Forts zu nehmen, war keine leichte. Denn
die Chinesen hatten die Dämme durchstochen und so das ganze Terrain
in der Umgebung unter Wasser gesetzt; außerdem hatten sie die
Forts auf einen Umkreis von nahezu 2 Kilometern mit unzähligen
Minen umgeben. Zum Verständnis der ganzen Operation dürften
noch einige Bemerkungen über die Lage der Forts dienen.

Die Forts liegen etwa 8 Kilometer Luftlinie nördlich von Taku,
und zwar decken sie die Mündung des Tschau=ho, eines kleinen
Küstenflusses, der aber immerhin noch die Breite unserer Weser
besitzt. Es sind im ganzen 3 Forts und eine Anzahl befestigter
Militärlager. Doch waren sämtliche Truppen aus den Lagern in
die Forts zurückgezogen worden. Die zwei Hauptforts liegen auf
der rechten Seite des Tschau=ho. Es sind moderne Forts, die mit
den besten Geschützen, meistens Kruppgeschützen, ausgestattet sind.
Das dritte Fort auf der linken Flußseite war nach Rekognoszierungen
der Russen verlassen. Infolgedessen konnte sich der Angriff nur
gegen die beiden Forts auf dem rechten Ufer des Tschau=ho richten.

Das Terrain, auf dem die Forts stehen, ist sumpfig und mit
schmalen Dämmen gegen die See hin befestigt. Da die Dämme
durchstochen waren, stand das ganze Gelände unter Wasser, ein
widerlich gelbes, brackiges Wasser, gemischt aus dem schmutzigen
Tschau=ho und aus Seewasser. Das sogenannte Fort II liegt in

unmittelbarer Nähe des Dorfes Peitang, während das Fort I etwa 2 Kilometer südlich davon liegt. Zu den beiden Forts führt von der Bahnseite her ein breiter Damm, der sich gabelt, so daß der eine Zweig nach Fort I, der andere nach Fort II führt. An dieser Gabelung war eine vorgeschobene chinesische Batterie von 4 Geschützen aufgefahren.

Der Angriff sollte entsprechend der oben angegebenen Verteilung von der Bahnstrecke aus erfolgen, und zwar in zwei Kolonnen, einer rechten und einer linken. Die linke (nördliche) Kolonne sollte sich programmmäßig auf Fort II, die rechte (südliche) Kolonne auf Fort I werfen. Der Verlauf des Kampfes gestaltete sich etwas anders.

Bereits in der Nacht vom 19. zum 20. September hatten die russischen Mineure damit begonnen, die zahlreichen Minen aufzunehmen, die dem Sturmangriff auf die Forts so heimtückische Hindernisse in den Weg legten. Das Minensystem, mit dem die Forts umgeben waren, war ein Meisterstück an sich. Man hat später die Karten und Pläne aufgefunden, nach denen diese Mordgruben gelegt worden sind.

Die Arbeit der russischen Mineure lenkte die Aufmerksamkeit der Chinesen auf sich, ebenso die Arbeiten der Pioniere, welche die deutsche Haubitzenbatterie eingruben. Infolgedessen begannen die Forts bereits am 19. September nachts gegen 11 Uhr zu schießen. Die erste Granate, die abgeschossen wurde, schlug neben einem Posten der 1. Kompagnie des 3. Regiments ein, der Kompagnie von der Heyde, die zur Bedeckung der Artillerie in der Nähe des Bahnwärterhäuschens an der zerstörten Stelle des Geleises aufgestellt war. Klatschend schlug dieses erste chinesische Geschoß in den Sumpfboden, freilich ohne zu krepieren, und scheuchte Offiziere und Mannschaften aus dem Halbschlaf, in dem sie den Beginn des Kampfes abwarteten, der eigentlich erst am andern Morgen bei Eintritt der Dämmerung eintreten sollte. Dem ersten Schuß folgten weitere, vor und hinter der Batterie und deren Bedeckungsmannschaft schlugen die Granaten ein, die Chinesen zielten trotz der Nacht ausgezeichnet, wenigstens im Anfang. Späterhin wurde das Zielen unsicher, die Geschosse flogen meistens zu weit. Was aber für die Chinesen auf

der einen Seite ein großer Vorteil war, war auf der anderen Seite
für die Wirkung ihrer Waffen ein großer Nachteil, nämlich der
sumpfige Boden. Die Granaten bohrten sich meistens in den Sumpf
ein, die Zünder fanden keinen festen Widerstand, und infolgedessen
krepierten nur wenige Geschosse. Genau so ging es übrigens auch
einer Anzahl der gegnerischen Granaten, die mehrfach in den Sumpf
flogen, ohne zu krepieren. Diese Wirkungslosigkeit war in erster
Linie die Rettung des am weitesten vorgeschobenen Zuges des Leutnants Schwerdtfeger, der direkt am Bahnwärterhäuschen eingegraben
war. Dieser Zug hatte den gefahrvollsten Posten, er stand dem
Feind von Anfang an am exponiertesten gegenüber und hatte außerdem das Unglück, daß der eine der ihm angewiesenen Schützengräben
fehlerhaft angelegt war. Er konnte nämlich von Fort I aus in
der Längsrichtung bestrichen werden, sodaß eine einzige richtig ge-
zielte Granate genügt hätte, um den ganzen Schützengraben hinweg-
zuraffen. Aber auch sonst war die Situation der 3. Kompagnie
keine beneidenswerte: von vorn die chinesische Artillerie der Forts,
von links das Feuer der russischen Kanonen. So verharrte die
Kompagnie bis zum Morgengrauen, ohne daß bisher von deutscher
Seite auch nur ein Schuß gefallen war, nur die Russen
hatten das Feuer von der ersten Minute an, in der die Chinesen
zu schießen begannen, erwidert. Auf russischer Seite waren die
Verluste in der Nacht bereits verhältnismäßig groß, man zählte
bei Tagesgrauen schon über 100 Verwundete und Tote. Um 3 Uhr
morgens begann dann auch unsere deutsche schwere Haubitzenbatterie
zu feuern. Sie nahm sich das Fort I vor, und man kann wohl sagen,
mit diesem Moment kam Leben in das Bild. Die Russen hatten
im wesentlichen nur flachschießende Geschütze. Infolgedessen mußten
sie sich darauf beschränken, Breschen in die Wälle zu schießen. Aber
angst und bange mußte den Chinesen werden, als plötzlich die Granaten
in hohem Bogen über ihre Wälle flogen und mitten hinein ins Fort
fielen. Fast Schuß für Schuß konnte man die Wirkung unserer
Haubitzen verfolgen. Selbst wir Deutsche hätten nicht geglaubt,
daß sich diese Geschützgattung im Ernstfalle so hervorragend be-
währen würde. Gegen 6 Uhr morgens fing das im Innern des

Fort I befindliche Yamen Feuer, unsere Haubitzen hatten es in
Brand geschossen. Das bedeutete den eigentlichen Höhepunkt der
Kanonade, denn nun waren die Chinesen mürbe. Man hatte eigentlich den ganzen 20. September zur Beschießung verwenden und am
21. morgens zum Sturm übergehen wollen. Aber erstens hatte
sich die russische Infanterie bereits sehr stark engagiert, sodaß
ein Zurückgehen unmöglich erschien, und zweitens hatte die Beschießung so vorzügliche Resultate gezeitigt, daß man sich kurzer
Hand entschloß, zum Sturm vorzugehen.

Um halb zehn bliesen die Trompeten zum Sturm, die beiden
Sturmkolonnen formierten sich sofort hinter dem Bahndamm, und
dann ging es vorwärts. Mit Todesverachtung hinein in den feindlichen Granatenregen, unter dem Schutze der eigenen und befreundeten
Artillerie. Aber gefährlicher als die feindlichen Geschütze waren
die Minen, die es zu vermeiden galt, und mit denen der Boden
geradezu gespickt war. Größte Aufmerksamkeit und Kaltblütigkeit
war nötig, um nicht kurz vor dem ersehnten Ziele noch in die Luft
gesprengt zu werden. Die russischen Mineure gingen voran und
zeigten die Erdhäufchen, unter denen, dem geübten Auge kenntlich,
die todbringenden Ladungen verborgen lagen. Leider sind auch die
Kulturvölker gezwungen, sich der Mine bei ihrer Kriegführung zu
bedienen, aber immerhin gehen sie bei ihrer Anwendung noch human
vor gegenüber den Chinesen. Denn während man sonst das für
die Mine bestimmte Pulver in Säckchen thut, hatten es die Chinesen
in Blechgefäße oder Flaschen geschüttet und mit Glassplittern und
Steinchen untermischt; auch hierin wieder offenbarte sich die chinesische
Grausamkeit, der gegenüber jedes Pardon unangebracht ist. Humanität hält der Chinese für Schwachheit.

Vorwärts ging es auf dem Damme, der einzigen gangbaren
Straße, zunächst auf Fort I los. Da, ein Knall, eine Rauchwolke!
Ein unglücklicher Musketier von der 7. Kompagnie war auf eine
der Minen getreten, er wurde hoch in die Luft geschleudert und
kam mit verstauchten und verbrannten Beinen wieder auf dem Erdboden an. Das Holz seines Gewehrschaftes war von der Stich-
flamme völlig durchgebrannt. Einen Moment hielt jeder den Atem

n, dann ging es wieder weiter, unaufhaltsam weiter. Die Geschütze es Forts verstummten alsbald, nun muß sich ja Gewehrfeuer vom Fort aus auf die Stürmer richten. Die Batterie, die an der Weggabe= ung aufgefahren war, wird überrannt, die Bedienungsmannschaft hatte sich bereits in das nahe Dorf geflüchtet. Der rechte Flügel der Sturmkolonne, darunter die drei deutschen Kompagnieen des 2. Ba= taillons, voran die 7. Kompagnie des Hauptmanns von Normann, biegt auf den rechten Damm ein, der nach dem Fort I führt. Man ist nur noch 1000 Schritte vom Fort entfernt, da dauert den Deutschen die Zeit zu lange, sie biegen von dem Walle, der nach dem Thor führt, links ab, und hinein gehts in's Wasser. Bis an den Hals versinken die Tapferen der Kompagnie von Normann, man reicht sich gegenseitig die Gewehre und zieht sich, einer den andern, hinüber nach dem Trockenen. Schnell formiert sich die Kolonne wieder, und dann werden die letzten paar hundert Schritte im Hurrahlauf zurückgelegt. Kein Schuß fällt vom Fort aus, was soll das heißen? Da, noch einmal fliegt ein Grenadier mit einer Fladdermine in die Luft, schwarz gebrannt fällt er wieder auf die Erde, flugs springt er wieder auf, und mit Hurrah stürmt er seinen Kameraden nach bis vors Thor, dann bricht er erschöpft zusammen. Mittlerweile hat die Kompagnie mit Kolbenstößen das Thor auf= gerannt und stürmt hinein, voran Leutnant Cruse, zunächst vor= sichtig, man erwartet noch ein erbittertes Handgemenge, aber kein Feind ist zu sehen, das Fort ist leer. Nach einigen Augen= blicken weht auf dem eroberten Fort die Flagge schwarz=weiß=rot und verkündet weit ins Land hinein den Sieg. Alsbald rückten auch die Russen ins Fort ein, die auf dem Damm weiter gelaufen waren, als die Deutschen durchs Wasser gingen, und die deshalb etwas später kamen. Obgleich sie sich selbst mit größter Bravour geschlagen hatten, bewunderten sie doch neiblos das schneidige Schlußmanöver der deutschen Waffenbrüder. Das Fort selbst war leider leer, während des Sturmes war das Gros der chinesischen Truppen feige aus dem Fort abgezogen, ohne einen weiteren Ver= such zu machen, es zu halten. Ein anderer Teil rutschte auf der Seeseite die Wälle hinunter. Hinter dem Fort lag eine Djunken=

flotille bereit, auf der die bezopfte Soldateska unter Mitnahme ihrer Verwundeten und Toten, die nach den vorhandenen Blutspuren zahlreich gewesen sein müssen, den Schauplatz ihrer Thaten verließ. Hätten die Chinesen alle die modernen und vorzüglichen Hilfsmittel, die ihnen zur Verfügung standen, spielen lassen, dann wären die Verbündeten sicherlich nicht so leichten Kaufes davon gekommen. Und was für Hilfsmittel ihnen zur Seite standen, ersieht man schon daraus, daß die meisten der im Fort befindlichen Geschütze erstklassige Kruppgeschütze waren, und daß die Chinesen ausgerüstet waren mit dem deutschen Infanteriegewehr Modell 98, mit dem noch nicht einmal unser Heer vollständig ausgerüstet ist. Übrigens will ich nicht unerwähnt lassen, daß der russische Oberbefehlshaber sofort eine Verfolgung der abziehenden Chinesen durch Kosaken vornehmen ließ. Leider kamen diese des schwierigen Terrains halber nicht weit und mußten die Verfolgung aufgeben.

Ebenso interessant war auch die Erstürmung des zweiten Forts, in welchem die Deutschen wiederum die ersten waren, und zwar waren hier vor allen Dingen die 6. Kompagnie des Hauptmanns Crüger und mit ihr die 5. Kompagnie des Hauptmanns Böckler und die 8. des Hauptmanns von Luck, die sich ausgezeichnet haben. Ursprünglich beabsichtigte Hauptmann Crüger, den Sturm auf Fort I mitzumachen, als er aber sah, daß bereits die Kompagnie von Normann mitsamt den Österreichern und Russen im Begriff waren, das Fort zu nehmen, schwenkte er auf dem Damme bei der Gabelung nach links ab und wendete sich gegen das zweite Fort. Während sich nun die Russen gegen das westlich vom Fort gelegene Chinesendorf wendeten, um dieses zu säubern und sich den Weg zum Fort auf der Straße zu bahnen, schwenkten die beiden Kompagnieen rechts vom Damme ab, und quer durchs Wasse ging es auch hier, direkt auf das Fort II zu. Leutnant Krosta von der 6. Kompagnie wurde mit einem Halbzug als Spitze vorangeschickt, und etwa eine halbe Stunde später pflanzte er auf Fort II die erste deutsche Flagge auf, neben der kurze Zeit später die russische in die Höhe ging. Die Russen hatten den Weg durch das Dorf gewählt, nachdem sie hier noch reine Bahn gemacht hatten.

Das war die Feuertaufe unserer deutschen Landtruppen, die
sie den alten Traditionen gemäß mit Bravour bestanden haben.
Zur besonderen Genugthuung gereichte es den Truppen, sich das
erste Lorbeerreis unter den Augen ihres Höchstkommandierenden
pflücken zu können. Excellenz von Lessel war bereits am Morgen
auf dem Schlachtfelde erschienen und war so Augenzeuge der aus=
gezeichneten Haltung der ihm unterstellten Truppen. Er kargte denn
auch nicht mit seinem Lobe, als er im Fort I zu den Truppen stieß,
wo ihm General von Stackelberg in beredten Worten die Aner=
kennung und Bewunderung der russischen Kameraden für den be=
wiesenen Schneid unserer deutschen Truppen aussprach. Auch der
Höchstkommandierende der Russen, Admiral Alexejew, hatte der
Bravourleistung der Deutschen beigewohnt und war des Lobes voll.
Die Gerechtigkeit gebietet aber, hier auch ganz besonders lobend
der russischen Kameraden zu gedenken, welche Schulter an Schulter
mit uns den heißen Tag bestanden. Ehre ihnen und Dank für
die bewiesene Waffenbrüderschaft!

Die Beute an Geschützen war beträchtlich, im Fort I nahmen
die Deutschen 17 Geschütze; die Russen 5; im zweiten Fort er=
oberten die Deutschen ebenfalls 17 Geschütze, unter ihnen befanden
sich einige älteren Herkommens, meistens waren es aber moderne
Kruppgeschütze. Gottlob war der Sieg nicht allzu teuer erkauft;
wir Deutschen hatten an Verlusten ausschließlich Verwundungen
durch Flabderminen, im ganzen 7 Verwundete, nämlich 3 Mann
von der eigentlichen Sturmkolonne und 4 Mann von der ersten
Kompagnie des 3. Regiments, die während des Sturmes ihre Be=
deckungsstellung verließ, um sich ebenfalls thätig am Sturm zu be=
teiligen; diese Kompagnie blieb als Besatzung im Fort zurück.
Ich persönlich bewahre ihr deshalb ein herzliches Angedenken, weil
ich in ihrer Mitte an dem Kampfe um die Peitangforts teil=
genommen habe.

Die Verluste der Russen waren bedeutender; das kam einerseits
daher, daß die russische Infanterie dem feindlichen Artilleriefeuer
mehr ausgesetzt war, als die unserige, andererseits daher, daß den
Russen die Aufgabe zufiel, die Minen zu sprengen, wobei sie viele

Verluste hatten. Diese Verluste wären noch schlimmer gewesen, wenn die Russen nicht eine Horde zusammengetriebener Chinesen vor sich hergejagt hätten, da sie es für besser hielten, daß diese in die Luft flögen, als sie selbst. Die Verluste der Russen dürften sich immerhin auf etwa 40 Tote und 100 Verwundete belaufen.

Jedenfalls war der 20. September ein Ehrentag für unser deutsches Expeditionskorps. Man hatte es zum erstenmal mit einem Feinde zu thun, der mit allen Hilfsmitteln europäischer Kriegsführung ausgestattet ist und sie handhabt mit asiatischer Verschlagenheit und Hinterlist. Die Art und Weise, wie unsere Truppen vorgegangen sind, ist schließlich doch das Ausschlaggebende, nicht die Verluste. Daß die Forts im letzten Moment geräumt wurden, kann dem Ruhme des Sieges selbst nichts nehmen. Ein Sieg ist deshalb nicht geringer, weil er mit geringen Verlusten erfochten wird.

Die Kompagnie des Hauptmann von der Heyde vom 3. Infanterieregiment hatte nach dem Sturm den Auftrag erhalten, mit Russen und Österreichern zusammen das Fort I zu besetzen, während eine Kompagnie des 1. Regiments das Fort II besetzte. Die Kompagnie von der Heyde hatte nach Aufgabe ihrer Bedeckungsstellung für die deutsche Haubitzenbatterie an dem Sturm auf Fort I teilgenommen, wobei sie 4 Verwundete zurücklassen mußte. Müde von den Anstrengungen der Nacht und des Sturmes hatten die Mannschaften im eroberten Fort die Gewehre zusammengesetzt und hofften nun auf einige Stunden wohlverdienter Ruhe. Doch es kam anders.

Das schlimmste Übel ist bekanntlich für den Deutschen der Durst. Den tragischen Ernst dieses Wortes sollten wir jetzt kennen lernen. Die Feldflaschen waren längst leer, das Wasser in den Gräben und auf den Feldern war halb Seewasser, halb Modder, also völlig ungenießbar. Das der Kompagnie zustehende Trinkwasser, abgekochtes und mit Alaun geklärtes Wasser von keineswegs angenehmem Geschmack, befand sich in Fässern bei einem Pionierzuge, der noch etwas rückwärts stand von der Stelle, an der die Haubitzenbatterie sich eingegraben hatte. Infolgedessen wurden sämtliche vorhandene Kochgeschirre auf zwei Züge der Kompagnie verteilt, und diese beiden Züge erhielten den Auftrag, Wasser zu

holen. Ich schloß mich diesen beiden Zügen an, die von den Leutnants Stubenrauch und Schwerdtfeger kommandiert waren, und
zog selbst halb verschmachtet mit zur Wasserstelle, zu den Pionieren,
die etwa 2 Kilometer von den Forts entfernt lagen. Das Wasser
wurde gefaßt, und dann sollte es zurückgehen nach dem Fort. Ebenso wurde auch das zum Teil zurückgelassene Gepäck mit aufgeladen,
so daß jeder Soldat sein eigenes Gepäck und die mit Wasser gefüllten
Kochgeschirre und meist auch einen zweiten Tournister zu schleppen
hatte. Die Fußsohlen waren auf der langen Seereise weich geworden;
dazu kam, daß die Operation gegen die Peitangforts der erste größere
Marsch war, den unsere Soldaten zu machen hatten: infolgedessen
darf man sich nicht wundern, daß sich die meisten wund oder
Blasen gelaufen hatten, und unser Marsch nur sehr langsam vor
sich ging.

Wir marschierten auf einem andern Wege, als auf dem wir
gekommen waren, da auf diesem sehr viele Minen zu vermeiden
waren, und wir hofften, daß der zum Rückmarsch gewählte Weg
gangbarer sei. Es war das ein befahrener Damm, neben dem,
etwa ein halben Meter tiefer, noch ein zweiter Weg herlief, der dem
Überschwemmungsbette abgewonnen war; rechts und links war
wieder Wasser.

Als wir nun so mühselig und beladen unseres Weges zogen,
kam hinter uns her mit wehender Fahne ein Detachement österreichischer Matrosen von den Kriegsschiffen „Maria Theresia“,
„Aspern“, „Zenta“ und „Kaiserin Elisabeth“ gezogen. Frisch und
stramm kamen sie daher, ihr Ziel waren die Forts, in denen sie
ihre Kameraden, die bereits am Sturme teilgenommen hatten, ver-
stärken wollten. Da wir vor ihnen maschierten und nur sehr langsam unseres Weges zogen, so mußten sie ihren Schritt hemmen,
was ihnen offenbar nicht angenehm war. Man merkte, sie wären
lieber vormarschiert, wollten aber aus Höflichkeit nicht um die Erlaubnis bitten. Als der Leutnant Schwerdtfeger das merkte, sagte
er zu dem führenden Linienschiffsoffizier, er möchte nur vorbei-
maschieren, und ließ, da die Österreicher in Sektionen marschierten
und wir nur zu zweien, ihnen den breiteren Weg, nämlich den

Damm. Infolgedessen zogen die Deutschen vom Damm herunter auf den daneben herlaufenden Weg, wir wechselten noch ein paar freundschaftliche Worte mit den österreichischen Kameraden, dann marschierten die Österreicher an uns vorbei.

Die erste Sektion der Österreicher hatte soeben die Spitze unseres Zuges überholt, und die zweite Sektion befand sich in der Höhe dieser Spitze, da plötzlich erfolgte eine furchtbare Explosion. Ich sah fünf Meter vor mir eine mächtige Rauchsäule in die Höhe steigen, darin menschliche Körper, auch sah ich noch die schmucke österreichische Fahne, die so schön im Winde geweht hatte, in weitem Bogen links ins Wasser fliegen, dann aber duckte ich mich unwillkürlich vor dem fast eine halbe Minute lang herunterrieselnden Regen von Steinchen und Erde. Schon knieen einige Österreicher nieder und schießen. In der Bestürzung halten sie eine Anzahl Japaner, die einige 100 Meter vor uns auf dem Walle gingen, für Chinesen und brachten sie mit dem Unglück in Zusammenhang, das ihre Landsleute betroffen hatte. Ich eile vor und sehe ungefähr ein Dutzend Menschen in ihrem Blute liegen. Die Unglücklichen hatten eine Mine, die auf dem Damme gelegt war, nicht bemerkt und waren mit ihr in die Höhe gegangen. Als wir das Unglück übersehen konnten, erschien es größer, als wir zuerst dachten. Ein blutjunger Kadett war sofort tot, ebenso der Fahnenträger; die Leichen fanden wir im Wasser. Außerdem waren noch 13 Personen verwundet, und zwar die meisten sehr schwer. Zwei starben kurze Zeit danach, und vier oder fünf werden wohl nie wieder das Sonnenlicht erblicken können: sie waren blind, die Gesichter völlig verbrannt und besäet mit Glassplittern und kleinen Steinchen. So wurden die armen Leute aufgelesen, die so völlig zwecklos ihr Leben, ihr Augenlicht hatten lassen müssen. Hätten wir die Österreicher nicht vorbeigelassen, so wären zweifellos wir in die Luft geflogen, denn es wäre sehr die Frage gewesen, ob unsere Leute, die müder waren als die Österreicher, die Mine bemerkt hätten. Wir fanden dann an der Unglücksstelle noch zwei andere Minen dicht neben der aufgegangenen, und zwar waren das keine Flabberminen, sondern schwer geladene Minen, da sonst auch ein so furchtbares Unglück nicht hätte entstehen können. Die

Höflichkeit des Leutnants Schwerdtfeger hat uns also vor einem furcht=
baren Tode gerettet.

Es war ganz selbstverständlich, daß von unserer Seite, wer
Hände zum Helfen hatte, zugriff. Unsere Leute gaben sofort die
Hälfte ihres kostbaren Wassers hin, um die brennenden Wunden
auszuwaschen. Herr Leutnant Schwerdtfeger ritt stracks zu den
Pionieren zurück, um einen Arzt zu holen, da wir keinen bei uns
hatten, und die Österreicher ebensowenig. Die Verwundeten wurden
der Reihe nach an den Damm hingelegt und nach Möglichkeit ge=
pflegt, bis der Arzt kam, um sie zu verbinden und ihnen die erste
Hilfe zu gewähren. Herr Leutnant Stubenrauch, der als ältester
Offizier die Deutschen kommandierte, ließ noch eine Abteilung bei
den Österreichern zurück zur Hilfeleistung. Wir andern aber verließen
tief erschüttert den Schauplatz des relativ größten Verlustes, den
irgend ein Truppenteil an diesem Tage erlitten hatte: von zirka 40
Österreichern blieben nicht weniger als 14 tot oder verwundet zurück.

Daß jetzt mit allergrößter Vorsicht maschiert wurde, ist selbst=
verständlich. Einer hinter dem andern! Keiner aus der Reihe heraus=
treten! Dann ging es in langem Zuge vorwärts. Und in der That,
diese Vorsichtsmaßregeln waren durchaus notwendig, denn durch den
Schaden gewitzigt sahen wir jetzt, daß der Damm sowohl wie auch
der Dammrand mit Minen geradezu gepflastert war. Jede frisch
gegrabene Stelle, jedes kleine viereckige Brettchen, das harmlos auf
der Oberfläche des Dammes lag, barg unter sich eine solche Grube,
und auch im Wasser rechts und links von uns bemerkten wir die
kleinen Merkmale, auf die unser Auge zu achten gelernt hatte.
So kamen wir denn glücklich gegen 3 Uhr nachmittags wieder im
Fort I an und brachten unsern Kameraden den langersehnten Labe=
trunk. Freilich war es nur noch die Hälfte von dem an sich schon
geringen Wasservorrat, der für die Kompagnie bestimmt war. Nun
wurde eilends abgekocht; o wie schmeckte der Thee nach diesen an=
strengenden Stunden und die warme Suppe, die wir uns kochten!

Ich entschloß mich, mit der Kompagnie nunmehr auch bis zum
Letzten auszuhalten und im Fort zu biwakieren.

Das Fort brannte noch immer, das heißt, was im Fort

brannte, waren die aus Stroh und Lehm gemauerten Baulichkeiten, in denen die Besatzung gehaust hatte. · Das Yamen, die Wohnung des Kommandanten, war zuerst in Flammen aufgegangen und bereits völlig niedergebrannt, dafür fraß sich das Feuer aber langsam in den Lehmstrohwänden und in den Holzbalken weiter; diese trugen ein Beton, das den Zugang zu den Balken versperrte. Man hatte bereits seit Stunden Anstrengungen gemacht, das Feuer zu löschen, freilich ohne zufriedenstellende Resultate. Obgleich der Hauptmann von der Heyde mit aller Energie den Rest seiner Kompagnie zum Wasserholen und Löschen anhielt und auch seitens der im Fort mit lagernden Russen eifrig unterstützt wurde, so gelang es doch nicht, des Feuers Herr zu werden, und bald schlugen die Flammen wieder haushoch heraus. Die Situation wurde deshalb so außerordentlich kritisch, weil unmittelbar neben dem Yamen das Hauptpulvermagazin lag, in dem ganz bedeutende Massen von Pulver liegen mußten. Die Betonschicht über dem Hauptpulvermagazin war aber dieselbe, unter der die Balken weiter glimmten. Einmal schon hatte man die Betonschicht durchschlagen und das darunter befindliche Feuer gelöscht, aber es fraß weiter, und zwar an einer andern unzugänglichen Stelle.

Trotzdem wurde im Fort ausgehalten; man mußte eben versuchen, der gefährlichen Situation zu trotzen. Wir machten einen Rundgang durch das Fort, besichtigten unsere eroberten Geschütze, nahmen mehrere Photographieen auf und turnten an dem großen Geschütze herum, das uns am Morgen noch mit seinen plumpen Granaten beworfen hatte; dann wurde es dunkel. Die Russen versammelten sich zu ihrem Abendgebet, und vierstimmig klang es zu uns auf die Wälle hinauf. Es war eine wunderbar feierliche Stimmung, die sich unser bemächtigte, als wir diesen russischen Nachtgesang hörten, das Milieu war zu eigenartig, die Eindrücke des Tages zu wechselvoll, als daß dieser schöne Gesang — und die Russen sangen ihn wirklich schön — nicht eine wunderbare Wirkung auf uns ausgeübt hätte. Es war das beruhigende Element in dem Flusse dieses aufgeregten Tages. Bald stieg der Sternenhimmel über dem brennenden Fort auf, und die Scheinwerfer der Kriegsschiffe auf der Reede von Taku huschten über uns hin, unter uns die brennende Lohe — es war schaurig schön! Der Hauptmann von der Heyde hoffte immer noch des Feuers Herr zu werden. Es wurden Anordnungen für die Nacht getroffen, und dann suchte jeder sich ein Plätzchen aus, wo er einige Stunden Ruhe finden konnte. Ich persönlich teilte mit Ober=Leutnant von Jacoby eine leere Pulverkammer und kam mir nun erst recht vor wie jemand, der auf einem Pulverfaß sitzt, an das ein anderer eine brennende Lunte hält. Nichtsdestoweniger schliefen wir bald den Schlaf des Gerechten.

Es mochte gegen 11 Uhr nachts sein, da wurden wir jäh aus dem Schlummer geweckt. Die Kompagnie sollte antreten, denn das Feuer hatte so an Ausdehnung zugenommen, daß es der Haupt= mann nicht mehr glaubte verantworten zu können, daß so viele Menschen der Gefahr ausgesetzt sein sollten, samt und sonders in die Luft zu fliegen. Er benachrichtigte auch die Russen und die Oesterreicher, und eine Stunde später verließen wir das Fort und zogen im Gänsemarsch, ein russischer Mineuroffizier voran, nach einem etwa 200 Meter vom Fort entfernt liegenden mit Wällen umgebenen Militärlager. Unmittelbar vor dem Fort lag noch eine unaufgenommene Mine, die sorgfältig vermieden wurde. Das Lager war verlassen. Die drei Nationen arrangierten sich, große Heu= haufen boten genügend Material zu einer weicheren Lagerstätte; die Wachen waren bereits ausgestellt und wir wollten uns schlafen legen. Da fallen hintereinander zwei Schüsse. Alles horcht auf. Die Lösung des Rätsels läßt nicht lange auf sich warten, denn der Führer der österreichischen Detachements, Linienschiffsleutnant Schusterschütz, tritt auf Herrn Hauptmann von der Heyde zu, legt die Hand an die Mütze und sagt in seinem österreichischen Dialekt: „Melde gehorsamst Herr Kapitän, habe soeben in dem Häusel einen verdächtigen Chinesen aufgespürt und hab' ihm zwei drauf= geschossen".

Im übrigen verlief die Nacht ohne weitere Zwischenfälle. Wir waren aber auch zu müde, als daß wir uns noch durch irgend etwas hätten aus dem Gleichgewicht bringen lassen. Das ging so

14*

weit, daß ich mich am anderen Morgen ganz ernsthaft danach umsah, ob das Fort schon in die Luft geflogen war, da selbst ein solches elementares Ereignis nicht mehr in der Lage gewesen wäre, mich aus meinen ohnmachtähnlichen Schlaf zu schütteln.

Gegen 8 Uhr morgens zogen wir wieder in das Fort ein. Das Feuer war freilich nicht zum Stehen gekommen; trotzdem hielt der Hauptmann es für seine Pflicht, im Fort zu bleiben. Nun aber ging das Leiden los. Der Durst, über dem wir eingeschlafen waren, war nicht zu seinem Recht gekommen und meldete sich infolgedessen um so kräftiger. Da wir kein anderes Wasser mehr hatten, so mußten wir mit brackigem Wasser Kaffee und Thee kochen; die Getränke schmeckten einfach fürchterlich, sie wurden mehr verschlungen als getrunken. Eine wahre Labung war es, als uns ein russischer Offizier zu sich ins Zelt bat und uns frisches reines Wasser mit Zucker und einem Löffel Zitronensaft anbot. Überhaupt kam es mir vor, als ob die Russen im ganzen besser auf derartige Expeditionen vorbereitet gewesen wären. Während wir nichts zu essen und nicht einmal Wasser hatten, hatten sie Brot und das schönste frische Wasser. Am Tage der Einnahme selbst erhielten sie bereits am Nachmittag von Taku aus auf Karren frische Verproviantierung. Wir waren glücklich und in der Seele dankbar, als ein russischer Offizier uns am Abend von seinem Vorrat eine Flasche Bier spendierte. Eine Flasche Bier, o was bedeutete das für uns in dieser Situation!

Was mir vor allem aufgefallen ist, war der Umstand, daß in dem Fort, in dem mehrere Hundert Menschen lagen, kein Arzt anwesend war. Jeden Augenblick hätte ein furchtbares Unglück geschehen können, außerdem wurden wir von den verwundeten Österreichern um ärztliche Hilfe gebeten und konnten sie nicht gewähren. Unser Arzt war mit Verwundeten nach Tongku gesandt worden. Es wäre meines Erachtens richtiger gewesen, wenn er zurückgehalten worden wäre, wo seine Hilfe und zwar momentane Hilfe vielleicht wertvoller hätte sein können. Die Verwundeten hätte sicherlich auch ein Unteroffizier transportieren können. Bei einem anderen an der Erstürmung der Peitangforts beteiligten deutschen Truppenteil ist es vorgekommen, daß zwei Ärzte ohne Besteck und

Verbandzeug waren, als sie in die Lage kamen, deutschen Ver=
wundeten helfen zu müssen. Allerdings war das nötige Hand=
werkszeug bei der Bagage, die sich infolge eines unglücklichen Zu=
falles verfahren hatte; immerhin aber sollte sich ein Arzt im Felde
niemals von seinem notwendigsten Handwerkszeug trennen. Zum
Glück waren die Russen auf dem Posten und konnten aushelfen.
Ob diese Zufälligkeiten ein Ausfluß der merkwürdigen Erscheinung
waren, daß man innerhalb der deutschen Truppen den Krieg gegen
Chinesen als nicht ganz voll auffaßte, weiß ich nicht. Jeden=
falls war diese Auffassung so falsch wie irgend möglich.

Gegen Mittag war die Situation im Fort wieder so unge=
mütlich geworden, daß Hauptmann von der Heyde sich nunmehr
definitiv entschloß, das Fort zu räumen. Diesem Entschluß traten
die Russen und Österreicher bei, wir wanderten daher aus. Zum
Andenken nahm ich noch von dem Außenwall das Hausschild des
Forts ab, ein mehrfach zerschossenes Brett mit einem Drachen und
der chinesischen Mitteilung darauf, daß dieses das Peitangfort sei.
Dann zogen wir — wieder im Gänsemarsch — zu derjenigen Stelle
am Bahndamm zurück, von der aus der Sturmangriff der Kom=
pagnie erfolgt war. Es war das noch einmal ein recht böser
Marsch, er dauerte zwar nur eine Stunde, aber ihn würzten wunde
Füße, die Leere im Magen, brennender Durst, Übelkeit von dem
Salzthee, glühende Mittagshitze und die Gefahr, jeden Augenblick
hinterrücks in die Luft gesprengt zu werden. Dazu ging es durch
Schlamm und Wasser oder über steinharte ausgetrocknete Schlamm=
krusten. Wir brauchten eine Ruhepause, als wir am Bahndamme
angelangt waren. Wieder waren es die Russen, die uns aus ihren
hölzernen Feldflaschen zu trinken gaben, aber dann waren auch
unsere Pioniere da, die gerade ihre Sachen, ihr Schanzzeug usw.
auf einen Eisenbahnzug luden, der im Laufe des Tages noch nach
Tongku gehen sollte. Sie hatten ebenfalls Trinkwasser da, es
schmeckte freilich scheußlich, offenbar hatte man beim Klären mit
Alaun des Guten zu viel gethan, aber es war doch eine Er=
quickung.

Ich wartete bei den Pionieren, bis die Maschine aus Tongku

kam und den Zug holte; meine liebe 1. Kompagnie marschierte
direkt nach Tongku. Erst am Abend gegen 6 Uhr kam ich in
Tongku an. Ich ging ins „Foreign-Hotel", das heißt ich humpelte
hin, denn meine Füße waren durchgelaufen. Das erste, das ich
that, war, daß ich meine langen Stiefeln auszog und nach ein
Paar Pantoffeln schickte, solche waren aber in ganz Tongku nicht aufzutreiben, daher borgte mir der Wirt ein paar Gummischuhe. Da
dieser jedoch auf großem Fuße lebte, so verschwand ich ungefähr
bis an die Knöchel in seinen Schuhen. Der letzte Zug nach Tientsin
war mir vor der Nase weggefahren, infolgedessen mußte ich in
Tongku im „Foreign-Hotel" logieren. Ich that dies, indem ich
mir den Rock auszog, ihn um meine Beine wickelte und mich auf
einer Holzbank niederstreckte, von der oben mein Kopf und unten
meine Beine herunterhingen, aber ich schlief ein. Wie schön habe
ich geschlafen! In demselben Raume schlief noch der Wirt, ein
Kellner und ein Kosak. Die Nacht war bitterlich kalt; als ich
am andern Morgen aufwachte, da hatte der Kosak mir seinen dicken
kamelhärenen Mantel übergedeckt. So sind die Kosaken!

Um 6 Uhr morgens saß ich wieder im Zuge und reiste nach
Tientsin zurück. Fürs Nachtquartier hat mir der Hotelier in Tongku
nichts berechnet — und dabei war der Mann ein Armenier!

b. Die Besetzung der Forts von Lutai und Schanhaikwan.

Zwei eisfreie Häfen. — Die Besetzung von Lutai sowie der Bahnstrecke von
Tongku nach Schanhaikwan durch die Russen. — Ein verspätetes Ultimatum. —
Die internationale Kreuzerregatta nach Schanhaikwan. — Die Besetzung der
Forts durch die verbündeten Truppen. — Zwei fremde hohe Militärs, die wie
die Rohrspatzen schimpfen. — Die verkannten Engländer. — Endlich einmal
scharf geschossen.

Mit der Eroberung der Peitangforts befand sich die wichtige
Bahnlinie Tongku-Schanhaikwan noch immer nicht vollständig in
den Händen der Verbündeten. An dieser Bahnstrecke, an der u. a.

auch die Kaiping=Kohlenminen gelegen sind, die den Kohlenbedarf Nordchinas decken und speziell auch für den Betrieb der Bahnlinie wichtig sind, befanden sich noch zwei bedeutende Fortifikationen in den Händen der Chinesen, nämlich die Lutaiforts und die Forts von Schanhaikwan. Besonders die letzteren sind sehr stark, zahlreich und ausgezeichnet bestückt. Bei Schanhaikwan, wo die Grenze zwischen der Provinz Petschili und der Mandschurei läuft, treten die aus dem Innern Asiens kommenden Höhenzüge auf 3 bis 4 km schroff an die See heran. Von den Höhen selbst schlängelt sich in gewundenen Linien die große Mauer thalwärts und endet in einem der wichtigsten, unmittelbar an der See gelegenen Forts. Dieser Teil der großen Mauer ist nur an einer Stelle durchbrochen und zwar da, wo die Bahnlinie über Schanhaikwan hinaus nach Niutschwang weiterführt. Schanhaikwan und das in der Nähe gelegene Tschingwangtau sind zwei der wichtigsten Häfen. Ihre Bedeutung ist namentlich darin zu suchen, daß sie den ganzen Winter über mit geringen Ausnahmen eisfrei bleiben und das Landen gestatten, wogegen die Reede von Taku zufriert und im Winter für den Schiffsverkehr unbenutzbar wird. Die Vorgänge bei der Besetzung der Lutai= und Schanhaikwan=Forts haben mancherlei Veranlassung zu Mißdeutungen und Erörterungen gegeben. Das kam daher: die Russen zogen von Peitang aus an der Bahnlinie entlang, bemächtigten sich ohne Schwertstreich der inzwischen bereits von chinesischem Militär verlassenen Lutaiforts und kaperten alsdann sämtliches rollende Material der Bahnstrecke, dessen sie habhaft werden konnten. Damit fuhren sie auf der Bahnlinie weiter bis Schanhaikwan. Unterdessen hatten die Admirale der verbündeten Truppen zunächst ein englisches Schiff nach Schanhaikwan geschickt, um ein Ultimatum zu überreichen. Der Engländer hatte die Forts bereits verlassen gefunden und hißten auf ihnen die englische Flagge. Es war daher ohne jegliche militärische Bedeutung, daß nach der Rückkehr des englischen Kriegsschiffes ein großer Teil der auf der Taku=Reede stationierten internationalen Flotte, vor allen Dingen sämtliche Admirale, nach Schanhaikwan eilten, um festzustellen, daß die Chinesen wirklich die Forts verlassen hatten. Ein deutsches

Bataillon und zwar das 2. Batallion des 2. ostasiatischen Infanterieregimentes (meist Sachsen) blieb als deutsche Besatzung von Schanhaikwan bezw. Tschingwangtau zurück, und auf den Forts wurden
die Flaggen der Mächte gehißt — das ist die Geschichte von der
Einnahme der gefürchteten Lutai- und Schanhaikwan-Forts. Nachdem nun die Verbündeten bereits ihre Operationen ausgeführt
hatten, traf auf der Bahn der Zug mit russischen Landtruppen ein,
und das russische Militär stellte nun gleichfalls einen Teil der
Besatzung der Forts. Es ereignete sich bei dieser Gelegenheit nun
ein ganz interessantes Intermezzo. Bekanntlich ist die Eisenbahn
von Tongku nach Schanhaikwan offiziell kaiserlich chinesische Staats-
bahn. Faktisch ist sie ein Aktienunternehmen, das in der Hauptsache
angeblich mit englischem Gelde gebaut sein soll. Jedenfalls hatte
die englische Regierung sich stets bewogen gefühlt, eine Art Protek-
torat über diese Bahn in Anspruch zu nehmen und auszuüben, obgleich auch deutsches Kapital stark daran beteiligt ist. Die Russen
dagegen hatten seit jeher dem Bau dieser Bahn, besonders aber
ihrer Fortsetzung durch die Mandschurei, die größten Schwierigkeiten
bereitet und glaubten nunmehr, eine günstige Gelegenheit gefunden
zu haben, sich durch einen Handstreich der Bahn zu bemächtigen.
Thatsächlich waren sie im Besitz derselben, wie ja auch das Faktum
bezeugt, daß sie auf der Bahn angekommen waren. Aber in Schanhaikwan war der englische Admiral früher auf dem Bahnhof als der
russische General. Die beiden Konkurrenten trafen dort zusammen,
und der russische General fragte den englischen Admiral, was er
eigentlich wolle? Er solle sich zum Teufel scheren oder so etwas.
Der Engländer, nicht minder leicht erregt, wie der Russe, antwortete
ihm gleichfalls in heller Wut. Es soll in der That herzerfreuend
gewesen sein, mit anzuhören und anzusehen, wie diese beiden hochgestellten Militärs verbündeter Mächte auf dem Bahnhofe Schanhaikwan, jeder in seiner Landessprache und ohne sich gegenseitig zu
verstehen, wie wild aufeinander los schimpften. Es ist wohl nur
dem Dazwischentreten der übrigen Heerführer zu verdanken gewesen,
daß dieser Streit politisch nicht allzu tragisch genommen wurde und
auch nicht zu dem noch komischeren Schauspiele eines Duells zwischen

wei verbündeten hohen Militärs führte. — Unberechtigt war es
ebenfalls, den Engländern daraus einen Vorwurf zu machen, daß
der Kommandant des vorausgesandten englischen Kriegsschiffes auf
den verlassenen Forts die englische Flagge gehißt hatte — ein Vorwurf, der seinerzeit in der nichtenglischen Presse Ost-Asiens erhoben
wurde, obgleich diese Vorwürfe ja einer gewißen Begründung nicht
entbehrten. England hatte schon öfter, wenn es bei derartigen internationalen Aktionen in die Lage kam, als erste Macht seine Flaggen
zu setzen, daraus politische Konsequenzen zu ziehen versucht. Wir erinnern an die nicht völlig klaren Vorgänge im Feldzuge 1900—1901,
die der internationalen Besetzung Shanghais vorausgegangen waren.
In ihrem Verlauf mußte das Konsularkorps mit Ausnahme des
englischen Konsuls gegen die einseitige Besetzung Shanghais durch
englische Truppen protestieren. Das mahnte zur Vorsicht gegen
englische Selbständigkeiten. War es doch eine Thatsache, daß die
sonst so gut unterrichtete englisch-ostasiatische Presse die Aktion von
Schanhaikwan über 8 Tage totschwieg. Aus diesen und ähnlichen
Erwägungen mochte sich die Eile und Hast erklären, mit der sämtliche Admirale sich beeilten, die Schanhaikwanforts zu besetzen, obwohl sie genau wußten, daß für die Flotte auch bei dieser Aktion
Lorbeeren nicht mehr zu holen waren. Immerhin machte es sich
ganz gut, als die deutschen Kreuzer vor der Landung in die Forts
scharf hineinschossen, um festzustellen, daß sie leer waren, — die
Chinesen schossen nicht wieder. So hatten doch wenigstens auch noch
ein Paar andere deutsche Kriegschiffe außer dem „Iltis" während des
Chinafeldzuges einmal scharf geschossen, und zwar im Ernstfalle.

2. Kapitel.

Die Okkupation der Provinz Petschili.

1. Abschnitt.

Unter deutschem Oberkommando.

Quartierforgen. — Die Unterbringung der Truppen in Tientsin. — Die Ankunft des Oberkommandos in Tientsin. — Beschaffung von Transportmaterial.
— Eine Requisition am Kaiserkanal. — Eine merkwürdige Stadtflagge. — Der
schlaue Präfekt von Tsinhaihsien. — Requisitionszug ins Gelände. — Fatale
Situationen. — Rückkehr auf dem Kaiserkanal.

Die Tage unseres Aufenthaltes in Tientsin gehörten mit zu
denen, die man so bald nicht wieder herbeisehnt. Die kleine Fremdenniederlassung wimmelte von Truppen aller Kontingente, die Häuser
der Niederlassung selbst zeigten klaffende Spuren der Beschießung;
speziell in dem französischen Settlement lagen ganze Straßenzüge
in Trümmern, und wer Platz zum Wohnen haben wollte, der mußte
lange suchen. Mir war es durch die große Liebenswürdigkeit der
beiden mit uns vom „Rhein" gelandeten Armeegeistlichen sowie insonderheit des Feld=Oberkriegsgerichtsrats Volley ermöglicht worden,
in deren gemeinsamem Quartier eine Unterkunft zu bekommen. Wenngleich uns seitens der Militärverwaltung jegliches Entgegenkommen
und jegliche Unterstützung zugesagt worden war, erwies sich diese
Zusage doch bereits beim ersten Male, wo sie sich hätte erproben sollen,
als unzuverlässig. Man hielt es niemals für nötig, für die nun
einmal zur Truppe gehörigen Vertreter der Presse Quartiere mit
anzuweisen; man verwies sie einfach auf sich selbst. Das war der
Grundsatz, den man während des ganzen Feldzuges auf uns an-
wandte; wir waren absolut selbständig: „Chacun pour soi,

dieu pour tous", hieß es. Unser Quartier lag in der sogenannten
Takuroad und zwar im Grundstück der Ostasiatischen Handelsgesell=
schaft. Wir hatten ein Gebäude zur Verfügung, natürlich vollständig
leer, ohne Tisch und ohne Stühle; unsere Kisten bildeten das ganze
Möblement, und da ich leider versäumt hatte, bei der Ausrüstung
an ein Feldbett zu denken, so suchte ich mir auf andere Weise zu
helfen. Es fand sich nämlich im Hause eine große Kiste vor, die
zum Verpacken von etwa einem Dutzend Fahrrädern gedient hatte.
In deren Rand schlug ich eine Anzahl von Nägeln ein. Dann
kaufte ich zwei Rollen Bindfaden und zog nunmehr den Bindfaden
über die Öffnung und um die Nägel kreuz und quer, so daß eine
Art Matratze entstand. Hierauf kam eine chinesische Matte, darauf
ich selbst, eingewickelt in mein Plaid. Auch den in Tientsin an=
sässigen Europäern schien die Sache bereits überdrüssig zu werden;
nachdem sie durch die tapferen Soldaten aus Todesnöten errettet
worden waren, schienen sie der Ansicht zu sein, daß die Mohren
nunmehr ihre Schuldigkeit gethan hätten und wieder gehen könnten.
Demzufolge haben wir wenigstens bei unserm Hauswirt von der
viel gerühmten ostasiatischen Gastfreundschaft nicht allzu viel ver=
spürt. Etwa aus dem nächstbesten Chinesenhause sich Möbel aus=
zuleihen, wie man späterhin auf Expeditionen that, daran dachte in
Tientsin noch niemand, und so gestaltete sich denn unser Aufenthalt
dort recht wenig gemütlich. Die netteste Unterbrechung, und man
kann wohl sagen, unsere Hauptthätigkeit bildete die Beschaffung der
zur Teilnahme an den Expeditionen nötigen Ausrüstung mit Diener=
schaft und Transportmaterial. So gingen wir denn auf den Pferde=
handel; chinesische Ponies waren zu jener Zeit in Tientsin zu dem
Preise von 25 bis 80 Dollars zu haben. Wir kauften unsern Bedarf
daran ein, ebenso Karren mit Maultieren zum Transport der
Bagage. Wir Kriegskorrespondenten bildeten gewissermaßen eine
kleine Gemeinde für uns, und zwar waren wir in unserem Quar=
tier schließlich drei Mann, da sich Wilhelmi und mir noch der
Dr. Wegener vom Berliner Lokalanzeiger zugesellte. So trafen wir
gemeinschaftlich unsere Vorbereitungen und hielten auch das Prinzip
des gemeinsamen Haushaltes fest.

Die Unterbringung unserer Truppen in Tientsin ließ mehr denn alles zu wünschen übrig. Zu jener Zeit bestand ja noch in den leitenden Kreisen die merkwürdige Anschauung, daß man in Chinesenhäusern nicht wohnen dürfe, teils aus Sicherheits=, teils aus Gesundheitsrücksichten. So baute man nach Schema F ein Baracken= bez. Zeltlager auf einem freien Grundstück in der Nähe der Tientsiner Universität sowie auf dem Areal dieser selbst auf. Diese 14 Tage Biwak, teilweise unter den ungünstigsten Witterungsverhältnissen vor sich gehend, haben den deutschen Truppen mehr Verluste durch Krankheit gebracht, als schließlich sämtliche Expeditionen zusammengenommen. Die Leute, die auf Expeditionen krank wurden, waren zum großen Teil Rekonvaleszenten aus der Tientsiner Zeit oder hatten sich dort den Keim ihrer Krankheit geholt. Es ist geradezu unverständlich, wie ungeschickt die Unterbringung unserer Truppen in Tientsin zu Anfang gehandhabt wurde. Man stelle sich vor, daß die Leute tagelang auf dem durchweichten Lehmboden, der nur notdürftig überdeckt war, schlafen mußten, und man wird sich nicht wundern, daß die Universität, die als Lazarett benutzt wurde, bald bis auf den letzten Platz belegt war. Es soll nicht verkannt werden, daß alles mögliche gethan wurde, um Krankheiten vorzubeugen, es wurde Wasser in gewaltigen Mengen abgekocht und den Leuten zur Verfügung gestellt, damit sie nicht das als schlecht bekannte Tientsiner Wasser oder gar Flußwasser trinken sollten. Hätte man bereits damals dem Rate eingesessener Europäer gefolgt, so hätte manches Unglück vermieden werden können, das seine Ursachen in der mangelhaften Unterbringung der Truppen in Tientsin hatte. Leider aber zeichnete sich unser deutsches Korpskommando drüben in China häufig genug durch ein gewisses Talent aus, gerade in diesen Dingen Anordnungen zu treffen, die den ostasiatischen Verhältnissen durchaus nicht entsprachen. Späterhin lernte man sich in die Verhältnisse besser schicken, besonders diejenigen Leute, die längere Expeditionen ins Innere mitgemacht haben. Das aber hat Exzellenz Lessel, abgesehen von einer Reise nach Peking, ja nie gethan.

Am 27. September landete der Höchstkommandierende der Verbündeten Mächte Generalfeldmarschall Graf von Waldersee in Tongku

und traf am Mittag desselben Tages in Tientsin ein. Sein Empfang
hier im Zentrum der internationalen Truppenkonzentration ließ an
Glanz und Würde nichts zu wünschen übrig. Im deutschen Konsulat
wurde ihm ein Ehrentrunk gereicht; er hielt bei dieser Gelegenheit
eine Rede und erklärte, er sei nicht nach Ost-Asien gekommen, um zu
zerstören, sondern um wieder aufzubauen, was zerstört sei, und um
den Handel wieder in die richtigen Bahnen zu lenken. Von diesem
Gesichtspunkte aus müssen wir die Wirksamkeit des Oberkommandos
während des zweiten Teiles des chinesischen Feldzuges betrachten.
Brachte auch die Ankunft des Höchstkommandierenden der in der
Provinz Tschili versammelten internationalen Truppenkontingente
Leben in den bisher ziemlich stagnierenden Lauf der Ereignisse, so
erstreckten sich die Befugnisse des Generalfeldmarschalls doch nur auf
die einzige aufständische Provinz. Eine Ausdehnung des Kampfes
über die Grenzen der Provinz hinaus war ihm versagt, und so
blieb nach der Einnahme von Peking und der Wiederherstellung der
Etappenstraße Peking-Tientsin als Aufgabe eigentlich nur noch übrig
die Okkupation — drüben sagte man „Pazifizierung" — der Provinz
Petschili. Von unseren deutschen Truppen wurde auch diese Wendung
der Dinge mit Freuden begrüßt, da das Lagerleben in Tientsin
mit der Zeit jeglichen Reiz verlor.

Schwierigkeiten bereitete die Beschaffung von Transportmitteln
für die Unternehmungen nach dem Innern. Der Plan des Generalfeldmarschalls war es, möglichst bald von Tientsin aufzubrechen und
mit der Besetzung einiger Hauptplätze der Provinz Petschili zu beginnen. Er selbst beabsichtigte sein Winterquartier in Peking im
kaiserlichen Winter-Palast aufzuschlagen. Einer 14 tägigen Vor-
bereitungszeit bedurfte es, um die verschiedenen Kontingente nach
gewissen einheitlichen Gesichtspunkten zusammenzufassen und die
Truppen vorzubereiten auf die stärkeren und anstrengenderen Operationen der folgenden Monate. Es war infolgedessen für die im
Biwak in Tientsin thatenlos liegenden Truppen eine wahre Erholung, wenn sie zu einem der zahlreichen Requisitionszüge befohlen
wurden, die sich notwendig machten, um Schlachtvieh und Transportmaterial, bestehend aus Pferden, Maultieren, Eseln, ferner

Karren und Djunken zu beschaffen. Darüber war man sich bereits von vornherein klar geworden, daß es schwer halten würde, bei dem Zustand der chinesischen Verkehrswege ausschließlich mit den mit= genommenen Kompagniewagen u. s. w. durchzukommen. Infolgedessen entschloß man sich sehr bald dazu, sich den chinesischen Verhältnissen insofern anzupassen, als man die Bagage auf chinesische Karren verlud und fortbewegte, oder die Wasserstraßen benutzte, soweit das möglich war. Dadurch wurden die Bagagezüge freilich oft sehr weit auseinander gezogen, indessen waren Flanken= oder Rückenangriffe kaum zu erwarten, und die Mitführung größerer Bagagemengen war einfach eine Notwendigkeit in einem Lande, das so wenig europä= ischen Bedürfnissen gerecht wird. Ich persönlich schloß mich in jener Zeit einer der längsten und interessantesten Requisitionsexpeditionen an, und zwar der Expedition nach Tsinhaihsien. Diese Stadt liegt am Kaiserkanal, der bekanntlich den Flußlauf des Peiho mit dem= jenigen des Hoangho und schließlich auch des Jangtsekiang verbindet.

Wir marschierten an der Chinesenstadt Tientsin vorbei, dann eine Weile am Kaiserkanal selbst entlang, den wir dauernd zu unserer Rechten behielten. Wir kamen durch fruchtbare Gegenden, das Land war besonders zum Gemüsebau und zu Gärtnereianlagen verwendet; friedlich betrieben die Chinesen ihr Handwerk und ließen sich durch die durchziehenden Truppen gar nicht stören. Unser Detachement stand unter dem Kommando des Kommandeurs des 3. ostasiatischen Infanterieregiments, Oberst Freiherr von Ledebur; ich selbst hatte mich der Kompagnie des Hauptmanns Schäffer an= geschlossen. Die erste Nacht biwakierten wir in der Nähe eines Dorfes. Die Nacht verlief ruhig, nur einmal wurden wir aus dem Schlafe gescheucht. Auf eine der Feldwachen war geschossen worden, indessen konnte man nicht ermitteln, woher der Schuß kam. Am Mittag des nächsten Tages erreichten wir die Stadt Tsinhaihsien; es ist das eine Bezirksstadt, von einer ziemlich hohen Mauer um= geben, die nur nach der Kanalseite hin offen ist. Der Kaiserkanal fließt ungefähr in der Entfernung von 3 km an der Stadt vorbei, diese nach Westen hin abgrenzend. Als wir in die Nähe der Stadt kamen, bemerkten wir, daß auf dem Stadtthor eine weiße Flagge

wehte mit einem Aufdruck. Irgend welchen Widerstand fanden wir
nicht; sämtliche Thore wurden sofort besetzt, der Präfekt erschien in
Begleitung seiner Mandarinen vor dem Kommandanten und versprach eine Kontribution von Lebensmitteln und Zugvieh bis zu
einer bestimmten Stunde zu liefern. Darauf bezog das Gros der
Truppen ein Feldlager vor den Mauern der Stadt, nur die Kompagnie des Hauptmann Schäffer erhielt den Auftrag, den Kaiserkanal längs der Stadt zu besetzen und zu verhindern, daß die dort
liegenden Djunken ihre Stellungen verließen. Diese waren bereits
stark in Unruhe gekommen, und einzelne legten, als sie die heran-
nahenden Soldaten sahen, vom Ufer ab, um davon zu eilen. Jedoch
wurde ihnen durch Anruf, und als sie sich nicht stören ließen, durch
ein paar Schüsse, die man in den Schiffsleib jagte, bald klar gemacht,
daß man ihnen die Abfahrt nicht gestattete. Die Djunken wurden
samt und sonders beschlagnahmt, mit Zahlen bemalt und dienten
alsdann mitsamt der chinesischen Bemannung, die späterhin auf
Tagelohn gesetzt wurde, zu Proviant- und Bagagetransporten nach
Peking, Pautingfu, Tongku u. s. w.

Es interessierte mich, zu lesen, was auf der erwähnten weißen
Flagge stand, und ich benutzte deshalb die erste Gelegenheit, um
auf die Stadtmauer zu klettern. Sehr verwundert war ich, als ich
las: „This ship is protected by american forces", und es wollte
mir durchaus nicht recht einleuchten, daß die Stadt Tsinhaihsien
ein unter amerikanischem Schutz stehendes Schiff sei.

Oberst von Ledebur sollte bereits auf seinem ersten Zuge eine
ganz lehrreiche Erfahrung mit chinesischen Mandarinen machen.
Das chinesische Stadtoberhaupt lieferte nämlich trotz seines Ver-
sprechens bis zu der bestimmten Stunde nichts. Der Oberst machte
deshalb kurzen Prozeß, er ließ sein Detachement gefechtsbereit antreten, der Zug Artillerie, den er mitführte, fuhr auf; alsdann ließ
der Oberst sich den Präfekten in sein Zelt kommen und erklärte ihm,
wenn er nunmehr nicht bis zu einer gewissen Stunde liefere, würde
er die Stadt beschießen lassen, zu gleicher Zeit legte er eine Strafe
von einigen tausend Taels auf. Binnen einer halben Stunde waren
nicht nur die geforderten Requisitionen, sondern auch die Taels im

Lager des deutschen Offiziers. Der Aufenthalt, den wir in Tsinhaihsien nahmen, wurde dazu benutzt, verschiedene Requisitionsfahrten
in die Umgegend zu machen, bei welcher Gelegenheit es passierte,
daß ein kleines Detachement unter Oberleutnant Krämer mit
Boxern in Berührung kam. Auch zwei Soldaten wurden außerhalb
der Stadt von Boxern überfallen und schlimm zugerichtet. Jedoch
gelang es, der gelben Übeltäter habhaft zu werden. Es wurde kurzer
Prozeß mit ihnen gemacht — sie wurden standrechtlich erschossen.

Mir selbst passierte bei einem solchen Zuge eine nicht ungefähr-
liche Episode. Ich wurde aufgefordert, einen Requisitionszug mit-
zumachen, der von einer süddeutschen Kompagnie ausgeführt
wurde. Diese Kompagnie war begleitet von etwa zehn berittenen
Musketieren, die außerordentlich wichtig waren. Es hatte sich
nämlich bisher herausgestellt, daß die Chinesen ihr Vieh, längst
bevor die requirierenden Truppen herankamen, in die Kauleangfelder
trieben, sodaß man dessen nicht habhaft werden konnte. Die Aufgabe der berittenen Musketiere sollte es nun sein, vorauszueilen und
die Dorfeingänge zu besetzen, so daß nichts weggebracht werden
konnte. Außer mir machte als Freiwilliger noch der Leutnant von
Böninghausen, der Proviant-Djunken auf dem Kaiserkanal nach
Tsinhaihsien geführt hatte, die kleine Sonderexpedition mit, und da
wir beritten waren, so waren wir dem Führer des berittenen Detachements eine willkommene Verstärkung. Man hatte an dem betreffenden Tage bereits verschiedene Requisitionen vorgenommen, und es
mochte gegen 10 Uhr vormittags geworden sein, als der führende
Hauptmann erklärte, er wolle nunmehr schwärmen lassen, um so eine
Anzahl von Dörfern zu umstellen. Die Berittenen sollten so verteilt werden, daß sie die Flügel bildeten, um auf diese Weise
eine Einkreisung vorzunehmen. Als Rendezvousplatz wurde ein
Ort namhaft gemacht, über dessen Lage man sich nicht vollständig
im Klaren war; jedoch wurde der Name genau gesagt und die
Himmelsrichtung ebenfalls genau nach der Karte bestimmt. Wir
ritten also los; Leutnant von Böninghausen und ich bildeten den
linken Flügel der Kolonne. Unterwegs kamen wir an mehrere
Dörfer heran, immer den Anschluß an unsere Kette im Auge. In

dem einen Dorfe mußte der Mandarin eine Anzahl Vieh liefern, sowie einen vollbespannten Wagen, im zweiten Dorfe wurden wir bereits durch den Ortsmandarinen und die Ältesten mit Thee und Kuchen empfangen, sowie mit einem großen Korbe voll Hühner und Eiern. Wir ließen alles auf unsern Wagen packen und zogen weiter, hatten jedoch infolge eines Aufenthaltes, den wir nehmen mußten, um das Sielzeug des Karrens zu reparieren, den Anschluß an unsere Kette verloren. Wir schwenkten infolgedessen mit unserem Transport, der von Dorf zu Dorf durch die Lieferungen der Mandarinen anwuchs, nach rechts ein, um auf diese Weise den Anschluß wieder zu erreichen, jedoch gelang uns das nicht, und es blieb uns nichts anderes übrig, als nach dem als Rendezvousplatz bestimmten Orte vorwärts zu eilen, selbstverständlich ohne ein einziges Stück unserer kleinen Karawane, die von gleichfalls requirierten Kulis getrieben wurde, zurückzulassen. Der Weg dehnte sich in die Länge, schließlich aber, es war bereits nachmittags 4 Uhr geworden, kamen wir am Rendezvousplatz an. Von Soldaten war dort aber nichts zu sehen, und es war auch niemand da gewesen. Plötzlich wurde uns klar, daß wir uns in einer geradezu verzweifelten Situation befanden. Wir waren beide allein, mitten in Feindesland, und hatten dazu einen Requisitionstransport mit einem Dutzend widerspenstigen Chinesen als Führern bei uns. Wir durften uns aber unter keinen Umständen merken zu lassen, daß wir allein waren, sonst wären wir verloren gewesen, und konnten die Situation nur durch forsches Auftreten retten. Infolgedessen ließen wir durch meinen Mafu, der zu gleicher Zeit trotz seiner recht unzureichenden Kenntnis des Englischen als Dolmetscher benutzt wurde, den Mandarinen des Ortes wild anfahren und erklären, er hätte innerhalb von 5 Minuten 2 Pferde, 2 Ochsen, so und so viele Hühner und Eier zu liefern. Der Mann schien darauf vorbereitet zu sein, außerdem mußte unser fürchterliches Auftreten einen gewaltigen Eindruck auf ihn machen, und er hatte offenbar sehr viel Respekt vor den Truppen, die uns wahrscheinlich auf dem Fuße folgen würden; infolgedessen erhielten wir in kurzer Zeit die gewünschten Sachen. Unser Transport an Pferden, Ochsen, Mauleseln, Eseln und Wagen belief sich nunmehr auf nicht weniger als 32 Stück Vieh und zwei Wagen. Nun hieß es Marschordnung machen. Ich ließ also je drei und drei Stück von dem Vieh zusammenbinden, die je einen Chinesen als Treiber bekamen; dann folgten die Wagen, vollgeladen mit Hühnern und Eiern. So ordnete sich der Zug, und nun gings mit der Pistole in der Hand vorwärts. Voran ritt Leutnant von Böninghausen, zuletzt ritt ich, und mein Mafu mußte mit einem dicken Knüppel in der Hand, mit dem er gegebenen Falls die Widerspenstigen, bald die Ochsen, bald die Chinesen behandelte, das Ganze flankieren. Es war eine höchst gewagte Situation, und man wird es verstehen, daß uns selbst durchaus nicht etwa angenehm dabei zu Mute war. Wir konnten es einfach nicht verstehen, wie es möglich war, daß die Truppen nicht auf dem Rendezvousplatz eintrafen; aber das half nun nichts, wir mußten zurück. Bereits fing es an, dunkel zu werden; mit Aufbietung gewaltiger Lungenkräfte und hin und wieder einem Klaps mit der Reitpeitsche war es uns gelungen, unsere Kohorte zusammen zu halten: es war ein ganz ansehnlicher Zug, den wir führten. Da plötzlich sahen wir vor uns in etwa 1 km Entfernung Berittene. Schon glaubten wir, es wären unsere Leute — da mußten wir zu unserer Enttäuschung erkennen, daß es Chinesen waren, und zwar chinesisches Militär. Die Situation wurde immer bedenklicher. Da jedoch unser Zug ziemlich lang auseinander gedehnt war und die zunehmende Dunkelheit ein genaues Erkennen der Dinge verhinderte, so hielt uns die chinesische Patrouille offenbar für viel stärker, als wir wirklich waren, und wich uns scheu aus dem Wege. Die Dunkelheit kam uns zu Hilfe, denn aus Furcht vor bösen Geistern unternimmt der Chinese in der Dunkelheit im allgemeinen nichts. So zogen wir unbehelligt unsere Straße und kamen jetzt in Terrain, durch welches ich am Morgen geritten war; infolgedessen übernahm Leutnant von Böninghausen die Queue und ich die Spitze. Schließlich aber verließ mich meine Ortskenntnis, was bei Tage vielleicht nicht der Fall gewesen wäre, und so hielt ich es für das geratenste, mir aus dem Dorfe, durch das wir gerade kamen, einen Führer mitzunehmen. Ich schrie ihm das Wort Tsinhaihsien in die Ohren, er nickte verständnisinnig und ging ohne ein Wort zu sagen, voran. Ich wußte, daß wir durch sumpfiges und überschwemmtes Terrain kommen mußten, und da ich eine ungefähre Ahnung von der Gegend hatte, merkte ich, daß der Chinese uns einen Weg führte, der notwendig in den Sümpfen enden mußte. Ich ließ ihm das vorstellen, er aber bestritt es; doch als ich mich kurz umwandte, um Leutnant von Böninghausen meine Besorgnisse mitzuteilen, benutzte der Kerl die Gelegenheit, um mit einem Seitensprunge zu verschwinden. In demselben Moment aber krachte schon die Mauserpistole von Böninghausens, und wir packten den Kunden wieder, wie er sich gerade in einen seitlich am Wege liegenden Strohhaufen einbuddeln wollte. Da es absolut unmöglich war, allein den Weg zu finden, blieb mir nichts anderes übrig, als den Führer, da er nicht freiwillig mitging, nun mit Gewalt zu zwingen. Ich band ihn also mit seinem Zopfende an einem Ringe meines Sattels fest, so daß er immer unmittelbar neben meinem Pferde und vor mir hergehen mußte. Trotzdem brachte es der schlaue Bursche fertig, in unbeobachteten Momenten an meinem Sattel herumzuknüpen und seinen Zopf wieder loszubekommen. Er war eben drauf und dran, wieder auszureißen, als ich ihn noch erwischte und nun den Knoten etwas fester band. So kamen wir schließlich nach langem mühseligen und anstrengenden Marsch, nachdem wir verschiedene überschwemmte Gebiete passiert hatten, nach einem Dorfe, von dem aus wir bereits den matten Schein eines Lagerfeuers auf der Stadtmauer von Tsinhaihsien erkennen konnten. Abends gegen 9 Uhr kamen wir in der Stadt an und waren stolz darauf, daß wir kein einziges Requisitionsstück zurückgelassen hatten. Es waren bereits nach allen Richtungen hin Patrouillen ausgeschickt worden, uns zu suchen. Wir erfuhren nun auch, daß der Rendezvousort, den wir erreicht hatten, faktisch der richtige war. Die Kompagnie hatte aber unterwegs so reiche Beute gefunden, daß der Hauptmann erklärte, es hätte nun keinen Zweck mehr, noch nach dem Rendezvousort zu ziehen, die Reiter würden sich schon wieder einfinden. Das war ja auch geschehen, doch wir, die wir die Fühlung verloren hatten, fanden uns eben erst vier Stunden später wieder ein. Dem Kompagnieführer soll nach der Sache schließlich doch nicht allzu angenehm zu Muthe gewesen sein; ich persönlich

15*

kann jedenfalls versichern, daß dies die einzige Kompagnie ist, der ich kein gutes Andenken aus meinen ostasiatischen Fahrten bewahrt habe. Vergnügen machte es uns beiden Pfadfindern schließlich doch noch, als wir die Resultate der Requisition der anderen Partei sahen; diese hatte noch keine 40 Stück Vieh zusammengebracht, während wir zwei allein es auf 32 Stück gebracht hatten.

Hochinteressant war es später, die 120 Djunken, die wir beschlagnahmt hatten, in nächtlicher Fahrt auf dem Kaiserkanal entlang nach Tientsin zu führen; diese Aufgabe bekam wiederum Hauptmann Schäffer. Es war ein schwieriges Stück Arbeit, die Djunken einzuordnen, auf jede einzelne kamen ein bis zwei Musketiere. Voran fuhr eine große Djunke, die sich innerlich als sehr elegant eingerichtet erwies, und die sich später als das Hausboot Li hung tschangs herausstellte. Auf dieser Djunke fuhren der Hauptmann, der Oberleutnant Arnold und ich, in der Mitte des Zuges auf einer zweiten Djunke der Leutnant Pfähler, während den Schluß des Zuges eine Djunke mit Leutnant Bender und dem Feldwebel machte. Es war in der That ein wunderbar romantischer Zug, der sich nächtlich auf dem Kaiserkanal bewegte. Schweigend lag die mondbeglänzte Landschaft da, an stillen Dörfern zogen wir vorüber, immer mit der Möglichkeit eines feindlichen Angriffes aus einem derselben rechnend. Wir teilten auf der ersten Djunke die Nacht in drei Wachen ein, ich hatte die mittlere, von Mitternacht ab. Sternklar und hell wölbte sich der Himmel über mir, tiefes Schweigen herrschte, nur hin und wieder kreischte eine Elster, die durch den nächtlichen, schattenhaften Djunkenzug aus ihrem Schlaf im Uferschilf aufgescheucht wurde. Am andern Vormittag langten wir glücklich wieder in Tientsin an, wo kurze Zeit darauf auch das Gros des Detachements, das zu Lande zurückmarschiert war, wieder eintraf. Fünf interessante und ereignisreiche Tage lagen hinter uns, neue standen uns bevor. Denn ich fand meine Kollegen bereits eifrig mit Vorbereitungen zum Abmarsch beschäftigt, wenige Tage später sollte die große Expedition nach Pautingfu vor sich gehen, die erste größere militärische Aufgabe, die sich Graf Waldersee gestellt hatte.

2. Abschnitt.

Die Expeditionen nach Pautingfu.

a. Die Expedition von Tientsin nach Pautingfu.

Der Armeebefehl. — Erstes Zeichen für unzuträgliche Verhältnisse zwischen dem Grafen Waldersee und dem französischen Höchstkommandierenden. — Zusammensetzung der internationalen Streitmacht. — Normen für die Behandlung des Feindes. — Beschwerlicher Ausmarsch. — Die Gegend, durch die wir zogen. — Unsere Ausrüstung und unser fliegender Haushalt. — Unser Biwak nach dem ersten Marschtage. — Die japanische Kulikompagnie. — Requirieren von Karren und Zugtieren. — Man verschmäht chinesisches Geld. — Das erste Mal Quartier in Chinesenhäusern. — Vor der Festung Patschou. — Es soll zum Gefecht kommen. — Unterhandlungen. — Abzug der Chinesen mit Waffen. — General Fan. — Die ersten Boxer. — Ruhetag. — Ein schlauer Mandarin. — Eine Stimme von gegenüber. — Unklarheiten in der Behandlung der Chinesen. — Quartier in einem Tempel. — Die zerstörte und wieder aufgebaute Brücke. — Ein schneidiger Flußübergang. — General Fans Truppen melden sich wieder. — Eine Sonderexpedition nebst Gerichtsverhandlung. — Wir ziehen an verschlossenen Thoren vorüber. — Mit dem Stab voraus nach Pautingfu. — Rendezvous mit General Bailloud. — „L'entrée est défendu“. — Die mächtigen Mauern der Festung. — Das Gros der Truppen trifft vor Pautingfu ein.

Nachdem zu Beginn des Oktobers bereits das erste und zweite ostasiatische Infanterieregiment nach Peking marschiert waren, kam am 10. Oktober ein Armeebefehl heraus, worin es u. a. hieß, daß sich in der Nähe von Pautingfu, der Hauptstadt der Provinz Tschili noch Boxertruppen befänden, die dort ihr Unwesen trieben. Infolgedessen sollte ein Vorstoß auf Pautingfu unternommen werden. Zugleich wurden alle Anordnungen getroffen, um für ein größeres Kontingent unserer deutschen Truppen in Pautingfu Winterquartiere vorzubereiten.

Das internationale Truppenbild in China hatte sich mittlerweile etwas verändert. Die Amerikaner hatten sich mit der Einnahme Pekings befriedigt erklärt und zogen ab. Ebenso waren die Russen fast ganz ausgeschieden. Sie hatten sich darauf beschränkt, nunmehr ihren eigenen Interessen nachzugehen, und waren nach der Mandschurei und dem Amurgebiet abgezogen. Nur einige wenige Truppenkörper blieben zurück, die erst nach und nach fortgenommen wurden.

In einem Armeebefehl vom 10. Oktober 1901 hieß es u. a.: „Nach vielfachen Nachrichten wird die Gegend südlich Pekings noch immer von Boxerscharen beunruhigt, und ist namentlich die Hauptstadt der Provinz Petschili, Pautingfu, ein Sammelplatz der aufrührerischen Elemente. Das Oberkommando der verbündeten Truppen hat infolgedessen ein Vorgehen gegen Pautingfu von Peking und Tientsin aus beschlossen, wobei die Mitwirkung der französischen Truppen gesichert ist. Von letzteren befinden sich bereits schwächere Abteilungen bis in die Gegend von Pautingfu vorgeschoben."

Der vorletzte Satz in diesem Befehl ist in seiner Fassung etwas eigenartig und läßt gerade deshalb die Wahrscheinlichkeit offen, daß ihm die eigenartige Form mit Vorbedacht gegeben worden ist. Vielleicht giebt folgende, allerdings unverbürgte Version darüber Aufklärung. Die französischen Heerführer sollten angeblich erklärt haben, sie wollten zwar mit den unter Waldersee vereinigten Truppen gemeinsam operieren, behielten sich aber im übrigen Aktionsfreiheit im einzelnen vor. Ob die Franzosen zu einer solchen Erklärung überhaupt berechtigt gewesen waren, läßt sich schwer beurteilen, da die internationalen Abmachungen über Waldersees Oberbefehl mit Frankreich nicht näher bekannt sind. Jedenfalls aber soll eine Beteiligung der Franzosen an dem Zuge nach Pautingfu seitens des Oberkommandos anfangs nicht vorgesehen worden sein. Nun hatte der französische General Bailloud aber bereits ein Regiment Zuaven von Tientsin nach Südwesten abgehen lassen, das am 12. Oktober vor Pautingfu angelangt war, also am selben Tage, an dem die verbündeten Truppen von Peking und Tientsin aus aufbrachen. Diesem Zuavenregiment wollte nun Bailloud mit seiner Hauptmacht folgen und soll infolgedessen, als er von dem Plane des Oberkommandos Kenntnis erhielt, Waldersee ein Zusammenoperieren vorgeschlagen haben, das alsdann angenommen wurde. Ob diese Version auf Wahrheit beruht, konnte ich mit Bestimmtheit nicht feststellen. Ich habe sie unter diesem Vorbehalt dennoch wiedergegeben, da mir die Fassung jenes Befehls auf das Bestehen einer vielleicht nicht uninteressanten Komplikation hinzudeuten schien, die sich später bestätigt fand. Jedenfalls geschah es, daß durch die Mitwirkung des französischen Expeditionskorps die Tientsiner Kolonne unter den Oberbefehl des Generals Bailloud geriet. Dieser Oberbefehl dauerte jedoch nur bis zu dem Augenblick der Vereinigung mit der Peking-kolonne, die unter dem Engländer Gaselly stand. Dann war nämlich dieser der älteste General, und die gesamte Streitmacht trat alsdann unter den Befehl des englischen Generals. Daß dieses Arrangement allen Teilen gerecht wurde, läßt sich wohl nicht leugnen.

Die internationale Streitmacht setzte sich folgendermaßen zusammen:

Die Tientsiner Kolonne, Höchstkommandierender General Bailloud, bestand aus drei Detachements, einem französischen, einem deutsch-italienischen und einem englischen Detachement. Das französische Detachement bestand aus zwei Bataillonen Marine-Infanterie, einer Batterie Gebirgsartillerie und einer Pionierabteilung. Das deutsch-italienische Detachement unter der Führung des Kommandeurs der zweiten ostasiatischen Infanteriebrigade, des Generalmajors von Kettler, bestand aus dem ostasiatischen Infanterieregiement Nr. 3, Kommandeur Oberst Freiherr von Ledebur, einem Zug Reiter unter Leutnant von Henning, einer Batterie Feldartillerie unter Hauptmann von Plönjes und einem Feldlazarett unter Oberstabsarzt Dr. Herold. Ferner aus einem Bataillon Bersaglieri unter dem Obersten Curioni, einer Batterie italienischer Gebirgsartillerie und einem Zuge italienischer Pioniere. Das englische Detachement unter General Campell bestand aus einer Kompagnie des australischen Marinekorps mit 3 Geschützen, dem 20. Punjab- und dem Hongkong-Regiment, zwei Kompagnieen Madras-Pionieren, zwei Eskadrons des Bombay-Reiterregiments, einem Zuge bengalischer Mineure und

einigen Schnellfeuergeschützen. Außerdem hatten sich dem deutsch=
italienischen Detachement mehrere Herren des Oberkommandos unter
Führung des Generalquartiermeisters General von Gayl angeschlossen,
die den Zug als Gäste mitmachten. Chef des Stabes des deutsch=
italienischen Detachements war Hauptmann Tiedemann.

Die zweite Kolonne, die von Peking aus den Vormarsch begann,
und zwar unter dem General Gaselly als Höchstkommandierenden,
setzte sich folgendermaßen zusammen:

Das englische Detachement bestand aus zwei Bataillonen In=
fanterie, nämlich Leuten von 20. Pundjab=, 2. Belutschistan= sowie
vom 1. und 3. Sikh=Regiment, ferner aus einem Kavallerieregiment,
bestehend aus vier Eskadrons bengalischer Lanzers, einer Batterie
Feldartillerie und einer Kompagnie Madras=Pioniere.

Das deutsch=italienische Detachement unter dem Kommando des
Oberst von Normann setzte sich zusammen aus den zweiten Bataillonen
des ersten und zweiten ostasiatischen Infanterieregimentes, einer
Batterie Feldartillerie unter Hauptmann von Blottnitz und einem
Bataillon italienischer Marine=Infanterie.

Die französische Kolonne schließlich bestand aus zwei Bataillonen
Marine=Infanterie. Dieses Detachement vereinigte sich später mit
dem unter Oberst Droux bereits vorangegangenen Zuavenregiment.

Ich werde vornehmlich den Marsch beschreiben, den das deutsch=
italienische Detachement unter General von Kettler zurückgelegt hat.
Ich bemerke von vornherein, daß den Weg vor uns bereits Franzosen
gezogen waren, offenbar das französische Zuavenregiment. Denn
fast in sämtlichen Ortschaften wehten französische Flaggen.

Maßgebend für die Art und Weise des Vorgehens waren
einige Normen, die der Generalfeldmarschall gleichfalls am 10. Oktober
in einem Armeebefehl ausgegeben hatte. Der Befehl selbst lautete:
„Der Herr Feldmarschall hat rücksichtsloses Vorgehen gegen alle
Boxer und feindlich auftretenden Einwohner unter Schonung der
Person und des Eigentums der friedlichen Bevölkerung angeordnet,
um die letzteren vor dem Terrorismus ihrer eigenen aufrührerischen
Bevölkerung zu schützen. Durch Entsendung kleinerer beweglicher
Kolonnen soll außerdem für Sicherung der schon besetzten Gebiete

vor den Boxern und für Aufrechterhaltung der Ordnung gesorgt werden."

Unser Abmarsch aus Tientsin erfolgte, wie gesagt, am 12. Oktober. Unter klingendem Spiele der Regimentskapelle des dritten Regiments zogen wir wieder aus dem Feldlager bei der Universität durch die Straßen der europäischen Niederlassung nach der Chinesenstadt, die sich nahezu zwei Stunden lang im Westen der europäischen Niederlassung erstreckt. Ein Marsch mit Artillerie und Bagage durch eine so schief und winklig gebaute Stadt wie Tientsin ist an sich schon ein Kunststück. Dazu kam in diesem Falle, daß die ganze Bagage auf zweiräbrigen Chinesenkarren verladen werden mußte, für die man das Zugmaterial, Ponies, Maulesel und Esel, erst kurz vorher durch Beitreibung hatte beschaffen können. Die Tiere waren noch nicht eingefahren, sie mußten genommen werden, wie sie beigetrieben worden waren; man hatte keine Zeit gehabt, um durch Probefahrten die brauchbaren Tiere von den unbrauchbaren zu trennen; die Sielzeuge waren zum Teil notdürftig aus Stricken zusammengeknotet worden, kurzum, es ergaben sich hier große Schwierigkeiten, die es zu überwinden galt. In der That, es war keine leichte Aufgabe, die Bagage zu führen, und es gelang erst nach zahlreichen mißlungenen Versuchen und Neurequisitionen von Wagen, Tieren, Sielzeugen u. s. w., die während des Marsches vorgenommen wurden, die Bagage beweglich zu machen. Schlimme Stunden waren es besonders, als etwa 10 Kilomter hinter Tientsin der Weg sandig wurde und die Karren einfach zum Teil im Sande stecken blieben. Dabei waren die Wege noch verhältnismäßig gut. Es war gute Witterung gewesen und die Wege infolgedessen wenigstens trocken. Bei Regenwetter wäre die Sache viel schlimmer gewesen, weil dann der staubige Sand sich in braunen Schlamm verwandelt, und die Straßen lehmig und glitschig werden, so daß ein Fortkommen nur unter denkbar ungünstigsten Verhältnissen stattfinden kann. Im übrigen war der schlechte Sandweg nur von kurzer Dauer, späterhin hatten wir stets ziemlich feste, zum Teil sogar recht gute Wege. Die Temperatur war mäßig, nur nachts wurde es empfindlich kalt.

Die Gegend, durch die wir kamen, war durchweg gut angebaut.

Wir sahen vorzüglich stehende Kauliang= und Maisfelder, sowie
zahlreiche Gärtnereien und Gemüsepflanzungen, die so gut abnivelliert
waren, daß sie aus einem einzigen Brunnen, aus dem geschöpft wird,
durch Kanälchen und Rinnen bewässert werden konnten. Die Dörfer
und Städte, durch die wir kamen, waren im Durchschnitt sauber,
wohlhabend und ansehnlich. Je weiter man von Tientsin fortkam,
um so wohlhabender wurde die Gegend. Die schmutzigen Lehm=
hütten, in denen die Armut wohnt, wichen schönen Steinbauten und
großen Bauernhöfen. Wir verglichen die Höfe und Dörfer, die wir
fanden, mit denen bei uns zu Hause, und wir kamen oft zu der
Ansicht, daß gar manche Gegend in Deutschland glücklich zu nennen
wäre, wenn sie so große Güter und Bauerngehöfte aufzuweisen
hätte, wie wir sie hier fanden. Dabei lagen die Dörfer dicht bei
einander, der Boden war überall gleichmäßig ausgenutzt und hätte
bei rationeller Wirtschaft sicherlich wohl noch weit höhere Erträge
abwerfen können. Auch landschaftlich ist die Gegend zwischen Tientsin
und Pautingfu ganz annehmbar. Zwar ist alles Flachland, und
Wiesen sind selten, aber hin und wieder sieht man einen Wasserarm,
jedes Dorf steht inmitten eines Haines von Bäumen, unter denen
sich, besonders in der Nähe der Tempel, oft sehr alte Zedern finden.
Dazu kommen die zahllosen Tauben, wilde Gänse und Enten, die
in gewaltigen Schwärmen auftreten, und die langbeinigen Reiher mit
den schmucken Federn, welche jetzt in Europa so häufig auf den
Hüten unserer Damen prangen. So erinnert die ganze Landschaft
lebhaft an die Stimmung meiner heimatlichen Brüche in der Um=
gegend von Brandenburg an der Havel oder auch an die Heidegegend
im nördlichen Hannover. Die chinesische Landschaft bildet etwa das
Mittel zwischen beiden.

Am ersten Tage kamen wir bis zu dem Dorfe Shanghoto, wo
wir biwakierten. Den Kaiserkanal hatten wir links liegen gelassen,
und der Hunho, ein schiffbarer Nebenfluß des Peiho, blieb zur
Rechten. Dann ging es landeinwärts, und einige Tage lang sahen
wir überhaupt kein fließendes Gewässer mehr.

Vielleicht interessiert es meine Leser auch, zu erfahren, in welcher
Weise ich selbst für diese China=Inlandreise ausgerüstet war, und

wie die Art meiner Fortbewegung vor sich ging. Zunächst muß
ich da wiederholen, daß ich bereits in Tientsin zusammen mit
zwei Kollegen einen kleinen Haushalt geführt habe, den ich mir in
derselben Art, wie ich es von meinem früheren Aufenthalt in Shanghai
her kannte, eingerichtet hatte. Mit Kollege Wilhelmi war ich bereits
zusammen von Europa hergereist, und wir hatten Freud und Leid
dieses Krieges gemeinsam mit einander geteilt. In Tientsin selbst
trat dann etwas später in unsere Hausgemeinschaft Dr. Wegener
ein, ein verehrter Kollege, den ich im Laufe der Zeit sehr schätzen
gelernt habe und der außerdem noch in meinen Augen den besonderen
Vorzug besitzt, Brandenburger und somit ein halber Landsmann
von mir zu sein.

Wir drei hatten uns nun auch für den Zug nach Paotingfu
gemeinsam ausgerüstet. Besitzer von zwei gut eingerittenen Reit=
ponies war jeder von uns bereits in Tientsin. Ebenso verfügten
wir bereits gemeinschaftlich über ein „Number one boy“, einen
„Number two boy“, zu unserer persönlichen Bedienung bestimmt,
sodann über einen chinesischen Koch, dem wir im Monat fünfzehn
Dollars zahlten, und der uns dafür täglich ein warmes Frühstück
mit zwei Gängen, ein warmes Mittagsessen (Tiffin) mit drei Gängen
und ein warmes Abendessen mit ebenfalls drei Gängen zu servieren
hatte. Die Rohstoffe kauften wir. Diese Hausordnung wird auch nach
Möglichkeit auf dem Marsche eingehalten. Dabei ist es unserm
Koch ziemlich gleichgültig, ob wir keinen oder drei bis vier Gäste
zum Tiffin oder Dinner haben. Wenn er es nur eine halbe
Stunde vor dem Beginn des Essens weiß, dann genügt ihm das.
Es ist außerordentlich praktisch, einen chinesischen Koch zu haben,
denn man braucht sich dann nicht mit vielen Konservenbüchsen und
dergleichen zu beladen, sondern hat immer eine gute Mahlzeit von
frisch bereitetem Fleisch und Gemüse, das er irgendwo auf dem
Marsche kauft oder findet. Besonders in Suppen ist unser Koch
ein Meister.

Wie in einem europäisch=chinesischen Geschäft der Komprador,
so ist unser „Number one boy“ der Meister über alles Chinesen=
personal, er ist der Verwalter, dem jeder Chinese in unseren Diensten

aufs Wort gehorchen muß. Der Boy ist überhaupt ein vornehmer Mann unter den Chinesen, dem man durchaus nicht etwa alle Arbeiten zumuten kann, wie man sie vielleicht einem Burschen zumutet. Bei Leibe nicht, das würde gegen seine soziale Stellung gehen. Zum Beispiel wird er sich niemals anders als wie dirigierend um die Pferde bekümmern, und niemals wird er gröbere Arbeiten verrichten. Dafür ist der Pferdebursche, der Mafu, und der Kuli da. In einem größeren Haushalte wie der unsrige reicht aber ein Pferdebursche bei weitem nicht aus, und noch viel weniger ein Kuli. Denn ein Mafu kümmert sich ordentlich im Prinzip immer nur um ein Pferd, nämlich um das seines Herrn, allenfalls auch noch um sein eigenes. Dieses Prinzip haben wir unseren Mafus nun freilich sehr bald abgewöhnt. Trotzdem verfügen wir immerhin über folgendes Personal: Zwei Boys, drei Mafus, zwei Kulis und einen kleinen Kuli. Dies ist ein Bürschchen von etwa zwölf Jahren, offenbar elternlos, das wir in Shanghoto einmal beauftragt hatten, unser Hündchen zu halten, und dem es seitdem so gut bei uns gefallen hat, daß es mit uns mitgelaufen ist und gar nicht wieder nach Shanghoto zurück will. Der kleine Kerl hat schon angefangen, Deutsch zu lernen. Er putzt uns die Stiefel und holt uns morgens Waschwasser. Außerdem sind unsere Hunde, zwei niedliche chinesische Hündchen, seiner besonderen Fürsorge überantwortet. Damit nun aber der verehrte Leser nicht etwa denkt, ich wolle hier protzen mit meiner Bedienungsmannschaft, so lasse er sich folgendes authentisch mitteilen. Europäische Diener sind nicht zu haben. Einen Burschen kann ich von der Truppe nicht beanspruchen, drei Chinesen zusammengenommen arbeiten aber noch nicht so viel wie ein Europäer. Außerdem führe ich mein ganzes nicht unbedeutendes Gepäck sowie ziemlich bedeutende Quantitäten Proviant und Pferdefutter mit, die ich zusammen mit dem meiner beiden Kollegen beim besten Willen nicht auf weniger als fünf Wagen unterbringen kann, da die kleinen chinesischen Karren nicht viel Raum bieten. Auf jeden Karren kommen aber zwei Maultiere bezw. Pferde, das sind zehn Tiere. Rechnet man dazu noch unsere sechs Reitpferde, ferner die Reitpferde der drei Mafus, so sind es alles in allem 17 Tiere, von denen

noch kein einziges überflüssig ist. Im Gegenteil bei sehr schwierigen
Stellen mußten wir sogar noch unsere Reservepferde vor den Wagen
spannen, um diesen vorwärts zu bekommen. Daß soviel Tiere
versorgt sein wollen, ist selbstverständlich. Daher die Menge Personal.
Außerdem ist es uns verhältnismäßig leicht, uns vermittelst unserer
Chinesen mit den landsäßigen Bewohnern zu verständigen, und
schließlich hat es sicherlich seine Annehmlichkeiten, daß man, wenn
man nach dem Tagesmarsch müde von seinem Pferde klettert, sich
im neuen Quartier nur hinzusetzen braucht, wo sich dann unter
dem Kommando des „Number one boy" ein lebhaftes Treiben
entwickelt. Sämtliche Kulis werden mit Besen und Wasser angestellt,
sie müssen sprengen und kehren und zunächst einmal den Chinesen=
schmutz beiseite schaffen; dann müssen unsere Matten und Decken
ausgebreitet werden; der Koch hat unterdessen seine kleinen thönernen
Herde herausgeholt and fängt an zu kochen und zu braten. So=
bald das Wasser kocht, schlürft man ein Täßchen Mandarinenthee
als erste Erquickung, und schließlich nach einer Stunde erhebt man
die Hände zum lecker bereiteten Mahle. Das sind die Vorzüge,
wenn man mit einem ordentlich geschulten chinesischen Hofstaat reist.
Freilich hat es manches heftige Wort und manchen Katzenkopf gekostet,
bis wir unsere Kerle soweit hatten; aber jetzt funktioniert die Sache,
und wir reisen so bequem, wie es unter den obwaltenden Verhält=
nissen überhaupt nur irgend möglich ist. Dabei ist das Ganze auch
noch verhältnismäßig billig, da uns die Verpflegung der Leute absolut
nichts kostet. Sie ist in dem geringfügigen Gehalte mit inbegriffen.

Auf irgend welche Hindernisse, die uns durch Boxer oder durch
aufrührerische Bewohner bereitet worden wären, stießen wir am
ersten Tage unseres Marsches nicht. Wir fanden nur bei einem
Rendezvousplatze einen Chinesenschädel mit einem Loch darin, das offen=
bar von einer Kugel herrührte. Vermutlich gehörte er einst einem
Chinesen, der beim Seymourschen Zuge getötet worden war. In
Shanghoto angekommen, bezogen wir ein Biwak vor dem Dorfe.
Man war damals noch der Ansicht, daß europäische Truppen in
chinesischen Wohnungen nicht untergebracht werden könnten. Es war
im Interesse der Gesundheit unserer Soldaten und angesichts der

Nachtkälte sehr zu begrüßen, daß man sich zu einer besseren Ansicht bekehrt hat. Denn es ist der Gesundheit immer noch zuträglicher, man schläft unter einem Dache, selbst wenn dieses aus Lehm ist, anstatt auf dem feuchtkalten Lehmboden unter einer Zeltdecke. Außerdem haben die chinesischen Häuser hier im Norden breite niedrige Lehmöfen, die mit Matten belegt sind und als Lagerstätten für die Nacht dienen. Auf so einem geheizten „Kang" schläft es sich recht gut. Der „Kang" ist nur im Norden Chinas zu finden.

Auch wir schlugen unser Zelt in einem Gemüsegarten auf und mußten das damit büßen, daß wir in der Nacht schauderhaft froren. Das Dorf war ziemlich wohlhabend, vor allen Dingen fand man ziemlich reichliche Futtervorräte. Wir sahen uns einige Häuser von innen an. Die Männer waren meistenteils feige geflohen, nur einige Greise waren hier und da zu finden. In einem Hause fanden wir in einem dunklen Kämmerchen etwa dreißig Frauen und Kinder zusammenhocken, die bei unserm Anblick offenbar ihr letztes Stündlein erwarteten. Wir ließen sie herauskommen und beruhigten sie durch die gütliche Zusprache unseres Boy. Übrigens war die Angst der armen Leute zum Teil nicht unberechtigt. Von unseren Soldaten hatten sie ja nichts zu befürchten, aber fast in jedem Hause fanden wir einen räubernden Japaner von der in deutschen Diensten stehenden japanischen Kulikompagnie. Mit diesen Kerlen hat sich das deutsche Militär eine recht unangenehme Rute aufgebunden. Offenbar aus einer unglückseligen Verkennung oder Unkenntnis der Verhältnisse, weil man glaubte, man würde keine chinesischen Arbeiter bekommen, hat man sich von Japan eine Kompagnie Kulis verschreiben lassen. Die Kerle bekommen pro Tag und Kopf 2 Yen 80 Cent (nach jetzigem Kurs ca. 7 Mk.). Außerdem ist der Staat verpflichtet, an den japanischen Staat im Falle des Todes eines Kulis 500 Yen Entschädigung zu zahlen. Dabei sind die Kerle faul und unfähig bis zum äußersten und die verschrieensten Diebe; sie machen es trotz der strengsten Aufsicht und Verbote doch immer wieder möglich, zu räubern und zu stehlen. Und wenn man einen solchen Kerl erwischt hat, dann hat der deutsche Kommandeur kontraktlich noch nicht einmal die Berechtigung, ihn bestrafen zu

laſſen, ſondern muß dieſes nach japaniſchen Geſetzen durch den
japaniſchen Konſul thun laſſen. Das iſt ein eklatantes Beiſpiel
dafür, wohin wir mit der Anſicht gekommen ſind, Japan hätte ſich
innerhalb dreißig Jahren zu einem Kulturvolke entwickelt, und müſſe
als ſolches behandelt werden.

Von dieſen Kerlen traf ich wie geſagt eine ganze Anzahl beim
Marodieren. In dem einen Hauſe kam ich gerade dazu, wie zwei
Gauner einem alten chineſiſchen Greiſe den Koffer aufgebrochen
hatten und daraus räuberten, was ſie nur konnten. Der arme
alte Mann lag vor ihnen auf der Erde und flehte um ſein Eigen=
tum. Ich konnte nicht an mich halten und gab den beiden Kerlen
mit einem Knüppel ein paar über den Affenſchädel, dann jagte ich
ſie zum Hauſe hinaus; der alte Mann umfaßte mir dankbar die
Kniee. Später ſah ich, wie zwei andere japaniſche Kulis ein kleines
Schweinchen mit einer Miſtgabel bearbeiteten. Sie ſtießen dem
Tierchen die Gabel in den Leib hinein, ließen ſie drin ſtecken und
freuten ſich, wie das arme Geſchöpf nicht leben und nicht ſterben
konnte. Mein Knüppel mußte wieder in Aktion treten, dann gab
ich dem Tierchen mit meinem Revolver den Gnadenſchuß. Das zur
Charakteriſtik der japaniſchen 2 Yen 80=Kulis! Zu meiner Freude
höre ich, daß die Kerle nach Ablauf des Kontraktes nach Japan
zurück geſchickt werden ſollen. Man weiß jetzt, daß man überall
in China fleißige ſtarke und geſchickte Kulis für den Preis von ca.
30 Cents pro Tag bekommen kann. Dazu muß man erſt ſo viel
Lehrgeld bezahlen, um das zu lernen. Zum Schluß ſei noch erwähnt,
daß in der Nacht in Shanghoto ein Gehöft in Flammen aufging.
Die Chineſen bezeichneten die Japaner als Brandſtifter, die Deutſchen
haben das Feuer wieder gelöſcht und dem Abgebrannten außerdem
noch eine anſtändige Entſchädigungsſumme bezahlt, übrigens doch
wohl eine etwas aparte Sentimentalität. Auch darf hier nicht
unerwähnt bleiben, daß nach dieſen Erfahrungen am erſten Marſch=
tage ſeitens des Führers der Kulikompagnie, des Oberleutnant
Arnold, die energiſchſten Maßregeln getroffen wurden, um die an
europäiſche Disziplin nicht gewöhnte Schar zur Raiſon zu bringen.
Es wurde eine ſtrenge Beaufſichtigung eingeführt und die Ein=

richtung getroffen, daß die Kulis bei Vergehen durch ihre eignen
japanischen Kulihäuptlinge zur Verantwortung und Abstrafung gezogen wurden. Daß es überhaupt durchgeführt werden konnte, die
unbotmäßige Gesellschaft nutzbringend zu verwenden, verdankt man
ausschließlich dem genannten Offizier, dem die ebenso uninteressante
wie undankbare Aufgabe zugefallen war, die Kulikompagnie zu
führen und zuzuschneiden. Soweit es möglich war, ist ihm die
Durchführung dieser Aufgabe gelungen.

Am 13. Oktober morgens wurde bereits mit Anbruch des
Tages abmarschiert. Die Gegend, durch die wir kamen, war
dicht besetzt mit Dörfern und Flecken. Dieser Tag wurde seitens
der zur Bagageführung abkommandierten Truppen eifrig zum Requirieren von Tieren und Karren benutzt. Man wollte sich in Zukunft
nicht mehr derartigen Schwierigkeiten aussetzen, wie am vergangenen
Tage, an dem die Truppen bereits gegen zwei Uhr, die letzten
Bagagewagen erst gegen 7 Uhr im Quartier eintrafen. Die Dorf-
bewohner standen meistens vor den Dörfern und erwarteten das
Herannahen und den Vorbeimarsch des Zuges. Kaum trafen die
requirierenden Soldaten selbst auf irgend welchen Widerstand, im
Gegenteil, ich habe oft gesehen, wie die Chinesen sich nicht nur ihre
Tiere und Karren ruhig wegnehmen ließen, sondern auch persönlich
noch halfen, die Karren zu bespannen und in Ordnung zu bringen.
Der Chinese war eben auf eine so glimpfliche Behandlung nicht
vorbereitet.

Wenn der Russe in ein Dorf kommt, wo er requirieren will,
dann geht es im allgemeinen ohne ein paar Plempenhiebe nicht
ab, das ist das mindeste. Etwas anderes erwartet der Chinese
schließlich auch nicht, ist er es doch von den früheren Kriegen und
vor allen Dingen von den zahlreichen Aufständen her nicht anders
gewohnt. Für die humane Behandlung, die wir ihm angedeihen
lassen, hat er kein Verständnis, er hat es viel schlimmer erwartet.
Wer wohl in China mit seiner Art und Weise weiter kommt, der
rücksichtslose Russe oder der rücksichtsvolle Deutsche, der in jedem
spitzbübischen und heuchlerischen Mandarin, der ihn richtig zu
nehmen weiß, in erster Linie den Beamten sieht? Wo der Russe

n China gewesen ist, da haben die Chinesen vor ihm noch Respekt
bekommen; ob wir das von uns behaupten können, das sei noch
sehr dahin gestellt. Jedenfalls habe ich auf diesem Zuge mehrmals
konstatieren können, daß unser Auftreten auf die Chinesen nicht den
gewünschten Eindruck gemacht hat.

Wir marschierten an diesem Tage bis Tangörfu. Etwa auf
halbem Wege lag ein ziemlich bedeutender Flecken. Um Requisitionen
in der Ortschaft zu vermeiden, hatten die Bürger noch vor unserm
Einmarsch beschlossen, eine Ablösungssumme zu bezahlen, und zwar
in Höhe von siebentausend Taels. Die Summe wurde angenommen
und in Silberbarren, Pelzen, sowie kleiner chinesischer Kupfermünze
ausgezahlt. Silber und Pelze wurden verladen, das Kupfer
ließ Generalmajor von Kettler stehen. Ich weiß zwar nicht, wie
hoch der zurückgelassene Betrag sich belaufen hat, halte aber
das Liegenlassen des Kupfergeldes für einen Fehler. Geld, das
dem Staate geschenkt wird, soll man niemals liegen lassen; zu
Hause in der Rechnungskammer werden womöglich wegen jeden
Pfennigs, über den nicht genaueste Auskunft gegeben werden kann,
Untersuchungen angestellt. Außerdem aber war das Liegenlassen
des Geldes schon deshalb nicht zu billigen, weil der Käsch im
Inlande überhaupt die einzige gangbare Münze neben dem verhältnismäßig seltenen ungemünzten Silber bildet. Wenn man hier
etwas kaufen will, dann braucht man kleine Münze, „Käsch“. Sogar
die kleinen Silbermünzen, die 10 bis 20 Centstücke, sind da schon
„große Münze“ und werden, ebenso wie der gemünzte Dollar, nur
mit ziemlich hohen Wechselgebühren in Zahlung genommen. Dazu
kommt, daß man dank der schon früher geschilderten finanziellen
Mißwirtschaft überhaupt nur noch über ganz minimale Barbestände
verfügte, und daß vor allen Dingen das kleine Geld zum Wechseln
fehlte, so daß die Mannschaften nunmehr bereits an drei Zahltagen
keine Löhnung erhalten konnten, da zuerst niemand |die bei den Kom-
pagnieführern ausbezahlten englischen Pfundnoten wechseln| konnte.
Hätte man nicht stolz die in China gangbare Käschmünze, an die
man sich mit der Zeit doch wird gewöhnen müssen, verschmäht,
sondern ruhig auf ein paar Wagen, die leicht zu beschaffen waren,

mitgenommen, dann hätte man den Soldaten wenigstens einen Teil ihrer Löhnung als Taschengeld zum Einkauf kleiner Bedürfnisse auszahlen können. Den Chinesen konnte man natürlich keine größere Freude bereiten, als dadurch, daß man das Käschgeld zurückließ. Kaum merkten sie, daß man das Kupfergeld nicht wünschte, da stürzten sie sich habsüchtig darauf los, und jeder raffte zusammen, so viel er tragen konnte.

In Tangörfu selbst wurden Chinesenhäuser bezogen, zum erstenmal auf diesem Marsche. Am andern Morgen ging es bei Tagesanbruch weiter. Die Bagage war in den vergangenen Tagen nunmehr völlig in Ordnung gebracht worden, und wer sie in Tientsin ausziehen sah, würde sie in Tangörfu schwerlich wiedererkannt haben.

An dem Tage legten wir einen ziemlich tüchtigen Weg zurück. Es mochte bereits gegen drei Uhr nachmittags sein, als wir die Festung Patschou in Sicht bekamen. Es wurde rekognosziert, und man fand die Mauern von chinesischen regulären Truppen besetzt.

Wie ein Lauffeuer verbreitete sich diese Nachricht durch die ganze lange Kolonne. Endlich, endlich sollte man einmal einen Feind zu sehen bekommen, endlich sollten die Flinten einmal knattern und aus Kanonen auf den Feind geschossen werden. „Das Ganze halt!" An der Spitze marschierten die Italiener, Bersaglieri und eine Gebirgsbatterie. Die Gebirgsbatterie erhält den Befehl aufzufahren. Sie nimmt ihre Positionen hinter einem etwa anderthalb Meter hohen Erdwall. Auf dem Erdwall selbst hatte der Stab Aufstellung genommen und beobachtete durch Ferngläser die Festungsmauern. Unsere deutsche Feld=Batterie, die hinter den Infanteriekolonnen marschiert war, erhält ebenfalls den Befehl, vorzurücken und sich bereit zu halten. Kurze Zeit darauf sprengt Hauptmann von Plönnies blitzenden Auges an den Stab heran und meldet dem General, daß er bereit sei. Bersaglieris sind ausgeschwärmt und haben auf dem Terrain zwischen Artillerie und Stadtmauer gedeckte Positionen eingenommen. Adjutanten sprengen hin und her und bringen Meldungen und Befehle.

Mittlerweile hat sich der Chef des Stabes, Hauptmann v. Tiede=

mann, in Begleitung des erften Dolmetfchers, des Herrn Boos, nach der Stadt begeben; die Herren haben die Thore paffiert, den chinefifchen Höchftkommandierenden gefucht und gefunden. Im Namen des deutfchen Generals ftellt Hauptmann von Tiedemann dem chine= fifchen General feine Bedingungen. Sie lauten ungefähr: Schleuniger Abzug der chinefifchen Truppen aus der Stadt. Die Waffen können mitgenommen werden. General Fan hat mit fämtlichen Truppen durch das Nordthor die Stadt zu verlaffen und in nordweftlicher Richtung abzuziehen.

Der General ging ohne weiteres auf diefe Bedingungen ein, gab fofort den Befehl zum eiligen Aufbruch feiner zirka 3= bis 4000 Mann und bat nur, die vor dem Nordthor gelegenen Häufer noch bis zum andern Morgen in der Frühe halten zu dürfen, um dort feine Bagage zu ordnen.

Es wurde ein Meldereiter zum General v. Kettler abgefandt, der das Refultat der Verhandlung überbrachte. General v. Kettler fchien von diefem Refultat befriedigt zu fein und gab den Befehl, die Truppen follten durch das Oftthor unter klingendem Spiele ein= rücken. Er felbft ritt alsdann fofort mit feinem Stabe fowie den ihn begleitenden Herren vom Oberkommando in die Stadt ein. Wir ritten etwa eine Viertelftunde, bis wir an eine kleine Vorftadt kamen, die dem Oftthore vorgelegen ift; rechter Hand fahen wir eine chinefifche Kaferne, aus der noch eben die letzten Soldaten herausliefen. Dann machte die Straße eine Biegung. Als wir diefe genommen hatten, erblickten wir eine hochgewöbte Brücke vor uns, die über einen fchmalen Graben führte. Darüber zogen hoch zu Roß in voller Ausrüftung, den Säbel am Sattel, die Flinte über den Rücken gehängt und einen mit Patronen gefpickten Gurt um den Leib gegürtet, die chinefifchen Soldaten, die ihre Quartiere in der Oftvorftadt verlaffen hatten. Es war das in der That ein malerifcher Anblick. Vor uns die Brücke, die ausfah wie eine Brücke aus der Römerzeit, darüber hinziehend die chinefifchen Sol= daten in blauen mit breiten roten Streifen verbrämten Jacken, auf denen vorn und hinten ein rotweißes Schild mit blauen oder roten chinefifchen Charakteren prangte, im Hintergrunde die an die

16*

zwölf Meter hohe, aus festen Mauersteinen gutgefügte Mauer mit ihren regelmäßigen Zinnen. Es sah aus wie eine Theaterdekoration.

Als die Kerle vorbei waren, ritten wir weiter. Wir kamen nun an die eigentliche Stadtmauer und ritten auf das Thor los. Rechts an der Mauer hing an seinem eigenen Zopfe der abgeschlagene Kopf eines chinesischen Verbrechers, angeblich sollte es der Kopf eines hingerichteten Boxers sein. Im Thorbogen selbst lagen rechts und links Sandsäcke, und zwar konnte man aus der Unordnung und aus den Schleiffpuren deutlich sehen, daß das Thor mit ihnen verbarrikadiert gewesen war. Die Chinesen hatten also offenbar die Absicht gehabt, uns Widerstand zu leisten.

Die Stadt Patschou selbst sah wenig einladend, eher ärmlich aus. Der Raum innerhalb der Stadtmauer war längst nicht völlig bebaut, sondern es gab darin zahlreiche freie Plätze, ein Zeichen dafür, daß der Zuzug und das Anwachsen der Stadt im Gegensatz zu demjenigen von Küstenstädten nicht allzu stark gewesen sein kann. Als wir etwa mitten in der Stadt waren, trafen wir diejenigen Herren, die zum Zweck der Verhandlung mit dem General Fan, um Recognoszierungen vorzunehmen, und zum Quartiermachen in die Stadt geritten waren. Der General Fan war gleichfalls anwesend. Es war das ein dicker, aber sehr beweglicher Mann mit glattrasiertem Gesicht, Säckchen unter den Augen und einem Munde, der dem eines Karpfen glich. Auf dem Haupte trug er den üblichen runden Soldatenwinterhut, auf dem stolz ein dicker grüner Knopf thronte. Außerdem trug er als Zeichen besonderer kaiserlicher Huld die in einen grünen Nephrit gefaßte Pfauenfeder auf dem Hute, die bekanntlich in China an Stelle eines Ordens verliehen wird. Zur gelben Jacke hatte er es freilich noch nicht gebracht.

Die Begegnung zwischen den Generälen war ziemlich komisch. Als unsere Kavalkade anritt, wurde General v. Kettler dem Chinesen gezeigt. Offenbar aber fühlte sich Fan, der zu Fuß war, innerhalb der zahlreichen neu angekommenen Reiter höchst ungemütlich, er war auch zweifellos über die Person des Kommandierenden noch nicht im Klaren. Denn er drehte und wendete sich wie ein Aal und

dienerte nach allen Seiten hin, indem er seine Aufgeregtheit hinter
einem ständigen freundlichen Grinsen zu verbergen suchte.

Es wurde ihm klar gemacht, daß der deutsche General ein
anständiges Quartier haben müßte. Da rannte er persönlich, wie
von der Tarantel gestochen, umher, lief in mehrere Straßen hinein,
verprügelte mehrere Chinesen, die ihm im Wege standen, und pochte
höchst eigenhändig an eine Anzahl verschlossener Hausthüren, die
aber nicht aufgemacht wurden. Schließlich erschloß sich eine Thür,
aber das Quartier war wenig einladend, so daß die Herren vom
Stabe und vom Generalkommando es vorzogen, wieder vor das
Ostthor zu ziehen und in ihren Zelten zu übernachten. Beim Zurück-
reiten begegneten wir unsern Truppen, die unter dem Spiele der
Regimentsmusik einrückten. Die lustigen Weisen waren schon deshalb erwünscht, weil sie den Offizieren und Mannschaften über die
Enttäuschung hinweghalfen, daß es wieder einmal zu keinem ernsthaften Gefecht gekommen war. Die Stimmung innerhalb der Truppe
selbst war an diesem Tage keine freudige. Und ich selbst muß
gestehen, daß ich zum mindesten erwartet hätte, daß der General
von Kettler die chinesischen Truppen erst entwaffnete, ehe er sie abziehen ließ. Daß man unter solchen Verhältnissen keine Schlacht
liefert, ist selbstverständlich, aber für ebenso falsch halte ich es, einen
Feind, und wenn es ein chinesischer ist, mit Waffen in der Hand
in seinem Rücken zurückzulassen. Zwar hatten die Chinesen versprochen, sofort in der angegebenen Richtung abzuziehen, aber wie
unzuverlässig solche Versprechungen sind, das sollte General v. Kettler
selbst einige Tage später merken. Ich habe damals bereits den
Eindruck gehabt, daß das Vorgehen von Kettlers, der die Chinesen
viel zu sehr mit Glacéhandschuhen anfaßte, nicht genug dem Rechnung
trug, was die Chinesen von uns eigentlich erwarteten. Nach China,
und vor allen Dingen an die Spitze von deutschen Expeditionstruppen, die diesem Volke von Heuchlern und Mordbrennern gegenüber etwas erreichen sollen, gehören Männer von der Energie eines
Höpfner oder Lans. Unser Expeditionskorps hat in seinen Führern
leider nicht immer Glück gehabt.

Übrigens hatte dieser Tag doch noch ein Ereignis. Leutnant

Linke unternahm eine Rekognoszierung vor dem Westthore. Es war bereits Abend geworden, und er war schon wieder in der Nähe der Stadt, als er plötzlich Feuer erhielt. Es gelang ihm mit Hilfe von anamitischen Reitern, die zufällig des Weges kamen, einiger der Schützen habhaft zu werden. Die Kerle wurden sofort nach dem deutschen Hauptquartier gebracht und noch am selben Abend standrechtlich erschossen. Das waren die ersten Chinesen, die sich uns gegenüber als Boxer bethätigt hatten.

Der folgende Tag, der 15. Oktober, war ein Ruhetag. Er wurde dazu benutzt, um dem Ort eine Kontribution aufzuerlegen. Die Kontribution bestand in Lebensmitteln. Die Chinesen sollten die verlangten Gegenstände herbeischaffen, dafür sollte das Requirieren seitens der Truppe verboten sein. Das wäre ja nun vielleicht durchführbar gewesen, wenn wir keine Italiener bei uns gehabt hätten. War die Marschdisziplin der Italiener schon nicht besonders, da man überall, die ganze Marschkolonne entlang und auch noch hinter ihr, plündernde Italiener finden konnte, so war bei diesen in den Ortschaften selbst erst recht kein Halten mehr. Sie gingen in die Häuser und Ställe, erbrachen Kisten und Kasten, kurzum plünderten nach Herzenslust, ohne von ihren Offizieren ernsthaft daran gehindert zu werden. Die Requisition in der Stadt selbst sollte nun folgendermaßen vor sich gehen. Eine Anzahl Leute bekamen Zettel, die von dem ersten Dolmetscher Boos und dem zur Beaufsichtigung der Requisition kommandierten Offizier Leutnant Freiherrn von Seckendorf unterzeichnet waren, und auf denen stand, daß der Inhaber des Scheines beauftragt sei, für das Kommando zu requirieren. Als nun die Requisitionen vor sich gehen sollten, kamen die Chinesen scharenweise in das Yamen des Stadtmagistrats gelaufen und erklärten dem Dolmetscher, die Soldaten plünderten die Häuser, was doch nicht geschehen sollte, und außerdem nähmen sie ihnen die Sachen, die sie ins Yamen bringen sollten, auf der Straße weg, obgleich sie den Zettel hochgehalten und den Leuten gezeigt hätten. So verhielt es sich auch, es waren die Italiener, die den Weisungen zuwiderhandelten. Mehrere von ihnen wurden sistiert und dem italienischen Kommandeur zur Bestrafung namhaft gemacht. Dann

ging die Requifition vor fich. Im Laufe des Vormittags erfchien
General v. Kettler auf dem Yamen des Magiftrats. Der Bürger=
meifter empfing feinen Befuch, bot ihm Thee an 2c. Alsdann ließ
General v. Kettler ihn durch den Dolmetfcher bitten, er möchte doch
einmal fein Galagewand anziehen, er wollte ihn photographieren.
Nun ift es ja ganz nett, wenn Generäle photographieren. In
diefem Falle wäre es aber vielleicht doch richtiger gewefen, wenn
der General den kleinen Mandarinen, für den er gegenwärtig höchfte
Refpektsperfon war, zu fich in fein Zelt befohlen hätte. Daß der
Mandarin dann feine Galatracht anlegen mußte, war nach chinefifchen
Begriffen einfach felbftverftändlich. Dann hätte er vielleicht auch
photographiert werden können. So aber muß der Mann ficherlich
die Empfindung gehabt haben, daß der ftolze deutfche General ihn
zuerft befuchte. Das bedeutet aber nach chinefifchen Begriffen keines=
wegs eine befondere Erhöhung des Anfehens des Generals in den
Augen des kleinen Mandarinen und feiner Volksgenoffen.

Wie wenig der Kerl eine folche Behandlung verdiente, zeigte
die Folge, die auch ein ganz intereffantes Bild giebt von der Art
und Weife, wie die Chinefen uns zu „nehmen" wiffen. Wer chinefifche
Sitten kennt, wird wiffen, daß die zahlreichen Frauen fich in den
hinteren Gemächern des aus einer ganzen Anzahl von Häufern be=
ftehenden Hofkomplexes befinden. Die Frauen werden Unberufenen
niemals gezeigt, und der Chinefe weiß auch, daß der ritterliche
Deutfche das Heiligtum der Frauengemächer zu achten weiß und
refpektiert. So hatte denn unfer Mandarin gebeten, man möchte
doch die Sitte des Haufes achten und nicht in die Frauengemächer
eindringen. Selbftverftändlich war ihm das zugefagt worden.

Es war Zufall, keine Abficht, daß fich einer der zur Bewachung
des Yamen kommandierten Soldaten in eines der hinteren Gemächer
verlief. Was fand er dort? Allerdings eine Anzahl Weiber, aber
dazu große Mengen von Gewehren und Munition. Er meldete das
fofort dem Offizier, diefer meldete den Fund dem Kommandeur,
ebenfo die Thatfache, daß der Mandarin ihn hinhielte und die
gewünfchte Anzahl von Requifitionsgütern nicht zur beftimmten
Stunde geliefert hätte; darauf kam der Befehl, fämtliche Gewehre

und Munition zu vernichten und den nicht gelieferten Rest an
Lebensmitteln zu requirieren. Nun wurden die „Frauengemächer"
gründlich nach Waffen und Munition untersucht, und man förderte
große Haufen zu Tage. Es waren Infanteriegewehre Modell 88
sowie Karabiner, Kavalleriesäbel, Revolver ꝛc. neuester Konstruktion.
Die Schlösser wurden aus den Gewehren herausgenommen und die
Schäfte alsdann auf Steinen zerschlagen. Aus Rache für diese nachträgliche Strenge, die man nur gleich von vornherein hätte walten
lassen sollen, ging der Mandarin ins Lager und denunzierte die
deutschen Soldaten und den führenden Offizier, sie hätten ihm sein
ganzes Silberzeug geraubt, eine Denunziation, die das Kommando
auch wirklich für bedeutend genug hielt, um daraufhin eine Untersuchung und eine Gepäckrevision anzustellen, die selbstverständlich die
völlige Unschuld der Beschuldigten ergab. Wölfe in Schafspelzen
sind die Chinesen! Schade, daß es noch keinen Knigge giebt, der
den Umgang mit Chinesen behandelt. Daraus wäre noch vieles zu
lernen, was man auch in diesem Feldzuge praktisch hätte verwerten können.

Charakteristisch für die Beurteilung der Verhältnisse auf chinesischer Seite ist eine Unterredung, die der Korrespondent des „Berliner
Tageblattes", Graf Rayhaus, in der Nacht vom 14. zum 15. Oktober
mit einem chinesischen Reiteroberſten gehabt haben will, für deren
Inhalt ich ihm freilich die volle Verantwortung überlassen muß.
Immerhin klingt das, was ihm der chinesische Reiteroberſt mitgeteilt
haben soll, so chinesisch, daß es auch als Erfindung interessant und
verständlich sein würde.

Graf Rayhaus, dessen sonstige Qualitäten für diese Geschichte
nicht in Frage kommen, war früher Militärinstrukteur bei der seiner
Zeit in Wusung befindlichen Truppe, und zwar war er speziell
Kavallerieinstrukteur. Ein früherer Schüler von ihm befand sich
nun auch mit einem Reitertrupp in Patschou und war mit den
Truppen des Generals Fan zusammen ausgezogen. Nun hatte er
aber gehört, daß sein früherer Vorgesetzter nach Patschou gekommen
sei; so kam er denn aus alter Anhänglichkeit in der Nacht zurück
und besuchte ihn.

.

Aus dem Gespräch, das uns Graf Rayhaus am andern Morgen mitteilte, erwähne ich nur folgende charakteristische Stellen. Auf die Frage hin, was denn der Einzug der Deutschen und Italiener für einen Eindruck auf die Chinesen gemacht habe, antwortete der Chinese: „Meine Landsleute haben sich darüber gewundert, daß Ihr uns nicht angegriffen habt. Daß wir Euch Widerstand leisten wollten, wenn Ihr uns feindlich angegriffen hättet, das hast Du ja aus den Sandsäcken gesehen, die in den Thoren liegen. Wenn wir Euch von vornherein hätten freundlich behandeln wollen, dann hätten wir Euch, wie es bei uns Sitte ist, eine Deputation entgegengeschickt, was Euch auf Eurem Marsch ja schon mehrmals passiert ist. Als Ihr nun aber da waret und mit uns verhandeln wolltet, da haben wir uns gesagt, auf die Dauer können wir Euch doch nicht Widerstand leisten. Da Ihr uns unsere Waffen lassen wolltet, hielten wir es für vernünftiger, nachzugeben. Deshalb sind wir abgezogen.“ Diese Auffassung der Dinge ist, wie gesagt, echt chinesisch und mir persönlich sehr wohl verständlich, obgleich sie von vielen Seiten als unzutreffend bezeichnet und auch offiziell als nicht hinreichend begründet hingestellt wurde. Ich bedaure, daß ich mich dem offiziellen Dementi verschließen muß, und zwar auf Grund derjenigen Erfahrungen, die ich während meines früheren und meines jetzigen Aufenthaltes in China gemacht habe. Mir sind dieselben Auffassungen im Gespräch mit gebildeten Chinesen und im Geschäfts= leben nicht einmal, nein viele Male entgegengetreten, und sie passen genau zu dem Charakterbilde, das man bei etwas längerem und intimerem Verkehr mit Chinesen vom chinesischen Volkscharakter erhält.

Am ersten Marschtage nach dem Ruhetage, am 16. Oktober, hatte ich ein Gespräch mit dem Chef des Stabes, des General= majors v. Kettler, dem Hauptmann v. Tiedemann, übrigens einem hochbefähigten Offizier, den ich ebensowohl wegen seines umfassenden Wissens wie wegen seines liebenswürdigen und taktvollen Auftretens schätzen gelernt habe. Anlaß zu diesem Gespräch gab die ebenfalls durch den Chinesen des Grafen Rayhaus kolportierte Nachricht, daß vier Fünftel der aus der Stadt abgezogenen Soldaten Boxer ge= wesen seien. Diese Nachricht wurde offiziell bestritten, und es liegt kein Grund vor, sich für die eine oder die andere Version zu engagieren.

Ich persönlich habe bis jetzt noch keinen Boxer, das heißt keinen Boxer in seinen Boxerabzeichen gesehen. Sie sind deshalb unserm Auge nicht leicht erkennbar, weil sie uns nur im Gewande des „friedlichen Bürgers" entgegentreten und sich auch als solche durchaus gerieren. Diese sollen unsere Truppen aber schützen. Was mir nun an dem Gespräche mit dem Hauptmann v. Tiedemann am interessantesten ware, war die Frage, wie man denn nun die Boxer trotzdem von den friedlichen Bürgern unterscheiden kann. Es liegt doch sicher die Möglichkeit, ja die Wahrscheinlichkeit nahe, daß sich unter den „friedlichen Bürgern" der Stadt Patschou gerade so gut Angehörige der Boxergesellschaft befinden konnten, wie unter den abgezogenen Soldaten. Nachdem in Peking, zuletzt noch durch die Aussage des füsilierten Mörders des Herrn von Ketteler, festgestellt worden ist, daß sowohl die Ermordung unseres Gesandten wie die Umtriebe der Chinesen überhaupt, soweit sie sich gegen die Ausländer richteten, auf Befehl und in Übereinstimmung mit der chinesischen Regierung stattgefunden haben, läßt sich auch annehmen, daß die chinesische Regierung dafür gesorgt hat, daß in der Provinz Tschili wenigstens nur solche Mandarinen Regierungsbeamte blieben, die der Regierung genehm waren. Es kann daher kaum zweifelhaft sein, daß die Mandarinen bis zu einem gewissen Grade als Mitschuldige der Regierung betrachtet werden müssen. Mit diesem selben Mandarinen sollen nun aber laut Instruktionen die vereinigten Truppen zusammen gehen, so lange diese Mandarinen nicht nachgewiesenermaßen Boxer waren oder sind, oder aber sich feindlich zu den fremden Truppen stellen. Dies festzustellen ist aber eben so schwer, wie die Feststellung der Thatsache, wer unter den zahlreichen friedlichen Bürgern nun Boxer ist und wer nicht; gerade über diesen Punkt sprach ich eingehend mit Hauptmann v. Tiedemann. Ich wies mehrmals darauf hin, daß die Truppen, die uns aus den Takuforts und aus den Peitangforts beschossen haben, doch schließlich ebensogut reguläre Staatstruppen gewesen sind wie diejenigen, die wir unentwaffnet aus Patschou abziehen ließen. Mir

wurde entgegnet, daß allerdings gewisse Unklarheiten bezüglich
der Behandlung der chinesischen Truppen herrschten. Man sei aber
davon überzeugt, daß die sämtlichen Truppen der Provinz Tschili
seit dem Eintreffen des Vizekönigs Li hung tschang strikten Befehl
erhalten hätten, alle Feindseligkeiten gegen die fremden Truppen
zu unterlassen. Ja, was bezwecken wir denn eigentlich dann mit
unseren Operationen in Tschili, wenn wir keine Boxer erkennen
können, die chinesischen Truppen sich uns gegenüber nicht feindlich
zeigen, und wir infolgedessen auch keine Gelegenheit mehr haben,
sie anzugreifen? Sind wir nur dazu da, um ein paar Mandarinen,
denen zufälligerweise einmal nachgewiesen werden kann, daß sie
Boxer sind und sich an Missionarverfolgungen beteiligt haben, stand=
rechtlich erschießen zu lassen, während wir der Hauptschuldigen, der
chinesischen Regierung, ihre Streitkräfte belassen? Glaubt man da=
durch, daß man ein paar Tempel sprengt, in denen sich Boxer ver=
sammelt haben sollen, daß man in eine Stadtmauer eine Bresche
legt, daß man ein paar Mandarinen köpft, die dem Volke an sich
schon verhaßt sind, eine solche Wirkung zu erzielen, daß nach Hun=
derten von Jahren noch die Chinesen mit Furcht, Schrecken und
Hochachtung an die Deutschen denken werden? Ich zweifle daran.
Freilich, wen soll der Vorwurf treffen? Kann überhaupt jemanden
ein Vorwurf dafür treffen, so lange wir es mit einem Feinde zu
thun haben, der uns aus den Händen entgleitet wie ein Aal, der,
ehe wir hier waren, sich als unser Feind aufspielte, sobald wir
da sind, unser bester Freund zu sein angiebt und wenn wir wieder
fort sind, wieder unser ärgster Hasser werden wird? Heuchelei
und Doppelzüngigkeit sind zwei hervorragende Tugenden des Chi=
nesen, auf die wir an Treu und Glauben gewöhnten Kulturmenschen
nur allzu oft hineinfallen. Gründliche Ausnutzung dieser beiden
Eigenschaften, das ist chinesische Diplomatie, wie sie die chinesische
Regierung und wie sie genau ebenso auch der kleinste Mandarin
treibt. Einer der gefährlichsten Heuchler und Diplomaten war aber
gerade der selige Li hung tschang. Es gab wohl in ganz China
keinen besser gehaßten Mann als ihn. Man muß in Shanghai und
Canton einmal gebildete Chinesen über Li sprechen hören, da wird

man etwas erfahren. Er galt als einer der reichsten Männer Chinas, und seinem Reichtum entsprechend schätzte man auch seine moralischen Qualitäten ein, nur daß diese im umgekehrten Verhältnis zur Höhe seiner irdischen Schätze standen. Und doch ist man seitens der Mächte wieder auf Verhandlungen mit diesem Obergauner angewiesen gewesen, obgleich Li damals erst noch vor drei Monaten den deutschen Konsuln, sowie den Vizekönigen von Hankau und Nanking gegenüber kontraktbrüchig geworden war. Diese drei Vizekönige hatten mit den Generalkonsuln ein Abkommen getroffen, demzufolge sie ihre Provinzen nicht verlassen sollten. Li war Vizekönig der Quangprovinzen und residierte in Canton. Da sprengte die chinesische Regierung diesen Kontrakt durch einen schlauen Schachzug. Li wurde zum Vizekönig der Provinz Tschili ernannt. Das genügte, um ihn zum Wortbruch zu veranlassen. Er verließ Canton und ging nach dem Norden. In Shanghai zog man in Erwägung, ob man sich seiner Person nicht bemächtigen sollte. Ich bedaure es unendlich, daß man es nicht gethan hat. Warum eigentlich nicht? Hoffte man von ihm noch gute Dienste? Zwar wurde er von den Generalkonsuln „geschnitten“, und man weigerte sich, mit ihm als dem Vertreter der chinesischen Regierung zu verhandeln, so lange die Regierung nicht nach Peking zurückgekehrt sei. Man sollte sich grundsätzlich weigern, mit einem Wortbrüchigen überhaupt wieder zu verhandeln. Man hätte sich der Person dieses gerissensten Chinesen, der die Europäer am besten zu „nehmen“ wußte, ohne daß sie es merkten, bemächtigen sollen. Warum that man es nicht? Nicht etwa, weil Li hung tschangs Ansehen bei den zivilisierten Völkern so eingewurzelt war, daß man wirklichen Respekt vor ihm hätte. Aber leider war er der einzige, der sich den fremden Diplomaten gegenüber auf den Standpunkt fremdländischer Diplomatie stellte; es war mit ihm noch relativ am bequemsten zu verhandeln, und er kannte genug von den „Fremden“, um zu wissen, daß man ihnen gegenüber auch bis zu einem gewissen Grade ehrlich sein müsse. Freilich, es brauchte nur so aussehen, denn sonst war er gerade wie ein anderer Chinese, ein heuchlerischer und unehrlicher Kumpan. —

Der Marsch, den wir an diesem Tage zurücklegten, war kurz

und uninteressant. Wir marschierten nur etwa 25 Li, das sind ungefähr zwölf Kilometer, und bezogen in einem elenden Dorfe, das einen recht ärmlichen Eindruck machte, ganz im Gegensatz zu unseren bisherigen Quartieren, Chinesenhäuser. Wir Journalisten speziell hatten uns einen Tempel zur Wohnstätte ausersehen. Dieser Tempel hatte ein Nebengebäude, in dem wir schliefen, in der kleinen Tempelhalle selbst, die allerdings erst von einem sicherlich mehr denn hundertjährigen Staube gereinigt werden mußte, hatten unsere Boys den Speisesaal hergerichtet. Da wir an diesem Tage liebe Gäste hatten, so benutzten wir den Anlaß zu einem Gelage und brauten uns einen steifen Grog, der uns in der nächtlichen Kälte außer= ordentlich wohl that. Der Ort selbst hieß Kungchiamatau.

Noch spät am Abend erfuhren wir, daß bei einer Stadt, die wir am nächsten Tage passieren sollten, die Brücke über den an der Stadt vorüberführenden Fluß von Boxern niedergebrannt worden sei. Da unsere Truppen über den Fluß, den Peikoho, hinüber mußten, so wurde ein Reiterdetachement vorausgeschickt unter Führung der Adjutanten des Generals von Gayl, des Oberleutnants Wachs, in dessen Begleitung sich der erste Dolmetscher, Herr Boos, befand. Dieses Detachement erhielt den Auftrag, die Stadt Peikotien zu zwingen, eine Schiffsbrücke herzustellen. Die ganze Angelegenheit ging denn auch ohne Schwierigkeiten vor sich. Der Bürgermeister war sofort bereit, und innerhalb zwei Stunden war eine tadellose, nach den Angaben der beiden genannten Herren aufgeführte Brücke fertig, über der stolz die deutsche Flagge wehte. Gegen Mittag des 17. Oktober langten die Truppen in Peikotien an und bezogen dort Quartiere. Die Funktionen eines Quartiermeisters versah dauernd Herr Oberstleutnant Petzel, unser verehrter Transportführer vom „Rhein".

Die Brücke sollte vor etwa drei Wochen von Boxern nieder= gebrannt worden sein. Dieses Datum fällt zusammen mit dem Zeitpunkte, an dem General Fan den Boxern in dieser Gegend eine Schlacht geliefert haben wollte, wobei er nach seiner Angabe Tausende von ihnen getötet hatte. In der That hing ein abgeschlagener Kopf an einem der ruinierten Brückenpfeiler an seinem Zopfe angenagelt.

Jedenfalls erfüllte die neuerbaute Schiffsbrücke ihren Zweck vollständig. Interessant war es, am andern Morgen den Übergang des Trains und der Artillerie zu beobachten. Der Train ging ohne Zaudern über die Brücke, die chinesischen Tiere sind ja schmale Brücken gewohnt. Der Artillerie schien anfangs der Übergang Sorge zu machen. Die australischen Pferde konnten in der kurzen Zeit noch nicht so sicher eingefahren werden, daß man einen Übergang ohne weiteres wagen konnte. Kurz entschlossen ließ daher Hauptmann von Plönnies die Pferde aushängen, handfeste Artilleristen spannten sich vor die Geschütze und Munitionswagen, und innerhalb fünf Minuten war der Übergang der Artillerie bewerkstelligt.

Hier sollte übrigens der Fehler gutgemacht werden, daß man den abziehenden Truppen die Waffen gelassen hatte. Als wir nämlich bereits in süßem Schlummer lagen, ging noch eine Meldung ein, in der es hieß, daß die Truppen des Generals Fan nicht in der ihnen vorgeschriebenen Richtung abmarschiert seien, sondern nördlich von uns und mit uns parallel zögen. Infolgedessen wurden zwei Kompagnien des ersten Bataillons unter Führung des Majors von Mühlmann nach Norden abgesandt, um den Truppen nachträglich die Waffen abzunehmen. Als die Kolonne ans Ziel kam, waren die Chinesen bereits fort. Einige Zeit vorher war nämlich eine Kavalleriepatrouille in dem Ort gewesen, und vor dieser waren die dort befindlichen Truppen bereits in hellen Haufen davongelaufen. Die Armee des Generals Fan schien aufgelöst zu sein. In demselben Orte präsentierte der Mandarin einen Gefangenen, der Boxer sein sollte. Es war bereits eine Sektion kommandiert worden, um ihn standrechtlich zu erschießen. Doch ergab das durch den Dolmetscher angestellte Verhör keinerlei Anhaltspunkte dafür, daß der Mann Boxer war; es hatte den Anschein, als sei das eines der vorgeschobenen Opfer, die man vielfach in der chinesischen Justiz findet. Die Beamten des Mandarinen bringen, wenn sie einem Manne nicht wohlgesinnt sind, diesen unter irgend einer Anschuldigung ins Gefängnis, oft steckt auch der Mandarin selbst dahinter. Ein solcher Mann schien dieser ausgelieferte „Boxer" zu sein, den man den blutdürstigen Fremden preisgeben wollte. Sehr richtig sagte indessen Major von Mühlmann: „Wir brauchen keine Opfer!" und ließ dem Gefangenen das Leben.

Die beiden ausgesandten Kompagnieen stießen erst wieder unmittelbar vor Pautingfu zu uns. Das Gros der Truppe setzte währenddessen am 18. Oktober seinen Marsch fort und kam an die mit einer Mauer umgebene Stadt Yungshönhsien; eine halbe Stunde vor der Stadt erwartete uns der Präfekt. Er bot eine Kontribution an, die in sechs Ochsen, mehreren Hundert Eiern, etwa fünfzig Hühnern und einigen Säcken Reis und Kauliang bestehen sollte. Diese Abgabe wurde angenommen. Als wir nun an die Stadt selbst herankamen, hatten die Chinesen die Thore vor uns verschlossen und führten uns durch die Vorstadt um die Stadtmauer herum. Und es geschah wieder etwas, das ich nicht verstehen konnte: General v. Kettler ließ es geschehen, daß die Thore der Stadt geschlossen blieben. Er selbst meinte, hineinsehen in die Stadt selbst wolle er doch einmal. Infolgedessen ließ er sich von den Chinesen um die Stadt herumführen, an eine Seite, die unsern Truppen abgewandt war, hier wurde ihm ein Thor geöffnet, und er ritt mit einigen Begleitern in das Yamen des Präfekten, in dem er Thee und Kuchen einnahm. Unsere Truppen aber mußten an den verschlossenen Thoren einer feindlichen Stadt, die sich durch ein paar schäbige Ochsen und ein paar Säcke voll Mehl, Reis und Eier loszukaufen gedachte, vorbeiziehen. Ich habe die Schließung der Thore vor uns und die Zumutung, an verschlossenen Thoren vorbeizumarschieren, als einen Akt gröbster Unhöflichkeit und Mißachtung empfunden. Ich befinde mich in dieser Auffassung zwar mit einer großen Anzahl von Zeugen dieser Vorgänge, nicht aber mit Herrn Generalmajor von Kettler in Übereinstimmung. Dennoch glaube ich in dem Vorgehen v. Kettlers vielfach den Beweis gefunden zu haben, daß er die ihn umgebenden Verhältnisse nicht richtig auffaßte und infolgedessen auch nicht in der Lage war, unsere Truppen zu den Erfolgen zu führen, die die deutsche Nation von ihnen erwartete, nachdem die Richtschnur für unser Vorgehen von dem deutschen Kaiser in unverkennbarer Klarheit gezogen worden war; sich ruhig gefallen zu lassen, daß eine Stadt, noch dazu eine

Festung, in der alles Mögliche verborgen gehalten sein kann, vor
uns die Thore schließt und unsern Truppen den Einzug verbietet,
das ist doch wohl nicht das Richtige.

An diesem Tage zogen wir noch einige Kilometer weiter und
nahmen in einem wohlhabenden Dorfe namens Shauli Quartier.

Am Freitag, den 19. Oktober, machten wir einen ziemlich
scharfen Ritt. Der Stab wollte an diesem Tage Pautingfu erreichen,
während die Truppen in einem Abstande von etwa 7 Kilometern
vor der Festung bleiben sollten. Wir brachen gegen halb acht Uhr auf,
durchritten bei dem Dorfe Chang=Chang eine Furt durch den Peiho,
passierten etwa fünf Dörfer und bekamen gegen 12 Uhr die Mauern
von Pautingfu in Sicht. Eine halbe Stunde später waren wir bereits
bei den Häusern der Vorstadt, die vor dem Ostthore liegt. Franzosen
und Engländer waren schon vor uns angekommen. Die Franzosen
lagen in zwei früheren chinesischen Militärlagern vor der Stadt,
und zwar im Osten, die Engländer lagen noch im Biwak im Norden
der Stadt. Da der General dem Oberbefehlshaber der südlichen
Kolonne, dem General Bailloud, seine Ankunft melden mußte, so
ritt der Stab zu dessen Quartier, während ich es vorzog, noch näher
an die Stadt heranzureiten. Zunächst kam ich über einen großen
freien Platz, einen chinesischen Exerzierplatz. An diesem Exerzier=
platz stand ein merkwürdiges Bauwerk, ein hoher, nach der Stadt
zu steil abfallender Aufbau, etwa 15 Meter hoch. Auf diesem Auf=
bau nimmt der chinesische General Stellung, wenn er die Parade
abnimmt, damit jeder ihn und er alle sehen kann.

Ich ritt etwa eine Viertelstunde lang, bis ich in die eigent=
liche Ostvorstadt kam. Nach kurzer Zeit war ich an der Mauer
und am sogenannten Ostthor. Die starke Mauer ist aus Backsteinen
fest gefügt; sie wäre nicht so leicht einzuschießen gewesen. Den Ein=
tritt in die Stadt versperrte mir eine Zuavenwache. Ich unterhielt
mich längere Zeit mit dem wachthabenden Offizier, einem Elsässer,
der später auch leiblich deutsch sprach. Er erzählte mir, die Zuaven
seien bereits seit dem 12. Oktober vor Pautingfu. Doch sei das
Betreten der Stadt verboten, bis die gesamten für Pautingfu
bestimmten internationalen Streitmächte angelangt seien. Dieses

Verbot war durch General Gaselly noch verschärft worden. In der Stadt, die etwa 100 000 Einwohner hat, sollten etwa 4 bis 5 Tausend chinesische Soldaten liegen. Der oberste Beamte der Stadt sei der Fantai, der Finanzminister der Provinz Tschili und stellvertretende Vizekönig, so lange als Li Hung Tschang die Zügel der Regierung noch nicht ergriffen habe. Dieser Fantai hätte gebeten, die Stadt nicht zu besetzen, da ihm sonst die Bewohner davonliefen. Offiziell wurde seinen Wünschen nicht entsprochen, aber thatsächlich durfte niemand in die Stadt hinein, d. h. kein Europäer, außer den Quartiermachern, und schließlich gingen noch drei Tage darüber hin, bis die Truppen einzogen. Mittlerweile hatten die Chinesen hinreichend Zeit, in Sicherheit zu bringen und fortzuschaffen, was sie wollten, da sie unbehindert ein- und ausgehen durften, zu Fuß und zu Wagen.

Ich kehrte also wieder um, nachdem ich noch einen Blick durch das Thor geworfen hatte. In die Stadt direkt hineinsehen konnte man nicht, da das besetzte Thor erst das äußere Thor war, dahinter folgt ein freier, von einer hohen Mauer umgebener Raum und dann erst das eigentliche Thor, das durch die Stadtmauer führt, die, wie in fast allen chinesischen Städten, ziemlich genau auf quadratischem Grundriß erbaut ist.

Während dieses innere Thor nach Osten hin offen ist, ist das äußere nach Norden hin offen, so daß sich einer Beschießung und einem Sturm auf die Stadt ernstliche Schwierigkeiten in den Weg gestellt hätten. Übrigens wehten bereits die deutsche, englische, französische und italienische Flagge auf der Mauer über den Thoren.

Ohne Schwertstreich war also auch diese chinesische Festung gefallen, die Hauptstadt der Provinz, das in Aussicht genommene Winterquartier des 3. und 4. ostasiatischen Infanterieregimentes.

Ich ritt am Nachmittag noch die 8 Kilometer zurück zu dem Dorfe, in dem unsere deutschen Truppen lagen, und traf dort meine Kollegen Wegener und Wilhelmi sowie meine Bagage wieder. Ein gutes Mahl meines Kochs entschädigte für die Anstrengungen des Tages.

Am folgenden Morgen brachen wir sehr frühzeitig mit unserer
Bagage auf und erreichten noch vor den Truppen die vor Pautingfu
gelegenen Dörfer. Wir suchten uns außerhalb der Mauern
ein Quartier, bis wir dann am 23. Oktober ein Quartier in
der Stadt bezogen. Sämtliche Truppen waren bereits am
Tage vorher ebenfalls in der Stadt untergebracht worden.
Mit der Pekingkolonne war noch ein Kollege, Herr Dr. Genthe
von der „Kölnischen Zeitung", eingetroffen, der ein angenehmer
Zuwachs unserer Hausgenossenschaft werden sollte.

Seit ihrem Eintreffen vor Pautingfu waren sämtliche Truppen
unter den Oberbefehl des Generals Gaselly getreten, der mit seiner
Pekingkolonne bereits drei Tage vor uns vor Pautingfu eingetroffen war.

---

b) Die Expedition von Peking nach Pautingfu.

Der Vormarsch auf der Kaiserstraße. — Überschreiten des Hunho auf der
sogenannten Marco Polo Brücke. — Die Marschordnung. — Tscho-Tschou
von chinesischem Militär besetzt. — General Gaselly läßt das Militär mit
Waffen abziehen. — Landschaftliches. — Fühlung mit der Tientsin-Kolonne. —
Ruhetag. — Das Artilleristenstückchen von Nganfun-hsien. — Eintreffen vor
Pautingfu.

An demselben Tage, an welchem die gemischte Kolonne unter
General Bailloud von Tientsin aus gegen Pautingfu aufbrach,
marschierte eine zweite Kolonne, deren Zusammensetzung ich bereits
mitgeteilt habe, unter dem Oberbefehl des englischen Generals
Gaselly von Peking aus in der Richtung auf Pautingfu ab. Ich
erinnere nochmals daran, daß deutscherseits an diesem Zuge beteiligt
waren das erste und zweite ostasiatische Infanterieregiment unter
dem Brigadekommandeur Oberst von Normann mit je einem Bataillon,
sowie eine Marinefeldbatterie unter Hauptmann von Blottnitz, dem
ein Zug der 3. Batterie des ostasiatischen Feldartillerieregiments,
der Batterie des Hauptmanns von Plönnies unter dem Oberleutnant
Reinecke beigegeben war.

Am 12. Oktober früh 5,45 Uhr zogen die Truppen aus ihren
Quartieren in der Chinesenstadt ab und standen eine Stunde später
am sogenannten Tschantschimön, dem Westthore der Chinesenstadt.
Von hier aus begann der Abmarsch.

Zunächst ging es eine Weile über die berühmte Kaiserstraße.
Wer diese kennt, fürchtet sie. Sie gehört mit zu denjenigen Bau=
werken, auf die die Chinesen besonders stolz sind, und die ja auch
in ihrer Eigenart etwas Großartiges haben. Sie besteht aus
gewaltigen Quadersteinen, die nunmehr schon Hunderte von Jahren
dort liegen mögen. Da aber in China alles nach der Schablone
und nach genau denselben Maßen gearbeitet wird, mag das nun
ein Stuhl, ein Haus oder eine Karre sein, und da infolgedessen
auch die Karrenräder alle genau dieselbe Spurweite besitzen, so
haben sich im Laufe der Jahrhunderte zunächst einmal tiefe Rinnen
in den Stein eingegraben: der Regen ist dazugekommen und hat die
Rinnen und Löcher erweitert und ausgewaschen, dann ist wieder
ein Karren in dasselbe Loch gerumpelt, in das der vorhergehende
gerumpelt ist, und so ist es gekommen, daß die berühmte Steinstraße,
die sich nebenbei bemerkt zirka 16 Kilometer weit hinzieht, eigentlich
nichts ist als ein großes Feld steinerner Löcher. Sie ist daher für
Fußgänger schon mit einer gewissen Vorsicht zu benutzen, aber ihre
Überwindung ist für unsere modern gebauten Fahrzeuge, vor allen
Dingen auch für die Kanonen, die nicht genau die Spurbreite der
chinesischen Karren haben, geradezu eine Herkulesarbeit. Infolgedessen
zog es die Artillerie auch nach dem Bericht des Herrn Oberleutnant
Reinecke, dem ich die Mitteilung einer Anzahl wertvoller Einzel=
heiten dieses Zuges verdanke, vor, den ersten besten Feldweg, der
von der Steinstraße herunter führte, abzubiegen und erst dann
wieder die eigentliche Fahrstraße zu ziehen, als die Steinstraße zu
Ende war. Das ist der Fall erst kurz vor Liping hung. Dann
folgt guter Feldweg, und zwar eine für chinesische Verhältnisse außer=
ordentlich breite Straße, die große Verkehrsstraße Peking=Pautingfu,
die sich dann nach Süden und Südwesten fortsetzt, also in der
Richtung auf die Provinzen Schantung und Schansi. Gegen 1 Uhr
mittags war man, nachdem einige schlecht gepflasterte Brücken

passiert waren, in der Bezirksstadt Tschang=hsien=tien angekommen, wo
man Quartiere bezog. Diese Stadt fand man besetzt von französischen
und englischen Vorposten, Zuaven und indischen Lancers, deren
Aufgabe es mit war, die unmittelbar hinter der genannten Stadt
den Hun=ho überspannende sogenannte Marco=Polo=Brücke zu be=
wachen und zu halten.

Neben dieser Marco Polo Brücke führt auch eine lange Eisen=
bahnbrücke über den Fluß. Es ist die Eisenbahn von Peking
nach Pautingfu, die man hier zum ersten Male zu Gesicht bekommt.
Der Bahnkörper war unversehrt, ebenso lagen die Schienen an ihrer
Stelle. Aber sämtliche Nägel und Bahnschwellen waren mit einem
Fleiß, der einer bessern Sache würdig gewesen wäre, herausgerissen
und entfernt worden. Es wird große Schwierigkeiten haben, die
Bahn wieder in Betrieb zu setzen.

Die Marschordnung war am folgenden Tage in der Weise
geordnet worden, daß voran die Engländer marschierten, dann folgten
unsere beiden Infanteriebataillone, dann unsere Artillerie, dahinter
die Italiener und Franzosen. Der Marsch ging ohne Störungen und
Unterbrechungen unliebsamer Art vor sich, um 2 Uhr nachmittags
kam man in Sinliho an, einer reichen Stadt, wo man gute Quartiere
fand. Überhaupt schien sich die Gegend eines guten Wohlstandes
zu erfreuen. Vor allen Dingen fand man Getreide und Pferde=
futter vor, so viel man haben wollte.

Am 14. marschierte man von Sinliho weiter und erreichte die
Stadt Sunglitien. Voran marschierten dieses Mal die Franzosen,
die Deutschen und Italiener in der Mitte und die Engländer am
Ende. Nach einem weiteren Marsch von etwa 12 Kilometern er=
reichte man an demselben Tage noch Tscho=Tschou, eine Kreisstadt
erster Ordnung mit einer gut erhaltenen Mauer. Hier hatten am
Tage vorher noch zahlreiche chinesische Truppen gestanden, waren
aber bei Annäherung der internationalen Truppen abgezogen. Am
Thore hingen eine Anzahl, man kann wohl sagen die übliche Anzahl
abgeschlagener Chinesenköpfe. Diese wurden für Boxerköpfe aus=
gegeben, wahrscheinlich gehörten sie irgend welchen beliebigen Ver=
brechern, die sowieso zum Tode reif waren, und die man eben noch

schnell exekutiert hatte, damit es so aussehen sollte, als habe das Stadtoberhaupt mit allen ihm zu Gebote stehenden Mitteln die Boxer bekämpft.

Charakteristisch für die laxe Handhabung der Kriegführung auch auf diesem Zuge, und zwar seitens des Generals Gaselly, ist folgender Befehl, der am 13. ausgegeben wurde: „Um Tscho=Tschou sollen 1300 Mann chinesische Truppen stehen, deren Führer aber beim Eintreffen europäischer Truppen Abzug zugesichert hat." Also auch Gaselly hat es vorgezogen, chinesische Truppen, auf die er gestoßen ist, und mit denen er verhandelt hat, unentwaffnet abziehen zu lassen. Ich habe mich nachträglich davon überzeugen können, daß die Instruktionen von höherer Seite kaum diese Möglichkeit zuließen, und stehe keinen Moment an, das Verfahren des Engländers genau so zu tadeln, wie ich es bei dem deutschen General von Kettler gethan habe. Wohl wahr, daß die Engländer auf kolonialem Gebiete uns bei weitem überlegen sind, aber daß sie in Kolonialländern besonders geeignete Heerführer stellen könnten, das haben sie bisher weder mit Herrn Seymour noch mit Herrn Gaselly bewiesen. Es scheint also, daß es auch dieser Expedition an dem nötigen Schneid in der Führung gefehlt hat, und so ist es als ein Glück zu bezeichnen, daß späterhin in Pautingfu ein Mann von der Energie und dem Willen eines Bailloud an der Spitze stand. Er beherrschte die Situation und zeigte sich ihr in ihrer richtigen Erkenntnis gewachsen. Jedermann, der Gelegenheit hatte, das Auftreten des französischen Generals in Pautingfu in der Zeit, da er dort Ober= befehlshaber war, d. h. nach dem Abzuge Gasellys zu verfolgen, wird seine Verdienste neidlos anerkennen müssen.

Am 15. Oktober führte das Bataillon des Major Förster, dann folgten die Italiener, das Bataillon des Major von Mühlen= fels, sodann die Franzosen und am Schluß wieder die Engländer. Um ein Uhr nachmittags war man in Ting=ling=hsien, vor dessen Thoren sich zum friedlich festlichen Empfang die chinesischen Väter der Stadt aufgestellt hatten. Der Marsch führte an diesem Tage bei herrlichem Wetter ziemlich nahe am Gebirge entlang, das den Weg auf der ganzen Strecke von Peking her begleitete. Lauter

kahle Berggipfel, oft von grotesker Schönheit, streckten sich gen
Himmel; hinter ihnen erheben sich in blauer Ferne noch weitaus
steilere und zackigere Spitzen, die auf ganz beträchtliche Höhen
schließen lassen. Steil steigt das Gebirge und unvermittelt aus
der Ebene auf, und gerade das ist es, was seinen Anblick so imposant
und zauberhaft schön macht. Wie gern wäre so manch einer auf
diese Höhen hinaufgeklommen und hätte einen Blick gethan weit
hinein in die große chinesische Ebene, weit hinein in das Zauber=
land, in das man nun mitten hineingedrungen war. Man war
zwar in kriegerischer Absicht gekommen, aber doch nicht abgeneigt,
alles das mitzunehmen, was man an schönen Eindrücken für das
ganze Leben mit nach Hause tragen konnte. Außerdem hatte man
ja heute zu Naturbetrachtungen um so mehr Zeit, als kein ungelenker
Boxer, kein ungelegener Befehl eines Gaselly, chinesische Truppen
anzugreifen, einen darin störte, und weil außerdem gerade heute
die recht tröstliche Nachricht eingetroffen war, daß ein kleines
Zuavendetachement schon seit einigen Tagen ohne Schwertstreich
Pautingfu genommen habe. Einige halblaute Flüche über so
manche Soldatenhoffnung, die getäuscht worden war, verhallten
bald im Anschauen dieser herrlichen Berge, hinter die wir niemals
sehen sollten; na, es wäre ja auch diesseits der Berge manches
schön gewesen. Es hat blos nicht sollen sein, und das kommt ja im
Leben öfter vor.

Der 16. Oktober brachte nicht viel Neues, nur daß von dem
deutschen Kanonier Peters zwei bewaffnete chinesische Soldaten auf=
gegriffen und eingebracht wurden. Sie wurden ins englische Haupt=
quartier gebracht und noch etwas strammer gefesselt, als es die
kräftigen Kanonierhände schon gethan hatten. Was weiter mit
ihnen geschah, weiß ich nicht zu melden. Das wichtigste an diesem
Tage war wohl, daß Major von Wyneken, sowie die Leutnants
von Tettenborn und von Wilamowitz in südöstlicher Richtung voraus=
ritten, um mit der von Tientsin kommenden Kolonne Fühlung zu
gewinnen. Man marschierte an diesem Tage bis Kutschöngtien, wo
die Bevölkerung alles verrammelt hatte und sich sehr wenig ent=
gegenkommend und äußerst wenig arbeitswillig zeigte. Dafür wurde

sie aber von unseren strammen Ostpreußen um so kräftiger zum Wasserschleppen, Quartierefegen und sonstigen Kuliverrichtungen herangenommen.

Ein kurzer Marsch von nur drei und einer halben Stunde brachte die Kolonne am folgenden Tage nach Nganfun=hfien, einer ziemlich bedeutenden Bezirksstadt, die nur noch etwas über 20 Kilometer von Pautingfu entfernt liegt. Die Stadt hat ungefähr 20000 Einwohner, besitzt eine zum Teil nicht mehr ganz neue Mauer und zeigte sich im übrigen friedlich und „gaftfreundlich". Die Einwohner brachten zahlreiche Geschenke an, die famt und sonders mit Dank angenommen und außerdem noch ungefähr ver= dreifacht eingefordert wurden — die üblichen Verpflegungsrationen für die Truppen. Zu essen und zu trinken haben unsere Soldaten hier in China überhaupt immer gehabt, mehr als sie vertilgen konnten; und so manch einer erklärte, er hätte es zu Hause längst nicht so gut gehabt, wie hier in China.

Man mußte auf die Ankunft der Tientsiner Kolonne warten und hatte infolgedessen reichlich Zeit, einen Ruhetag einzuschieben. Dieser Ruhetag aber war der einzige Tag auf diesem Zuge, der überhaupt ein kleines Scharmützel brachte. Es ist ein famoses Artilleriftenstückchen, das ich hier erzählen will; die Helden des Tages waren unsere deutschen Artilleristen von der Batterie von Blottnitz und der Zug von der Batterie von Plönnies unter dem Oberleutnant Reinecke.

Die Marinefeldbatterie brauchte nämlich noch verschiedene Maul= tiere. Infolgedessen wollte der Batterieführer, Hauptmann von Blottnitz, den Ruhetag benutzen, um eine Beitreibung zu veranstalten. Er machte daher fünfzig seiner Leute beritten, um in der Richtung auf das nahe Gebirge loszureiten und die dort gelegenen Ort= schaften abzusuchen. Ihm schlossen sich an der Oberleutnant Reinecke mit 8 Reitern seines Zuges, ferner der Leutnant von Wilamowitz vom Reiterregiment mit zwei Reitern und der Oberleutnant von Tettenborn.

Die berittenen Kanoniere der Feldbatterie waren mit Revolvern, die Unteroffiziere mit Mauserpistolen bewaffnet, außerdem wurden die Reiter des Oberleutnant Reinecke mit ihren Karabinern aus=

gerüstet. Die Abteilung wurde in vier etwa gleichstarke Züge geteilt, der erste stand unter Oberleutnant Rembe, der die Avant= garde übernahm. Als Spitze ritten der Unteroffizier Kölz mit drei Reitern von dem Zuge des Oberleutnant Reinecke, sie wurden be= fehligt vom Dolmetscher Oberleutnant von Tettenborn.

Fröhlich ritt man in den Morgen hinein, als plötzlich, etwa zehn Kilometer vom Quartier entfernt, der Leutnant von Ziegener mit seinem Zuge zwei chinesische Kavalleristen in Sicht bekam, die er lebendig einfing.

Der resolute Oberleutnant von Tettenborn nahm die beiden Regulären ins Verhör und erfuhr von ihnen, daß ein chinesisches Kavallerieregiment in Stärke von etwa 500 Mann bei Tawangtien stehe. Sofort nahm die Artilleriekavalkade die Richtung nach diesem Orte auf.

Als sich der Zug gegen ein halb zwölf Uhr dem etwa 20 Kilometer von Nganfun=hsien gelegenen Tawangtien näherte, erhielt er aus dem Orte Feuer. Kaum waren die ersten Schüsse gefallen, da sprengte auch schon der Unteroffizier Kölz wie ein Berserker mit seinen drei Reitern auf das Dorf los und in die enge Dorfstraße hinein. Ein Paar weitere Schüsse zur Antwort, die einige Reguläre niederstreckten, dann wie der Wind weiter. Da steigt gerade der chinesische Major auf sein Schlachtroß. Eben ist er oben, da ist auch schon Kölz an seiner Seite und giebt ihm eine so kräftige Ohr= feige, daß der Major auf der andern Seite vom Pferde wieder hinuntersaust. Mittlerweile war auch das Gros der Reiter heran= gekommen, es entwickelte sich ein kurzer Kampf mit den Chinesen. Der bei der Spitze reitende Fahrer Poth, der von zwei Kavalleristen zugleich angegriffen wurde, schießt den einen mit einem Revolver= schuß durch die Brust und verwundet den andern, und Kölz hat den chinesischen Major gefangen genommen. Da kommt das Gefecht zum Stehen, und Oberleutnannt von Tettenborn reitet an den gefangenen Major heran, den er zur Übergabe auffordert. Er befiehlt ihm, die Waffen strecken zu lassen und verspricht ihm dann freien Abzug. In der engen Dorfstraße wurden auch schon zwei Geschütze genommen, deren Bedienung mit dem größten Teil der

Bespannung fortgelaufen ist. Hauptmann von Blottnitz läßt nun mit drei Zügen die Dorfausgänge besetzen und überträgt dem Ober=leutnant Reinecke die Aufgabe, die Geschütze schleunigst zu bespannen und fahrbar zu machen. Das war eine schwierige Aufgabe, da die Stränge meistens zerschnitten und die Bespannungstiere fort=gelaufen waren. Dennoch wurde die Aufgabe innerhalb fünf Minuten gelöst. Währenddessen wurden die chinesischen Gewehre eingesammelt und auf die Karren der Chinesen verladen, soviele daraufgingen. Alles das spielte sich ab in einem Zeitraum von nicht mehr denn zehn Minuten und kann als ein kleines Heldenstückchen gelten, wenn man bedenkt, daß auf einen Artilleristen zehn gut bewaffnete Reiter kamen.

Daß es unter diesen Umständen unmöglich war, mehr zu thun, als geschehen ist, erhellt aus der Thatsache, daß alsbald von den Reitern, die die Dorfausgänge besetzt hielten, die Meldung eintraf, daß jenseits des Dorfes im nächsten Dorfe nach dem Gebirge zu starke feindliche Abteilungen sichtbar wären, welche auf einzelne aus dem Dorfe herauskommende Reiter gefeuert hätten. Hauptmann von Blottnitz hielt es infolgedessen für richtig, die Artillerieschwadron nicht Weiterem auszusetzen, und befahl daher den Abmarsch in der Richtung nach Nganfun=hfien. Die Maultiere zur Bespannung der Geschütze wurden zum Teil aus den umliegenden Gehöften, zum Teil aus den schon vorher beigetriebenen Tieren entnommen. Außer den beiden Geschützen und den mit Gewehren beladenen Karren wurden noch 8 Fahnen erbeutet und ein Ochsenkarren sowie einige Stück Vieh mitgeführt. Unbelästigt vom Feinde traf die Abteilung nach einem etwa dreistündigen Marsche wieder in Nganfun=hfien ein. Die Geschütze waren Kruppsche Gebirgsgeschütze, die in ihrer Konstruktion, ihrem Verschluß und im Rohr, Richtvorrichtungen und Munition dem Geschütz C/73 ähnlich sind. Die erbeuteten Fahnen wurden angemessen verteilt.

Also endlich einmal in ein Gefecht gekommen! Stolz zogen gegen 5 Uhr nachmittags die braven Kanoniere mit ihrer Beute am englischen Lager vorbei und wurden in den Reihen unserer Infanteriebataillone mit lautem Hurrah begrüßt. Es war das in der That der einzige Kampf, der den Zug von Peking nach Pautingfu auszeichnete. Ein Hurrah unsern braven Kanonieren!

Am 19. morgens fand der Abmarsch nach Pautingfu statt. Im Laufe des Frühnachmittags traf man vor Pautingfu ein. Man bezog in der dem Nordthor vorgelagerten Vorstadt Quartiere. In die Stadt selbst durfte keiner hinein, wenigstens kein Europäer; das verboten zunächst die Franzosen, die dort die Thore besetzt hielten, wenn sie auch selbst längst darin gewesen waren; und später sanktionierte der englische General das Verbot. Er wollte gewiß höflich sein und auf die Tientsinkolonne warten, um auch dieser noch ein Anteilchen an der „Eroberung" Pautingfus zu gönnen.

Nun, man mag über die beiden Züge nach Pautingfu denken wie man will, hin mußten wir auf alle Fälle, erstens, um dort unsere Waffen zu zeigen, zweitens, um die an den Missionar= und Christenmorden Schuldigen zu bestrafen, drittens, um auf das Land einen Druck auszuüben, damit einer Wiederholung der Gräuel nach= drücklich vorgebeugt würde, und viertens, weil ein großer Teil der Expeditionstruppen in Pautingfu Winterquartiere beziehen sollte. Das sind also vier bringende Gründe. Bedauerlich ist es, daß auf dem Wege zur Erreichung dieser vier Zwecke gewisse strategische Fehler und meines Erachtens auch politische Fehler vorgekommen sind. Es war indessen Pflicht, auch ihrer zu gedenken, wie anderer= seits die Besetzung dieses wichtigen Platzes und zwar die dauernde Besetzung speziell durch deutsche Truppen nur in vollem Umfange gutgeheißen werden kann.

3. Abschnitt.

Die Vorgänge in und um Pautingfu.

a) Pautingfu, das Boxernest.

Bis wir in die Stadt einziehen dürfen. — Unser provisorisches Quartier. — Der französische Flaggensegen. — Verteilung der Stadtviertel. — Ein letztes Opfer der Boxerwut. — Das Gymnasium. — Das Regierungspalais des Generalgouverneurs der Provinz Petschili. — Die ersten Grüße aus der Heimat. — Unser Schobi. — Im chinesischen Gefängnis. — Der Fantai wird verhaftet. — Beschlagnahme des Provinzialschatzes. — Das internationale Gefängnis und die grüne Sänfte. — Aufbruch nach der großen Mauer. — Ich bleibe wegen eines Fußleidens zurück. — Im Feldlazarett. — Das Todesurteil über den Fantai und Genossen. — Der Fantai verliert sein Gesicht. — Excursionen in die Umgebung.

Pautingfu, das Boxernest und der Schauplatz scheußlicher Greuelthaten, war also erreicht. Die beiden Kolonnen, die von Tientsin und die von Peking, hatten sich am 20. Oktober vereinigt und in den östlich von Pautingfu gelegenen drei Dörfern „A", „B" und „C" vorläufige Quartiere bezogen. Außer den Quartiermachern durfte auf Befehl des nunmehrigen Höchstkommandierenden des Generals Gaselly, kein sterblicher „weißer Teufel" in die Stadt hinein. Die gelben Teufel nur hatten das Privilegium, ein= und auszugehen, ohne einen andern Passierschein als ihren Zopf. Der höchste Mandarin von Pautingfu, der Fantai Tingyang, hatte wie bereits erwähnt wurde, Gaselly darum gebeten, daß die Fremden doch außerhalb der Mauern bleiben möchten. Die Einwohner hätten so große Angst vor den Soldaten und würden ihm sonst weglaufen. Gaselly sagte nicht nein und nicht ja. Da bat der Fantai, man möchte ihm wenigstens drei Tage Zeit gewähren zum Abzuge seiner Soldaten. Saselly sagte auch hierauf nicht nein und nicht ja, sondern er entließ den Fantai huldvoll ohne eine bestimmte Zusage. In der That aber gewährte er die Bitte des Fantai und zog den Einzug der Truppen drei Tage hin. Nach Angaben der Franzosen sollten angeblich 4—5000 Mann chinesischer regulärer Truppen bei ihrem Eintreffen in der Stadt gestanden haben. Als wir schließlich in die Stadt einzogen, fanden wir, abgesehen von den uniformierten Leibgardisten der Mandarinen keine Uniformierten mehr in der Stadt vor. Wohin sie gekommen sind, weiß kein Mensch. Jedenfalls aber passierte mir der niedliche Scherz, daß ein neuer Mafu (Reitknecht), den ich in Pautingfu annahm, den ich aber wegen mangelnden Pferdeverstandes bald wieder weggejagt habe, mir mit meinem in Batschou vermachten Infanteriegewehr Modell 88 die schönsten preußischen Griffe vormachte. „Reguläre", die kurz vorher noch die Waffen getragen hatten und nun als „Arbeitslose" sich nach Civilstellen umsahen, konnte man überhaupt mehrfach als chinesische Karrenführer und Mafus beim internationalen Heere wiederfinden. Sie hatten den Vorzug, daß sie meistens etwas von der Sache verstanden und sich in jeder Beziehung geschickter anstellten, als die „Nichtgedienten" unter den Chinesen.

Wir hatten mitsamt unserer Bedienungsmannschaft unter strömendem Regen nach langem Suchen ein provisorisches Quartier vor dem Nordthore von Pautingfu gefunden, und zwar in einer großen Gärtnerei, deren Hauptproduktionsartikel in Thee bestand. Dort fanden wir zwei für unsere Zwecke ganz brauchbare Häuschen, in dem einen waren sogar heizbare Kangs. Die Theestauden wuchsen in großen Töpfen und waren sorgfältig gepflegt. Sie standen in schöner Ordnung unter langen Schuppen, die nachts mit dicken Strohmatten verhängt werden konnten. Das waren herrliche Pferdeställe. Wir ließen die Theetöpfe sorgsam zusammenrücken, indem wir vorsichtig darauf achteten, daß keine dieser kostbaren Pflanzen Schaden erlitt, und brachten dann unsere Pferde unter, für die wir auch Futter in reichem Maße vorfanden.

Wir versuchten an diesem Tage in die Stadt zu kommen. Es hatte heftig geregnet, und auf dem Wege zum Thore mußten wir sehr vorsichtig reiten, damit unsere Pferde auf dem glatten Wege, der bei trockener Witterung aus hohem Lößstaub besteht, nicht ausrutschten. Die englische Sikhwache hielt uns an. Wir gingen hinein in das Wachlokal, um mit dem englischen Offizier einige freundliche Worte zu reden; aber auch dieser, sonst ein liebenswürdiger Mann, konnte uns gegen den Befehl des General Gaselly keine Erlaubnis erteilen, in die Stadt zu reiten.

Den folgenden Tag gelang es uns endlich, in die Stadt zu kommen, und zwar bei dem von den Deutschen besetzten Ostthor, wo man uns ungehindert passieren ließ. Dem allgemeinen Verkehr waren die Thore erst vom 22. Oktober ab geöffnet.

Nachdem wir die beiden Thorbogen, die das Ostthor bilden, durchschritten hatten, waren wir in der Hauptstraße Pautingfus, der einzigen, die in gerader Richtung durch die Stadt hindurch= führt und auf der man direkt vom Ost= nach dem Westthor gelangen kann, während man ziemliche Kanten nehmen muß, um direkt vom Nordthor nach dem Südthor zu gelangen. Wir sahen die Quartier= macher bei der Arbeit. Vorläufig flatterte noch an jedem Hause eine französische Flagge. Die Franzosen sorgen immer zuerst dafür, daß in den Orten, in die sie einmal den Fuß gesetzt haben, französische Flaggen an den Thüren aufgesteckt werden. Überhaupt spielten sie sich als „Protektoren" und „Schützer" der Einwohner= schaft auf. Es ist ihnen auch nicht darauf angekommen, diesen Tutorstandpunkt sowohl in heimischen Blättern wie hier den Chinesen gegenüber zu betonen. Ich sah seiner Zeit darin weniger eine böswillige Absicht den fremden Nationen gegenüber, als viel= mehr den Wunsch, sich bei der Bewohnerschaft warm zu machen. Freilich ist meine Ansicht durch das später taktlose Benehmen des Generals Voyron dem Grafen Waldersee gegenüber stark modifiziert worden. Unter allen Umständen empfanden wir damals schon dieses Gebahren als einen Mangel an Haltung gegenüber den kooperierenden Truppen. Freilich, dem Deutschen ist es so gleich= gültig, ob in irgend einem weltvergessenen Ort in den Bergen die deutschen Farben hängen. Das wäre ihm mit Recht zu kleinlich, wenn er bloß deshalb China durchziehen sollte, um jeden Kuli zu veranlassen, an seiner Lehmhütte eine deutsche Flagge herauszustecken. Es kommt auch hinzu, daß die Trikolore in Frankreich eine andere Bedeutung hat, als bei uns die Fahne. Jeder französische Soldat hat seine Trikolore im Tornister, und man sieht an Sonn- und Feiertagen in den Städten und Dörfern Frankreichs ungezählte Flaggen wehen, wie bei uns nur an den Festtagen. Übrigens galten die von den Einwohnern an ihren Häusern angebrachten Flaggen laut einem Armeebefehl des Grafen Waldersee nicht als Beweis dafür, daß das betreffende Haus nun auch unter dem Schutze des betreffenden Landes stehe. Die Flaggen sollten zwar nicht entfernt werden, aber jede andere Nation hatte das Recht, ihre Flagge daneben zu setzen und das Haus für ihre Zwecke auf dem Requisitionswege zu verwenden, wenn es eben nicht schon einer anderen Nation direkt zugeteilt oder von ihr belegt war.

Auch sind die Chinesen durchaus nicht dadurch, daß sie gerade eine französische Flagge über ihrem Hause wehen haben, etwa Franzosenfreunde geworden. Sie hängen ebenso die Flagge nach dem Winde wie den Mantel, wenn ihnen das von ihrem Nützlichkeitsstandpunkte aus angebracht erscheint. Das sahen wir in Pautingfu. Kaum war dieses in Viertel eingeteilt worden, nämlich in ein deutsches am Ostthor, ein englisches am Nordthor, ein französisches zwischen Ost- und Südthor, und ein italienisches in der Mitte, so verschwanden wie auf Kommando, ohne daß irgend ein Wunsch zu erkennen gegeben wäre, in den nichtfranzösischen Quartieren die französischen Flaggen und wurden durch deutsche, englische oder italienische ersetzt. Und als dann nach einigen Tagen die Engländer und Italiener abzogen, und das englische Viertel deutsch, das italienische teils deutsch und teils französisch wurde, da sah man in Pautingfu bald auch keine englischen und keine italienischen Flaggen mehr.

Der erste Besuch, den wir in Pautingfu unternahmen, galt dem Platzkommandanten, Oberstleutnant Petzel, der sich stets in der liebenswürdigsten Weise unser angenommen hatte, und den wir um den Nachweis eines Quartiers bitten wollten. Er schlug uns vor, ins französische Viertel zu gehen und zu nehmen, was uns geeignet erschiene, vorausgesetzt, daß die Franzosen nicht selbst das Quartier belegt hätten. „Selbst ist der Mann", heißt es hier draußen mehr als anderswo. Uns wurde gerade deshalb das französische Viertel vorgeschlagen, weil das deutsche Viertel bis zum Abzuge der Engländer ziemlich eng und infolgedessen stark belegt war. Außerdem befanden sich die besseren Namen in der Südost= ecke der Stadt, da wo auch das herrliche Regierungspalais des Vizekönigs Li Hung Tschang steht.

Die Stadt Pautingfu ist nach Art aller chinesischen Städte auf quadratischem Grundriß angelegt. Nur die Westmauer weist eine kleine Ausbuchtung auf und zwar in der Nähe des Regierungs= palais. Die Straßen kreuzen sich im großen Ganzen im rechten Winkel und sind bedeutend sauberer gehalten, als etwa in Tientsin oder gar erst in mittelchinesischen Städten. Überhaupt macht Pau= tingfu einen recht freundlichen Eindruck, soweit man das von einer chinesischen Stadt sagen kann. Über den Thoren und über den Eckpfeilern der Mauern erheben sich hohe Gebäude, teilweise nach Pagodenart mit mehreren Dächern versehen. Das sind heilige Bauten, dort wohnen die Götter, die die Stadt beschützen und ihr Segen bringen.

Eigentliche Straßenbezeichnungen kennt der Chinese nicht, er kennt sie auch nicht in den großen Städten an der Küste, wo sich europäische Niederlassungen mit Straßennamen befinden. Er kennt nur sogenannte „Hongnamen" das sind Häusernamen. Infolge= dessen war es ein Gebot der Bequemlichkeit, daß man nach der Einteilung Pautingfus in Quartiere anfing, die einzelnen Straßen zu benennen. Es gab da eine Rue de France im französischen Viertel, eine via d'Italia im italienischen Viertel, kurzum, jede Nation brachte hierin heimische Erinnerungen zur Geltung. Für Kölner, und solche, die Köln kennen, wird es interessant sein, zu hören, daß es da im deutschen Viertel zunächst einmal eine Hoch= straße gab. Freilich wurde sie später in Hauptstraße umgetauft, weil sie das nämlich auch war. Ferner giebt es eine „Schnurgasse",

eine „Klappergasse", ein „Gerionsthor" ꝛc., auch der „Klingelpütz"
fehlt nicht. Er liegt in der Nähe eines großen Tempels, des
größten der Stadt, der inmitten derselben sich zu beträchtlicher
Höhe erhebt, und von dem aus man einen prächtigen Rundblick
über die Dächer der Stadt und die auf ihnen spielenden Katzen
hat. Da auch einige buddhistische Glocken dort oben hängen, so
heißt das Ganze der „Klingelpütz". Es sei auch der Name des-
jenigen verraten, dem Pautingfu die Ehre verdankt, an Köln
erinnern zu dürfen; es ist der Oberleutnant Crämer vom 3. ostasiatischen Infanterieregiment, ein geborener Kölner, der als Quar-
tiermacher fungierte.

Wir ritten nun also am Klingelpütz vorbei und in der Richtung nach dem Westthore. Dann bogen wir nach links herunter
und fanden nach langem Suchen ein Gehöft, das uns zwar nicht
sonderlich behagte, immerhin aber Raum genug bot, um unsere
Pferde und Wagen unterzubringen. Nachdem dieses Geschäft erledigt war, durchstreiften wir auf unseren munteren Ponies die
Straßen der Stadt. Besonders im Südwesten fanden wir schöne
große Gehöfte, mehrere Theater und verschiedene große Yamen.
Unter Yamen versteht man eigentlich ein Regierungsgebäude, doch
hat sich der Begriff bei uns so verallgemeinert, daß man fast jedes
einigermaßen stattliche und große chinesische Gehöft oder Häuser-
komplex rundweg einen Yamen nennt.

In der Südwestecke der Stadt fanden wir einen größeren
Platz, den einzigen in Pautingfu; rechter Hand stand ein schöner
großer Tempel. Wir gingen hinein und besichtigten die wilden
Göttergestalten darin. Ein Greis führte uns. Zuletzt kamen wir
an ein kleines Häuschen, das wir uns öffnen ließen. Darin stand
ein Kindersarg mit einer roh eingebrannten englischen Inschrift, die
besagte: „Alice Vera Green, geboren am 19. September 1895, ge-
storben am 10. Oktober 1900. Ruhe in Jesus!" Die Tochter
des Missionars Green war das letzte Opfer der Christen- und
Missionarverfolgungen, die in Pautingfu und der Umgegend ge-
tobt hatten.

Wir verließen den Tempel und gelangten wieder auf den freien

Platz. Da tritt ein würdig aussehender Chinese auf uns zu und
bittet uns unter freundlichen Verbeugungen, sein rechter Hand ge=
legenes Anwesen zu betreten. Zunächst sieht dies aus, wie jedes
andere chinesische Haus, aber es hat einen Vorgarten nach dem
freien Platz zu, und den pflegen chinesische Häuser sonst nicht zu
haben. Wir treten näher. Draußen im Garten sind Tische und
Bänke aufgestellt. Auf den Tischen stehen Tassen und Teller mit
Kuchen beladen, und hinter einer der Bänke ein Chinese mit dick=
leibiger Theekanne, bereit einzuschenken. In der That, wir waren
ermüdet und konnten ein Täßchen Thee gut vertragen, außerdem
sah alles reinlich und sauber aus. Immerhin aber wußten wir
es uns beim besten Willen noch nicht zu erklären, wie denn nun
grade wir zu der Ehre dieser Einladung kamen. Zunächst wollte
ich daher einmal feststellen, wo wir uns eigentlich befanden. Ich
ging also mit unserem freundlichen Gastgeber ins Haus hinein und
besah mir dieses von innen. Ein Hof, dahinter wieder ein Haus
mit Nebengebäuden, dann wieder ein Hof und wieder Gebäude.
Wir betraten das letzte Gebäude und befanden uns in einem großen
Schulsaal: der Herr Gymnasialdirektor von Pautingfu hatte sich
die Ehre gegeben, uns zu Gaste zu bitten. Ich ließ mir denn auch
alles genau erklären und erregte zu meinem Bedauern mehrmals
den Schmerz des verehrten Mannes, wenn ich ihm nach einer
langen Rede, die er mir hielt, und die ich andauernd mit einem im
Brustton der Überzeugung gesprochenen Haa, dem Zeichen der Zu=
stimmung, begleitete, das entsetzliche „Putung!" ins Gesicht schleuderte;
das heißt auf Deutsch: „Ich kann Dich leider nicht verstehen!"
Dann war er ganz traurig und begann mir von neuem zu erzählen,
freilich immer mit demselben Resultat. Das Innere des Saales
war ganz interessant. Es waren lauter kleine Tischchen mit Bänken
dahinter aufgestellt, von denen je eine für zwei Schüler bestimmt
schien. Auf den Tischen standen Tuschnäpfchen und Porzellanvasen,
in die die Schreibpinsel hineingesteckt werden, und an der Wand
hingen chinesische Gemälde und Karten. Eine längliche Kiste, die
ungefähr aussah wie eine Gewehrkiste, erregte mein besonderes In=
teresse. Sie wurde geöffnet; es befanden sich darin eine Anzahl

sehr schöner Tuschgemälde, chinesische Landschaften darstellend. Ich
durfte mir eines dieser Gemälde mitnehmen, rollte es zusammen —
die Gemälde werden zusammengerollt nach Art unserer Wandkarten —
und wendete mich dann wieder dem Ausgange zu. Draußen hatten
unterdessen die Kameraden dem Thee und dem Kuchen alle Ehre
angethan, ich hielt mich ebenfalls dazu. Der Thee war ganz aus=
gezeichnet und ebenso der Kuchen. Es waren eine Art Mohntört=
chen und Bisquit, das herrlichste Theegebäck, das jedem europäischen
Gaumen munden mußte und das wiederum meine schon oft ver=
tretene Ansicht bestätigte, daß die Chinesen, wenn sie wollen, aus=
gezeichnet zu kochen, zu braten und backen verstehen.

Als wir uns gelabt hatten, fragte unser Wirt bei uns an, ob
wir nun auch etwas zu binieren wünschten. Er führte zu diesem
Zwecke die Hand an den Mund, wie man es beim Essen thut,
und sagte: „Tschautschau!" Das heißt auf deutsch: „Essen". Aber
wir mußten zu unserem Bedauern die freundliche Einladung doch
ablehnen und waren eben schon auf dem Sprunge, uns mit Dank
zu verabschieden. Da benutzte der Wirt geschickt diesen Augenblick,
in dem wir ihm nach menschlicher Berechnung wohlgesinnt sein
mußten, um uns eine Bitte vorzutragen, die wir denn auch nach
einiger Zeit verstanden. Wir haben überhaupt in der Anwendung
und im Verständnis der Zeichensprache gewaltige Fortschritte ge=
macht. Was wollte der gute Mann von uns? An fast allen
Häusern in der Umgebung war irgend ein von einem Europäer
ausgestelltes Papier angeheftet, auf dem in allen möglichen Sprachen
versichert wird, daß dieser Mann „unser Freund" ist, oder daß er
ein Freund der Missionare ist, oder der Kohlenlieferant der und
der Kompagnie, oder der Eierhändler dieses oder jenes Stabes,
kurzum, daß er in irgend einer Beziehung zu irgend einem Europäer
stehe. Solche Zettel klebten fast an jedem Hause und die Chinesen
sahen in ihnen eine gewisse Garantie dafür, daß bei Requisitionen
möglichst gnädig mit ihnen umgegangen wurde. Unser Freund, der
Gymnasialdirektor, stand mit seiner Schule offenbar noch in keinem
derartigen freundschaftlichen Verhältnis zu irgend einem Europäer,
dessen Handschrift ihm Schutz hätte angedeihen lassen. Darum also

diese Einladung, daher dieser schöne Kuchen! O, wie man sich doch in den Menschen irren kann! Wir wollten ihm aber seinen Willen thun. Schreiben, wie die Franzosen, daß „dieses Haus unter dem Schutze Frankreichs respektive Deutschlands stünde", wollten wir nicht, ebensowenig mochten wir uns irgend einen plumpen Scherz zu Schulden kommen lassen, wie die Soldaten, die es z. B. einem Hausbesitzer schriftlich zum Ankleben gaben, daß er ein Esel wäre. Infolgedessen schrieben wir wahrheitsgetreu in Deutsch, Französisch und Englisch, daß „dieser Mann uns sehr gut mit Kuchen und Thee bewirtet habe, und daß wir deshalb bäten, ihn zu schützen". Ob jemand unsern freundlichen Wunsch später respektiert hat, wissen wir nicht. Jedenfalls prangte der Zettel einige Tage später, als ich wieder in die Gegend kam, noch neben dem Thürpfosten des Gymnasiums von Pautingfu. Der Kuchentisch war dagegen ver= schwunden.

Nach diesem kleinen Intermezzo, während dessen sich draußen an die hundert Menschen angesammelt und grinsend festgestellt hatten, wie es uns schmeckte, bestiegen wir unsere Tiere wieder und umritten eine langgezogene, der Schule gegenüberliegende Mauer. Dann kamen wir in einen Hof, der sehr manierlich und sauber aussah — ohne daß wir es zunächst wußten, befanden wir uns in dem Palaste Li Hung Tschangs. Wir merkten es bald an den zahlreich vertretenen, sehr anständig aussehenden Dienern und be= schlossen daher, abzusitzen und den Palast anzusehen. Dieser wurde gerade hergerichtet für die Zwecke des Generals Bailloud, der dort Quartier nehmen wollte. Wir ließen uns von den Chinesen führen. Der Palast selbst war bis auf einige Empfangsräume leer; nur in dem zu jedem chinesischen Palast gehörenden Theater waren noch Utensilien, allerdings keine Requisiten mehr, vorhanden. Es würde zu weit führen, wollte ich die Einzelheiten dieses Regierungsge= bäudes der Provinz Tschili beschreiben. Es ist gebaut wie jedes chinesische Pamen, ein Hof mit dem dazu gehörigen Dreihäuser= komplex schließt sich eng an den andern, nur daß an Stelle der sonst üblichen vier bis fünf Höfe hier vielleicht an die zwanzig an= einander gereiht liegen. Dafür sind die Gebäude bedeutend höher als

18*

die anderen Häuser und bergen große Säle und freundliche helle Gelasse. Auch das Innere der Zimmer ist mit vieler Kunst ausgestattet, mit kunstvoll geschnittenen Boiserien, mit schönen Tapeten und teilweise auch mit guten, in der Gegend von Tientsin geknüpften Teppichen belegt. Auch die Gassen, die von Hof zu Hof führen, sind breiter als sonst; teilweise sind sie sogar mit Bronzen und ziemlich gut ausgeführten Steinbildwerken, meistens Hochreliefs, geschmückt; so macht das Ganze einen pompösen und wirklich vornehmen Eindruck. Bereits waren die Räumlichkeiten unter den Stab des Generals Bailloud verteilt. Man sah an der Thür mit Kreide angeschrieben, daß hier der Leutnant und dort der Colonel so und so wohnen würde. Handwerker waren bei der Arbeit. Wir sahen auch noch die Zimmer, die Bailloud selbst beziehen sollte. Wenige Tage später war der Palast nicht mehr zugänglich.

Auf dem Rückwege nach unserer Theeplantage begrüßten wir den General von Gayl, der beabsichtigte, in einigen Tagen seine Weiterreise nach Peking anzutreten; er hatte uns liebenswürdigerweise versprochen, uns zu den Kaisergräbern bei Ytschou und zur großen Mauer, die er berühren wollte, mitzunehmen. Bei dieser Gelegenheit wurde ich auch dem Major v. Marschall und dem Leutnant Grafen Königsmarck vorgestellt, die mir Grüße aus der Heimat überbrachten — die ersten, da ich vorher nichts von Briefschaften und nur ein paar Zeitungsblätter aus Europa erhalten hatte. Man muß selbst einmal monatelang von der Außenwelt so gut wie abgeschnitten gewesen sein, um die Freude zu empfinden, die man bei einer solchen Gelegenheit genießt, und noch dazu in einem solchen Boxernest.

Der 23. Oktober war dem Umzug und der Instandsetzung unseres neuen Quartiers gewidmet. Wie sich herausstellte, war dieses ein verlassenes „Schobi", d. h. der Yamen eines Stadthauptmanns. Deren giebt es mehrere in Pautingfu. Es sind Militärmandarinen dritter Klasse, sie sind die militärischen Kommandanten eines Stadtviertels. Unser Schobi beherrschte das südwestliche Viertel der Stadt. Wir verteilten die freilich wenig einladenden Räumlichkeiten unter uns; die kleine Halle in der Mitte des Gebäudes wurde zum Speisesaal ausstaffiert und mit vorgefundenen Fahnen und chinesischen Waffen dekoriert, eine Petroleumhängelampe fanden wir auch vor; die Seitengemächer dienten uns als Schlafräume. Es kostete eine tüchtige Arbeit, um mit Hilfe unserer Chinesen das Heim einigermaßen wohnlich zu machen. Schließlich ging es uns mit diesem Heim, wie mit so vielen anderen vorher. Wenn wir gerade mit Einrichten fertig waren, mußten wir unsere Sachen packen und wieder abziehen. Immerhin machten wir in dem Schobi einen sehr schönen Fund. Wir entdeckten nämlich zwei Waffenkammern, die gefüllt waren mit den schönsten und interessantesten chinesischen Waffen. Da fanden sich kleine Kanonen, die auf rohe Holzlafetten mit Steinrädern montiert waren, große Wallbüchsen von einem ganz bedeutenden Kaliber und ungefähr drei Meter Länge. Da waren uralte Gewehre mit Steinschlössern, zahlreiche Eisenhelme, allerdings in einem verwahrlosten Zustande, chinesische Sättel in Menge. Da gab es Kästen mit Gewehrkugeln ältester Modelle, Pulver und Pulverhörner in Massen, ferner auch Schwerter von charakteristischen chinesischen Formen, mit langen Griffen und roten Lappen; und schließlich, was uns am meisten erfreute, einige sehr gut erhaltene chinesische Bogen und Pfeile, mit denen bekanntlich in China noch jeder Offizier ausgebildet wird. Die chinesischen Bogen sind sehr schön gearbeitet, zum größten Teil bestehen sie aus Horn und haben deshalb eine enorme Spannkraft. Ein solcher Bogen kostet den für China schon großen Betrag von 5—8 Dollars. Am Nachmittag machten wir noch einen interessanten Ausflug nach dem von Franzosen bewachten chinesischen Gefängnis. In der Nacht vorher waren eine Anzahl chinesischer Verbrecher aus ihren Zellen ausgebrochen, hatten an mehrere der Baulichkeiten Feuer gelegt, unter anderem auch an das Thorgebäude; sie hatten in der Verwirrung das Thor erbrochen und waren eben im Begriff, ins Freie zu gelangen, als sie von den französischen Posten niedergeschossen wurden.

Die chinesischen Gefangenen sitzen in kleinen niedrigen Häusern, und zwar immer zu zweien in einem ganz engen Lattenverschlag. In dem engen, niedrigen Raume ist der Fußboden fast vollständig

mit übelriechenden Menschen belegt, die sich nicht waschen dürfen,
und denen sonst keinerlei Wartung zu teil wird, als daß sie einmal
kurze Zeit hinausgeführt werden, und daß man ihnen etwas Essen
durch die Latten schiebt; somit herrscht dort eine wirklich pestilen-
zialische Luft. Man ließ uns mehrere der Ausbrecher herausholen.
Sie sollten nach einigen Tagen erschossen werden, denn nach
chinesischem Recht hat der Gefangene, der einen Versuch zu entkommen macht, sein Leben verwirkt. Der eine Kerl wurde heraus-
getragen. Er hatte eine glatte Schußwunde über dem Oberschenkel
und sah noch relativ appetitlich aus. Ein anderer hatte einen
Schuß durch das Kinn und durch den Hals bekommen. Das Kinn
hing halb herunter, um den Hals trug er einen schmierigen Lappen.
Der Wärter löste den Lappen, der Verbrecher verzog keine Miene
des Schmerzes, sondern ließ sich ruhig den ekelhaften Verband abnehmen und zeigte uns seine im Nacken sitzende Wunde. Dann
wurde der Lappen wieder umgebunden — der chinesische Gefangen-
wärter verfuhr dabei übrigens sehr vorsichtig — und der Gefangene,
der uns trotz seiner Wunden und der bestimmten Aussicht, in zwei
Tagen erschossen zu werden, doch ganz vergnügt anlächelte, wurde
wieder in das elende Loch zurückgeführt. Der Chinese hat eben
dickere Nerven als wir, er empfindet Schmerz und äußere Übel
offenbar lange nicht so heftig wie wir und versteht vor allen Dingen
etwas, was ich nun zu häufigen Malen zu beobachten Gelegenheit
hatte, nämlich anständig zu sterben.

Am 24. Oktober morgens erfuhr ich, daß in der vergangenen
Nacht der Fantai, der Finanzminister der Provinz Tschili, Tingyang, verhaftet worden sei. Ich ritt also sofort nach dem Finanzministerium. Dort hatte Leutnant Düsterberg, der seiner Zeit den
famosen Überfall auf die chinesische Kriegskasse ausgeführt hatte,
die Wache. Düsterberg selbst hatte den Finanzminister im Auftrage der internationalen Kommission verhaften lassen, die zur Abstrafung der an den Missionar- und Christenmorden in Pautingfu
Schuldigen eingesetzt war. Die Verhaftung war ziemlich schwierig, da
das Finanzministerium aus einer großen Anzahl von Häuserkomplexen
besteht, ja fast einen Stadtteil für sich bildet. Der Fantai mußte

nun doch wohl Wind bekommen haben, denn er hatte sich an jenem Abend in ein großes Zimmer verkrochen, in dem man ihn sonst nicht zu suchen pflegte. Er wurde dort nach längerem vergeblichen Suchen gefunden und festgenommen. Die Nacht durfte er in seinem Arbeitszimmer zubringen, das durch Posten mit aufgepflanztem Seitengewehr gesichert wurde. Außerdem fand Düsterberg, der darin offenbar eine glückliche Hand hat, vier mit Silber und chinesischer Kupfermünze gefüllte Häuser vor, die mit Beschlag belegt wurden. Die nachträgliche Abzählung ergab den Betrag von 363000 Taels, das sind rund 1100000 Mark.

In dem Arbeitszimmer des Fantai, in dem dieser die Nacht zugebracht hatte, lag noch alles in schönster Ordnung da, so wie er es verlassen hatte, und sollte auch so liegen bleiben. Da lagen ganze Schichten von kaiserlichen Briefen in gelben Seidenkouverts, auch den kaiserlichen Pfeil sah ich, der nur den höchsten Mandarinen zugesendet wird und diesen das Recht giebt, selbständig über Leben und Tod zu entscheiden. Die übrigen Räumlichkeiten waren bereits in der Nacht durch die zahllosen chinesischen Diener ausgeräumt worden, ohne daß man das hätte hindern können. Das Arbeitszimmer des Fantai freilich wurde verschlossen und versiegelt, bis die Gerichtskommission die Siegel wieder lösen würde. Die kaiserlichen Briefe und der Briefwechsel des Fantai überhaupt sollten als Beweisstücke dienen; man wollte darin nach weiterem Belastungsmaterial suchen.

Die internationale Kommission, in welcher der General Bailloud als Höchstkomandierender in Pautingfu Vorsitzender war (Gaselly zog bereits am 26. Oktober wieder nach Peking zurück) setzte sich zusammen aus je einem deutschen, italienischen, englischen und französischen Offizier. Von deutscher Seite hatte man den Major von Brixen-Hahn kommandiert, übrigens die glücklichste Wahl, die man treffen konnte. Denn Brixen verstand sich infolge seiner früheren Thätigkeit als Militärinstruktor in Tientsin sehr wohl auf chinesische Verhältnisse und hatte außerdem alle Eigenschaften, die für eine militärisch-diplomatische Stellung vonnöten sind. Major von Brixen, der zu gleicher Zeit die Stellung eines internationalen

Polizeichefs von Pautingfu bekleidet, war auch spiritus rector in dem Strafgericht, das nun über Pautingfu hereinbrach.

Der Fantai wurde am Morgen des 24. Oktober unter einer starken Bedeckung in seiner grünen Sänfte, die nur den höchsten Mandarinen zusteht, nach dem für Chinesen eingerichteten „internationalen" Gefängnis gebracht, wo ihm eine Zelle angewiesen wurde. Noch war er ja nur Untersuchungsgefangener und sollte auf der Straße wenigstens mit den ihm bis zu seiner Aburteilung zustehenden Zeremonien behandelt werden. Dafür blieb aber die grüne Sänfte vor dem Gefängnis stehen, damit jeder sehen konnte, daß der Fantai verhaftet sei. Er war ein untersetzter, fast beleibter Mann mit einem runden Gesicht von auffallender Weiße und fast europäischem Schnitt, wozu auch der schwarze Schnurrbart beitragen mochte.

Am 26. Oktober beabsichtigte der General von Gayl, der den Zug von Tientsin nach Pautingfu als Gast mitgemacht hatte, seinen Weitermarsch nach Peking anzutreten, und zwar in Begleitung eines kleinen englischen Detachements. Wir Journalisten wollten uns ihm anschließen. Er beabsichtigte eine interessante Tour zu machen; nämlich zuerst nach Nganfun, wo er das Detachement des Obersten von Normann noch einzuholen gedachte, das vor zwei Tagen abmarschiert war; dann wollte er mit diesem zusammen auf dem Umwege über die Kaisergräber bei Ytschou bis an die große Mauer ziehen. Von da aus sollte Peking wieder gewonnen werden. Unsere Wagen waren schon gepackt und alle Vorbereitungen getroffen. Nun hatte ich mir aber bereits auf der Tour von Tientsin her ein recht böses Fußleiden geholt, das mich schon sehr zur Schonung gezwungen hatte und sich von Tag zu Tag unangenehmer fühlbar machte. In der Nacht vor dem Abmarsch hatte sich die Sache so sehr verschlimmert, daß ich es doch nicht wagen mochte, mich bei den Anstrengungen des bevorstehenden Marsches noch schlimmeren Zufällen auszusetzen. Schweren Herzens sah ich mich daher gezwungen, noch am Morgen der Abreise den mir lieb gewordenen Plan aufzugeben. Ich mußte statt dessen das Lazarett aufsuchen, um mich vorerst ordentlich auszukurieren. Ich wurde denn im Lazarett auch untersucht, mit heilkräftigen Salben gesalbt und mit Gaze verbunden. Dann wurden mir mehrere Tage der Schonung auferlegt, und ich war nun für die nächste Zeit zu einer meist sitzenden Lebensweise verdammt. Meinen bespannten und bepackten Wagen ließ ich nicht wieder im Schobi ausspannen und abladen, sondern suchte mir ein kleineres und gemütlicheres Haus in der Hauptstraße, wo ich mich mit leichter Mühe einigermaßen einrichten konnte. Ich verfügte über zwei Wagen, die dazu gehörigen Tiere, einen Boy, einige Kulis; freilich meinen Koch hatten die Kollegen mit nach dem Norden genommen. Infolgedessen nahm ich die Liebenswürdigkeit der mir befreundeten Offiziersmesse von der 5. Kompagnie des 3. ostasiatischen Infanterieregiments in Anspruch und kaufte mich dort ein. Der Chef dieser Kompagnie war der Hauptmann Schäffer, der sich gelegentlich durch seine Reisen in Kleinasien in der geographischen Welt bekannt gemacht hat. Er gehört mit zu denjenigen Offizieren, welche die Gabe haben, leicht fremde Verhältnisse zu verstehen und sie richtig im Interesse des Dienstes auszunutzen. In Pautingfu war er der deutsche Polizeichef.

Vielleicht interessieren hier einige Bemerkungen über das deutsche Feldlazarett in Pautingfu, in dem ich so liebenswürdige Behandlung erfahren habe. Eine Hauptbedingung für ein Feldlazarett ist Beweg= lichkeit. Denn es muß mit der Marschkolonne gleichen Schritt halten und zur Stelle sein, sobald sich irgend ein größeres Gefecht entwickelt. Es kam nun freilich auf diesem Zuge zu keinem Gefecht; da aber mit inneren Krankheiten in stärkerem Maße als in einem europäischen Kriege gerechnet werden mußte, so fiel dem Feld= lazarett 4 die Aufgabe zu, sich in Pautingfu, dem künftigen Winter= quartier für die zweite ostasiatische Infanteriebrigade, niederzulassen und zugleich die Aufgaben eines stationären Lazaretts mit zu erfüllen.

Die Überführung des Lazaretts nach Pautingfu brachte mancherlei Schwierigkeiten mit sich. Obwohl die Wagen in Anbetracht der schlechten Beschaffenheit der Wege etwas leichter, als etatsmäßig vorgesehen, bepackt waren, so war es doch an den schlimmsten Stellen, wo der Sand oft fußhoch lag, nur dadurch möglich, vor= wärts zu kommen, daß man die Wagen der Reihe nach mit Vorspann in Bewegung setzte. Es kam hinzu, daß die chinesischen Wege tiefe Fahrgleise aufweisen, in welche die zweiräbrigen chinesischen Karren genau hineinpassen, während die mit einer weiteren Spurweite fahrenden europäischen Wagen die Schwierigkeiten der ausgefahrenen Geleisränder zu überwinden haben. Dennoch gelang es, mit wenigstens vier Wagen, barunter zwei Sanitäts= und bem Krankentransportwagen, bauernd mit der marschierenden Truppe Fühlung zu halten. Mehrfach kamen beim Fahren über größere Erderhebungen Deichselbrüche vor, doch hatte man sich von vornherein mit genügend Reservedeichseln versehen, so daß die Schäden leicht und schnell wieder ausgebessert werden konnten. Große Schwierigkeiten boten die Brücken über Flußläufe. Diese Brücken sind, da nur für die chinesischen Karren berechnet, im allgemeinen recht schmal und außerdem auch in arg vernachlässigtem Zustande. Die Pferde mußten daher stellenweise ausgespannt und die Wagen über die Brücken durch Menschenhände gezogen werden.

In Pautingfu fand das Lazarett nach langem Suchen einen Gebäudekomplex, der zur Etablierung geeignet erschien. Viel Arbeit war allerdings erforderlich, um dieses Terrain für die Zwecke eines Lazaretts einzurichten, denn es entsprach zu Anfang eigentlich eher allem anderen, als den Anforderungen, die man an ein sanitäres Heim in Deutschland zu stellen gewohnt ist.

Vor allen Dingen war eine gründliche Säuberung des nach Chinesenart beschmutzten Fußbodens nötig, sowohl der Wohnräume wie des Bodens der Höfe. Die Wohnräume wurden dann teils mit Kalkmilch frisch gestrichen, teils neu tapeziert. Wochenlang waren zirka 20 chinesische Maurer, 15 Tapezierer und 15 Tischler beschäftigt. Die letzteren fertigten hauptsächlich Holzbettstellen und Thüren an.

Das Lazarett selbst war nach Art eines Barackenlazaretts angelegt. Dieses System wurde bedingt allein schon durch die Art und Weise der Anlage des gewählten Komplexes. Es war das nämlich ein großer Yamen, der aus einer ganzen Anzahl kleiner Höfe besteht, um die herum in Hufeisenform je drei kleine einstöckige Gebäude stehen. Aus einem Hof in den andern gelangte man

durch eine Thür in der Rückwand des Hauptgebäudes, d. h. des
Frontgebäudes, oder aber durch enge Seitenthüren und schmale
Gänge. Das Ganze war nach unsern Begriffen so winklig und
unzweckmäßig, wie nur möglich gebaut. Trotzdem lag in der
Isoliertheit der einzelnen einstöckigen Häuschen wieder ein Vorzug
für die Zwecke eines Krankenhauses. Außer den Räumen für die
Sanitätsoffiziere und Sanitätsmannschaften, den Aufnahmezimmern
u. s. w. waren im ganzen vorhanden zehn Baracken, zwei Küchen,
zwei Waschräume, ein Baderaum, ein Operationssaal, ein Raum für
Verbandzwecke und kleinere Operationen, ein Leichenhaus und ein
großes Magazin zum Aufbewahren von Proviant, Geräten, Kranken-
wäsche u. s. w. Dieses Magazin war eigentlich ein zum Yamen
gehöriges Theater, das sich aber für seinen späteren Zweck ausgezeichnet eignete. Die größten Baracken konnten mit 18, die
kleineren mit 7 Kranken belegt werden. Alle Räume waren hell
und freundlich.

Um die Zugänge zu den einzelnen Häusern frei zu machen
und zu verbinden, mußten ganze Mauern niedergelegt und Häuser
eingerissen werden; Räume für die Lazarettküche, für Wasch- und
Badestube wurden durch Erweiterung vorhandener Zimmer geschaffen.
Kurzum, es gab viel Arbeit, ehe die baulichen Vorbedingungen für
die innere Einrichtung des Lazaretts erfüllt waren.

Das Lazarett stand unter der bewährten Leitung des Chefarztes
und Oberstabsarztes I. Kl. Dr. Herhold, dem auch insbesondere die
Station für innere Leiden unterstand, während Herr Stabsarzt
Dr. Dansauer der Chef der äußeren Abteilung war. Als Assistenz-
ärzte fungierten die Doktoren Langheld, Chop und von Leupold,
während der spezielle Verwaltungsdienst und die Leitung der Apotheke
dem Inspektor Lainke, dem Rendant Härtel und dem Feldapotheker
Pätzel unterstand.

Nach den Angaben des Oberstabsarztes Dr. Herhold war das
Lazarett durchschnittlich belegt mit 95 bis 100 Kranken. Dabei
möchte ich jedoch darauf hinweisen, daß der größte Teil dieser
Kranken sich den Keim ihrer Krankheit nicht auf dem Marsche oder
in Pautingfu geholt haben dürfte, sondern früher, meistens wohl in

dem ungesunden Tientsin. In Sonderheit mögen wohl die durch=
schnittlich 35 zählenden Ruhrkranken dorther stammen. Die Wasser=
verhältnisse in Tientsin sind abscheulich, während das Wasser im
Innern im allgemeinen als gut gelten kann.

Immerhin war man dauernd vorsichtig mit dem Trinkwasser,
da man den chinesischen Brunnen bezüglich ihrer hygienischen Be=
schaffenheit nicht besonderes Vertrauen schenkte. Aber dadurch, daß
den Truppen gekochtes Wasser in hinreichenden Mengen zur Ver=
fügung gestellt wurde, konnte die Gefahr für Gesundheitsschädigungen
durch Trinkwasser so gut wie beseitigt werden.

Jedenfalls konnten die Angehörigen zu Hause wegen der Unter=
bringung ihrer Lieben im Krankheitsfalle vollkommen beruhigt sein.
Wenn es in allen Feldlazaretten so gut aussieht und alles so nett
gehandhabt wird, wie in dem in Pautingfu, dann wird alles
geleistet, was unter schwierigen Verhältnissen der ärztlichen Kunst
zu leisten möglich ist.

Am 26. Oktober fällte die internationale Kommission ihr Urteil
über den Fantai Tingyang, sowie über zwei andere Hauptschuldige,
den Tatarengeneral Kueiheng, und den Kavallerieoberst Wang=
tschanghue. Dem Fantai konnte nachgewiesen werden, daß zwei
Missionare in dem Hofe seines Yamen geköpft, und der Kopf eines
Dritten ihm gebracht worden war. Die Köpfe waren später am
Finanzministerium aufgesteckt. Ferner hat er in einem Briefe an
den Kaiser gebeten, der Kaiser möge ihm doch mehr Truppen schicken,
damit er die Christen besser bekämpfen könnte. Der Tataren=
general, übrigens ein Mann von 85 Jahren, war der notorische
Organisator der Boxerbewegung in Pautingfu, und der Kavallerie=
oberst hatte eine Missionarsfamilie, die sich in sein Lager geflüchtet
hatte, nicht vor der Wut der Boxer geschützt. Diese drei wurden
zum Tode verurteilt. Außerdem wurde der Nientai, das ist der Ober=
richter von Pautingfu, der seinen Einfluß nicht geltend gemacht hatte,
um die Boxer zu unterdrücken, degradiert. Der Taotai von Pautingfu
wurde als minder schuldig degradiert und nach Tientsin gebracht.
Außerdem wurden die Stadtväter dazu verurteilt, aus ihren persön=
lichen Mitteln eine Buße von hunderttausend Taels zu bezahlen,

weil sie nicht genügend für Ruhe und Ordnung gesorgt hatten, und sie hafteten mit ihrem Leben und Eigentum dafür, daß diese Summe vollzählig bis zum 1. Dezember des Jahres bezahlt wurde. Der Stadt selbst wurde als Strafe die Schande auferlegt, daß die sämtlichen über der Mauer sich erhebenden Tempelchen und Häuserchen niedergebrannt und die Haupttempel der Stadt, in denen sich die Boxer versammelt haben, sowie 20 Meter der uralten Stadtmauer gesprengt werden sollten. Das Todesurteil wurde am selben Tage durch eine Stafette zur Bestätigung an den Feldmarschall gesandt, während mit der Sprengung der Boxertempel am nächsten Tage begonnen wurde. Die Engländer wollten noch ihren Anteil an dem Zerstörungswerk haben und ließen am Tage ihres Abmarsches, am 27. Oktober früh morgens um 7 Uhr den größten und ältesten Tempel der Stadt durch Sikhs in die Luft sprengen. Ich war mit Hauptmann Schäffer auf die Mauer gestiegen, um mir das Schauspiel mit anzusehen. Es war ein kalter, nebliger Morgen. Auf der Mauer unterhielten wir uns mit einem englischen Offizier, der Deutsch konnte: eine fast unerhörte Ausnahme! Punkt sieben Uhr erfolgte ein dumpfer Knall, eine mächtige Rauchsäule stieg in die Höhe und verdeckte die Ruinen des Haupttempelgebäudes. Dann folgten weitere Explosionen, den ganzen Vormittag über. Das war der Abschiedsgruß der abziehenden Engländer. Der Fantai aber wurde an diesem Tage zum ersten Male zu Fuß zwischen zwei Franzosen durch die Straßen der Stadt geführt. Damit wurde dem Volke gezeigt, daß der Fantai verurteilt war; und da er nicht mehr in seiner grünen Sänfte, sondern zu Fuß unter seinen Untergebenen erscheinen mußte, so hatte er auch in den Augen der Chinesen „sein Gesicht" verloren. Und das sollte er.

Im übrigen mußte ich diese Tage zur Pflege meines Beines verwenden, dessen Heilung bei der vorzüglichen Behandlung, die ich im Feldlazarett genoß, auch recht gute Fortschritte machte. Ich durfte bereits wieder zu Pferde sitzen, allerdings nur mit weiten Schuhen und eingewickelten Beinen. Aber was macht das? Das Pferd ist hier draußen, wo es leider keine Droschken und auch keine Rickshas gibt, eben das einzige Fortbewegungsmittel. Dabei sind

die chinesisch-mongolischen Ponies überaus ausdauernd und sehr
anspruchslos in Nahrung und Pflege. So benutzte ich denn die
paar Stunden, die ich nicht zum Arbeiten verwendete, dazu, hinaus-
zureiten in die Umgegend, meistenteils in angenehmer Gesellschaft.
Das Reiten bot draußen überhaupt die einzige Erholung und wurde
von den Offizieren sowie auch von einer ganzen Anzahl von Soldaten in den dienstfreien Stunden eifrig geübt. Das ist nicht bloß
Sport, sondern hat auch seinen hohen praktischen Wert. Es trat
zu verschiedenen Malen die Notwendigkeit an die Führung heran,
die Leute einfach auf Pferde zu setzen und mit berittener Infanterie
vorzugehen, eine Notwendigkeit, die sich namentlich bei Requisitions-
zügen und Strafexpeditionen, wie deren in der Umgegend von Pautingfu eine ganze Anzahl unternommen wurden, herausstellte. Der
Nachrichtendienst und die Signalisierung anrückender Truppen funktioniert bei den Chinesen so gut, daß beim Herankommen der Fuß-
truppen meistens alles schon ausgeflogen ist und besonders die Beitreibung des zur Truppenernährung notwendigen Schlachtviehes
einfach zur Unmöglichkeit wird.

b. Auf Strafexpedition.

Wie die einzelnen Nationalitäten sich auf Strafexpeditionen benehmen. — Die
Strafexpeditionen nach Wanshien nnd Thang. — Ein berittener Streifzug ins
Gebirge.

Auch in der Umgebung von Pautingfu sollten die europäischen
Waffen gezeigt werden. Infolgedessen wurden noch vor Eintritt
der Kälte eine Anzahl von Strafexpeditionen unternommen, um
Ortschaften, die sich durch besondere Vorliebe für Boxer ausgezeichnet oder sonst irgendwie etwas auf dem Kerbholz hatten, abzu-
strafen. Zu dieser Zeit war es in der That keine Kleinigkeit, in
der Umgebung dieser Städte Mandarin oder Dorfältester zu sein.
Jedenfalls saß der Kopf eines solchen mindestens so locker, wie der
eines auf den Nipptischen unserer Damen so beliebten kopf- und

händewackelnden japanischen Götzen aus Porzellan. Zumal wenn
ein Ort als verdächtig galt und der strafgerichtlichen Untersuchung
für würdig befunden wurde, dann konnte der Bürgermeister und
oft auch der Stadtrat eines solchen Ortes fast mit Gewißheit annehmen, daß es ihm an den Kragen gehen würde. Denn erstens
unternahm man Strafexpeditionen überhaupt nur auf schwerwiegende
Verdachtsgründe hin, und zweitens mußte der Bürgermeister und
der Stadtrat, falls der Ort für schuldig befunden wurde, für die
Sünden seiner Gemeinde büßen. Die Formel: „er hat nicht zu
verhindern gewußt, daß" kehrt in den Urteilsbegründungen der
Standgerichte fast regelmäßig wieder. Wohl entspricht diese Auffassung, derzufolge ein Mensch hingerichtet wird, ohne daß man ihm
eine aktive Mitwirkung an den strafwürdigen Thaten nachweisen
oder auch nur feststellen kann, ob er überhaupt in der Lage gewesen ist, das Geschehene zu verhindern, unseren europäisch-kulturellen
Anschauungen nicht. Nach chinesischer Auffassung aber ist diese Begründung wohl haltbar. Bekanntlich wird in China, wenn an
irgend einer Stelle ein schweres Verbrechen, — z. B. das schwerste,
das der Chinese kennt, ein Elternmord — vorgekommen ist, nicht
allein der Mörder unter Anwendung der schlimmsten Martern vom
Leben zum Tod befördert, sondern es wird auch die ganze Familie
für das Verbrechen mit zur Rechenschaft gezogen. Aber nicht allein
das; auch die Nachbarn werden schwer bestraft, ihre Häuser werden
niedergebrannt 2c., weil sie nicht genügend die Ohren aufgethan
haben, um rechtzeitig ein solches Verbrechen zu verhindern, und
weil sie nicht ihrerseits auf die Erziehung des Nachbarkindes in
wohlthätiger Weise mit eingewirkt haben. Doch die Verantwortlich-
keit geht noch weiter. Der Ortsmandarin wird zur Rechenschaft
gezogen, ebenso der Bezirkspräfekt, ja selbst der Vizekönig. Dieser
muß direkt an den Kaiser berichten, und es ist schon vorgekommen,
daß ein solches Verbrechen, das nicht „verhindert" werden konnte,
einer ganzen Stufenleiter von Mandarinen vom Vizekönig bis hinab
zum Dorfschulzen Amt und Würden gekostet hat. Von diesem Gesichtspunkte aus wäre demnach die Begründung „weil er nicht verhindern konnte, daß" haltbar. Überhaupt ist es gar so übel nicht,

von einem fremden Volke, das man beherrschen will, und wenn es ein auf so „niedriger" Kulturstufe stehendes Volk ist, wie das der Chinesen, diejenigen Grundsätze anzunehmen, die einem in den Kram passen. Man kommt damit ziemlich weit und beruhigt sein Gewissen in solchen Fällen, in denen man es nach europäischen Begriffen weniger leicht thun würde. Dieser Standpunkt hat etwas recht Bequemes. Wir fühlen uns in China zum Beispiel immer als Exekutivorgane des Kaisers von China, mit dem wir offiziell in bester Freundschaft leben, und dessen Interessen wir nur wahren, wenn wir die bösen Boxer, da wo wir sie finden, töten. Daß wir sie nirgends in größerer Mehrzahl finden können, liegt nicht an uns, sondern an den Boxern. Dafür können wir also nichts. Statt dessen tragen wir aber auch zur Beruhigung des Landes und zur Niederwerfung des Boxeraufstandes bei. Wir spüren solchen Leuten nach, die früher Boxer gewesen sind, und schießen diese tot, oder wir suchen solche Nester auf, von denen die ortsansässigen Missionare oder chinesischen Christen behaupten, daß es Boxernester seien, und erschießen in diesen kurzer Hand die Ortsältesten „weil diese nicht zu verhindern wußten, daß". — So etwas nennen wir dann „Strafexpedition", und um im Interesse der chinesischen Regierung, mit der wir im tiefsten Frieden leben und deren Soldaten wir unentwaffnet ziehen lassen, diese Beweise unserer Freundschaft und unseres Wohlwollens in aller Ruhe vollziehen zu können, haben wir eine Armee ausgerüstet, deren Kosten selbstverständlich auch der Kaiser von China einmal alle bezahlen soll. Sind wir doch in der Aneignung chinesischer Moralbegriffe zum Teil noch viel weiter gegangen. Wir erheben Kontributionen — das sind die Chinesen von ihren Mandarinen auch gewohnt. Diese drücken es nur blumiger aus. Wir essen von chinesischem Geschirr, wohnen in chinesischen Häusern, schlafen auf chinesischen Kangs und beseitigen chinesische hohe Verbrecher durch Köpfen nach der Landessitte. Ja sogar so weit sind wir Europäer in der Annahme chinesischer Sitten bereits gegangen, daß wir die Köpfe der Enthaupteten auf lange Stangen stecken. Würden wir unter ähnlichen Verhältnissen beispielsweise in Neuguinea Krieg führen, so würden wir vielleicht auch einen

Kannibalenhäuptling, der hingerichtet wurde, verspeisen lernen.
Denn der Häuptling muß doch, damit die Sache wirkungsvoller
für seine Landsleute wird, genau nach Kannibalenart hingerichtet
werden, und dazu gehört das nachträgliche Aufessen. Jedenfalls
hatten wir es in der Mongolisierung gar vieler unserer von abend=
ländischer Kultur eingezwängten Begriffe herrlich weit gebracht,
da führten die in Aussicht stehenden Friedensverhandlungen einen
Umschwung herbei, der eine noch bei weitem sanftmütigere Behand=
lung der Chinesen zum Grundsatz machte, als es selbst die rück=
sichtsvollste Behandlung eines Generals von Kettler ahnen ließ.
Die Behandlungsweise, die wir den Chinesen angedeihen ließen,
bietet überhaupt ein merkwürdiges Bild. Sie pendelt zwischen
freundlich und feindlich, zwischen „Humanität" und „kein Pardon!"
hin und her, das System in der Sache fehlt. Die Ursachen hier=
für sind nicht leicht zu ergründen. Es sei gern zugegeben, daß man
sich beim Oberkommando über die Interpretation der von dieser
Stelle aus gegebenen Instruktionen wohl im klaren war; aber der
Völker sind viele, die in China Krieg führen, und der Weg nach
Peking ist weit, und der Leute, die befehligen, sind ebenfalls viele.
Also wird's mit den Instruktionen vielfach so gehen, wie mit den
Gerüchten; durch je mehr Münder sie gehen, um so verschieden=
artiger werden sie ausgelegt und befolgt. Ist doch jeder Hauptmann,
ja jeder Subalternoffizier, der mit einem Auftrag betraut wird,
selbständig, und es liegt in seiner Hand, Maßnahmen zu treffen,
die nach seiner Ansicht unter den obwaltenden Verhältnissen als
geboten erscheinen, und die es vielleicht auch sind, aber sich nur
mit Mühe unter die allgemeinen Instruktionen gruppieren lassen.
Es soll das kein Tadel sein. Denn es ist gut, daß man dem
einzelnen Führer diese Freiheit läßt. Aber es erklären sich daraus
zahlreiche Widersprüche im Auftreten und Vorgehen der Truppen,
die es erschweren, ein einheitliches Bild von den Absichten und der
Taktik im kleinen zu gewinnen. Ein internationales Heer ist eben
kein einheitlicher Begriff im Sinne einer Nationalarmee. Neben
dem einen denkenden Kopf, genannt Oberkommando, hat diese Hydra,
die gegen den chinesischen Drachen zu Felde gezogen ist, noch eine

ganze Anzahl anderer Köpfe, von denen jeder einzelne „seinen Kopf
für sich" haben will; und es ist schon schwer, so viele Köpfe in
größeren und wichtigeren Fragen unter einen Hut zu bringen.
Gut, läßt man ihnen etwas mehr Freiheit in minder wichtigen
Dingen.

Dazu gehört auch die Art, wie man auf Strafexpeditionen die
Chinesen behandelt. Kurz charakterisiert unterscheiden sich die
Nationen hierbei etwa folgendermaßen von einander:

Der Russe macht zuerst alles lebendige Gebein, Männer,
Weiber, Kinder, nieder. Wenn das geschehen ist, plündert er, und
zwar außerordentlich gründlich, und verkauft später die Beute für
Spottpreise an Käufer anderer Nationen, vorausgesetzt, daß die
Offiziere den Soldaten nicht sämtliche Beute abnehmen und selber
behalten, vielleicht auch verkaufen, aber das mit Vorsicht. Der
Japaner macht es ähnlich wie der Russe, nur geht bei ihm das
Plündern dem Abstrafen vor. Er plündert, und wer sich ihm in
den Weg stellt, der wird niedergemacht. Die Japaner sollen große
Grausamkeit zeigen — wenn sie unbeobachtet sind von anderen
Nationen. Sonst thun sie zivilisiert. Das ist übrigens mit anderen
Dingen in Japan genau so. Der Inder (die Engländer haben
mit Ausnahme eines australischen Marinedetachements und eines
Teils der Artillerie nur indische Truppen auf dem chinesischen
Kriegsschauplatz) ist ein sehr selbständiger, aber keineswegs schneidig
draufgehender Soldat. Wenn er in ein Dorf kommt, das abgestraft
werden soll, dann geht ihm seine soldatische Tüchtigkeit plötzlich verloren, er geht zunächst, ohne sich sonderlich um die abzustrafenden
Chinesen zu kümmern, in die Häuser hinein und sucht nach Kostbarkeiten. Man rühmt ihm ein ziemliches Geschick nach im Auffinden
der schönsten Sachen, er hat sich im Plündern sicherlich die größte
Routine angeeignet. In Tientsin war der Sikh speziell deshalb
berühmt, weil es bei ihm die schönsten Sachen zu kaufen gab, und
weil er für ein Zwanzigmarkstück zehn Dollar einwechselte. Mit
der Zeit lernte freilich auch er Preise machen. Die englischen
Offiziere wollen diese „guten" Eigenschaften durchaus nicht an ihren
braunen Soldaten zugeben; aber es hilft nichts, der Sikh ist der

berüchtigfte Plünderer. Wo er gewefen ift, da wächft kein Gras mehr, wenigftens in derfelben Kampagne nicht. Ein niedliches Stückchen ereignete fich auf dem Zuge der Pekingkolonne nach Pautingfu. Der Höchftkommandierende, General Gafelly, hatte fich über das Anwachfen der Bagage geärgert und brachte diefes Anwachfen damit in Verbindung, daß die Soldaten zu viel geplündert hätten. Plündern fagte in China übrigens kein Menfch. Die Deutfchen nannten es im Anfang „botanifieren“, darunter verftand man aber ausfchließlich das anbefohlene Nehmen von Gegenftänden auf dem Requifitionswege. Der eigentliche Fachausdruck für die etwas weniger legitime Art des Nehmens kommt aus dem hindoftanifchen lût und hat fich allgemein als „Lûten“ auch in der deutfchoftafiatifchen Sprache eingebürgert. Gafelly hielt alfo den Offizieren des Detachements eine längere Anfprache über das Lûten und erklärte, es müffe ftrengftens darauf geachtet werden, daß nicht gelûtet würde. Er befaß dabei fogar die Gefchmacklofigkeit, zu behaupten, befonders bei den Deutfchen fei die Bagage übermäßig angewachfen. Da war es ein komifcher Zufall, daß an der gefamten Corona von Offizieren während diefer Rede ganze Reihen von Indern hochbepackt mit gelûteten Waren vorbeizogen. Das war die Illuftration zu Gafellys Antilûtrede.

Doch weiter. Wenn der Italiener Strafexpeditionen unternimmt, dann haut er zunächft tapfer drein. Dann aber lûtet auch er, und zwar ebenfalls mit Finelfe. Er ift wohl derjenige unter den Europäern, der das Lûten mit dem größtem Raffinement betreibt. Er ift gewiffermaßen der Inder unter den Europäern. Aus Pautingfu haben die Italiener große Djunkentransporte von gelûteten Waren mit fich geführt. Den Marfch nach Pautingfu machten die Italiener als Avantgarde mit. Dennoch waren fie fchon nach den erften zwei Marfchftunden über die ganze lange Marfchkolonne hin verftreut, da fie fich einzeln und in kleinen Trupps von ihrem Kontingent abfentierten, um die an der Straße gelegenen Ortfchaften zu plündern. Ihnen und den Indern find bei folchen Gelegenheiten auch die meiften Unfälle zugeftoßen. Da fie oft recht unvorfichtig bei dem Handwerk waren und einzeln in die Häufer gingen, fo kam es

19*

mehrmals vor, daß die Chinesen sie überfielen und zum Teil entsetzlich marterten, verstümmelten und zu Tode quälten.

Wenn der Franzose auf Strafexpedition auszieht, dann umstellt er zunächst das fragliche Dorf mit großer taktischer Gewissenhaftigkeit, beginnt darauf einen regelrechten Angriff, tötet den Feind wo er ihn findet, und erwirbt sich auf diese Weise zunächst einmal das ihm durchaus notwendige Quantum von Gloire. Dann zählt er die Toten, Männer, Frauen und Kinder, multipliziert die Zahl mit 2 und berichtet stolz an Vorgesetzte und nach Hause: Kampf mit Boxern, so und so viele getötet oder verwundet. Nachdem das ärmliche Lehmhüttendorf nach allen Regeln der Kriegskunst genommen ist, wird es erst privatim leicht übergeplündert. Dann aber wird dies offiziell verboten. Man erklärt den Überlebenden, man wolle mit ihnen in Freundschaft leben und sie schützen. Es wird über allen Thüren die französische Flagge befestigt, an den Dorfeingängen und über dem Yamen werden Schilder angebracht mit französischen Aufschriften, die besagen, daß dieses Dorf unter der „Protection de la France" stünde und von andern Nationen unbelästigt bleiben sollte. Wenn's gerade paßt, wird womöglich noch in dem Reste eine Etappe zurückgelassen, deren Hauptthätigkeit darin besteht, sich mit dem Ortsmandarin abwechselnd zu bewirten und mit den Bauern Arm in Arm über die Straßen zu ziehen. So pazifiziert Frankreich die Provinz Petschili.

Der Amerikaner ist leicht abgethan. Er macht überhaupt keine Strafexpeditionen. Das gleiche gilt vom Österreicher. Österreich hat von jeher nur ein kleines Detachement in China gehabt. Aber so oft ich auch Gelegenheit gehabt habe, das Auftreten der Oesterreicher zu beobachten, habe ich mich über sie gefreut. Schmuck, adrett und im Felde energisch treten sie auf. Niemals hat man von ihnen etwas Übles sprechen hören, im Gegenteil, wer mit ihnen in Berührung gekommen ist, rühmte sie als gute Kameraden. Zu Strafexpeditionen ist das kleine österreichische Detachement meines Wissens mit einer einzigen unbedeutenden Ausnahme nicht gekommen.

Wenn schließlich der Deutsche auf Strafexpeditionen auszieht,

dann richtet er sich genauestens nach den ihm vorher genau einge=
schärften, natürlich streng geheimen Weisungen. Wird der betreffende
Ort gefunden, dann wird er zunächst umstellt. Alsdann werden
die Magistratspersonen zusammengeholt. Sie werden vor ein Gericht
gestellt und regelrecht unter Anwendung eines mündlichen Verfahrens
durch Dolmetscher vernommen. Während dessen werden Haus=
suchungen nach Waffen, belastenden Schriftstücken usw. vorgenommen,
und wenn die Schuld des Dorfes festgestellt ist, dann werden die
Hauptschuldigen, falls diese aber nicht zu ermitteln waren, gewöhn=
lich der Bürgermeister und die Dorfältesten an die Mauer gestellt,
und eine Sektion erhält den Befehl, sie standrechtlich zu erschießen.
Die männliche Bevölkerung des Ortes wird, wenn möglich, ge=
zwungen, der Exekution beizuwohnen. Finden sich in dem Orte
irgend welche heiligen Stätten, die von den Boxern zu Versamm=
lungen oder Propagandazwecken benutzt zu werden pflegten, so wird
der Tempel oder das Gehöft niedergebrannt. Geplündert wird im
allgemeinen nicht. Nur in ganz besonders belasteten Dörfern ist
es vorgekommen, daß den Soldaten das Plündern auf einige Zeit
erlaubt wurde, oder daß der Ort niedergebrannt, oder daß ihm
mindestens eine Lieferung an Geld oder Lebensmitteln auferlegt
wurde. Wenn letzteres der Fall war, wurde das Plündern jedoch
strengstens verboten. —

Von den Strafexpeditionen um Pautingfu will ich nur noch
in aller Kürze den Hergang der Strafexpedition nach Wanhsien
und Thang erzählen.

In der Gegend von Wanhsien und Thang sollten sich Boxer
gezeigt haben. Außerdem hatte dort am 22. Oktober ein kleines Gefecht
zwischen Boxern und einer englischen Kolonne stattgefunden. Infolge
dessen erhielt das 2. Bataillon des 3. ostasiatischen Infanterie=
regiments unter Major von Haine den Auftrag, mit zwei Geschützen
und zehn Reitern die genannten beiden Ortschaften, sowie die um=
liegenden Dörfer nach Boxern abzusuchen und gegebenen Falls zur
Verantwortung zu ziehen. In dem Befehl des Generalmajors von
Kettler hieß es unter anderm: „Mit den Waffen in der Hand be=
troffene Individuen sind sofort zu exekutieren. Im übrigen mache

ich die strengste Befolgung des von Seiner Excellenz dem Herrn Generalfeldmarschall unter dem 13. d. Mts. erlassenen Befehls zur strengsten Pflicht."

Außerdem sollten aus diesen Dörfern folgende Beitreibungen vorgenommen werden: 300 Ochsen, 240 Zentner Reis, 6 Zentner Thee, 60 Zentner Salz, 2000 Zentner Gerste oder Mais und zehn Wagen mit Pelzen.

Das Detachement, bestehend aus der 5., 7. und 8. Kompagnie des 3. Infanterieregiments, einem Offizier und zehn Reitern der dritten Eskadron und zwei Geschützen der 3. Batterie des ostasiatischen Feldartillerieregiments, sammelte sich am 25. Oktober gegen halb 8 Uhr morgens am Nordthor von Pautingfu und trat um 8 Uhr den Vormarsch in der Richtung auf Hingyang an. Da dem Major von Haine zu Beginn des Marsches noch nähere Nachrichten zugingen, denen zufolge Wanhsien in der letzten Zeit augenscheinlich ein Stützpunkt der Boxer gewesen war, und da ihm ferner der Befehl gegeben wurde, das westlich von Wanhsien gelegene Dorf Wulikangtse wegen seiner erwiesenen Beteiligung an der Boxerbewegung zu bestrafen, so entschloß er sich, noch am selben Tage Wanhsien zu erreichen.

Die Bewohner der berührten Ortschaften erwiesen sich sämtlich als harmlos und entgegenkommend. Auffallend war jedoch, daß sie übereinstimmend einen Ort Wanhsien nicht zu kennen vorgaben und schon seit mehreren Monaten keine Boxer mehr in der Gegend gesehen haben wollten. Da sie ferner übereinstimmend behaupteten, bei Wangtuhsien hätten sich in der letzten Zeit Boxer gezeigt, so wurden die Reiter und die Radfahrer von Hingyang aus nach Wangtuhsien gesendet mit der Aufgabe, festzustellen, ob diese Angaben auf Wahrheit beruhten, und sich möglichst noch am selben Tage bei Wanhsien an das Detachement wieder anzuschließen. Während dessen wurde seitens des Gros des Detachements der Vormarsch auf Wan über Fangshunkiau fortgesetzt.

Da die zur Verfügung stehende Wäbersche Karte die Lage von Wan falsch angiebt, und dieser Ort nicht 25, sondern 38 Kilometer von Pautingfu entfernt liegt, so wurde er erst 6,30 Uhr abends, und zwar gleichzeitig mit den von Wantuhsien zurückkehrenden Radfahrern und Reitern erreicht.

Trotz der späten Stunde, und trotzdem alles geschehen war, um der eingeborenen Bevölkerung das Marschziel zu verheimlichen, kam doch die gesamte Stadtverwaltung von Wanhsien den Truppen entgegen, und zwar in dem bei solchen Gelegenheiten üblichen feierlichen Aufzug, beteuerte ihre unbedingte Abneigung gegen die Boxerbewegung und erklärte sich zu allen nur irgendwie möglichen Lieferungen bereit. Mit Rücksicht auf die späte Abendstunde wurde nur die Lieferung der wenigen für denselben Tag noch notwendigen Lebensmittel für das Detachement gefordert. Doch blieb die Stadtverwaltung mit Rücksicht auf die gegen sie vorliegenden Verdachtsmomente in Gewahrsam, und der Verkehr mit Chinesen wurde nur unter militärischer Bewachung gestattet. Die Verdachtsgründe wurden wesentlich dadurch vermehrt, daß alle Mitglieder übereinstimmend einen Ort Wulikang, der nach den eingegangenen Nachrichten hart westlich von Wanghsien liegen sollte, nicht kennen wollten. Übereinstimmend behaupteten sie, es gäbe in der Umgegend von Wanhsien nur einen einzigen Ort ähnlich klingenden Namens, und das sei das etwa 4 Li südwestlich der Stadt gelegene Dorf Shiutschwang. Um der Wahrheit auf den Grund zu kommen, ließ Major von Haine dieses Dorf in der Nacht gegen 4 Uhr durch einen vom Leutnant Pfähler geführten Zug umstellen und sich die gesamte Bevölkerung vorführen. Die sodann bei dieser Gelegenheit vorgenommene Durchsuchung der Ortschaft nach Waffen und Munition ergab nichts für die Bewohner Belastendes. Als nun am 26. Oktober morgens die gefangen mitgeführten männlichen Bewohner von Shiutschwang darauf aufmerksam gemacht wurden, daß sie im Verdacht ständen, sich an der Boxerbewegung beteiligt zu haben, erklärten sie, daß nicht sie, sondern die Bewohner des benachbarten Wulikang die Schuldigen seien. Die Bewohner dieses Ortes hätten noch in der letzten Zeit Raubzüge in die Nachbarschaft unternommen, und sie selbst seien bereit, das Detachement nach Wulikang zu führen. Leutnant von Schnitzer wurde mit der Durchsuchung und Abstrafung dieses Ortes beauftragt.

Inzwischen waren die Verdachtsgründe gegen die Stadtver=
waltung von Wanhsien zur Gewißheit gesteigert worden durch die
zahlreichen Waffen und die großen Munitionsvorräte, welche bei
der am Vormittag des 26. Oktober vorgenommenen Durchsuchung
der einzelnen Häuser aufgefunden wurden, obwohl die Mandarinen
hartnäckig das Vorhandensein von Waffen und Munition geleugnet
hatten. Da die Stadt außerdem keine Anstalten zu einer nennens=
werten Lieferung machte, so mußte mittags zur gewaltsamen Bei=
treibung gegriffen werden. Die aufgefundenen Lebensmittel waren
gering, das lebende Vieh mußte kurz vorher weggetrieben worden sein.
Das gab auch das Stadtoberhaupt schließlich zu. Man hatte be=
reits am 23. Oktober von der beabsichtigten Ankunft der Truppen
Kenntnis gehabt, und alles lebende Vieh sowie die sonstigen Vor=
räte seien in die Berge geführt worden.

Sollte die Requisition in der Umgegend von Thang nicht
ebenso resultatlos verlaufen, wie bis dahin bei Wan, so mußte der
Versuch einer Überraschung gemacht werden. Es wurde daher be=
schlossen, in der Nacht vom 26. zum 27. weiter zu marschieren.
Leutnant Bender wurde mit einem Zuge auf der Marschstraße nach
dem Dorfe Yaochang vorausgeschickt, dessen Bestrafung ebenfalls
befohlen worden war.

Infolge des großen Trosses und der vielen Gefangenen (die
männliche Bevölkerung von Wulikang und die Stadtverwaltung von
Wanhsien) und da einige Führer das Detachement in die Irre ge=
führt hatten, traf dieses erst am anderen Tage um 7 Uhr morgens
in Tang ein. Die Absicht zu überraschen war also auch hier
wieder vereitelt; die Stadtverwaltung kam wiederum in feierlichem
Aufzuge den Truppen entgegen und erklärte sich bereit, alles was
gefordert werden würde zu liefern, soweit das in ihren Mitteln
stände. Das Stadtoberhaupt von Thang war angeblich dem
Opiumgenuß ergeben und infolgedessen zeitweise unzurechnungsfähig.
Trotzdem versicherte es, es habe der Boxerbewegung stets ablehnend
gegenübergestanden, und behauptete übereinstimmend mit seinen Unter=
gebenen, daß die Stadtverwaltung von Wangshien die Boxerbe=
wegung von jeher gefördert habe. In Thang wurden auch nur

wenig Waffen und Munition gefunden. Da aber auch hier augenscheinlich der größte Teil der gesamten Habe der Bewohner in
Sicherheit gebracht worden war, so wurde beschlossen, am 28. einen
Streifzug in das Gebirge zu unternehmen. Zu diesem Zweck wurde
am frühen Morgen der Leutnant Schnitzler vom ostasiatischen Feldartillerieregiment mit allen berittenen Mannschaften dieser Waffe
in der Richtung auf Lungtschengtien mit dem Auftrag abgeschickt,
die Brücke über den Khouho zu besetzen und für den Verkehr von
Osten nach Westen zu sperren. Mit 90 beritten gemachten Mann
des Bataillons und mit sämtlichen berittenen Offizieren brach nun
Major von Haine am 28. Oktober, 9 Uhr vormittags, von Thang
auf und ritt zunächst in direkt nördlicher Richtung 23 Kilometer
in das Gebirge hinein. Dann wandte er sich nach Westen, ritt
bis zum Khouho, verfolgte dessen linkes Ufer bis zu der vom Oberleutnant Schnitzler besetzten Brücke und kehrte dann nach Thang
zurück. Das Ergebnis dieses Streifzuges war ein überraschendes.
Es wurde nicht nur sehr viel Vieh angetroffen, dessen man sich mit
Rücksicht auf die schwierigen Terrainverhältnisse nur teilweise bemächtigen konnte, sondern es ergab sich auch, daß die Schluchten
und Thäler des Gebirges und die Abhänge vollständig zu Zufluchts-
stätten für die Bevölkerung und deren Habe eingerichtet waren. Un-
verkennbar war dort schon seit Monaten gearbeitet worden, um der
Bevölkerung im Falle einer feindlichen Invasion Aufenthaltsorte zu
bieten. Es ist ausgeschlossen, daß diese Anlagen ohne Wissen und
Unterstützung der Behörden ausgeführt worden sind. Die Bevölkerung
erwies sich als scheu und zurückhaltend, sie setzte aber nirgends
Widerstand entgegen, und es wurden nirgends Waffen und Munition
gefunden. Die Stadtverwaltung von Thang behauptete, diese Ein-
richtungen seien getroffen worden zum Schutze gegen durchziehende
Räuberbanden. Da die Stadtverwaltung übrigens alles gethan
hatte, um den an sie gestellten Forderungen gerecht zu werden, so
blieb der Ort weiter unbehelligt. Indessen wurde er verpflichtet,
allmonatlich Vieh und Futter an die deutsche Militärverwaltung
in Pautingfu abzuführen.

Am 29. Oktober wurde das Detachement nach Wan zurückgeführt. Dort traf Major von Haine mit dem Brigadekommandeur Generalmajor von Kettler zusammen und bestrafte die Stadtverwaltung von Wan und die noch gefangen gehaltenen männlichen Bewohner von Wulikang nach den vom Brigadekommandeur erhaltenen Weisungen. Die beiden ältesten Mitglieder der Stadtverwaltung von Wan wurden standrechtlich erschossen, das dritte Mitglied war bereits kurz vor dem Exekutieren auf einem Fluchtversuch durch einen Schuß in die Leber getötet worden. Vier andere Bürger von Wan, welche sich durch die Verheimlichung des Ortes Wulikang sowie durch Irreführen auf dem Marsche nach Thang strafbar gemacht hatten, erhielten je 40 Stockschläge. Mit je 25 Stockschlägen wurden schließlich die noch gefangen gehaltenen männlichen Einwohner von Wulikang bestraft.

Der 30. Oktober wurde benutzt, um Fangshunkiao und die zu beiden Seiten der Marschstraße gelegenen Ortschaften anzufouragieren. Am 31. Oktober kehrte das Detachement von Hingyang, wo in der Nacht vom 30. zum 31. Oktober genächtigt worden war, nach Pautingfu zurück.

Das vom Detachement durchzogene Gebiet war wohlhabend. Ackerbau und Viehzucht blühten. Das Gebiet ist dicht bevölkert, die Wege in der Ebene sind überall gut. Auch die Brücken befinden sich durchweg in guter Verfassung. Im Gebirge beschränkt sich das Wegenetz auf Saumpfade, die aber sehr sachgemäß angelegt sind und augenscheinlich gut unterhalten werden. An vielen Stellen wurden im Gebirge Obstplantagen mit gutem Obst gefunden. Jagdbares Wild wurde mit Ausnahme weniger Hasen und einiger wilder Enten nirgends angetroffen. Das Gebirge ist fast vollständig frei von Wald und Gebüsch. Soweit die Abhänge der Berge, die Thäler und Schluchten nicht mit Steingeröll angefüllt sind, sind sie. mit einem mittelhohen Riedgras bestanden. Die Wasserläufe waren fast durchweg ausgetrocknet. Auch auf dieser Expedition erwies sich das ortsübliche Fahrzeug, der zweirädrige Karren, zwar als schwierig und für militärische Unternehmungen wenig brauchbar, doch als unentbehrliche Reserve. Unsere Fahrzeuge bewährten sich, trotz ihrer zum Teil minderwertigen Bespannung recht gut, doch nur auf glattem Boden. Die aus Australien stammenden Pferde haben das zum Teil sehr schwierige Gelände im Gebirge mindestens ebensogut, zum Teil besser überwunden, als die einheimischen Ponies und Maulesel. Sie übertreffen die letzteren auf die Dauer auch erheblich an Schnelligkeit.

Die chinesischen Behörden schienen zum Teil der aufständischen Bewegung Vorschub zu leisten, wie das aus dem Verhalten der Stadtverwaltung von Wanshien ersichtlich sein dürfte. Zum Teil scheinen sie den das Land durchstreifenden Räuber= und Diebes= banden wehr= und ratlos gegenüber zu stehen. Mitglieder der Stadtverwaltung von Thang baten noch am 29. Oktober früh vor dem Ausrücken des Detachements, die Thore schließen zu dürfen, um den wahrscheinlich unmittelbar nach unserem Ausrücken ein= treffenden Räuberbanden den Zutritt verwehren zu können.

Die Quartiere waren überall gut, der Gesundheitszustand trefflich.

An das Proviantamt in Pautingfu wurden abgeliefert 75 Ochsen, 260 Schafe und Ziegen, eine Tonne Reis, dreieinhalb Tonnen Pferdefutter, 10 Kilogramm Thee, 50 Kilogramm Mehl. Außer= dem wurden an Strafgeldern der Kommandantur abgeliefert in Silber 43 große Schuhe, 5 kleine Schuhe, 315 Silberstücke, 32 ge= schlossene Pakete. Ferner in Kupferkäsch etwa 7000 Mark. Außer= dem noch 33 Pelze und 15 Decken.

- - - - - - -

c) Friedliche Bilder.

Hubertustag. — Ponierennen im Artillerielager. — Ein Maultierrennen. —

Aber auch friedliche Bilder zeitigte das Standquartier Pautingfu. Der Hubertustag rückte heran, und infolgedessen wurden mancherlei sportliche Veranstaltungen getroffen. Da ritt man alter Gewohn= heit getreu Hubertusjagden, und im chinesischen Hause hinter dem eben kunstvoll von Soldatenhand gesetzten Backsteinofen wurde mancher Hubertustrunk genommen. Allerdings mit den Trinkverhältnissen

sah es zeitweilig in Pautingfu ganz traurig aus. In der ersten
Zeit bezahlte man für eine Dreiviertelliterflasche schlechten japanischen
Bieres einen Dollar dreißig Cents, das sind nach damaligem Kurs
nicht weniger als drei Mark und zwanzig Pfennige! O was hätte
man erst für ein Glas Pilsener vom Faß gegeben!

Ich will speziell erzählen von einem Rennen, das der Hauptmann von Plönnies am 4. Oktober zur Nachfeier des Hubertus-
tages unter den Leuten seiner Batterie veranstaltete. Hauptmann
von Plönnies ist Rheinländer und besitzt außer einem glücklichen
Humor und einer ungekünstelten Liebenswürdigkeit den Vorzug, ein
Hauptmann zu sein, der unter seinen Leuten lebt, ihre Bedürfnisse
kennt und mit ihnen zusammen auch vergnügt ist. Ich habe ihn
häufig draußen in seinem Artillerielager, einem früheren chinesischen
Militärlager, in dem vor ihm die Franzosen gelegen hatten, besucht
und denke mit fröhlichen Erinnerungen zurück an die Stunden, die
ich mit ihm und seinen Offizieren, besonders auch mit dem aus
Hannover stammenden Oberleutnant Reinecke zusammen verlebt habe.
Zum „Rennen" war ich ebenfalls sein Gast, und nicht allein ich,
sondern auch mein schnellstes Roß, das einmal seine Tüchtigkeit
beweisen und von einem braven Spielmann geritten werden sollte.

Das Plönnies'sche Lager ist mit einem hohen Wall umgeben,
über den hinweg die Mündungen von schönen Bronzegeschützen
sichtbar sind, die ehemals auf den Mauern von Pautingfu gestanden
haben. Im Innern sieht es sehr sauber und appetitlich aus. Es
ist geradezu das Muster eines gut eingerichteten Winterquartiers.
Die Pferdeställe vor allen Dingen sind ausgezeichnet. Die Mannschaften sind, nach Art von Baracenlagern, in schön ausgeweißten
großen Stuben untergebracht, jede Korporalschaft in einem Zimmer,
von denen jedes einen großen Backsteinofen aufweist. Auch eine
Kantine mit einem großen Sitzraum für die Leute ist vorhanden.
Hier hat der chinesische Maler deutsche Soldaten an die Wand
gemalt, und zwar den einen, wie er mit einer Gans abzieht, den
andern, wie er einen Chinesen mit der Linken am Zopfe faßt und
mit der Rechten verprügelt. Originell ist dabei nur, daß er in die
Figuren, die sonst ganz nett gemalt sind, auch den eleganten Schwung

der Leiber hineingelegt hat, den alle chinesischen Darstellungen menschlicher Körper zeigen und den doch unsere guten Kanoniere gar nicht in dem Maße haben. Die Offiziere sind ebenfalls behaglich untergebracht, überhaupt hat alles seinen Platz und seine Ordnung. Freilich dauerte es lange, bis das Winterquartier so hergerichtet werden konnte, daß es brauchbar und in dem jetzigen Zustande war. Aber da kam dem Hauptmann von Plönnies zu gute, daß er seiner Zeit, als er zur Marineartillerie in Kiautschou kommandiert war, dieselben Arbeiten schon einmal durchgemacht hat. Er wußte daher mit Chinesen umzugehen. Hinter der Mauer, d. h. außerhalb derselben, war ein großes freies Feld, auf dem gewöhnlich die Pferde bewegt wurden. Heute war dort der Rennplatz abgesteckt.

Man wird vielleicht darüber lächeln, wenn ich erzähle, daß die Rennen ganz interessant waren, obgleich es nur Ponierennen waren. Aber man darf nicht vergessen, daß das mongolische Ponie ein sehr ausdauerndes Tier ist, das zum Teil ganz erstaunliche Geschwindigkeiten erzielt. In den großen ostasiatischen Küstenplätzen, Tientsin, Shanghai, Honkong, bis hinunter nach Singapore, erfreuen sich die alljährlich im Frühjahr und Herbst stattfindenden Ponierennen großer Beliebtheit. Wie bei uns nach den Schützenfesten und nach der Kirmes, so rechnet man in Shanghai nach den Rennen. Die Renntage selbst sind eine Art Festtage, an denen die meisten Handelshäuser schließen, zum mindesten alle englischen. Den Hauptexportplatz für Ponies, die unzugeritten nach Shanghai gebracht werden, bildet Tientsin; die Heimat der „Griffins", wie die unzugerittenen Tiere heißen, ist das Hinterland von Tientsin. Sollte daher nicht auch ein Ponierennen in der Heimat der Rennponies von einem gewissen Interesse sein?

Die Ponies, die zum Start kamen, waren meistens beigetriebene Tiere, also Karrengäule und Mandarinenrenner bunt durcheinander. Geritten wurden sie von den Fahrern und Reitern der Batterie, und zwar zunächst in vier Rennen. Die vier Sieger starteten dann nochmals in einem Entscheidungslauf, und ich hatte die Freude, daß mein Ponie mit sechs Nasenlängen erster Sieger wurde. Natürlich fehlte es nicht an komischen Momenten. Daß Reiter mit samt

ihren für größere Pferde berechneten Sätteln sich plötzlich unter
dem Bauche ihres Ponies befanden, oder daß ein widerspenstiges
Ponie den kleinen Graben absolut nicht nehmen wollte, kam mehr
denn einmal vor. Ein großes Kunststück war es schon, die Ponies
zum Tribünensprung zu bewegen. Verschiedene wollten durchaus
nicht so gut sein, und liefen permanent um das Hindernis herum.
Den Gipfel der Komik bildete nun freilich ein sich an das Ponierennen anschließendes Maultierrennen. Ein solches ist auf einem
europäischen Rennplatz sicherlich noch nicht gelaufen worden. Das
Maultier wird in China ausschließlich zum Ziehen verwendet und
leistet darin ganz außerordentliches. Ich habe oft bedauert, daß
sich diese nützlichen Tiere bei uns nicht importieren lassen. Denn
mehr von Frömmigkeit, Ausdauer und Anspruchslosigkeit, als die
chinesischen Maultiere besitzen, kann man nicht verlangen. Nun
sollten diese braven Muli plötzlich ihre Rennfähigkeiten bezeugen.
Einige liefen ganz gut, aber an die Einhaltung der Bahn war in
den meisten Fällen nicht zu denken. Beim Tribünensprunge schon
lief ein Tier in die Zuschauer hinein, und da die Tiere gewohnt
sind, mit der Nase hinter dem Schwanz des Vordertieres zu laufen,
so folgte dem Leitesel noch eine ganze Menge anderer Esel. Durch
Stockhiebe seitens der Zuschauer wurden die edlen Renner zurück
und über die Tribünenbarrière getrieben, dann erst konnten sie
lostraben. Die Hälfte allerdings veranstaltete ein Rennen auf
eigene Faust, dessen Ende der Stall war. Nur wenige erreichten
das vorgeschriebene Ziel richtig.

---

d) Der letzte Akt der Tragödie von Pautingfu.

Das Ungewitter bricht herein. — Das Todesurteil über den Fantai ist durch
den Oberkommandierenden bestätigt worden. — Die Sprengung der Stadtmauern
und Tempel. — Die Hinrichtung der Hauptschuldigen. — Adieu Pautingfu!

Doch nun zur Schilderung des letzten Aktes der großen Tragödie
von Pautingfu. Der internationale Gerichtshof hatte sein Urteil
gesprochen, die Bestrafung der Übelthäter von Pautingfu sollte er-

folgen. Man hatte nur noch auf die Bestätigung des Todesurteils seitens des Höchstkommandierenden der internationalen Chinatruppen, des Grafen Walbersee gewartet, die nunmehr von Peking eingetroffen war. Am 6. November sollte die Vollziehung der Strafe vor sich gehen.

Interessant ist es, bei dieser Gelegenheit den Bericht wiederzugeben, den das Oberkommando über die stattgefundene Bestätigung des Urteils ausgegeben hat. Er datiert vom 3. Oktober, und die betreffende Stelle hat folgenden Wortlaut: „Die gerade in Pautingfu zahlreichen Greuelthaten, denen vorwiegend englische und amerikanische Missionare und ihre Familien zum Opfer gefallen sind, werden in wenigen Tagen ihre Ahndung finden. Glücklicherweise ist es gelungen, mehrere in hohen Stellen befindliche Führer zu ergreifen. Ihre Aburteilung durch den unter Vorsitz des Generals Bailloud eingesetzten internationalen Gerichtshof ist erfolgt, und sollen die Strafen am 6. November vollstreckt werden. Der Herr Feldmarschall hat von Anfang an dem Gerichtshofe volle Freiheit in der Vollstreckung der erkannten Strafen gelassen und wird jetzt um so weniger in den Gang der Gerechtigkeit eingreifen, als ein Exempel dafür statuiert werden kann, daß die Sühne für die begangenen Gräuel ohne Ansehen der Person gefordert wird und die hochstehenden Führer noch weniger auf Gnade rechnen dürfen als die zum Teil von ihnen verführten Massen."

Am 6. November war ich bereits gegen halb 8 Uhr morgens auf dem Felde außerhalb der Stadt. Um 8 Uhr sollte ein Teil der hohen und dicken Stadtmauer gesprengt werden, und die Tempel auf der Mauer sollten in Flammen aufgehen. Die Zerstörung der Mauer und der auf ihnen stehenden Tempel, in denen die Schutzgötter der Stadt wohnen, war der größte Schmerz, der der Bewohnerschaft von Pautingfu angethan werden konnte. Aber es war die gerechte Strafe dafür, daß dieselben Mauern und dieselben Götter ruhig zugesehen haben, wie arme Missionarsfrauen nackt auf Esel gebunden von johlenden Pöbelhaufen durch die Straßen gejagt und dann draußen angesichts derselben Mauer elendiglich hingeschlachtet worden sind.

Die Zerstörung, die nun vor sich ging, war ein Bild, wie man es so leicht wohl nicht wieder im Leben zu sehen bekommt. Man konnte dabei lebhaft an den Brand Roms denken, das Nero sich zu seiner Augenweide anzünden ließ. So ähnlich muß es damals auch ausgesehen haben, wie am Morgen des 6. November in Pautingfu. Es fehlte bloß noch, daß die Zerstörung bei Nachtzeit vor sich gegangen wäre.

Punkt 8 Uhr flog mit einem heftigen Knall ein Teil der an die 15 Meter hohen Stadtmauer auseinander. Es folgten in kurzer Zeit noch drei bis vier andere Explosionen, da lagen 20 Meter der Stadtmauer in Trümmern, gerade an der Stelle, an der im Sommer mehrere Missionare ermordet worden waren. Kurze Zeit darauf fingen auch die Tempel auf der Mauer an zu brennen, und aus der Stadt selbst stiegen hohe Säulen dicken schwarzen Rauchs empor; sie rührten von den brennenden Tempeln und Versammlungsorten der Boxer her. Pautingfu brannte an allen vier Ecken und sonst noch überall, wo irgend etwas mit Boxern in Zusammenhang gestanden hatte. Auf die Bewohnerschaft soll diese mächtige Zerstörung einen gewaltigen Eindruck gemacht haben. Die Leute standen scheu zusammen und harrten der Dinge die da noch weiter kommen sollten. Es ist mir von verschiedenen Seiten mitgeteilt worden und ich selbst habe die Beobachtung bestätigt gefunden, daß Leute geweint haben, und das will viel sagen bei einem Chinesen. Ich habe vorher auf meinen Reisen in China noch niemals einen Chinesen weinen sehen, nicht einmal bei Leichenbegängnissen.

So war denn alles gut vorbereitet, um das Maß der Strafe voll zu machen und zur Hinrichtung der drei zum Tode Verurteilten zu schreiten. Diese war auf zehn Uhr festgesetzt. Absichtlich hatte man auch die Hinrichtung mit einem gewissen Pomp ausgestattet und zu Mitteln gegriffen, die man sonst im Kriege nicht anzuwenden pflegt; man hatte es aber gerade gethan, um auf die Bewohnerschaft von Pautingfu den gewünschten Eindruck nicht zu verfehlen.

Bereits vor 9 Uhr wurden die unmittelbaren Vorbereitungen zur Hinrichtung getroffen. Sie sollte in diesem besonderen Falle nicht durch Erschießen geschehen, sondern nach chinesischer Art durch

Enthauptung. Denn nur die Enthauptung schändet, nicht das Erschießen,
weil beim Erschießen der Kopf nicht vom Rumpfe getrennt wird.
Nach chinesischer Auffassung wird aber nur der selig, der mit dem
Kopf am Rumpfe begraben wird. Daher werden auch, um das zu
verhindern, die Köpfe der Hingerichteten von den Chinesen auf
Stangen gesteckt oder an den Zöpfen aufgehängt, wie ich das schon
mehrfach beschrieben habe. Diese drei Verbrecher sollten nun ganz
nach chinesischem Ritus hingerichtet werden, und zwar durch einen
chinesischen Henker, der bereits seit Tagen von den Franzosen gemästet
worden war und unglaubliche Portionen vertilgen konnte. Die Köpfe
sollten an Stangen aufgesteckt werden, freilich nur bis Abends 6 Uhr,
dann sollten sie heruntergenommen werden.

Der Richtplatz befand sich auf derselben Stelle, auf der seiner
Zeit die Missionare hingeschlachtet worden waren, unmittelbar gegen=
über der in die Mauer gesprengten Bresche.

Von deutschen und französischen Truppen waren bei der Hin=
richtung je ein Bataillon Infanterie zugegen, sowie Abteilungen
aller anderen Truppengattungen in entsprechender Anzahl. Sie
hatten ein großes Karree gebildet, in dessen Mitte sich General
Bailloud und Generalmajor von Kettler mit ihren Stäben befanden,
und zwar zugleich mit den Mitgliedern der internationalen Gerichts=
kommission. Auch die Engländer hatten einige Mann geschickt, um
ihrerseits offiziell vertreten zu sein.

Gegen dreiviertel Zehn wurde der Tenor des Urteils in fran=
zösischer Sprache den französischen Truppen vorgelesen, und in
deutscher Sprache verlas ihn dann Major von Brixen den Deutschen.
Bald darauf nahte sich unter Führung des Hauptmanns Schäffer
und eskortiert von dessen Polizeitruppe ein eigenartiger Zug. In=
mitten der Polizeisoldaten schritten, die Hände auf den Rücken
gebunden, der Fantai Tingyang, der Tatarengeneral Kueiheng und
der Kavallerieoberst Wangtschanghue. Im Gefängnisse bereits war
ihnen das Urteil vorgelesen und übersetzt worden und ihnen mit=
geteilt, daß der Tag der Sühne gekommen sei. Gefaßt und ohne
ein Wort zu sagen, hatten sie das Todesurteil vernommen, und
gefaßt, nur bleich, sehr bleich, schritten sie zwischen den Polizei=

folbaten her. Inmitten eines zweiten Trupps von Polizeifolbaten
fchritt der Mientai, der Oberrichter der Stadt Pautingfu, Tfchien=
fchiahwang, nicht minder bleich als die drei Würdenträger vor ihm.

Dem Zuge folgten drei Karren mit fchwarzen Särgen und
Chinefen, die drei lange Stangen trugen.

Während deffen näherte fich von der franzöfifchen Seite her
der Mitte des Karrees ein anderer kleiner Zug. Es waren fran=
zöfifche Polizeifolbaten, die den Henker, den dicken ungefchlachten
Burfchen, und feine Gehilfen herbeibrachten.

Der Moment war gekommen. Alles hielt den Atem an. Bereits
als der Zug des Todes in das Karree hineingefchritten kam, war
„Gewehrüber" genommen worden. Dann war es mucksmäuschenftill,
bis die Stimme des Majors von Brixen vernehmbar ertönte. Er
gab dem chinefifchen Dolmetfcher den Befehl, dem Mientai mit=
zuteilen, daß er begradiert und verurtheilt fei, der Hinrichtung
beizuwohnen.

Sodann erhielt der Henker den Auftrag, feines Amtes zu
walten. Es gehörten ftarke Nerven dazu, um bei den Vorbereitungen,
die diefer nun traf, den Gleichmut zu wahren. Zuerft entledigte
er fich feines Obergewandes. Die drei Delinquenten hatten fich
bereits ruhig und ohne einen Ton zu fagen auf die Kniee niedergelaffen.
Dann zog der Henker dem Fantai die Wefte aus, weil der daran
befindliche hohe Kragen ihn beim entfcheidenden Hiebe hindern
konnte. Nachdem diefes gefchehen war, band er den Zopf des Fantai
an einen langen fchwarzen Strick. Die beiden Gehilfen traten vor
den Knieenden hin, ergriffen den Strick und zogen ihn ftraff nach
vorne, fo daß der Nacken gefpannt war. Alsbann nahm der Henker
fein Richtbeil, ein fchwertähnliches dickes gefchliffenes Stahlftück an
einem etwa einen Fuß langen Holzftiel, und nahm eine eigenartige
theatralifche Pofe ein, die bedeuten follte, daß nunmehr alles fertig
fei. Er hob nun das Richtfchwert langfam und ließ es ohne große
Wucht auf den Nacken des Fantai niederfallen. Der Hals war
halb durchfchnitten, die Henkersknechte riffen am Zopfband und der
Henker zog fein Schwert zweimal in der Wunde lang. Dann flog
der Kopf an die Erde und ein Strahl roten Blutes fprißte aus

dem Körper, der in hockender Stellung liegen blieb. Dieselbe Prozedur erfolgte in genau derselben Weise bei den beiden folgenden Delinquenten. Alles ging langsam, viel zu langsam, die Übrigbleibenden sahen den Ersten, den Zweiten sterben, und keiner zuckte mit der Wimper. Alle beugten in Ergebung ihr Haupt und starben lautlos. Ich habe große Hochachtung vor den Chinesen bekommen, die es verstehen, so anständig zu sterben. Vorher hatte ich bereits einer Anzahl von Füsilierungen beigewohnt, aber niemals habe ich irgend etwas an den Delinquenten bemerkt, das im Augenblick des Todes nicht Mut und einen gewissen Heroismus verraten hätte.

So war es auch mit diesen drei politischen Verbrechern, — den Chinesen gelten sie als Helden. Lautlos und ohne ein äußeres Zeichen der Schwäche starben sie. Nur sah ich, wie der Fantai einen langen und erstaunten Blick nach der Mauerbresche und nach den brennenden Tempeln richtete, wie wenn er hätte sagen wollen: „Auch die Schutzgötter der Stadt, die in den Tempeln und auf der Mauer wohnen, sind machtlos geworden gegen den Ansturm der weißen Teufel. Nun giebt es keine Hoffnung mehr!"

Von Chinesen wurden die Leiber in drei Särge gepackt und die drei Köpfe je an eine Stange gebunden, die dann aufge= richtet wurden. Die Soldaten begaben sich in ihre Quartiere zurück, über der Mauer von Pautingfu flammte und glimmte es weiter, und über der noch von Neugierigen scheu besuchten Richtstätte warnten drei blutige Köpfe. Ich begab mich nach einem kleinen Galopp über die Felder in mein Heim zurück und packte meine Koffer, um allein die Etappenstraße nach Peking zu ziehen. Pautingfu war für mich erledigt.

4. Abschnitt.

Von Pautingfu nach Peking.

a) Kämpfe an der großen Mauer.

General von Gayl besetzt die Silinggräber. — Das Gefecht bei Tzekingkwan. — Die Rückkehr des Detachements nach Peking.

Während dieser Vorgänge in Pautingfu hatte sich eine nicht gerade wichtige, aber doch ganz interessante Episode abgespielt. Von der Kolonne, die den Zug von Peking nach Pautingfu bewerkstelligt hatte, und die von da nach kurzer Rast wieder aufgebrochen war, hatte sich ein deutsches Detachement unter Oberst von Normann abgezweigt, um einen Vorstoß in westlicher Richtung nach der großen Mauer hin zu unternehmen. Das Detachement erreichte den Ort Itschou, in dessen Nähe die sogenannten westlichen Kaisergräber, die Siling, liegen. Dieser Kolonne hatte sich auch General von Gayl, der Oberquartiermeister des Oberkommandos, der unser von Tientsin kommendes Detachement begleitet hatte, angeschlossen, und er war es, der als der erste auf den Kaisergräbern die deutsche Flagge setzen ließ. Von den Deutschen wurden die Gräber geschont; leider aber fielen sie späterhin mit ihrem gesamten kostbaren Inhalt doch dem furor barbaricus auf Betreiben der Engländer und Franzosen anheim. In Itschou erhielt man die Nachricht, daß chinesische Reguläre den Paßübergang über das Gebirge an der großen Mauer besetzt hielten. Eine Anzahl von Rekognoszierungen ergaben sehr zweifelhafte Resultate. Schließlich gelang es Major von Förster, auf einem persönlich unternommenen Rekognoszierungsritte den Paßübergang über das Gebirge zu finden und auf der Paßhöhe von Tzekingkwan eine starke chinesische Befestigung festzustellen, die von

regulären Truppen gehalten wurde. Es wurde beschlossen, gege〈
diese Truppenmacht einen Vorstoß zu unternehmen. Auch hier wa〈
es wieder Major von Förster, dem die Palme des Siege〈
zufiel. Es gelang ihm, mit nur 103 Mann deutschen Truppen a〈
den Feind heranzukommen; dieser hielt auch stand. Für die Land〈
armee war das, abgesehen von dem Sturm auf die Peitangforts〈
das erste Mal, daß sie mit chinesischem regulären Militär ins Ge〈
fecht kam. Die Stellung, in der sich dieses befand, war außer〈
ordentlich stark; die Einnahme dieser Stellung mit einer Handvol〈
Leute gegen eine mehr denn vierfache Übermacht war eine Helden〈
that ersten Ranges. Daß es notwendig war, dieses Gefecht z〈
provozieren, ist mehrfach von der Öffentlichkeit in Zweifel gezoge〈
worden. Die Chinesen hatten Barrikaden nach Osten zu, von w〈
ein Angriff der europäischen Truppen zu erwarten war, errichte〈
und sich überhaupt in Verteidigungsposition gesetzt. Der erf〈
Schuß in diesem Gefecht fiel zwar von deutscher Seite, do〈
würden die Chinesen auch von selbst angegriffen haben, wenn f〈
den Feind zuerst bemerkt hätten. Für die Säuberung be〈
Provinz Petschili von Regulären und Boxern erschien es jedenfall〈
nicht als wünschenswert, daß ein starkes chinesisches Detachemen〈
unmittelbar an der Grenze der Demarkationslinie, die auch erst späte〈
offiziell gezogen wurde, stand; dennoch bedeutet der Angriff b〈
Tzekingkwan ein Abgehen von dem bisher befolgten Grundsa〈
dem zufolge man chinesisches Militär, zunächst veranlaßte freiwilli〈
abzuziehen. Man hat das Vorgehen des Major von Förster vo〈
verschiedenen Seiten getadelt, und nur aus diesem Grunde habe i〈
das, was dafür und dagegen redete, hier zur Sprache gebrach〈
Ich persönlich stehe allerdings auf einem Standpunkte, der es scha〈
tadelt, wenn man chinesische Reguläre unentwaffnet abziehen läß〈
und daher das Vorgehen des Majors von Försters, das ei〈
Durchbrechen dieses Prinzips bedeutet, nur freudig begrüßen kan〈
Freilich hat der Kampf bei Tzekingkwan, so ehrenvoll er für d〈
deutschen Truppen als solcher war, für die Zukunft auch kei〈
Klarheit in die Art und Weise gebracht, wie man chinesische Truppe〈
denen man sich gegenüber befindet, behandeln soll. Hätte ma〈

das Vorgehen bei Tzelingtwan zum Prinzip erhoben, dann wäre man den Aufgaben, die unsere Armee in Petschili zu lösen hatte, trotzdem es nur Okkupationsaufgaben waren, mehr gerecht geworden, als durch ein Vorgehen, wie es auf den Expeditionen nach Pau-lingfu bei Patschou und Tschotschou beliebt worden ist.

Nach dem Kampfe von Tzelingtwan wurden die Truppen zu-nächst wieder nach Itschou zurückgezogen. Alsdann schwenkte das Detachement nach Nordosten ein, um die Hauptstraße Pautingfu-Peking zu gewinnen, auf der es gekommen war; auf ihr traf es, ohne weiteren Widerstand zu finden, nach einigen Marschtagen glücklich wieder in Peking ein.

Für mich selbst war es leider wegen meines Fußleidens un-möglich, diesen in vieler Hinsicht interessanten Zug persönlich mit-zumachen, ich wählte daher, um nach Peking zu gelangen, die Etappenstraße.

***

b) Auf der Etappenstraße.

Abschied von Pautingfu. — Die deutsche Etappe in Nganjunhsien. — Unter deutscher Bedeckung weiter. — Tinglinghsien. — Tschoutschou. — Ein fröh-licher Ritt. — Auf der Kaiserstraße. — Einzug in Peking.

Es war zu jener Zeit immerhin noch ein Wagnis, die Straße von Pautingfu nach Peking allein zu ziehen, trotz der deutschen Etappen, die, allerdings auf 25—30 km. auseinander gezogen, zur Sicherung der Straße dienten. Ich appellierte daher an die Liebens-würdigkeit des Hauptmanns von Tiedemann, des Stabschefs des Generalmajors von Kettler. Durch seine gütige Vermittelung erhielt ich einen schriftlichen Befehl des Generalmajors an die Kom-mandanten der von mir berührten Etappen, daß mir von Etappe zu Etappe eine ausreichende Bedeckung gestellt werden sollte. Ich nahm von Hauptmann von Tiedemann, der seit unserer letzten gemein-schaftlichen Fahrt auf dem „Rhein" in Preßsachen unser Dezernent gewesen war, und der uns stets mit gleicher Liebenswürdigkeit und Sachlichkeit zur Seite stand, ebenfalls bei dieser Gelegenheit mit herzlichem Dank Abschied. Denn von meinem Aufenthalt in Peking ab machte ich von der Erlaubnis Gebrauch, mich beim Oberkommando aufzuhalten. So hatte ich im amtlichen Verkehr bezüglich der offiziellen Nachrichten nur noch mit dem Privatsekretär und Neffen des Generalfeldmarschalls — Herrn von Rauch, zu thun.

Meine Karre, die ich zur Beförderung meines Reisegepäcks brauchte, war auf der Tour nach Pautingfu zerbrochen. Zur Zeit meiner Abreise wurde gerade die japanische Kulikompagnie aufge=löst, und so erhielt ich durch die Liebenswürdigkeit des letzten Führers derselben, des Oberleutnant von Jakoby, einen Ersatz gestellt. Eines schönen Morgens trottete ich denn in aller Frühe aus Pautingfu ab, nicht ohne noch einen kleinen Unfall erlebt zu haben. Mein ungeschickter Karrenführer fuhr bei einer Straßenbiegung verkehrt über einen Prellstein und warf die Karre mitsamt dem, was da=rauf lag, um. Nach diesem Intermezzo, das ich als gute Vorbe=deutung nahm, gewannen wir bald die Hauptstraße, einen breiten ausgefahrenen Weg, der Pautingfu, die Hauptstadt der Provinz, mit Peking verbindet. Am ersten Tage erreichte ich die Stadt Nganfunhsien, wo ich von dem befreundeten Etappenkommandanten, Leutnant Linke, in der freundlichsten Weise aufgenommen wurde. Das Leben auf einer Etappe ist gar so übel nicht, besonders ge=schätzt ist es meistens von den Offizieren, da diese auf Etappe un=umschränkt selbständig sind und Freiheit haben, ihre selbherrlichen Fähigkeiten voll zu entfalten. In der Beschränkung zeigt sich erst der Meister, und man konnte faktisch große Unterschiede finden in der Einrichtung der Etappen je nachdem ein Offizier mehr nach der praktischen Seite hin begabt war, oder mehr nach der theore=tischen. Die Etappen der mehr theoretisch begabten Offiziere waren meist die weniger einladenden. Leutnant Linke gehörte zweifellos der praktischen Kategorie an, er hatte sich in einem der größten, ziemlich isoliert liegenden Gehöfte des Ortes mit seinem Zuge ein=quartiert; es war eine große Samschufabrik. Samschu ist der Name für den berühmten, wenn nicht berüchtigten chinesischen Reisschnaps.

In diesem Gebäude konnte der ganze Zug untergebracht werden. Die Leute waren fast sämtlich beritten gemacht worden, was in Anbetracht der großen Entfernungen der Etappen voneinander von ganz besonderer Wichtigkeit war. Über ausreichenden Proviant und lebendes Vieh verfügte man gleichfalls; auch eine Milchkuh hatte der praktische Leutnant im Stalle stehen, was für die Chinesen besonders auffällig war, da sie die Milch der Kühe nicht zu benutzen pflegen. Auch in Verteidigungszustand war das Gehöft gesetzt worden; überall waren Schießscharten angebracht, und ein Alarm, der probeweise ausgeführt wurde, gab den Beweis dafür, daß jeder einzelne Mann innerhalb einer Minute auf seinem Verteidigungsposten stehen konnte und mit genauesten Instruktionen versehen war, was er im Falle eines Angriffs zu thun hatte. Hinter dem Gehöft dehnte sich ein großer freier Platz aus, der als Reitbahn diente. Hier drillte der Etappenkommandant jeden Tag mehrere Stunden lang seine Infanteristen, die sich oft auf recht erheiternde Art mit ihren Ponies zu verständigen wußten. Es war ein netter Abschluß, den meine erste Tagereise durch den angenehmen Aufenthalt auf der Etappe erhielt; wir plauderten von großen Unternehmungen, ließen alte Erinnerungen an uns vorüberziehn, und bei einem Glase Grog verflog die Zeit so schnell, daß es Mitternacht wurde, ehe wir es dachten; für Kriegsverhältnisse eine späte Zeit des Schlafengehens!

Am nächsten Morgen ging es in Begleitung dreier kräftiger Musketiere weiter. Die Gegend war im wesentlichen dieselbe, wie ich sie bereits gelegentlich unseres Zuges nach Pautingfu beschrieben habe; doch war die Straße fast leer, kaum begegnete man einmal einem Wanderer. Die Dörfer waren zum größten Teil durch Kauleangstroh verbarrikadiert, und nur mit Mühe gelang es uns, von den Bewohnern, die sich versteckt hielten, Eimer zu erhalten, damit wir unsere Pferde an den Dorfbrunnen tränken konnten. Unterwegs begegneten wir einer kleinen Patrouille, die von der nächstliegenden Etappe uns entgegen kam, um die Verbindung aufrecht zu erhalten. Nachmittags gegen 3 Uhr gelangte unsere kleine Kavalkade in einen Marktflecken, Tinglinghsien, in dem ich wieder

einen Bekannten, den Oberleutnant Krämer, als Etappenkomman=
danten begrüßen konnte. Das Etappenkommando hatte hier einen
großen Patrizierhamen belegt. Auch hier herrschte musterhafte
Ordnung; der Kommandant war sogar noch weiter gegangen, er
hatte bereits Vorkehrungen für die Winterkälte getroffen und anstatt
der Holzmauern in den Gebäuden steinerne Mauern aufführen lassen.
Europäische Öfen aus Ziegelsteinen strahlten eine angenehme Wärme
aus. Auf dieser Etappe gab es sogar „frischschlachtene" Schweine=
wurst von dem sonst so verachteten schwarzen chinesischen Borsten=
vieh, von sachkundiger Hand zubereitet. Sie hat uns nach der
langen Zeit, in der wir keine frische Wurst mehr zu kosten bekommen
hatten, geradezu überwältigend heimatlich geschmeckt. Auch der
Humor kam hier zu seiner Geltung. Wie bereits in Pautingfu, so
hatte auch hier der Oberleutnant Krämer als echtes Kölner Kind
die Hauptpagode im Ort „Klingelpütz" genannt, auch die „Schnur=
gasse", die „Steingasse" und andere Straßen, die an sein ge=
liebtes Köln erinnerten, fand man hier mit stillem Ergötzen
wieder. Der Verkehr mit den Chinesen war anscheinend sehr
freundschaftlich, es hatte sich ein belebter Markt mit Federvieh,
Eiern, Gemüse 2c. entwickelt, und als der Etappenkommandant mir
seine besten Reiter in einem kleinen Galopp auf der Straße vor=
führte, standen die Chinesen mit fröhlichen Gesichtern dabei und
fingen sogar an, auf den Kommandanten einzuparlieren. Als einer
der Chinesen zu vertraulich wurde, bekam er mit der Reitpeitsche
einen kleinen Klaps auf seinen dickgepolsterten Rücken, woraufhin die
umstehenden Chinesen in schallende Heiterkeit verfielen.

Die nächste Etappe war Tschotschou. Auf dem Wege dahin
kamen wir der Bahnlinie näher, die sonst meist rechts von unserer
Marschroute lag. Die Bahn war vollständig zerstört, nur die
Schienen hatte man liegen lassen, dagegen alles Holzmaterial bei
Seite geschafft. Die Franzosen waren eifrig bei der Arbeit, die
Bahn wieder herzustellen; indessen zu jener Zeit waren sie noch
nicht über Nganfunhfien hinausgekommen. In Tschotschou traf
ich einen lieben Kameraden wieder, den Leutnant von Böninghausen,
mit dem ich gemeinsam jenes interessante Abenteuer auf dem Requi=

sitionszuge nach Tsinhaihsien erlebt hatte. Außerdem war Tscho=
tschou das Standquartier des Kompagnieführers der auf die Etappen=
straße verteilten 6. Kompagnie, des Oberleutnant Mansfeld. Dieser
hatte nach dem plötzlichen Tode des Hauptmanns Hänel von
Cronenthal die Führung der Kompagnie erhalten. In Tschotschou
verlebte ich einen frohen Nachmittag und Abend. Die Stadt selbst
ist ziemlich weit ausgedehnt und volkreich. Die Etappe lag in
einem großen, fast mit fürstlicher Pracht eingerichteten Yamen, das
unmittelbar an eine große Tempelanlage angrenzt. Die einzelnen
Hallen der Tempelanlage machten einen sehr würdigen und fast
romantischen Eindruck, der besonders hervorgerufen wurde durch die
hohen, laubreichen Bäume, die dort standen, und die man in China
sonst wenig zu sehen bekommt. Ich wurde bei meinem Eintreffen
mit Hallo begrüßt, sintemalen ich den beiden Offizieren als dritter
Mann zum Skat ein nicht unwillkommener Besuch zu sein schien.
Wir hatten auch wirklich vor, dieses löbliche deutsche Spiel im
fernen China zu Ehren kommen zu lassen, indessen hatte man sich
soviel zu erzählen, daß wir zwar die Karten in der Hand hielten,
aber nicht ein einziges Mal zum Ausspielen kamen. Das hatte
seine besondere Ursache noch darin, daß der Oberleutnant Mans=
feld, der so wie so dienstlich in Peking zu thun hatte, sich entschloß,
die Gelegenheit zu benutzen, um sich mir anzuschließen. Das war mir
natürlich hochwillkommen. So setzte sich denn am andern Morgen
unsere kleine Kavalkade in doppelter Stärke in Bewegung. Es war
nunmehr auch die Möglichkeit gegeben, da außer meiner Bedeckungs=
mannschaft noch ein Unteroffizier mit mehreren Mann uns begleitete,
die sonst immer peinlich eingehaltene Fühlung mit unseren Leuten
hin und wieder aufzugeben. Wir waren freier in unseren Be=
wegungen und dokumentierten dies dadurch, daß wir gleich zu An=
fang einen fröhlichen Galopp in den nebligen und kalten Morgen
hinaus wagten. Nur an Stellen, wo der Weg zweifelhaft war,
hielten wir und warteten auf unsere Leute, dann ging es
wieder im Trapp vorwärts; sorgenfrei und in vollen Zügen ge=
nossen wir die interessante Landschaft, die wir durcheilten. Die
Nacht brachten wir zu in einer Etappe, die bereits vom ersten In=

fanterieregiment in Peking gestellt war. Der Kommandant war ein reizender allerliebster Offizier, ein jovialer Causeur, — aber ein Theoretiker. Denn in der Nacht froren wir entsetzlich.

Noch eine Tagereise stand uns bevor, ehe wir nach Peking kamen. Am Vormittag passierten wir den Hunho auf der marmornen sogenannten Marco=Polobrücke. Es war sehr kalt geworden, der chinesische Winter setzte mit seiner ganzen Schärfe ein. Bald trafen wir auch auf französische und englische Etappen und hätten uns nun eigentlich auf der berühmten Kaiserstraße fortbewegen sollen. Diese besteht aus großen Quadersteinen, die aber derartig zerfahren und durch das Alter ramponiert sind, daß wir einen Umweg nicht scheuten und uns auf Feldwegen der großen chinesischen Hauptstadt näherten. Es war Mittag geworden, da tauchte als erstes Wahrzeichen Pekings in nicht gar zu großer Ferne eine gewaltige Pagoda auf. Wir waren nunmehr gezwungen, den letzten Teil des Weges doch wieder auf der Kaiserstraße zurückzulegen, eine Prozedur, die mich meine beiden letzten europäischen Teller kostete. Der Verkehr, der uns jetzt aus Peking, fast möchte man sagen wie aus der Erde herausgewachsen, entgegenströmte, war geradezu enorm; Tausende und aber Tausende von Fußgängern, Hunderte von Kamelkarawane kamen uns entgegen. Wir rückten bereits in die Vorstadt Pekings ein, in der ein lebhafter Handelsverkehr auf der Straße sich breit machte. Hier boten Fruchthändler ihre Waren an, hier sah man Stände mit chinesischen Kleidern, dort einen Antiquar, da einen Händler mit alten Nägeln, Flaschen und Eisen. So näherten wir uns dem westlichen Thore der Chinesenstadt von Peking. Der erste Eindruck, den die Mauern Pekings machen, ist imposant, jedenfalls nicht weniger imposant, als der, den der erste Anblick der Mauern Pautingfus auf uns machte.

Da waren wir also glücklich in der Kaiserstadt Peking angelangt, dem Ziel unserer stillen Hoffnung auf der Ausreise, der Stadt, deren Name die ganze zivilisierte Welt so lange beschäftigt hatte. Als wir die beiden Thore passiert hatten, sahen wir zunächst recht wenig, denn dicke Staubwolken wälzten sich uns entgegen, ein Übel, an das man sich in Peking erst gewöhnen muß.

Wir befanden uns auf einer breiten Straße, in deren Mitte ein erhöhter Fahrdamm lief, rechts und links standen Kaufläden mit großen, zum Teil goldenen Buchstaben und Aushängeschildern. Endlose Wagen- und Karrenzüge kamen uns entgegen, es war ein gewaltiges Großstadtgetriebe, durch das wir hindurchzogen. Nach einer ganzen Weile erst kamen wir an eine gleichfalls sehr breite Straße, welche die von uns betretene im rechten Winkel kreuzte. Es war das die größte und breiteste Straße Pekings, die sogenannte Kaiserstraße, die vom kaiserlichen Palast aus direkt nach Süden führt. In diese bogen wir ein. Es trat uns in mächtigen Umrissen die Mauer, welche die Chinesenstadt von der Tatarenstadt trennt, entgegen, sowie die Ruinen des heiligen Thores, das sonst nur für den Kaiser geöffnet wurde, des Tschienmön. Unmittelbar vor dem Thore bogen wir rechts in eine Seitenstraße ein, die den Kriegsnamen „Königsbergerstraße“ führte. In dieser lag das Quartier einer befreundeten und zwar einer ostpreußischen Kompagnie des ersten Regiments, der Kompagnie des Oberleutnant Anders. Im Offiziersquartier fanden wir für den ersten Tag gastfreundliche Aufnahme, bis wir am nächsten Tage uns trennten, der eine, um seinem Dienst nachzugehen und alte Bekannte zu begrüßen, der andere, um einen Ort ausfindig zu machen, wo er sein Quartier für den bereits in seine Rechte eingetretenen Winter aufschlagen konnte.

Die Reise auf der Etappenstraße bildet eine meiner angenehmsten Erinnerungen. In erster Linie steht dabei die Erinnerung an Oberleutnant Mansfeld, dessen Name auch deshalb noch besonders ehrenvoll genannt zu werden verdient, weil er es eigentlich war, der zuerst die Notwendigkeit und Verwendbarkeit einer berittenen Infanterie erkannte und von Anfang an seine Leute systematisch beritten zu machen gesucht hat. Der große Nutzen der berittenen Infanterie wurde auch sehr bald von anderer Seite anerkannt und ausprobiert, so daß man alsdann zur Bildung von ganzen Kompagnien berittener Infanterie überging. Die erste dieser war aber, wenn auch nicht dem Namen nach, so doch in der That, die Kompagnie des Oberleutnant Mansfeld.

5. Abschnitt.

Im Winterquartier in Peking.

Als ich in Peking eintraf, war ein gemischtes Detachement unter Graf York von Wartenburg nach Kalgan seit 8 Tagen unter-wegs. Es war auf Betreiben des französischen Bischofs Favier zum Schutz der in Kalgan angeblich bedrängten katholischen Mission ausgesandt worden. Durch diese Expedition wurden die Truppen, die sich in der Nähe von Kalgan bei Hsüenhuafu aufhielten, zurück-gedrängt, indessen ohne daß das Gros der europäischen Truppen mit ihnen in Berührung gekommen wäre. Nur einem kleinen deutschen Kavalleriedetachement gelang es, den Train der abziehenden Truppen einzuholen und diesem noch mit gezogenem Schwert zu Leibe zu gehen. Die militärische Bedeutung des Zuges nach Kalgan ist nicht allzu groß, jedenfalls rangiert er, was Anstrengungen wie Leistungen der Truppen anlangt, weit unter demjenigen, den später ein rein deutsches Detachement unter Oberstleutnant Pavel nach dieser Gegend unternommen hat. Tief zu beklagen war der Tod des Führers, des Grafen York von Wartenburg, eines Offiziers, der zu einer hohen militärischen Laufbahn berufen schien und als ein hervorragender Militärtheoretiker galt. Leider bot ihm der Zug wenig Gelegenheit, sich auch als Praktiker zu erweisen; ein tückisches Geschick raffte ihn frühzeitig hinweg. Es sind viele Fabeln über seinen Tod im Gange; soweit ich Einzelheiten dieses Unglücksfalles feststellen konnte, hat er sich auf folgende Weise zugetragen. Es giebt in Nordchina zwei Kohlensorten, eine Steinkohle und eine Art Braunkohle. Diese letztere kann ohne allzu großen Nachteil für die Gesundheit in offenen Kohlenbecken bezw. Thonherden ohne Schornstein im Zimmer gebrannt werden; es ist das ein in Nordchina übliches Verfahren, und jeder Chinese weiß im allgemeinen genau die eine Kohlensorte von der andern zu unterscheiden. Nun liegt die Vermutung nahe, daß im Quartier des Grafen York sich Kohlen fanden, und daß in Unkenntnis der erwähnten Thatsachen versehentlich anstatt der unschädlichen Braunkohle oxydgasentwickelnde Steinkohle zum Heizen benutzt worden ist. Auf diese Weise wurde einer unserer befähigtesten Offiziere das Opfer heimtückischer Kohlengase.

Ich hatte die Zwischenzeit benutzt, um ein Quartier für mich und meine Kollegen, die mit der York'schen, später Gayl'schen Expedition aus Kalgan zurückkommen sollten, vorzubereiten. Ich belegte ein Haus in einer Seitengasse der sogenannten Hatamenstraße, die während des Krieges dem ermordeten deutschen Gesandten zu Ehren Kettelerstraße hieß. Das Haus gehörte einem chinesischen Mandarinen und war unter die besondere Obhut eines in Peking wohnenden amerikanischen Missionars gestellt, der zu gleicher Zeit Professor an einer der Pekinger Universitäten war. Er gab mir volle Erlaubnis, in dem Hause, das verhältnismäßig gut chinesisch möbliert war, Wohnung zu nehmen. Er war sogar außerordentlich erfreut darüber, daß ein Europäer in dem Grundstück wohnte. Denn dadurch wurden Einbrüche in das sonst verlassene Haus und das Wegschleppen der Möbel durch das in Peking in ziemlichem Umfange geübte Requirieren vermieden. Als Wilhelmi und Dr. Genthe von ihrem Zuge zurückkehrten, fanden sie bereits ein wohnlich eingerichtetes Quartier vor. Es hatten sich eiserne Öfen gefunden, die ich mit vieler Mühe herrichten ließ, und so konnten wir denn getrost einige Monate in Peking im Winterquartier zubringen.

Ich unterlasse es, an dieser Stelle eine Beschreibung von Peking zu geben, sowohl vom Kaiserpalast, wie von dem, was damit zusammenhängt. Es sind darüber so außerordentlich viel Berichte nach Europa gekommen, daß ich darauf verweisen kann.

Gerade fünf Wochen lag ich in Peking im Winterquartier und benutzte die Zeit, um das sich häufende Material aufzuarbeiten; aber oft sehnten wir, meine Kollegen und ich, uns wieder hinaus nach Expeditionen, man war so an das Expeditionsleben gewöhnt, daß die Ruhe gar nicht recht behagen wollte. Nachrichten gab es sehr wenig; die Nachrichtenquelle des Oberkommandos floß verhältnismäßig spärlich; zum Depeschieren kamen ihre Nachrichten meistens zu spät, und um sie zu Berichten zu verwenden, waren sie zu allgemein gehalten. Nur die Kommission des Flottenvereins depeschierte eifrig alles, was die Nachrichtenverwaltung des Oberkommando herausgab, nach Hause.

An dieser Stelle ein kurzes Wort über die Nachrichtenexpedition des Deutschen Flottenvereins. Man konnte große Hoffnungen auf diese Expedition setzen, als sie Europa verließ, insonderheit nach dem Programm zu schließen, das der Verein gleichzeitig mit der Ankündigung, daß eine Expedition abgehen würde, herausgab. Leider rechtfertigte die Ausführung und der Erfolg die gehegten Hoffnungen in keiner Weise. Hatte man gehofft, auf diese Art zu einem umfassenden deutschen Nachrichtendienst aus Ost-Asien gelangen zu können, der dem englischen die Wage halten konnte, so sah man sich darin getäuscht. Die Flottenvereinsexpedition mochte wohl auch nicht die ursprünglich vorausgesetzte allgemeine und nachhaltige Unterstützung seitens der Militärbehörde erhalten haben, trotzdem man gerade darauf in den Ankündigungen besonderes Gewicht gelegt hatte. Die Nachrichten des Flottenvereins waren daher häufig unzuverlässig, verloren bald das Zutrauen der Presse, und die ganze Nachrichtenverwertung wurde so ungeschickt gehandhabt, daß die gewaltigen Kosten — man sprach von einer halben Million

Mark — als in den Wind gestreut gelten müssen. Außerdem wird
der Mißerfolg voraussichtlich auf längere Zeit Leute, die sich für
derartige patriotische Sachen erwärmen, davon abhalten, einen er=
neuten Versuch nach dieser Richtung hin zu machen, trotzdem dieser
Versuch bringend notwendig wäre. Der Mißerfolg mag vor allen
Dingen auch darin zu suchen sein, daß die Expedition sich in der
Hauptsache nicht aus Leuten vom Fach, sondern aus aktiven, bezw.
verabschiedeten Offizieren zusammensetzte. Man muß nicht glauben,
daß ein Offizier alles machen kann. Unser Journalismus hat so
schon genug zu leiden unter der Überschwemmung von Offizieren,
besonders von pensionierten, die in die Schriftstellerei hineinbilettieren.
Entweder sind sie vermögend und geben sich dann nur „um der
Ehre willen" dem Reiz der schriftstellerischen Arbeit hin, oder sie
sind es nicht und arbeiten dann um jeden Preis, um sich einen
Zuschuß zu ihrer geringen Pension zu verdienen. Dadurch wird
der Preis für den guten Arbeiter von Fach gedrückt und die Arbeit
im allgemeinen schlechter. Ein großer Fehler war es vor allen
Dingen in diesem Falle, an die Spitze der Sache einen Offizier
zu stellen, zumal eine Persönlichkeit, die so wenig in der Lage war,
sich beliebt zu machen, wie der Oberleutnant Werther. Man kann
wohl behaupten, daß das ganze Auftreten des Flottenvereins in
Ost=Asien, der mit Automobil und Marconitelegraphie, mit einem
Heer von Shits, mit einem Luftballon und sonstigem großem
Apparat, der niemals ernstlich zur Verwendung gekommen ist, nach
China kam, zum mindesten den Eindruck des Überflüssigen machte.
Es ist jammerschade, daß dieses schöne und groß einsetzende Unter=
nehmen durch ungeschickte Leitung mit einem so traurigen und
folgenschweren Mißerfolg abschließen mußte. —

Was anfangs lähmend auf die weitere Thätigkeit der Truppen
eingewirkt hat, das war weniger der mit aller Macht einsetzende
Winter, als vielmehr der Beginn von Friedensverhandlungen.
Bereits Mitte November wurden die ersten Schritte gethan zum
Abschluß eines Präliminarfriedens. In jener Zeit hat Graf
Waldersee zum ersten Male die bevollmächtigten chinesischen Regie=
rungsvertreter zwecks Einleitung von Friedensverhandlungen

bei fich empfangen, nämlich den aus Südchina herbeigeeilten Li-Hung-Tschang und den kaiserlichen Prinzen Tsching. Diese Audienz ist in ihrer Art grundlegend geworden für die Verhandlungen, weil darin Graf Waldersee seine Aufgabe den Chinesen gegenüber klar und deutlich bezeichnete, nämlich die Säuberung der Provinz Petschili von chinesischen regulären Truppen und Boxern innerhalb einer bestimmten Demarkationslinie, die von Schanhaikwan aus der großen Mauer im wesentlichen folgen und nur den südlichsten Zipfel der Provinz Petschili abschneiden sollte. Vielleicht ist es nicht ganz uninteressant, auf Einzelheiten dieser ersten Friedensverhandlungen einzugehen. Nachdem Li-Hung-Tschang bereits in Tongku, und zwar gerade am Tage vor der Erstürmung der Peitangforts, den deutschen Korpskommandeur, General von Lessel, vergeblich zu sprechen versucht und dann in Tientsin durch ein Hinterthürchen eine Audienz beim Generalfeldmarschall zu erlangen gehofft hatte, versuchte er es auch gleich nach dem Eintreffen des Grafen in Peking wieder, eine Unterredung zu erlangen. Alle drei Versuche waren ihm aber mißglückt. Indessen hatte er bei dem russischen Höchstkommandierenden Einlaß gefunden und mit dem Amerikaner in Tientsin, man könnte fast sagen, schon fraternisiert. Durch veränderte Umstände bewogen entschloß sich der Feldmarschall schließlich doch noch, seine Genehmigung zu der direkt von Li bei ihm schriftlich nachgesuchten Audienz zu geben und ihn unter Einhaltung eines gewissen Zeremoniells, aber auf europäische Art, zusammen mit dem Prinzen Tsching am 15. November 1901 bei sich zu empfangen. Schon vor drei Uhr näherte sich die Sänfte des Gouverneurs von Tschili der deutschen Wache vor der Marmorbrücke im Parke des Kaiserpalastes, und zehn Minuten vor 3 Uhr hatte Li-Hung-Tschang unter Führung des berittenen Kommandanten des Hauptquartiers das Hauptportal des kaiserlichen Winterpalastes erreicht. Als er mit seinem großen Gefolge dort angelangt war, überreichte er dem dienstthuenden Offizier seine Karte, die dem Generalfeldmarschall hineingetragen wurde. Dieser ließ sodann durch seinen persönlichen Adjutanten zurückmelden, Li möge näher treten, obgleich Prinz Tsching noch nicht angelangt sei. Der Empfang selbst fand nicht in dem von Waldersee persönlich bewohnten Teile des Palastes, der sonst von dem Kaiser selbst benutzt zu werden pflegte, statt, sondern in einem Seitenflügel.

Unter der Begleitung des Kommandanten des Hauptquartiers, des Kommandeurs der Stabswache, des persönlichen Adjutanten, des Legationsrates von der Goltz und des Privatsekretärs des Feldmarschalls wurde nun die Sänfte bis an die Stufe des Hauses getragen, und Li entstieg, von zwei Dienern gestützt, dem Tragsessel. Innerhalb der Schwelle des Empfangssalons begrüßte der General-feldmarschall den Vizekönig, der trotz seines hohen Alters immer noch eine imposante Erscheinung ist und gemessen auftrat. Nach einer französisch-chinesischen Konversation von etwa 20 Minuten wurde die Ankunft des Prinzen Tsching gemeldet, während inzwischen von dem chinesischen Diener des Feldmarschalls Thee, Gebäck und Zigaretten gereicht worden waren.

Der Empfang des Prinzen Tsching war mit ähnlichen Zeremonien verbunden, wie der Li-Hung-Tschangs. Der kaiserliche Prinz war in geschlossener Sänfte bis zur Marmorbrücke gekommen, hatte hier einen offenen Tragsessel bestiegen, und sich unter der Eskorte des Rittmeisters Freiherrn von Knigge zum Hauptportal des „Jluantien" begeben. Tsching ist bedeutend kleiner als Li, für einen Dreiund-sechzigjährigen auffallend lebhaft und rührig, er sprach laut und vernehmlich, während Li leise, undeutlich und schnell sprach.

Nach erfolgter Begrüßung wurde die Unterhaltung fortgesetzt, jetzt deutsch-chinesisch. An ihr nahm gelegentlich auch der Dolmetscher Yingtschang (jetzt chinesischer Gesandter in Berlin) teil. Alsbald wurde Champagner gereicht und angestoßen, während die kleineren Geister im Empfangszimmer, das nur durch eine durchbrochene Boiserie vom eigentlichen Audienzzimmer getrennt ist, sich im Flüstertone unterhielten.

Um ein Viertel nach 4 Uhr war die Audienz beendet. Die hohen chinesischen Würdenträger verabschiedeten sich vom Grafen Waldersee innerhalb der Hausschwelle und wurden von dem deutschen Gefolge zu den Tragsesseln und aus dem Hause herausgeleitet.

Draußen übernahm Rittmeister von Knigge wieder die Eskorte zum Thore hinaus, vorbei an der präsentierenden Wache bis zur Marmorbrücke.

Das während der Audienz geführte Gespräch war für die chinesische Diplomatie von großem Interesse, wennschon man die eigentlich wichtigen und die Verhandlungen selbst fördernden Punkte fast mit der Lupe suchen mußte. Daß der Dialog von chinesischer Seite gerade geistvoll geführt worden wäre, kann man nicht behaupten. Es ist bei fast jeder diplomatischen Verhandlung mit Chinesen dieselbe Geschichte, ob nun ein Konsul mit einem widerspenstigen Taotai oder ein im Auftrage Europas handelnder Feldmarschall mit einem Vizekönig und einem kaiserlichen Prinzen verhandelt. Die Verhandlung beginnt mit den Fragen nach dem Alter, der Verwunderung über die jugendliche Rüstigkeit, den Erkundigungen nach den lieben Kindern, besonders nach den hoffnungsvollen Herren Söhnen, eventuell auch nach der Frau. Dann geht man auf das Wetter über, auf das Klima, um schließlich mit einer geschickten Wendung auf das politische Wetter zu kommen. Erst ganz allmählich kommt dann das eigentliche Thema an die Reihe, das aber von chinesischer Seite auch nur so gelegentlich und höchst „diplomatisch" gestreift zu werden pflegt. Meistens endet das Gespräch dann mit irgend welchen mehr oder weniger dehnbaren allgemeinen Versicherungen und Redensarten, ohne eigentliche bindende Zusagen seitens der Chinesen. Ehe es wenigstens zu solchen kommt, muß eine gewisse Zeit verstrichen sein. Nicht mit Unrecht genießt der Chinese den Ruf eines schlauen Diplomaten, von dem man nur sehr schwer etwas „herauskriegen" kann, und es bedarf daher aller Rücksichtslosigkeit und der Anwendung einer sehr energischen Sprache, wenn man bei Chinesen auf diplomatischem Wege etwas wirklich Ernsthaftes erreichen will; und auch dann muß man noch sehr auf der Hut sein, daß man später bei der Ausführung der chinesischen Versprechungen nicht noch eine kranke Kuh statt einer gesunden bekommt.

Wenn sich das Gespräch nicht noch mehr in die Länge gezogen hat, als es geschehen ist, so verdankt man das ausschließlich dem

Feldmarschall, der mit einer Schnelligkeit, wie sie die Höflichkeit nach chinesischen Begriffen eben noch zuließ, auf das Ziel losging, das er erreichen wollte. Dieses Ziel war zunächst einmal der Versuch, den kaiserlichen Hof zur Rückkehr nach Peking zu bewegen, unter Zusicherung eines Empfangs mit allen Ehren. Li=Hung= Tschang meinte freilich, der Kaiser habe den Mut dazu nicht, er hätte dazu eine „zu kleine Galle". Und die hat er auch lange nach Beendigung der Okkupation noch gehabt.

Energisch stellte Graf Waldersee das Verlangen, daß seitens der Anwohner der Bahnstrecke Schanhaikwan=Tongku=Peking, deren Reparatur mit aller Energie gefördert wurde, jegliche Störungen des Betriebes der Eisenbahn zu unterbleiben hätte, und drohte, er werde im Falle, daß Störungen vorkämen, die Bewohner der in der Nähe der Störungsstelle liegenden Ortschaften zur Verantwortung ziehen. Jeder Verdächtige werde erschossen. Diese Drohung war so sehr am Platze, wie vielleicht keine andere. Denn Unsicherheit herrschte noch immer auf dem Wege zwischen Tientsin und Peking, und das ursprüngliche Nichtverstehenwollen Li=Hung=Tschangs sowie eine ausweichende Antwort, die von den Russen bewachten Bahnen seien vor Störungen sicher — diese Bahn befand sich damals über= haupt nicht mehr in russischen, sondern in deutschen Händen — sowie die Äußerung, solange Truppen da seien, würden keine Störungen eintreten, ließen wenig von der Ernsthaftigkeit der chinesischen guten Absichten erhoffen.

Besonders wichtig war die Forderung Waldersees, die chinesischen regulären Truppen hätten umgehend das „Okkupationsgebiet" (die Provinz Tschili) zu räumen. Ein echt chinesisches Diplomatenstückchen schließlich war der Versuch der beiden hohen Würdenträger, vom Feldmarschall für ihre Boten Passierscheine durch den internationalen Truppenkordon zu erhalten. Dadurch wäre dem Vizekönig die Möglichkeit gegeben, mit seinem Hofe, seinen Truppen und seinen Beamten auf direktem Wege zu korrespondieren! Etwas viel ver= langt! Daher auch die höfliche und eben so bestimmte Ablehnung des Feldmarschalls. Weinerlich meinte Li=Hung=Tschang: „Ja, wie soll ich es denn machen, wenn ich jetzt jemanden schicken will?"

Es war übrigens vollkommen richtig, wenn der Feldmarschall betonte, der chinesische Nachrichtendienst sei so vollkommen wie möglich. Wenn wir auf einer Expedition waren, war die vor uns liegende Landschaft bereits längst auf das genaueste instruiert. Zahlreiche Überrumpelungsversuche sind durch die ausgezeichnete Spionage der Chinesen vereitelt worden. Als wir auf unsern Expeditionen in die Berge kamen, sahen wir auf jedem Berggipfel Menschen, die sich durch Signale mit Leuten auf andern Bergspitzen verständlich machten und Nachrichten telegraphierten. Die Unmöglichkeit, den chinesischen Nachrichtendienst zu unterbinden, war bisher gerade eines der schlimmsten Hindernisse in der chinesischen Kriegführung für uns. Außerdem hat ja Li-Hung-Tschang in dem Gespräch selbst zugegeben, daß er mit dem kaiserlichen Hofe via Schanghai-Hankau telegraphisch verkehrte.

Immerhin waren die Präliminarien der Friedensverhandlungen hiermit eingeleitet, die später natürlich nicht von militärischer, sondern von diplomatischer Seite geführt wurden. Es waren zweifellos außerordentlich schwierige Verhandlungen, mit denen sich die diplomatischen Vertreter der Mächte in Peking abzugeben hatten, schwierig weniger durch den Widerstand der Chinesen, als durch die inneren Unzuträglichkeiten im Pekinger diplomatischen Korps selbst. Zur Ehre desselben muß aber gesagt werden, daß die Vertreter derjenigen Mächte, die prinzipiell in chinesischen Fragen eine abweichende Stellung einnahmen, nämlich die Vertreter Rußlands und der Vereinigten Staaten von Nordamerika ihrerseits vieles dazu beigetragen haben, um die Differenzen zwischen den Anschauungen ihrer eigenen Regierungen und den gemeinsam in Peking zum Beschluß erhobenen Festsetzungen nach Möglichkeit auszugleichen. Mit Freude und Genugthuung aber kann ich da die ehrendste Anerkennung unserem deutschen Gesandten Freiherrn Mumm von Schwarzenstein bezeugen, der sich bald zum spiritus rector des ganzen diplomatischen Korps in Peking aufgeschwungen hatte. Durch seine kräftige Initiative und andererseits wieder die Ruhe, mit der er in den Verhandlungen thätig war, hat er es vor allen andern vermocht, die unendlichen Schwierigkeiten zu beseitigen, die sich durch die Zusammensetzung eines so vielköpfigen Rates ergaben, und diesen selbst zu übereinstimmenden Entschlüssen zu bringen. Freilich ist es nicht gelungen, in dem später ratifizierten Frieden einer ganzen Anzahl von Forderungen gerecht zu werden, die sich durch die Entwickelung der Dinge in China bringend geltend machten; freilich hat der Friede späterhin gar manchem bittere Enttäuschung gebracht, der darauf gehofft hatte, daß bei dieser Gelegenheit mit einer Reihe von Unzuträglichkeiten aufgeräumt würde. Aber das ist sicher nicht die Schuld unseres deutschen Gesandten gewesen. Wäre er nicht gewesen, so wären zweifellos die Verhandlungen nicht mit solcher Energie geführt worden, und vor allen Dingen wären wohl auch späterhin die energischen Repressalien unterblieben, die im Sommer 1901 nach einer längeren thatenlosen Zeit von Grafen Waldersee unternommen wurden, um die Ratifizierung des Friedens zu erzwingen.

Unterdessen sorgte die Heeresleitung mit Nachdruck dafür, daß die Forderung, die Provinz Petschili von chinesischem Militär und Boxern zu säubern, durchgeführt wurde. Die Truppen, speziell die deutschen Truppen, sind eigentlich dauernd zu diesem Zweck beschäftigt worden, wenngleich die Belegung der Hauptorte der Provinz Petschili mit Garnisonen, beziehungsweise der Hauptstraßen mit Etappen das Unternehmen größerer Expeditionen oft überflüssig machte. Besonders nördlich der Linie Tongku-Peking machten sich noch chinesische Truppen innerhalb der Demarkationslinie bemerkbar, und das Zurückdrängen dieser Truppen wurde systematisch betrieben. Meistens handelte es sich nur um kleinere Expeditionen; der interessante Zug des 2. Bataillons des 2. Regiments von Schanhaikwan durch Nordpetschili nach Peking nimmt unter ihnen die erste Stelle ein. Zu einer Expedition im großen Sinne gestaltete sich aber der Zug nach der äußeren großen Mauer im höchsten Norden der Provinz Petschili unter Oberstleutnant Pavel, der in den Tagen zwischen Weihnachten und Neujahr 1900 Peking verließ. Nachdem ich noch am Weihnachtsheiligenabend an einer erhebenden und weihevollen Feier beim deutschen Gesandten teilgenommen hatte, schnürte ich wiederum meinen Bagagewagen und machte mich auf, um von neuem auf Expedition zu ziehen.

Wer im Sommer 1900 noch die Möglichkeit eines Winterfeld=
zuges in China behauptet hätte, wäre zweifellos auf einen aus=
drücklichen Widerspruch in leitenden militärischen Kreisen gestoßen.
Erinnere ich mich doch noch lebhaft einer Diskussion, die ich damals
mit einem unserer befähigtsten und thatkräftigsten Offiziere gehabt habe.
Es handelte sich um die Frage, ob überhaupt eine Überwinterung
europäischer Truppen in Peking, zumal in chinesischen Häusern,
denkbar sei. Damals spukte noch die europäische Anschauung von
Schmutz und Bazillen in den Köpfen selbst erfahrener Stabsoffiziere,
und man glaubte noch der Errichtung europäischer Baracklenlager
nicht entraten zu können.

Seit jener Zeit hat sich vieles geändert. Wohl selten hat
man, durch die Umstände gezwungen, sich militärischerseits so schnell
an die Eigenart eines Landes anzupassen vermocht wie in diesem
Feldzuge, und es ist eine eigenartige Beobachtung, daß gerade im
Lande des Zopfes so mancher Zopf abgeschnitten wurde, der dem
Kommiß anfangs noch hinten hing.

Zu den vermeintlichen Unmöglichkeiten, deren Zahl einstens
Legion war, gehörten vor allen Dingen ausgedehnte winter=
liche Expeditionen. Die Expedition des Oberstleutnants Pavel, die
am 28. Dezember 1900 in der Richtung auf die Mongolei Peking
verließ, fünf Gebirgskämme, zum Teil zweimal, auf Wegen, die
vielfach nur für geübte Bergsteiger geeignet waren, überstieg und
erst am 14. Januar Peking wieder erreichte, hat gezeigt, daß winter=
liche Expeditionen der Leistungsfähigkeit unserer Truppen eben so
wenig Abbruch thun wie die Unterbringung in warmen chinesischen
Häusern, die mit leichter Mühe selbst europäischen Bedürfnissen ent=
sprechend wohnlich gemacht werden konnten. Im Gegenteil, während
die Gesichtsfarbe unserer braven Jungen in den Biwaks in Tientsin
und in den mit vieler Mühe und Kosten errichteten Baracklenanlagen
europäischer Konstruktion arg verblichen war, kehrten die Teilnehmer
dieser jüngsten Expedition aus den Bergen gesund und mit frischen
Farben auf den Wangen nach Peking zurück, ohne daß ihnen das
Hochgebirge, der scharfe Frost und die eisigen Schneestürme auch
nur das geringste geschadet hätten. Mit diesem Experiment dürfte

aber nicht allein die hervorragende Brauchbarkeit und die Leistungs=
fähigkeit unserer Chinatruppe erwiesen sein, sondern auch die Mög=
lichkeit eines Winterfeldzuges in China selbst. Ja, noch mehr. Wir
können jetzt mit Genugthuung auch die unbedingte körperliche Ueber=
legenheit und Leistungsfähigkeit der europäischen, speziell der germa=
nischen Rasse, den Chinesen gegenüber konstatieren und ohne Ueber=
hebung den Satz aussprechen: Was der des Landes kundige und
an die klimatischen Verhältnisse gewöhnte Chinese zu leisten in der
Lage ist, das leistet der deutsche Soldat auch. Bisher gab es eben
kein Hindernis spezifisch chinesischer Natur, das dem europäischen
Soldaten unüberwindlich gewesen wäre; nicht die gefürchteten Über=
schwemmungen des Peiho, nicht die schlechten Wege und Brücken,
nicht die angebliche Unmöglichkeit, sich in chinesischen Häusern einzu=
quartieren, nicht die Schwierigkeit in der Verproviantierung der
Truppen. Das Einzige, wobei größere Unzuträglichkeiten hätten
entstehen können, wäre speziell beim Deutschen die Frage der Be=
kleidung gewesen, zumal man bei der Ausrüstung unserer Truppen
von der merkwürdigen Auffassung ausgegangen zu sein scheint, es
handle sich um einen Tropenfeldzug, und bezüglich aller wärmenden
Kleidung ohne Providenz gewesen ist.

Aus diesen Gründen war es mir doppelt interessant, mich
gerade dieser Expedition anzuschließen. Ich gestehe es offen ein,
daß der Winterausflug und die in Aussicht stehenden landschaft=
lichen Genüsse für meinen Entschluß bei weitem maßgebender waren
als die Hoffnung, Augenzeuge von kriegerischen Ereignissen zu werden.
Man hatte uns ja in Peking bereits das Schauspiel eines Friedens=
schlusses ohne vorhergegangenen Krieg vorgeführt, und die Hoffnung
auf Gefechte oder auch nur auf Scharmützel hatte man in diesem
Chinafeldzuge an sich schon aufgegeben. Daß es dennoch anders
kam, war das Verdienst des Oberstleutnant Pavel.

Was die Veranlassung zu diesem Zuge angeht, so wird man
sich erinnern, daß seiner Zeit nicht nur in Tientsin, sondern auch
in Schanhaikwan deutsche Truppen gelandet wurden. Schanhaik=
wan ist im Winter, da die Taku=Reede mit ihrem geringen See=
gange zugefroren ist, der einzige Hafen Nordchinas, der für die

Verbindung der Provinz Tschili, insonderheit die Verbindung von Tientsin und Peking mit der Außenwelt in Frage kommt. Der gesamte Passagier= und Postverkehr geht im Winter über Schan=haikwan, der eigentliche Frachtverkehr ruht indessen ganz. Die Ursache dafür, daß der Hafen von Schanhaikwan im Winter nicht einfriert, nämlich die starke Dünung, ist zugleich der Grund, wes=halb die Beförderung von Kaufmannsgütern vom Lande an Bord der etwa 15 bis 20 englische Meilen von der Küste entfernt auf der Reede liegenden Dampfer mit außerordentlichen Schwierigkeiten verbunden ist. Ist doch selbst die Übernahme der Postsäcke in Schanhaikwan nur unter großen Gefahren möglich, und ist es doch — Gott sei's geklagt — vorgekommen, daß eine Anzahl von Postsäcken bei der Übernahme in die See fielen und verloren gingen, noch dazu solche mit Weihnachtspost.

In Schanhaikwan stößt die sogenannte große Mauer ans Meer. Da die große Mauer auch in der durch Waldersee fest=gelegten Demarkationslinie des sogenannten Okkupationsgebietes eine Rolle spielt, so war die Besetzung dieses wichtigen Punktes aus militärischen und sonstigen Gründen notwendig. Die dort befind=liche deutsche Besatzung, hauptsächlich bestehend aus dem 1. Bataillon des ostasiatischen Infanterieregimentes Nr. 2 (Sachsen), wurde Anfang Dezember abgelöst, und zwar durch Truppen, die mit den sogenannten Nachtransporten nach dem fernen Osten gekommen waren. Der Feldmarschall hatte sich, wie bereits mehrfach erwähnt wurde, die Säuberung des Okkupationsgebietes der Provinz Petschili von chinesischen Truppen und Boxern als Ziel gesetzt. Die aus den Peitangforts und Lutaiforts seinerzeit entkommenen chinesischen Truppen waren nun nicht weit geflohen, sondern beunruhigten dauernd die Gegenden nordwestlich und westlich von Schanhaikwan. Infolge=dessen hatten bereits zahlreiche Kämpfe mit den in Schanhaikwan stationierten Truppen stattgefunden. Der Löwenanteil an diesem Kleinkrieg fiel den Russen zu. Nach Mitteilung einwandfreier Zeugen soll die Sicherheit der Russen in der Auffindung chinesischer ver=sprengter Truppenteile in dem guten russischen Spionagedienst zu suchen sein. Wenn die Russen einmal auszogen, dann wußten sie auch bestimmt, daß sie den Feind da und da treffen würden, was man bei unseren deutschen Expeditionen durchaus nicht immer behaupten kann. Wir haben hier draußen anscheinend kein Geld für Spionage, und doch ist sie von größter Wichtigkeit. Wenn z. B. so zahlreiche kleine Expeditionen, die oft auf verhältnismäßig müßige und vage Gerüchte hin von uns Deutschen entsendet worden sind, ohne rechten Erfolgen verliefen, so lag das zweifellos an den mangelhaften Kenntnissen über Bewegungen des Gegners. Selbst die außerordentliche Rührigkeit des Oberkommandos und die große Bereitwilligkeit bei allen, selbst bei geringen Veranlassungen, die Truppen zu beschäftigen, konnte diesem Mangel nicht begegnen. Auch mit Offizierspatrouillen, die in großer Zahl zur Verwendung gekommen sind, kann man den in China in erhöhtem Maße notwendigen Aufklärungsdienst nicht bewältigen; schon deshalb nicht, weil man es mit einem Gegner zu thun hat, der bei der ersten Berührung mit europäischen Gesichtern schleunigst den Kopf einzieht und auf und davon ist, ehe man sich dessen versieht. Es war seit der Ankunft Li-Hung-Tschangs in Peking nur möglich, an den Feind heranzukommen, wenn man ihn überraschte oder provozierte, wie beides bei Szekinghwan geschehen ist. Dazu kommt, daß der Chinese seinerseits über einen hervorragenden Nachrichtendienst verfügt; wir haben selbst Beweise dafür in Händen gehabt, daß er über unsere Operationen auf das genaueste unterrichtet war, und so war es für ihn viel leichter, den Gefechten aus dem Wege zu gehen, als für uns, ihn zum Stehen zu bringen.

Im Norden Petschilis sollte sich die Lutaiarmee, übrigens in keineswegs derangiertem Zustande, aufhalten. Das Oberkommando beabsichtigte daher, sie systematisch über die Demarkationslinie hinaus zurückzudrängen. Infolgedessen begann eine Reihe von Expeditionen, deren Ausgangspunkte der Reihe nach Tientsin, Yangtsun, einzelne Stationen der Etappenlinie Yangtsun-Peking und schließlich Peking selbst waren. Das Ergebnis dieser logisch zusammengehörigen Expeditionen war, daß man zwar hier und da durch vorgeschobene Patrouillen mit Teilen der gesuchten Lutaiarmee in Fühlung kam das Gros selbst aber nicht erreichte. Bei Licht betrachtet, waren diese Expeditionen also ohne greifbares Ergebnis, mit einer einzigen Ausnahme, und zwar der Expedition des Oberstleutnant Pavel. Diese Ausnahme aber ändert an der ausgesprochenen Ansicht nichts, da das Gefecht bei Hophu gar nicht gegen reguläre Truppen, sondern gegen eine Räuberbande geliefert wurde, die mit den Boxern auch wohl nur Führer und Namen gemein hatte. Das war ein Zufallsgefecht, das im Programm nicht vorgesehen war.

Durch jenes Hasentreiben, das auf der Basis der Linie Schanhaikwan — Tientsin — Peking in westlicher wie nördlicher Richtung veranstaltet wurde, und an das sich speziell die Namen Gündel und Mabai knüpfen, wurde also nicht viel erreicht. Die Lutaiarmee, die an der Grenze, immerhin aber noch innerhalb der Demarkationslinie im Norden von Petschili zwischen den dort ziehenden Gebirgsketten stand, wurde allein schon durch die Nachricht vom Abgang dieser Expeditionen zurückgedrängt. Die chinesischen Diplomaten versicherten freilich dauernd, die chinesischen Truppen hätten den Befehl erhalten, den Kampf zu vermeiden und sich über die Demarkationslinie hinaus zurückzuziehen. Man mag an sich keine Ursache haben, an der Wahrheit dieser Aussagen zu zweifeln, aber genau so sicher ist es auch, daß die chinesischen Truppen, sobald die Luft wieder rein war, ihre alten Positionen wieder bezogen. Ich kann nach meiner Erfahrung nur versichern, daß das Resultat, Petschili innerhalb der Demarkationslinie von den chinesischen Truppen, Boxern und Räubern gereinigt zu sehen, nur eine Hypothese ist, die sich in den offiziellen Veröffentlichungen des Oberkommandos findet, die ich aber in ihrer apodiktischen Form in Frage zu ziehen Veranlassung habe. Wir standen um den Jahreswechsel 1900/1901 militärisch auf einem Standpunkt, der sich nicht viel von demjenigen unterschied, auf dem wir zu der Zeit, als Waldersee in Tientsin eintraf, gestanden haben. Die unparteiische Geschichtschreibung darf es nicht verschweigen, daß damals, als der Präliminarfriede geschlossen wurde, das Ziel, welches Waldersee sich gesteckt hatte, noch nicht erreicht worden war, und zwar gilt das nicht nur von Nordpetschili, sondern auch von Südpetschili. Denn es ist ja nicht einmal den deutschen und französischen Truppen

gemeinsam gelungen, die Etappenlinie und Telegraphenverbindung
Pautingfu=Peking zu sichern. Auch waren unsere Truppen noch
damit beschäftigt, im Süden von Tientsin auftretende chinesische
Truppen zurückzudrängen. Ich mache dem Grafen Waldersee aus
dieser Thatsache keinen Vorwurf. Es ist eben nach meiner Über=
zeugung einfach unmöglich, von den wenigen militärischen Zentren
Tientsin, Schanhaikwan, Peking und Pautingfu aus eine vollständige
Säuberung des Okkupationsgebietes vorzunehmen. Aber ich wieder=
hole nochmals, daß es nur ein scheinbarer Erfolg ist, wenn es in
den amtlichen Veröffentlichungen des Oberkommandos für die Presse
heißt, daß die chinesischen Truppen durch die und die Expedition
etwa nach Schansi oder der Mongolei zurückgedrängt worden seien;
sie sind zurückgedrängt worden, aber sie sind wiederkommen, und bei
jeder folgenden Expedition sind sie wieder zurückgedrängt worden,
und ebenso sicher sind sie auch dann wiedergekommen. Ich selbst habe
auf dem Ritt nach Hsuenhuafu, den ich mit Major Wyneken im
Verlauf der Expedition Pavel unternahm, die Erfahrung gemacht,
daß die seiner Zeit durch die Yorksche Expedition gesäuberten, bei
Hsuenhuafu gelegenen Soldatenlager wieder von Truppen (2000
Mann) besetzt waren. Erst auf die Kunde von unserem Anmarsch
am Tage vor unserer Ankunft zogen sie ab. Vielleicht hatten sie
auch nur ihre Uniformen ausgezogen und begrüßten uns als „fried=
liche Bürger". Daß man unter diesen Umständen von einer Säuberung
Petschilis von chinesischen Truppen nur mit ganz erheblichen Ein=
schränkungen sprechen kann, ist wohl selbstverständlich.

6. Abschnitt.

Eine Expedition in das nördlichste Tschili.

a) Auf der Suche nach chinesischen Regulären.

Schwierigkeiten des Nachrichtendienstes. — Die Zusammensetzung des Detachements Pavel. — Einteilung der Umgegend der Garnisonstädte in Operationssphären für die einzelnen Nationen. — Berittene Infanterie. — Abmarsch von Peking. — Landschaftliches. — Shaho, das kaiserliche Unterkunftshaus. — Schlechte Quartiere. — Ergebnislose Requisition von Lebensmitteln. — Teilung des Detachements. — Das Detachement Förster marschiert auf der Karawanenstraße nach Nankgu. — Im Gebirge. — Almenbau. — Nankgu. — Requisitionslieferung. — Eine französische Etappe, da wo sie nicht hingehört. — Die Ponies des Grafen York. — Im Nankhoupaß. — Das erste Loch in der Mauer. — Die große Mauer. — Auf der Paßhöhe. — Schatao. — Der Militärmandarin von Yenking sendet Gastgeschenke. — Bereitelte Hoffnungen. — Zu große Vertrauensseligkeit den chinesischen Dolmetschern gegenüber. — Marsch bis Yenking. — Unterbrochene Vorbereitungen zum Sylvesterpunsch. — Die Lutaiarmee entwischt. — Befehl zum sofortigen Abmarsch. — Die Thätigkeit des Detachements Wyneken. — Ein beschwerlicher Marsch am Sylvesternachmittag. — Die Kanonen kippen um. — Nächtliche Ankunft. — Prosit Neujahr. — Übergang über den Tahaitoushan. — Im oberen Peihothal. — Die nördliche (alte) große Mauer. — Von der Lutaiarmee keine Spur. — Eine neue Fährte. — Nochmaliger Übergang über das Gebirge auf Saumpfaden. — Boxer stehen nur noch 15 km von uns entfernt. — Es wird Ernst.

Die Expedition Pavel verließ am 28. Oktober morgens Peking in der Richtung auf den Nankhoupaß. Wie gewöhnlich hatte man es nicht für nötig befunden, den Vertretern der Presse gleich zu Anfang irgend etwas über Ziel und Aufgabe dieser Expedition zu verraten. Die Heimlichthuerei uns gegenüber hat es zu herrlichen Blüten gebracht, was an sich ja recht bedauerlich ist. Indessen steigt uns deshalb die Zornesröte noch nicht ins Gesicht, da wir als Leute vom Fach nun doch einmal den Vorzug genießen, über tausenderlei wichtige Dinge oft viel früher unterrichtet zu sein als diejenigen Herren, denen sonst im allgemeinen die Aufgabe zufällt, die Presse mit offiziösen Nachrichten zu versehen. Man hat es oft denjenigen Leuten gegenüber, die hinausgesandt worden sind, um das, was sich hier abspielt, in der Presse zu vertreten, eventuell auch zu rechtfertigen, an Entgegenkommen fehlen lassen. Man ist uns freilich auf der einen Seite mit viel Vertrauen und Zuvorkommenheit begegnet, aber dies ist durch Heimlichthuerei und Erschwerungen auf der andern Seite wieder reichlich aufgewogen worden. Bei alledem hatten wir schließlich doch die Genugthuung, daß wir meist mehr wußten, als man uns sagen wollte. Auf der Expedition selbst freilich hatten wir wenig Ursache, in dieser Hinsicht zu klagen. Im Gegenteil, als wir einmal auf dem Marsche waren, haben es die Detachementsführer an Bereitwilligkeit, uns Nachrichten zugänglich zu machen, in keiner Weise fehlen lassen. Das war eine wohlthätige Abwechselung gegenüber sonstigen Erfahrungen, und die hatten wir vor allen Dingen der freimütigen Liebenswürdigkeit des Majors von Förster zu danken, des Siegers von Tzekingkwan.

Das Detachement Pavel war ein rein deutsches, es setzte sich zusammen aus vier Kompagnieen des 2. ostasiatischen Infanterieregimentes, die zu diesem Zwecke kombiniert waren. Das so formierte Bataillon stand unter der Führung des eben erwähnten Majors von Förster; den Stamm und die Kompagnieführer stellten die Kompagnien von Schönberg, Richter, Freihold und Fließbach. Dem Detachement war beigegeben ein Zug der Batterie der Seebataillone unter Leutnant von Ziegner, ein Zug der 7. (Gebirgs-) Batterie unter Leutnant Freiherr von Dincklage, ein Zug der Reiterschwadron unter Oberleutnant Kirsten, sowie zwei Züge der neugebildeten Kompagnie berittener Infanterie unter den Leutnants Delius und Freiherr von Freyberg. Im Gegensatz zu der Yorkschen Expedition, die in dieselbe Gegend gezogen war, bestand die Pavelsche aus rein deutschen Truppen.

Mittlerweile war nämlich vom Oberkommando eine Einteilung der Provinz Petschili in Operationssphären vorgenommen worden, innerhalb deren die Truppen jeder einzelnen Nation selbstständig vor-

gehen sollten. Deutschland waren bei dieser Verteilung die nord=
westlich von Peking gelegenen Landstriche zugeteilt, und zwar zwischen
dem Hunho oder Yungtingho und der Straße nach Tschangquing=
Aschou, letztere Stadt eingeschlossen. Ähnliche Sphären wurden für
die Garnisonen in Pautingfu, Tientsin und Schanhaikwan vorgesehen.

Von neuen Truppenformationen kam auf diesem Zuge zum
ersten Male die bereits erwähnte berittene Infanterie in größerem
Maßstabe zur Verwendung. Man hat nämlich eine Anzahl von
Infanteristen bei dem vorhandenen Pferdereichtum auf Ponies gesetzt
und auf diese Weise eine Truppe geschaffen, deren Verwendbarkeit
und Nützlichkeit wir häufig genug erproben konnten.

Der Marsch des ersten Tages ging ohne weitere Zwischenfälle
glatt vor sich. Kaum waren wir aus dem westlichen Thore der
Nordmauer Pekings heraus, so sahen wir auch bereits in der Ferne
die blauen Berge straff aus der Ebene heraussteigen. Die winter=
liche Sonne vergoldete die kahlen Hänge und zackigen Felsen. Je
näher man an die Berge herankommt, um so steiler und grotesker
erscheinen sie. Es ist ungefähr derselbe Anblick, wie wenn man
auf dem Wege vom St. Gotthard nach der lombardischen Tiefebene
den Blick rückwärts sendet und ihn auf den fernen Zügen der
italienischen Alpen ruhen läßt. Freilich sind die Dimensionen dort
mächtiger als hier; hier handelt es sich, wenigstens bei der ersten,
von Südosten nach Nordwesten steigenden Bergkette immerhin nur
um Höhen, die 1350 Meter nicht überschreiten; aber sie erscheinen hier
deshalb so steil und hoch, weil sie ohne Übergang jäh aus der
Tiefebene in die Höhe steigen. Jedenfalls bietet der Marsch
in der Richtung auf Nankhou, wo die Paßstraße über das Gebirge
beginnt, dem Naturfreunde reiche Augenweide, zumal zur Winter=
zeit, wo die Luft klar ist und die zackigen Höhen fast greifbar
nahe vor dem Auge zu liegen scheinen.

Unser Marsch brachte uns am 28. Dezember bis Shaho. Das
Wichtigste an dieser Stadt ist ein kaiserliches Unterkunftshaus. Es
ist von einer doppelten Mauer umgeben; die äußere freilich verdient
diesen Namen kaum; sie ist völlig zerfallen, selbst die Wege durch
die Thore sind für Karren fast unpassierbar. Denn das Erdreich

ist zu beiden Seiten der Mauer stark abgeschwemmt, und man muß daher mit den Karren zunächst zu der Thoröffnung hinaufklettern und alsdann auf der anderen Seite wieder herunterklettern. Dieses war aber nur möglich auf seitlich die Böschung hinabführenden Wegen. Denn der ursprüngliche gepflasterte Fahrdamm ist infolge der Abschwemmung völlig abgebrochen und starrt meterhoch über die eigentliche Fahrbahn hinaus. So bietet Shaho ein trauriges Bild chinesischer Vernachlässigung. Mit der Zeit hat man auch vorgezogen, nicht mehr die Thore zur Einfahrt in die Stadt zu benutzen, sondern einfach durch eine Bresche in der Lehmmauer hindurchzufahren. Dem Äußeren nach zu urteilen, ist der Ort kaum mehr eine Stadt zu nennen. Es ist eigentlich bloß ein großer, von Mauern umgebener freier Platz, in dessen Mitte hier und da auf einer Fläche von ca. einem Quadratkilometer zerstreut einige armselige Lehmhütten und Bauerngehöfte stehen, während in der Mitte eine besser erhaltene Mauer das sogenannte kaiserliche Unterkunfts= haus umschließt. Sich darunter etwas vorzustellen, was auch nur annähernd die Bezeichnung „kaiserlich" verdiente, wäre ganz verfehlt. Der Komplex, der zur ersten Rast auf der Reise von Peking nach Nangku und darüber hinaus nach der Mongolei und nach der Provinz Shansi erbaut worden sein soll, besteht innen aus einigen übrigens völlig leeren Häuserchen und mehreren traurigen Unterkunftständen für Pferde; durch die zerrissenen Papierfensterchen pfeift der Wind. Dennoch sollen in dieser elenden Herberge der Kaiser und die Kaiserin= Witwe auf ihrer Flucht nach Shansi noch einige Zeit zugebracht haben. Jetzt hatte der Regimentsstab das zweifelhafte Vergnügen, in den kalten unwirtlichen Räumen, an denen die Umfassungsmauer noch das beste ist, sein Quartier aufschlagen zu können.

Ich hatte mich der berittenen Infanterie auf dieser Expedition angeschlossen und war froh, als diese sich in der Vorstadt an der Heerstraße einquartieren durfte. Dem auf Expeditionen heraus= gebildeten Gebrauch gemäß sollte die Stadt zur Lieferung der für die Truppe nötigen Verpflegung herangezogen werden. Da aber die Ortsbehörde es vorgezogen hatte, sich vor unserer Ankunft aus dem Staube zu machen, so blieb nichts anderes übrig, als zu requirieren. Trotzdem man nicht behaupten kann, daß unsere Musketiere dieses Geschäft nicht verstanden hätten, ergab die Requisition z. B. bei der berittenen Infanterie das staunenswerte Resultat von zwei Eiern. Es war eben nichts mehr im Ort vorhanden. Die Tiere, das Schlachtvieh speziell, waren entweder rechtzeitig fortgetrieben oder auf früheren Expeditionen, die diesen Ort berührt haben, aufgegessen worden, und es mußte daher das Verpflegungswesen herhalten. Wir selbst hatten das Glück, ein verhältnismäßig recht anständiges, vor allen Dingen aber warmes Quartier zu finden, und zwar bei einem chinesischen Leinenwarenhändler. So konnten wir die Nacht auf dem geheizten Kang recht gemütlich zubringen —, vorausgesetzt, daß man bei dem Begriff „gemütlich" die Phantasie nicht allzu sehr spielen läßt.

Für den 29. Dezember wurde eine Teilung des Detachements vorgenommen. Die eine Hälfte unter Major von Förster sollte das Gebirge auf dem Nankhoupaß überschreiten, während die andere Hälfte unter der Führung des Majors Wyneken, der dem Regimentsstab beigegeben war, in der Richtung nach Tschanping marschieren, in dem Thale, wo die Minggräber liegen, aufwärts gehen und sich in der Verlängerung dieses Thales einen Weg über das Gebirge in der Richtung auf Liukouping suchen sollte. Beide Detachements operierten von diesem Tage an selbständig. Dasjenige unter Major von Förster bestand aus den Kompagnien Fließbach und Freihold, dem Zug Marinefeldartillerie und der Hälfte der berittenen Infanterie unter Leutnant Delius. Das Detachement Wyneken setzte sich zusammen aus den Kompagnien Richter und von Schönberg (sächs. Kompagnien), sowie dem Zuge Gebirgsartillerie und der andern Hälfte der berittenen Infanterie unter Leutnant von Freyberg. Der Zug Reiter war bereits vorausgesandt worden, um die Gegend abzupatrouillieren. Die Idee war wohl die, daß man glaubte, jenseits des Gebirges Teile der sich zurückziehenden Lutaiarmee erwarten zu können, die man durch diese Gabelung abzufangen und eventuell einzukesseln hoffte. Ich persönlich schloß mich dem Detachement von Förster an.

Wir waren vielleicht nur noch 15 Kilometer vom Gebirge

entfernt. Der Weg ging auf der Karawanenstraße, die von Peking
aus über den Nankhoupaß, den Kimingpaß, Kalgan, die Mongolei und
Kiachta nach Sibirien führt. Der Weg ist breit und ausgefahren
und daher kaum zu verfehlen. Als wir abmarschierten, lag noch
Nebel über der Landschaft, das Gebirge war noch verschleiert. Um so
überraschender war der Anblick, der sich uns bot, als die Nebel-
decke langsam zu Thale sank und wir nach einem etwa 10 Kilometer
langen Marsch plötzlich die kahlen, von der Vormittagssonne beleuchteten
Bergspitzen hoch über dem Wolkenmeer dicht vor uns auftauchen
sahen. Der Nebel verschwand, und wir erblickten rechts von unserer
Straße eine langgestreckte, sich in das Gebirge hineinschiebende
Thalmulde, die besetzt war mit einigen dunkelgrünen Flecken, mit
großen Thoren und Baulichkeiten, auf denen mächtige stilvolle
Dächer ruhten. Das waren die berühmten Minggräber, an denen
wir auf zwei bis drei Kilometer Entfernung vorbeimarschierten;
ich horchte gern den Erklärungen des Malers Rocholl, der die
Gräber bereits mit der Yorkschen Expedition besucht hatte, und den
die landschaftliche Schönheit des Gebirges von neuem angelockt hatte.

Wir näherten uns Nankhou, einer kleinen Stadt, die am
Eingange eines schmalen Flußthales liegt, in dem sich der sogenannte
Nankhoupaß hinzieht. Sie hat dem ganzen Gebirge den Namen
gegeben. Ehe man nach Nankhou selbst kommt, wird die Straße
noch einmal sehr schlecht; rechts und links vom Wege liegen im
ganzen Umkreise große, offenbar vom Wasser abgeschliffene Stein-
blöcke. Der ganze Boden besteht dort eigentlich aus nichts anderem
als aus diesen runden Felssteinen, und auch der Weg ist nichts
als Schotter aus dicken Kieseln und Basaltstücken. Nur an den
Hängen der leichtgewellten Fläche liegt ein Anflug von Lößboden,
der sorgfältig bebaut ist und ebenso sorgfältig durch Mauern von
locker auf einander gehäuften Steinen gegen Abschwemmen und Fort-
wehen geschützt ist. Auf diesem kleinen Fleckchen Erde inmitten des
großen Steinmeeres baut der chinesische Landmann seinen Kauleang,
seinen Kohl und seine Gerste. Hoch im Gebirge fand ich an steilen
Hängen derartige terrassenförmig über einander aufsteigende, von
Steinmauern gestützte Feldchen, deren Lößboden nicht tiefer als

ein bis zwei Fuß war. Man sieht auf den Bergen keinen Strauch, keinen Baum, und doch findet man, wenn man näher herankommt und genauer hinblickt, einen kleinen Terrassenstreifen über dem andern, den der Chinese als Ackerland sorgfältig zurechtgestutzt hat. Der vermeintlich starre Fels, den man von unten sieht, erscheint dann als das Konglomerat der kleinen Steinmäuerchen, welche die Felder= streifen stützen. Diese Almenwirtschaft erinnert landschaftlich leb= haft etwa an die Weinberge an der Nahe oder an die kleinen, mit Steinen umrahmten Felderchen am Karst und am Südabhange der Alpen, nur daß man hier zu dieser Jahreszeit den erfrischenden Anblick des Grüns vermißt. Die Landschaft könnte daher eintönig wirken, wenn sie nicht grotesk wäre. Ich erinnere mich in der That keines unserer heimatlichen Gebirge, das sich mit den nord= chinesischen Bergen vergleichen könnte, es sei denn das ins Große übersetzte Bodethal, freilich ohne Wald.

Die Stadt Nankhou selbst ist nur ein kleiner Flecken. Zunächst durchschreitet man die Vorstadt, die bei den meisten Ortschaften dieser Art moderner und wohnlicher ist als die eigentliche Stadt. Alsdann kommt man an eine Mauer, die das Thal sperrt, und durch einen Thorbogen gelangt man in eine enge Straße, die einzige im Ort; sie theilt sich mit einem kleinen Flüßchen in den engen Raum, den die Thalsohle übrig läßt. Rechts und links über der Stadt steigen bereits steil die Berge empor; auf zwei kleinen Erhebungen stehen sich zwei dicke, gedrungene Wachttürme gegen= über, und wenn man sich am Ausgange der etwa 1 Kilometer langen Häuserreihe befindet, dann ist man bereits mitten in der herrlichsten Gebirgsszenerie. Das Flüßchen zu unserer Rechten ist klar wie Kristall, und während ich meinem braven Pony zu saufen gebe, lege auch ich mich ans Ufer und schlürfe von dem erquickenden Naß; es ist das erste Mal in China, daß ich ungekochtes Wasser genieße. Es schmeckt herrlich, und ich kann mir nicht denken, daß auch darin noch die berüchtigten chinesischen Bazillen, von denen so viel gefabelt wird, herumschwimmen sollen.

Da wir die Aussicht hatten, die Nacht in einem elenden, an der Paßstraße gelegenen Dorfe zuzubringen, das völlig verlassen

22*

sein sollte, so wurde den Einwohnern von Nankhou ein Tribut an
Lebensmitteln und Futter für unsere Pferde auferlegt. Einige Wagen
der Bagage ließ man zurück, um die Vorräte mitzuführen; dann
ging es weiter.

Zu unserer nicht geringen Überraschung fanden wir in Nankhou
eine französische Etappe vor. Die Franzosen hatten in Nankhou
nichts zu suchen, weil dieses im deutschen Operationsgebiet liegt,
und so wurde der Etappenkommandant ersucht, uns mitzuteilen, was
er in Nankhou treibe. Zur Antwort erhielten wir, daß die Etappe
bereits am nächsten Tage nach Peking zurückgezogen werden würde.
Eine prinzipielle Äußerung über das eigentümliche Verhältnis, das
zwischen dem Oberkommando und dem französischen Korpskommando
besteht, und das sich darin äußert, daß die Franzosen vollständig
unbekümmert um die Maßnahmen des Oberkommandos machen,
was sie wollen, indem sie sich höchstens als koordiniert, nicht als
subordiniert betrachten, will ich mir für später aufsparen. Hier sei
nur noch erwähnt, daß ich nachträglich aus russischer Quelle die
verbürgte Mitteilung bekommen habe, daß die Franzosen, trotz der
vom Oberkommando und zwar in Übereinstimmung mit dem franzö=
sischen Korpsführer, General Voyron, getroffenen Abgrenzung der
Operationssphären, von jedem Waarentransport, der durch den
Nankhoupaß kam, einen Wegezoll erhoben haben. Es war ihnen
dabei ganz gleichgültig, ob die Kaufmannsgüter, die der Zoll traf,
chinesischen oder europäischen Bestellern gehörten. Klassisch ist
hierfür folgendes Beispiel: Der verstorbene Oberst von York hatte
bei seiner Anwesenheit in Kalgan bei dem dortigen Taotai zehn
mongolische Ponies bestellt, die sich den chinesischen gegenüber durch
größere Leistungsfähigkeit auszeichnen. Der Taotei schickte diese
Ponies durch einen seiner Diener nach Peking und gab letzterem
genügende Legitimationen mit, die über den Zweck der Sendung
und das Eigentum der Ponies unzweideutigen Aufschluß gaben.
Trotzdem wurde dem Manne, als er die französische Etappe in
Nankhou passieren wollte, von dieser einer der Ponies, und sicher
nicht der schlechteste, abgenommen und als Wegezoll zurückbehalten.
Ich glaube nicht, daß dieser Zwischenfall, zumal nach dem Tode

Yorks, bekannt geworden ist oder gar Veranlassung zu diplomatischen Erörterungen gegeben hat. Immerhin charakterisiert er sich als eine Ungehörigkeit.

Der Marsch auf der Paßstraße selbst ging glatt vorwärts. Die Straße über den Nankhoupaß ist nicht allein landschaftlich, sondern auch bautechnisch mit eine der interessantesten, die ich bei ·meinem Kreuz und Quer durch die Provinz Petschili gesehen habe. Ja, was noch mehr bedeutet, sie ist sogar die einzige Straße, die Spuren regelmäßiger Reparaturen aufweist, und durch Wasser= abläufe, Rinnen, die sich von etwa 5 zu 5 Metern quer über den Weg ziehen, vor allzu großer Zerstörung durch die Elemente ge= sichert ist.

Nachmittags gegen 4 Uhr bekamen wir das erste Stück der großen Mauer zu sehen. Die eigentliche große Mauer zieht sich auf dem Kamm des Gebirges hin, und zwar geht der Hauptstrang über die Paßhöhe hinweg. Das Flußthal selbst ist aber noch durch eine ganze Anzahl von kleinern Mauern an verschiedenen Stellen gesichert. Die erste dieser Thalsperren größeren Stils liegt bei Küyungkwan, dem „ersten Loch in der Mauer". Dieser Ort sollte unsere Nachtstation für heute sein. Die große Mauer ist wohl schon häufig beschrieben worden. Ich will mich daher darauf beschränken, hier nur das zum Verständnis unseres Marsches Not= wendige anzuführen. Der Verlauf der Mauer ist ja im großen Ganzen auf jeder Karte Chinas zu verfolgen. Man wird dort sehen, daß sie sich, von Shanhaikwan ausgehend, etwa da, wo sie mit dem Laufe des Peiho zusammenstößt, gabelt; und zwar biegt der ursprüngliche und ältere Teil nach Norden ab, nach der Grenze der Mongolei zu, während der neuere Teil straks nach Westen zieht. Die südliche, neue Mauer ist es, auf die wir hier gestoßen sind. Ich habe auf der Expedition Pavel beide Mauern an ver= schiedenen Stellen gesehen, und ich will auch gleich bemerken, daß die Bezeichnung „Mauer" eigentlich nur ·dem südlicheren Teile gebührt. Die nördlichere (ältere) große Mauer ist stark vom Zahn der Zeit benagt und besteht eigentlich nur noch aus einer Anzahl von Wachttürmen, die sich auf dem Kamme des Gebirges hinziehen.

Was wir zunächst bei Küyungkwan von der Mauer zu sehen bekamen, ist, wie gesagt, nur eine Thalsperre, nämlich ein Mauer= zug, der von dem Kamm des einen Thalrandes ausgehend das Thal durchquert und auf dem Kamm des zweiten Thalrandes endet. Da, wo die Mauer die Straße schneidet, ist ein großes doppeltes Thor. Den Ort Küyungkwan fanden wir in der That von allen Ein= wohnern bis auf zwei Familien verlassen. Er wird von einem starken Steinwall umschlossen, der freilich nach der Berg= und der Flußseite hin offen ist, so daß also die Befestigung von Küyungkwan für einen Teil der Thalsperre angesehen werden muß. In dem Ort, der an sich einen ziemlich traurigen Eindruck macht, steht ein großer dicker Thorbogen aus massivem Gestein, dessen Pfeiler und Innenseiten mit Marmorplatten belegt sind, in welche Darstellungen aus der chinesischen Geschichte und Buddhafiguren in kunstvollem Relief eingehauen sind. Dieser Thorbogen ist ein großes chinesisches Kunstwerk, das ich mit zu den wertvollsten und monumentalsten zähle, die ich auf meinen Wanderungen durch China gesehen habe. Mit dem Quartier war es mäßig bestellt; wir fanden nichts als durchkältete, vollkommen leere Räume, keinerlei Lebensmittel für die Pferde, nur etwas Stroh zum Streuen, und wir waren glücklich, daß wir uns in Nankhou mit Pferdefutter vor= gesehen hatten. Nirgends war etwas von lebendem Vieh aufzutreiben. Sauern Gesichts suchten wir Vergnügen daran zu finden, wie bei unserer Ankunft eine ganze Heerde Ponies, Ochsen und Maultiere in kühnen Sprüngen von Terrasse zu Terrasse die Hänge hinauf= sprangen; sie waren kurz vorher von den Besitzern der erwähnten beiden Familien aus dem Stalle gezogen worden und kletterten nun aus instinktiver Angst vor den weißen Teufeln eilig über die Berge.

Die nötigen Wachen wurden ausgestellt, ein Unteroffizierposten kletterte mit affenartiger Geschwindigkeit die Mauer bis zum Kamm des Gebirges empor. Dort hatte er die Nacht neben einem flackernden Wachtfeuer, das aufgeregte Gemüter für Chinesenfanale hielten, für unsere Sicherheit zu sorgen. Wir streckten uns abgespannt auf unser Stroh nieder und wachten erst wieder auf, als am andern Morgen der Hornist aus seiner eingefrorenen Trompete die Reveille herauszulocken

verſuchte. Die eigentliche Bergpartie hatten wir uns für den 30. Dezember
aufgeſpart. Die erſte Vorbedingung für eine ſolche, das gute Wetter,
ließ nicht auf ſich warten, und nach der eiſig kalten Nacht war uns
der warme Sonnenſchein, der in der Frühe über die Berge huſchte,
doppelt willkommen. Das Thal verläuft im weſentlichen von Süd=
oſt noch Nordweſt, die Morgenſonne beſcheint die Thalſohle in der
Längsrichtung, und ſo lagen die beiden Thalränder bald in aller
Schärfe der Konturen vor uns. Die Straße zog ſich in wechſeln=
dem Steigen und Fallen immer auf der Thalſohle entlang, hier
und da führte ſie an Gehöften und kleinen Dörfern vorbei, aus
denen ſcheu ein Chineſe herauslugte, um ſich baldmöglichſt wieder
zu verſtecken. Wir kamen an kleinen zerfallenen Hütten vorüber,
vor denen noch die Reſte von chineſiſchen Küchenherden ſtanden;
die runden eiſernen Keſſel waren herausgehoben worden und hatten
offenbar ſchon einmal die Erbswurſt oder die Hühnerſuppe eines
braven Musketiers in ihrem Innern geborgen; urſprünglich dienten
ſie zum Kochen von chineſiſchem Tſchautſchau oder von „Keiſchui“,
heißem Waſſer zur Bereitung des Nationalgetränkes. Dieſe kleinen
Theehütten findet man übrigens an allen Landſtraßen Chinas,
auf denen ein regelmäßiger Fernverkehr ſtattfindet. Was aber weiter
das Nankhouthal landſchaftlich auszeichnet, iſt der verhältnismäßig
große Reichtum an Obſtbäumen; vor allem iſt es die harte, aber
ſehr ſaftige chineſiſche Winterbirne, die hier gedeiht, und ein dem
Ausſehen nach ſehr ſchöner rotbäckiger Apfel, der freilich nicht viel
anders ſchmeckt, als wenn man die Zunge zum Fenſter hinausſtreckt
und ſich darauf regnen läßt. Beſonders in der Nähe von Dörfern
oder Gehöften findet ſich eine ganze Anzahl von Obſtbäumen, deren
Vorkommen man in China im allgemeinen nicht zu häufig beobachten
kann. Das Landſchaftsbild wird vervollſtändigt durch den langen
Mauerkranz, den man hoch oben auf den Bergen, gewiſſermaßen
als Krönung der Berghäupter, ſich hinziehen ſieht, und der in
regelmäßigen Abſtänden mit Wachttürmen beſetzt iſt. Hin und wieder
ſind kleine Kaſtelle eingebaut, die ſich maleriſch ausnehmen, faſt
wie deutſche Ritterburgen. Dann wird die Poſtſtraße wieder durch=
ſchnitten durch eine hoch vom Bergrand zu beiden Seiten hernieder=

steigende Thalsperre; wir kreuzen sie in dem Thorbogen, der unsere Straße überwölbt. An anderen Stellen schlängelt sich das Mauerwerk über Hügel und kleine Pässe dahin, steigt wieder in die Höhe und ringelt sich dann serpentinartig wieder hinunter. Lange schon, ehe man an die eigentliche große Mauer selbst herankommt, kann man sie in ihren hochgelegenen Teilen sehen und verfolgen, und es kostet noch einige Anstrengung im Klettern, ehe wir sie bei der Paßhöhe erreichen. Ab und zu wende ich den Blick rückwärts, ich schaue hinab in das sonnige Gebirgsthal; unter mir liegt der Weg, auf dem ich emporgestiegen bin, auf ihm schlängelt sich unser Detachement wie eine schwarze Schlangenlinie entlang. Am weitesten zurück ist die Bagage, lauter chinesische Karren mit doppelter oder dreifacher Ponie- oder Maultierbespannung. Den kleinen Tierchen wird es sauer, die vollgepackten Karren die Gebirgsstraße hinaufzuschleppen; aber sie sind ausdauernd und ziehen ihre Last, wie ein paar große Pferde es nicht besser machen könnten. Sind doch die Berge und Hochebenen der Mongolei die Heimat dieser Tiere, in denen sie von Jugend auf Gelegenheit hatten, sich an das Bergkraxeln zu gewöhnen.

Gegen 10 Uhr findet eine kleine Pause statt. Wir sind vielleicht 400 Meter über dem Meeresspiegel, die Spitze des Detachements hält unmittelbar vor dem Eingang zum Engpaß. Das bis dahin verhältnismäßig breite Thal, das seine Sohle hin und wieder beinahe bis zu fünfzig und mehr Meter Breite ausdehnte, wird jetzt ganz eng. Auf beiden Seiten treten steile Felsen an den Fluß heran, der sich dieses Loch offenbar in Jahrtausende langer Arbeit gegraben hat. In der Enge selbst führt die Straße über den Fluß über dessen linkes Ufer hinunter. Hier stehen rechts und links, an die beiden Felsen wie ein Vogelnest angeklebt, zwei kleine Tempelchen. Besonders das auf dem rechten Ufer des Baches befindliche ist in seiner malerischen Lage einzigartig, und ich mache mir daher mit Freuden die Mühe, den gegenüberliegenden Felsen zu erklettern, um das hübsche Bild photographisch festzuhalten. Nach kurzer Rast geht es in den Engpaß hinein. Der Weg wird steiler und holpriger. Wir überschreiten mehrmals den Bach. Die Berge vor uns werden

immer niebriger. Die lange Zeile der großen Mauer erscheint
malerisch rechts zu unsern Häuptern. Noch eine weit ausholende
Serpentine, dann ein 100 Meter langer künstlich in den Felsen
gehauener Weg, und wir sind auf der Paßhöhe, 629 Meter über
der chinesischen See. Die Wasserscheide ist überschritten, wenige
Meter vor uns liegt die große Mauer, von unserem Standpunkte
aus bereits etwas unter uns, und darüber hinweg schweift das
Auge, über eine ungefähr 15 bis 16 Kilometer breite Hochebene
dahin, hinter der sich ein langer Zug schnee- und eisbedeckter Berg-
riesen auftürmt. Zu beiden Seiten steigt die zinnengekrönte, etwa
fünf Schritt breite große Mauer in die Höhe, sie ist verhältnismäßig gut erhalten. Es ist eines der imposantesten und historisch
interessantesten Bauwerke, das die Welt gesehen hat, entsprungen
vielleicht mehr den künstlerisch-protzigen Neigungen einer thaten-
stolzen Dynastie, als der Absicht, eine Fortifikationslinie von Bedeutung
zu schaffen. Die große Mauer ist das Symbol der Exklusivität
des chinesischen Volkes; nicht allzu vielen außerasiatischen Sterb-
lichen war es vergönnt, in Muße dieses erhabene Symbol einer
lächerlichen Selbstbegnügsamkeit in der Nähe zu studieren. Aber
wie die europäische Kultur schließlich doch trotz allen Widerspruches
Eingang gefunden hat in das Reich der Mitte, so mußte auch die
große Mauer es dulden, daß deutsche Truppen das Geheimnis
ihrer Thore zerstörten.

Wir ziehen hindurch unter dem klassischen Mauerwerk. Auf
einer Plattform, die gleich hinter der großen Mauer links am Wege
liegt, wird das Detachement zusammengezogen. Es erschallt das
Kommando: „Setzt die Gewehre zusammen!" Das Kommißbrot
und der gekochte Hühnerschenkel wird aus der Satteltasche genommen,
der durstige Mund saugt sich an der Feldflasche fest. Dann geht
es weiter, hinab zu der Ebene, die sich zu unseren Füßen breitet.
Der Abstieg ist bedeutend kürzer als der Aufstieg; nur etwa 2 Kilometer Weg haben wir zu machen, bis wir das Niveau der Hochebene von Schatao erreichen. Eigentlich gehört der ganze Komplex,
den der Weg von der Paßhöhe bis Schatao durchschneidet, zu dem
Fortifikationsgebiet der großen Mauer, ebenso, wie schließlich auch

die ganze Gegend zwischen Küßungkwan und der Paßhöhe. Nur erscheint der Befestigungskranz nach Nordwesten geschlossener, weil die Entfernung kürzer ist.

In jener Hochebene, die zu unseren Füßen lag, vermutete man die ganze Lutaiarmee oder Teile derselben. Der erste Moment, der uns eigentlich wieder daran erinnerte, daß wir uns auf keiner Vergnügungspartie, sondern auf einem Kriegszug befanden, bot sich in Schatao, in diesem elenden Gebirgsnest, 490 Meter über dem Meer, in dem die Yorksche Expedition seiner Zeit Quartier bezogen hatte. War damals schon nichts Eßbares mehr zu finden, wie viel weniger konnten wir jetzt etwas erwarten. Um so mehr waren wir überrascht, als uns beim Einrücken in die Stadt ein Chinese mit einer deutschen Flagge in der Hand entgegenkam und erklärte, er sei von dem Militärmandarin von Yenking (dem Ziel unseres heutigen Marsches) geschickt. Dieser habe in der Voraussetzung, daß unser Detachement wiederum in Schatao Quartier nehmen werde, bereits Ochsen, Schafe, Ziegen, Birnen, Weintrauben und Kuchen nach Schatao geschickt, um uns dort den Aufenthalt einiger= maßen erträglich zu machen. Yenking liegt von Schatao aus noch über zehn Kilometer nach Nordwesten entfernt.

Es ist eine alte Sache, wir können in China keine fünf Kilometer marschieren, ohne daß die Chinesen auf das genaueste von unseren Operationen unterrichtet sind. Daß wir unter diesen Umständen in der Gegend von Yenking noch Chinatruppen finden würden, erschien also einfach ausgeschlossen. Ich schreibe übrigens die Schuld dafür, daß so viele unserer Pläne von den Chinesen vereitelt werden konnten, auch mit dem Umstande zu, daß wir viel zu kritiklos waren in der Auswahl chinesischer Dolmetscher. Als ob die Thatsache, daß ein Chinese eine fremde Sprache mehr oder weniger schlecht spricht, allein schon genügende Garantie dafür böte, daß der Kerl nicht genau derselbe Schurke ist, wie die große Mehrzahl seiner Landsleute! Ich bin der festen Überzeugung, daß ein großer Teil der chinesischen Dolmetscher, die bei unserer Truppe verwendet werden, Verräter sind. Thatsache ist andererseits, daß diese Leute, die ihre Sprachkenntnisse meistens in den Missions=

schulen oder in den beiden sogenannten Pekinger Universitäten erworben haben, ihre Kenntnisse und ihre verhältnismäßig große Machtstellung, die sie als Dolmetscher bei den europäischen Truppen besitzen, bei ihren Landsleuten zu grobem Squeeze, auf deutsch zu Aussaugungs- und Erpressungsversuchen benützen. Daß derartige Fälle selten oder gar nicht bekannt werden, liegt in der Natur der Sache. Ich würde aber dieses harte Urteil nicht aussprechen, wenn ich nicht die schwerwiegendsten Verdachtsgründe dafür hätte. Ein deutschsprechender Chinese wird zumal von uns Deutschen leider nur allzu leicht als eine Art Gutfreund oder als ein kleiner Wunder- chinese angesehen; und ich habe manchmal zu meinem Bedauern beobachten müssen, wie den Kerlen von deutschen Truppenführern unbedingtes Vertrauen geschenkt wurde. Es geht aber daraus hervor, daß es von größter Wichtigkeit ist, für einen geeigneten Dolmetscherersatz zu sorgen. Die Dolmetscherfrage ist vielleicht eine der brennendsten in unserer Chinapolitik, so äußerlich und neben- sächlich sie auch Fernstehenden erscheinen mag.

Doch dieses nur nebenbei; ich will damit auch nicht gesagt haben, daß gerade in unserem Falle der Militärmandarin von Yenking durch einen verräterischen chinesischen Dolmetscher, den wir mitgeführt hatten, von unserer Ankunft unterrichtet worden sei. Denn das könnte ich nicht beweisen. Ich glaube aber, daß es so ist.

Der Militärmandarin von Yenking hatte sich insofern etwas verrechnet, als wir nicht in Schatao Quartier nahmen, um seine Ochsen zu schlachten und seine Kuchen in den Thee zu tauchen, sondern direkt nach Yenking marschierten und ihn höflichst ersuchen ließen, seine Gastgeschenke uns in Yenking selbst übermitteln zu wollen. Der 10 Kilometer weite Weg nach dieser Stadt ging ohne besondere Zwischenfälle vor sich. Das berittene Infanterie- detachement unter Leutnant Delius wurde nach Kinyeng vorgeschoben, das etwa 15 Kilometer östlich von Yenking liegt, und sollte mit dem Detachement Wynecken am nächsten Tage Fühlung zu gewinnen suchen. Eine Zeitlang äffte uns auf dem Marsche ein weißer, hoch auf einem Berge gelegener Punkt, der abwechselnd hell auf- strahlte und wieder verschwand. Einige thatendurstige Gemüter, bei denen der Wunsch der Vater des Gedankens war, behaupteten, es seien Feuersignale der Chinesen, bis es sich schließlich herausstellte, daß es ein harmloser weißangestrichener Tempel war, der erschien und verschwand, je nachdem die Sonnenstrahlen ihn erreichten oder von den Wolken verdeckt wurden.

In Yenkingtschou („tschou" bedeutet Distriktstadt; vergl. Patschou, Itschou u. s. w.) empfing uns der gastfreundliche Militärmandarin vor den Thoren; man bezog dort Quartiere, die verhältnismäßig gut waren. Alles, was die Truppen zur Nahrung und Erwärmung brauchten, wurde von der Stadt geliefert; alles Requirieren wurde verboten. Die Einwohner selbst benahmen sich freundlich und entgegenkommend. Es lag daher für uns kein Grund vor, sie nicht mit gleicher Münze zu bezahlen. Ich quartierte mich mit dem Leutnant von Ziegner von der Marineartillerie zusammen ein, und da ich meinen chinesischen Koch mitgenommen hatte, so fand sich bald ein allerliebster Kreis um unsere Mittagstafel, die meistens recht gut besetzt war. Das war freilich nur an den Tagen, an denen wir nicht getrennt wurden oder überhaupt auf Mitnahme unserer Bagage verzichten mußten; und solche Tage gab es eine ganze Reihe.

Der 31. Dezember, der Sylvestertag, sollte ein Ruhetag sein. Wir hatten den Vormittag bereits dazu benutzt, um diesen letzten Tag des 19. Jahrhunderts würdig bei einem steifen Grog zu begehen, und waren an diesem Tage naturgemäß nicht allzu kriegerisch gestimmt. Aber wie es im Krieg nun einmal ist, es kam anders, als wir es uns dachten. Anstatt des erwünschten Ruhetages und der gemütlichen Sylvesterfeier erschien gegen Mittag wie ein Blitz aus heiterm Himmel der Befehl: „Das Detachement steht um 1 Uhr nachmittags marschbereit vor dem Ostthore". Die Veranlassung war die folgende.

Es wurde bereits erwähnt, daß parallel mit unserer Expedition auch noch andere Expeditionen nach dem Norden abgegangen waren, darunter auch eine des 3. Seebataillons unter Major von Madai. Das kleine, bei dieser Expedition beteiligte Fähnlein Reiter war auf einem Patrouillenritt auf chinesisches Militär gestoßen, offenbar einen Teil der Lutaiarmee; es hatte einige Schüffe abgegeben, hatte es aber natürlich vermeiden müssen, sich auf Weiterungen einzulassen. Es ist ziemlich selbstverständlich, daß es dem Gros des Detachements nicht mehr möglich war, die eiligst das Peihothal hinaufziehenden Truppen noch zu faffen. Nunmehr erhielt Oberstleutnant Pavel vom Oberkommando die Mitteilung dieses Vorkommnisses und den Auftrag, auch die nächste Bergkette noch zu übersteigen, um in das nördliche Peihothal zu gelangen und zu versuchen, die dem Madaischen Detachement entgangenen Truppen zum Stehen zu bringen. Diese Mitteilung, die durch Leutnant Kummer von der Reiterschwadron überbracht wurde, erreichte das Detachement Förster am Vormittag des Sylvestertages. Gegen Mittag traf auch Oberstleutnant Pavel in Yenking ein und befahl den sofortigen Abmarsch. Das Detachement Wyneken selbst wurde am Sylvesternachmittag in Yenking erwartet. Es war am 29. von Schaho aus zunächst nur bis Tschauping marschiert, wo drei Christenmörder, die auf dem Yorkschen Zuge bereits durch General Gail festgestellt und später von den Stadt= behörden ausgeliefert worden waren, durch einen chinesischen Henker hingerichtet werden sollten. Die Mörder waren nach Peking aus= geliefert worden und vom Detachement auf Karren wieder nach Yenking mitgeführt worden. Dort fand ihre Hinrichtung coram publico statt. Der erste Kerl schrie und jammerte vor der Exe= kution, die durch das Schwert erfolgte, wie wahnsinnig, so daß es dem zweiten, der entschlossener war, zu viel wurde und er dem Henker sein Ärmeltuch mit dem Bemerken hinreichte, man solle dem Schreier das Tuch in den Mund stecken. Als er selbst an die Reihe kommen sollte, sagte er: „Ich selbst bin kein Boxer, aber wenn ihr mich leben laßt, werde ich euch Boxer zeigen." Als man darauf nicht einging, biß er wütend die Zähne zusammen, kniete nieder, legte sich selbst die Hände auf den Rücken, und mit einem scheuß= lichen Fluch hielt er dem Henker seinen Nacken hin. Der dritte Mörder starb gefaßt und ohne ein Wort zu sagen. Am 30. suchte sich das Detachement Wyneken von Tschauping aus einen Weg über das Gebirge und hatte an diesem Tage einen äußerst schwierigen Marsch, auf dem an die Leistungsfähigkeit der Truppen ganz außerordentliche Anforderungen gestellt wurden. Die Gebirgsartillerie sah sich zum erstenmale genötigt, ihre Rohre, Lafetten, Räder und Munition auf die mitgeführten Maultiere zu verladen. Landschaftlich soll der Marsch ebenfalls wunderschön gewesen sein, bezüglich der Quartiere desto schlimmer. Man bezog in einem elenden Gebirgsdörfchen von nur vier Häusern, dessen Namen sich nicht einmal feststellen ließ, 5 Kilometer südlich Natschang Quartier. Am 31. erreichte das Detachement bei Linknieng die große Mauer. Die Reiterei und berittene Infanterie wurde vorausgeschickt, und die Kolonne marschierte, natürlich ohne auch nur irgend etwas vom Feinde gesehen zu haben, in der Richtung auf Yenkingtschou. Dort traf sie ein, als die Kolonne Förster bereits wieder auf dem Marsche war, und ohne Pause wurde der Marsch an demselben Nachmittag 10 Kilometer weiter fortgesetzt. Die Kolonne erreichte an diesem Tage noch Lintschwang und vereinte sich am folgenden Neujahrstage 1901 wieder mit unserer Abteilung.

Um 1 Uhr am Nachmittag des 31. Dezember stand das Detachement Förster marschbereit vor dem Ostthore. Der Weg ging glatt in der Ebene entlang. Trotz des Sonnenscheins war die Luft rauh und kalt. Meistens zogen wir auf Hohlwegen, zu deren Seiten der Lößboden sich in Terrassen aufbaute, die manchmal senkrecht mehrere Meter hoch gegen einander abfielen. Oft war das Auge nach den Bergen zur Rechten gerichtet, aus denen man den Anmarsch des Detachements Wyneken erwartete. Man spähte vergeblich aus.

Da das Detachement Förster bei dem Mangel aller Spezialkarten und offenbar von Chinesen irregeführt, zu weit nach rechts abbog, so mußte es auf den schwierigsten Wegen sein Ziel Kuyen zu erreichen suchen. Die Wege waren so schlecht, wie ich sie nur selten in China gesehen habe. Mehrmals mußte man das Schanzzeug zu Hilfe nehmen, um tiefe Löcher und Wasserrinnen zuzuwerfen; trotzdem passierte der Marinefeldbatterie das Malheur, daß ein Geschütz und ein Vorratswagen umschlugen. Zumal die Bagage hatte mit den größten Schwierigkeiten zu kämpfen. Einmal mußte eine ganze Lößwand geebnet werden, damit die Geschütze und Karren hinunterfahren konnten. Dann kam zuguterletzt noch ein schwieriger Flußübergang. Wir mußten unsere matten, schwitzenden Tiere im Galopp durch den Fluß hindurchtreiben, um auf dem gegenüber= liegenden steilen Ufer wieder hinaufzukommen. Kurz, es war ein Marschtag voller Ärgernisse und unliebsamer Zwischenfälle. Nett benahmen sich übrigens die Maultiere, mit denen die Marineartillerie ausgerüstet war, als es galt, einen kleinen zugefrorenen Bach zu überschreiten. Da sprangen diese nützlichen Tierchen direkt aus dem Schritt in hohem Satz über das Eis hinweg und rissen die schweren Geschütze hinter sich her. Dieses Manöver sah nicht nur elegant, sondern auch höchst lustig aus. Erst nach Dunkelwerden kamen wir an unserem Ziel an und trafen dort bereits die Reiter vom Detachement Wyneken, das in dem benachbarten Kuyen lag. Es ist höchst unangenehm, wenn man bei Dunkelheit in einem fremden chinesischen Orte Quartier nehmen soll. Wir hatten trotzdem Glück und gerieten in ein großes Gut mit vielem Pferdefutter und guten Ställen. Trotz der widrigen Ereignisse des Tages wurde noch spät am Abend ein Grog gebraut, um der Jahrhundertwende doch ihr Recht zukommen zu lassen. Dennoch aber warteten wir das neue Jahr nicht ab, sondern tranken uns bereits gegen 10 Uhr Prosit Neujahr zu, weil wir glaubten, es sei ganz einerlei, ob wir das neue Jahr nun bloß acht oder zehn Stunden früher anfingen als unsere Lieben daheim, deren wir beim dampfenden Glase gedachten. Wir waren müde geworden. Das Feuer im Kang brannte. Ordentlich sattgegessen hatten wir uns auch. Also dann „Gute Nacht! Bis auf Morgen! Prosit Neujahr!"

Der erste Morgen des Jahres 1901 begann mit etwa 15 Grad Reaumur unter Null. Der Boden war steinhart gefroren, als wir uns morgens um 8 Uhr vor den Thoren von Kuyen versammelten. Das, was der Truppe an diesem Tage bevorstand, war jedenfalls neu in diesem Feldzuge, der an sich schon viele neue Verhältnisse mit sich gebracht hatte. Galt es doch auf einem steilen und schwer zugänglichen Saumpfade das hohe Tahaitouschan=Gebirge zu über= steigen, um in das Flußthal des Peiho zu gelangen. Selbst die ausführlichsten und besten Karten verließen uns, als wir auf ihnen die Straße nach Singanfu am Peiho suchten. Bei dem Mangel an zureichender Wegekenntnis war es nicht möglich gewesen, fest= zustellen, ob der Weg für Bagage und Artillerie überhaupt fahr= bar war. Schon nach einer halben Stunde Weges erkannten wir die Unmöglichkeit, mit der Bagage und der Feldartillerie vorwärts zu kommen. Es wurde daher gehalten, man packte auf die Trag= tiere, was man in der Eile von den Karren herunternehmen konnte. Dann wurde die fahrende Bagage nebst der Feldartillerie zurück= geschickt.

Der Weg, den wir zu machen hatten, spottete jeder Beschreibung. Er schlängelte sich zunächst von Terrasse zu Terrasse, dann durch Steingeröll in dem steilen Bett eines kleinen gefrorenen Gebirgs= baches hin. Oft verschwand der Pfad ganz, und man kletterte nur in der Verlängerung des Thales neben der kleinen Eisrinne in die Höhe. Daß jemand in der Lage gewesen wäre, bei diesem Auf= stieg sowie bei dem nachher erfolgenden ebenso steilen Abstieg auf den Pferden zu bleiben, war natürlich ausgeschlossen. Oft ging der Weg fast treppenartig weiter, und Mensch und Tier mußten klettern wie Ziegen. Bewunderungswürdig machten sich übrigens die Ponies und Maultiere, die unbedingt sicher traten und behende von Stufe zu Stufe kletterten oder sprangen. Auf der Paßstraße stieß auch das Detachement Wyneken zu uns, das in Tienluetschwang in Quartier gelegen hatte und die Gebirgsartillerie mitbrachte, deren Geschütze auseinander genommen und auf die Rücken der Maultiere verpackt worden waren.

Nach langem Klettern hatten wir endlich die Paßhöhe erreicht. Oben lag ein kleines Dörfchen, auf der Paßhöhe selbst war der Weg durch ein altes Gemäuer überbrückt.

Der Abstieg auf der anderen Seite war nicht weniger an= strengend als der Aufstieg; aber man wurde reichlich für die Mühen entschädigt durch den wunderbaren Blick, den man vor sich hatte. Am Fuße der Gebirgskette zog sich der Peiho hin. Sein gefrorenes Wasser erglänzte in der hellscheinenden Sonne wie ein silberner Streifen, und dahinter sah man die hohen Berge eines bis zu 768 Mtr. Höhe ansteigenden Gebirges, auf dessen Kamm sich die sogenannte alte große Mauer mit ihren zahlreichen hohen Wachttürmen dahinzieht. Im Thale selbst unten am Peiho sahen wir ein kleines Mauerkarree liegen, das den Ort Singanfu um=schließt: das Ziel unseres heutigen Marsches.

Wir befanden uns am oberen Laufe des Peiho in einem bei Singanfu nur etwa zwei Kilometer breiten Thale, das sich aber bereits oberhalb und unterhalb dieses Ortes stark verengte. Da trat das Gebirge rechts und links nahe an den Fluß heran; steile oft senkrechte Fels= und Lößwände engten das Thal ein, auf dessen Sohle zum Teil nur ein schmaler Streifen für einen Weg übrig blieb. Auf diesem Wege also sollten abziehende chinesische Truppen zu erwarten sein. Zu sehen war von ihnen nichts. Sofort vor=genommene Ausfragungen von Chinesen gaben keinen Anhalt dafür, daß die Truppen bereits durchmarschiert gewesen wären. Sollte man also auf ihr Erscheinen warten oder den Lauf des Peiho abwärts marschieren, um ihnen entgegen zu kommen? Beides erschien nicht ratsam, um so mehr, als die ganze Natur des Thales, das durch Patrouillen noch weiter durchforscht wurde, wenig Wahrscheinlichkeit für die Möglichkeit bot, daß ein Korps, zumal mit Bagage, diesen Weg hätte wählen können. Infolgedessen erschien dem Detachements=führer ein weiterer Vorstoß und Aufenthalt im Peihothal für wenig angebracht. Dazu kam noch ein weiterer Grund zum Ab=marsch.

Durch Chinesen hatte man erfahren, daß chinesische Truppen sich in einem Fort festgesetzt hätten, das in dem Winkel zwischen der · neuen und der alten großen Mauer liegt. Das Fort sollte sich in der Nähe des Ortes Szehaikou befinden, der an der alten großen Mauer nordwestlich vom Zusammenstoß dieser mit der neuen großen Mauer liegt.*) Die Nachricht trat mit solcher Bestimmtheit auf, daß ein Versuch, wenigstens in dieser Richtung einen Vorstoß zu unternehmen, lohnend erschien. Wenn die Meldung richtig war, daß chinesische Truppen, von Süden dem Lauf des Peiho folgend, in das Gebirge zurückgegangen sein sollten, so war

---

*) Vergl. v. Richthofen, Atlas von China, Blatt Peking, Neudruck 1900.

es nicht ausgeschlossen, daß diese in ein Seitenthal, das durch den kleinen Gebirgsfluß Szehaiho, einen Nebenfluß des Peiho, gebildet wird, eingebogen sein konnten, um das Thal des Kweiho, eines Nebenflusses des Hunho, zu gewinnen. Diese beiden letztgenannten Flüsse verlaufen aber in dem Thale, in dem die Straße über Yenking mit der Heerstraße von Peking nach Kalgan usw. zusammentrifft. Es war nun sehr wohl denkbar, daß es gelingen würde, die Truppen auf diesem Wege in der Nähe von Szehaikou festzukeilen. Infolgedessen wurde beschlossen, am nächsten Tage den Tahaitou-schan in südöstlicher Richtung, und zwar auf Linpingfu, nochmals zu übersteigen, um wieder in das Kweihothal zu gelangen. Diese zweite Hochgebirgstour war nicht minder anstrengend, ja fast noch alpiner als die vom 1. Januar. Die Wege waren beim Aufstieg wie beim Abstieg noch steiler als wie am ersten Tage; dafür war der eigentliche Übergang über das Gebirge aber auch bei weitem kürzer. Wir waren bereits gegen Mittag wieder im Thale an-gelangt, und zwar hatten wir beim Abstieg das weiße Tempelchen, das wir seiner Zeit bereits von Schatao aus hoch auf einem Berge hatten schimmern sehen und für ein Fanal gehalten hatten, jetzt in unmittelbarer Nähe zu unserer Rechten über uns. Zu unseren Füßen im Thale lag Stadt an Stadt, da wo auf den Karten nur weiße Flecke oder doch nur hin und wieder ein vereinzelter Name zu finden ist. Wir befanden uns in einem Winkel, in den wohl noch nie eines Europäers Fuß gekommen sein mag. Aus der Menge der Städte und Ortschaften, die dort vor uns ausgebreitet lagen, konnten wir uns unser Quartier für heute aussuchen. Wir fragten uns jedoch durch nach einem Orte, der auf der Karte verzeichnet war, nämlich nach Linpingfu, von wo aus das fragliche Fort nur noch etwa 15 Kilometer thalaufwärts liegen sollte. In diesem Orte trafen wir unsere Bagage wieder und bezogen dort Quartier.

Wir waren bereits damit beschäftigt, in Muße unser Abendbrot zu verzehren, auch glaubten wir nicht so stark an die Wahrheit der chinesischen Meldung von kaiserlichen Truppen, die nur noch 15 Kilometer von uns entfernt stehen sollten. Da kam plötzlich gegen 7 Uhr abends der Befehl, das Detachement solle in der Nacht 3 Uhr zum Abmarsch bereit stehen. Draußen schneite es, und von den Bergen wehte ein eisiger Wind.

Die Veranlassung zu diesem Befehl bildete die Meldung eines chinesischen Bauern, der thalabwärts gekommen war und erklärte, das Fort Hophu*), um das es sich auch bei uns handelte, sei von etwa 1000 Mann besetzt, und zwar nicht von Truppen, sondern von Boxern, welche die Umgegend terrorisierten. Sie seien zur Verteidigung ihrer Stellung entschlossen. Wie bei allen derartigen spontanen Meldungen aus chinesischer Quelle war man mißtrauisch und stellte dem chinesischen Bauern anheim, ungehindert in sein Dorf abzuziehen, falls seine Meldung etwa nicht zutreffend wäre. Sollte er aber auf seiner Meldung bestehen bleiben, so würde man ihn in Haft nehmen und, falls sie sich am andern Tage nicht bewahrheiten sollte, erschießen. Der so vor die Wahl gestellte Chinese blieb bei seiner Behauptung und blieb als Geißel. Das Detachement stand infolgedessen um 3 Uhr morgens zum Abmarsch bereit. Die Bagage und die Marinefeldartillerie sollten um 8 Uhr morgens auf Yenking zurückgehen, da die Wege für sie unpassierbar sein würden. An demselben Abend war noch das Detachement berittener Infanterie, d. h. die Hälfte desselben, unter Leutnant Delius in Linpingfu eingetroffen. Dieses Detachement war seit dem 30. Dezember auf ausgedehnten Patrouillenritten im Gebirge verwendet worden und hatte zum Teil ganz erhebliche Marschleistungen unter sehr schwierigen Umständen zurückgelegt.

---

b. Das Gefecht bei Hophu.

Ein Nachtmarsch. — Aufhebung einer chinesischen Feldwache. — Alarm im Boxerfort. — Das Gefecht entwickelt sich. — Die Gebirgsartillerie fährt auf. — Der Astverhau. — Die ersten Verwundeten. — Die feindliche Artilleriestellung fliegt in die Luft. — Das Fort im Sturm genommen. — Die zweite Gefechtsstellung. — Die Boxer werden aus ihrer neuen Position vertrieben. — Unsere Ärzte. — Boxer oder Landsturm? — Die Bewaffnung der Chinesen. — Verfolgung. — Szehaikou an der alten großen Mauer wird verbrannt. —

---

*) sprich ho-pu.

Der Rückmarsch zum eroberten Fort. — Die Wirkung unserer Geschosse. — Freilassung von Gefangenen. — Zurück nach Penking. — Gefallenen- und Verwundetentransport. — Beim Mandarinen von Jungmiengtschöng.

Als wir morgens kurz nach 3 Uhr ausrückten, war es bitter kalt und ein scharfer Wind trieb uns den zu Nadeln gefrorenen Schnee gerade ins Gesicht. Kein Mondschein; nur die dünne Schneedecke, die den Schritt der Mannschaften und der Pferde fast unhörbar machte, verbreitete eine ganz matte Helligkeit. Dennoch konnte man des Schneefalls wegen höchstens 5 Meter weit sehen. Da man den Feind, der uns erst bei Tage erwartete, überraschen wollte, so wurde alles laute Sprechen untersagt. 3—4 Kilometer marschierten wir unter Führung des Bauern noch in der Ebene, dann verengerte sich das Thal und nur hin und wieder buchtete es sich etwas aus, einige größere Plätze freilassend, auf denen sich Ansiedelungen befanden. Gegen 4 Uhr passierten wir eine größere Stadt. Wir zogen durch die Vorstadt hindurch, nirgends regte sich etwas. Die Thore zu den Gehöften, die in den Ortschaften sonst beim Durchzug fremder Truppen fest verschlossen und meist auch verbarrikadiert waren, standen weit offen, — ein Beweis dafür, daß man uns noch nicht erwartete. Ohne großes Geräusch durchzogen wir die Stadt. Niemand begegnete uns. Erst als wir an den letzten Häusern waren, schlug ein Hund an. Bald war das Thal nur noch einige fünfzig Meter breit.

Wir mochten noch eine Stunde marschiert sein, da kamen uns dunkle Schatten entgegen. Plötzlich sahen wir zwei Chinesen seitwärts sich von diesen Schatten ablösen. Berittene Infanteristen holten sie ein. Es waren harmlose Führer einer Mauleselkarawane. Man ließ die Leute laufen, aber die Karawane war in Unordnung geraten. Während unseres Weitermarsches wurden wir von einigen Mauleseln und einem Ponichen flankiert, die stumpfsinnig, trotz aller Verscheuchungsversuche, neben unsern Maultieren hertrabten, die die Munitionskästen der Gebirgsartillerie trugen.

Eben begannen die Schatten der Nacht zu weichen, da sahen wir an der Spitze des Detachements links vom Wege etwa 90 Meter vor uns unter einem notdürftig aus einer Matte zurecht-

gemachten Schutzbach ein Wachtfeuer; es war eine chinesische Feld=
wache. Man war also am Feind. Der Doppelposten lag neben
dem Feuer. Die Kerle schliefen.

Durch das Pferdegetrappel der berittenen Infanterie, welche
die Feldwache aufheben soll, erwachten die beiden Posten und liefen,
als sie sahen, um was es sich handelte, spornstreichs in der Richtung
auf die Berge links vom Wege davon. Sie wurden eingeholt und
gefangen genommen.

Das Gelände, das vor uns lag, war wegen der herrschenden
Dämmerung noch schwer zu übersehen. Nur dunkel sah man auf
beiden Seiten die Umrisse der Hügel und der dahinter liegenden
Berge, während sich in der Fluchtlinie der Thalsohle undeutlich die
Konturen des gesuchten Forts abhoben. Die Entfernung war schwer
zu taxieren, man überschätzte sie zunächst um einige hundert Meter.
Wie sich später bei Tageslicht herausstellte, waren wir bereits bis
auf etwa 700 Meter an das Fort herangekommen. Bis dahin
war alles abgelaufen, ohne daß ein Schuß gefallen war; natürlich
aber ließ es sich nicht vermeiden, daß die Gefangennahme der
Feldwache mit Lärm und Rufen verbunden war. Hierdurch wurde
die Besatzung des Forts aufmerksam, und man konnte deutlich durch
die Schneeluft den Alarm im Fort, das Schreien und Rufen, unter=
mischt mit den langgezogenen Tönen der chinesischen Muschel=
trompeten unterscheiden. Man sah also, es würde zum Gefechte
kommen. Sofort wurde die Infanterie vorgeschoben. Die Kom=
pagnie Freihold erhielt den Befehl, über die rechts vom Wege sich
erstreckenden Hügel vorzugehen, während die Kompagnieen von Fließ=
bach unter Führung des Oberleutnants Arnold, von Schönberg
und als Reserve die Kompagnie Richter im Thale selbst, zunächst
noch unter dem Schutze des rechten Bergabhanges, vorgeschoben
wurden. Etwa hundert Meter von der überrumpelten Feldwache
entfernt lag auf dem Hügel rechts, über den die Kompagnie Frei=
hold ziehen sollte, ein Wachthaus mit einem Unteroffiziersposten.
Dieser Unteroffiziersposten eröffnete fast gleichzeitig mit einem Posten,
der auf der Höhe links von unserer Stellung postiert war, das
Feuer. Gegen diese letztere feindliche Position wurde die berittene

Infanterie vorgeschickt. Die Kompagnie Freihold aber eröffnete das Feuer zuerst, übermannte den Unteroffizierposten, der auf sie geschossen hatte, und nahm alsdann mit zwei Zügen die Richtung auf ein rechts vom Fort gelegenes Dorf auf, aus welchem die Boxer nach dem Fort zur Unterstützung der Besatzung hinrannten. Ein Zug der Kompagnie blieb auf dem Hügelrande selbst und ging in der Richtung auf das Fort vorwärts. Nach dem ersten Schuß, der gefallen war, erhielt der Zug Gebirgsartillerie unter Leutnant Freiherrn von Dincklage den Befehl, aufzufahren. Kurze Zeit darauf eröffnete auch die Besatzung des Forts ein heftiges Geschütz- und Gewehrfeuer auf die im Thale anziehenden drei Kompagnieen. Von der Infanterie wurde es sofort und nach wenigen Minuten auch von unserer eigenen Artillerie erwidert. Diese gab zunächst, um die Entfernung festzustellen, zwei Schüsse mit Vollgeschossen ab, während ein chinesisches Geschoß keine drei Meter von ihrer Stellung einschlug. Dann wurde Brennzünder kommandiert, und es wurden im ganzen neun Granaten und vier Schrapnels aus zwei Geschützen in die feindliche Stellung geworfen. Unterdessen entwickelte sich das Infanteriegefecht auf allen Seiten gleichmäßig heftig. Die berittene Infanterie erledigte den Unteroffizierposten auf der Anhöhe zur Linken über der Artilleriestellung und schoß eine Anzahl von Chinesen tot, die mit den Waffen in der Hand auf der Anhöhe links zur Unterstützung ihrer Genossen herbeieilten. Während die Kompagnie Freihold im wesentlichen das rechter Hand liegende Dorf, das gleichfalls heftig verteidigt wurde, bestrich, gingen die übrigen drei Kompagnieen sprungweise auf das Fort los. Die Boxer hatten uns erwartet. Denn ein starker Astverhau mit Stein-barrikade sperrte die Thalsohle vollständig. Er befand sich etwa 200 Meter vor dem Fort. Diesen Astverhau galt es zu durch-brechen und zwar unter dem wohlgezielten Feuer der Besatzung des Forts. Einer der ersten, der mit Mut und Entschlossenheit einen Durchgang durch den Verhau zu schaffen suchte, war der Musketier Arndt von der 7. Kompagnie. Er sank, von einer Kugel durch die Brust geschossen, unmittelbar neben der Bresche, die er mit eigener Hand hatte legen helfen, zusammen. Dem Leutnant

Freiherrn von Hirschberg, der sich als Dolmetscheroffizier beim
Detachement befand, wurde das Pferd unter dem Leibe erschossen.
Er selbst wurde leicht durch einen Geschoßsplitter im Gesicht ver=
wundet, und er besaß die Geistesgegenwart, mitten im Feuer das
mitgelaufene Leitponi der zersprengten Maultierkarawane mit dem
Zaumzeug seines toten Pferdes aufzuzäumen, ihm den Sattel aufzu=
legen und alsdann weiter am Gefecht teilzunehmen. Der Unteroffizier
Henn von der 3. Kompagnie erhielt aus einer sogenannten Wall=
büchse eine Kugel in den linken Arm. Er zog sich den Rock aus,
holte sich mit dem Messer die etwa 15 mm im Durchmesser starke
runde Kugel aus der Wunde heraus und nahm weiter am Gefecht
teil. Der Musketier Rhee von der 2. und der Hornist Korndörfer
von der 3. Kompagnie wurden durch Artilleriegeschosse bei dieser
Gelegenheit leicht am Arm und Bein verletzt. Während dieser
Pause am Astverhau kamen die meisten Verwundungen vor. Als
der Verhau einmal durchbrochen war, dauerte es auch nicht mehr
lange, bis sich das ganze Fort in den Händen der siegreich vor=
bringenden Truppen befand. Kaum war die Infanterie durch den
Astverhau hindurch, da bliesen auch schon die Trompeten zum Sturm,
die Trommeln schlugen und mit Hurra ging es vorwärts, den
fliegenden Fahnen nach, die heute die Feuertaufe bekommen hatten,
und von denen eine jede in ihrem Tuche bereits eine Wunde trug.
Unser Artilleriefeuer verstummte, und im Siegeslaufe ging es den
Hügel zum Fort hinan. Kurz vorher war bereits der in der
feindlichen Artilleriestellung lagernde Pulvervorrat entweder infolge
einer deutschen Granate oder der Unvorsichtigkeit der Chinesen ex=
plodiert und die Bedienungsmannschaften getötet. Die Fahne des
2. Bataillons wehte zuerst auf der Mauer des Forts, in dem alles,
was an Boxern vorhanden war, niedergeschossen wurde. Das
Fort selbst bestand aus drei Terrassen. Auf der untersten stand
die chinesische Artillerie. Eine Etage höher standen eine Reihe von
Wallbüchsen, welche die Chinesen trotz der veralteten Konstruktion
auf die kurze Entfernung mit Erfolg benutzt hatten. Das
Infanteriefeuer war hauptsächlich von der obersten, dritten
Etage aus erfolgt. Bei dem Sturm erhielt noch der Musketier

Memmler von der 7. Kompagnie einen Schuß in den Ober=
schenkel.

Mit der Einnahme des Forts war aber das Gefecht noch nicht
zu Ende, denn die Truppen erhielten aus einer Stellung, die viel=
leicht 1000 Meter von dem Fort entfernt, und zwar halblinks auf
einer Höhe lag, erneutes Feuer. Ein Wachtturm diente den Chi=
nesen als Deckung. Unsere Artillerie wurde daher herangezogen
und brachte mit drei Schrapnelschüssen das feindliche Feuer zum
Schweigen. Bei der sofort nach dieser Richtung hin angestellten
Verfolgung wurde noch eine Anzahl Chinesen auf der Flucht er=
schossen. Das Gefecht hatte von der Aufhebung der Feldwache an
bis zu diesem Momente genau 50 Minuten gedauert. 5 Minuten
nach Aufhebung der Feldwache fiel der erste Schuß, nach wiederum
höchstens 5 Minuten gab die Gebirgsartillerie den ersten Schuß
ab, die in diesem Gefecht meines Wissens zum ersten Male in
größerem Maßstabe und mit recht gutem Erfolg in Aktion ge=
treten war. Ein Wort des Lobes will ich an dieser Stelle noch
den beim Detachement befindlichen Ärzten sagen. Sie waren prompt
zur Stelle und haben ihr Möglichstes gethan, um den Verwundeten
schleunige und sachgemäße Hilfe angedeihen zu lassen. Dem schwer=
verwundeten Arndt, der leider noch am selben Abend seiner Wunde
erlegen ist, konnte ich selbst die erste Erleichterung verschaffen, da
ich mich gerade in seiner Nähe befand. Nach kurzer Zeit war
auch ärztliche Hilfe zur Stelle. Es machte mir besondere Freude,
daß man meinem kleinen chinesischen Pferdeburschen, der treu neben
mir ausgehalten hatte, den Verbandstornister auf den Rücken
schnallte und ihn nunmehr mit den Ärzten reiten ließ, um das
Schlachtfeld nach Verwundeten abzusuchen. Einen verwundeten
Chinesen habe ich nirgends gesehen, nur tote, ein Zeichen für die
Wirksamkeit unserer Geschosse.

Da der Angriff von der Front erfolgte, so war es der chinesischen
Besatzung des Forts, — es mögen mitsamt den aus dem Dorfe
nach dem Fort eilenden Chinesen 500—600 Mann gewesen sein —
möglich, sich nach rückwärts zu konzentrieren. Infolgedessen wurde
sofort nach Beendigung des Gefechts die Verfolgung des Feindes

aufgenommen, der zunächst in der Richtung auf Szehaitou geflohen war; wer von den Fliehenden mit der Kugel erreicht werden konnte, wurde erschossen. Die Anzahl der thatsächlich gezählten Toten betrug 140, doch sind dabei nicht gerechnet diejenigen, die verstreut an den Hängen der Berge tot liegen mochten. Einen Teil ihrer Verwundeten, soweit sie überhaupt transportabel waren, hatten die Chinesen offenbar mitgenommen. Die Gebirgsartillerie hatte übrigens trotz des Zwielichtes, in dem sie schießen mußte, recht gut gezielt.

Was das für Leute waren, mit denen wir's zu thun hatten, ist eigentlich recht schwer zu sagen; man sagt, es seien Boxer gewesen, und man kann nicht behaupten, daß es keine gewesen sind. Boxerabzeichen trugen sie jedenfalls nicht. Auf einer Fahne, die erbeutet wurde, stand eine chinesische Inschrift, die besagte: „Die vereinigten Soldaten aus fünf Dörfern". Ob das nun richtig ist, kann ich nicht beurteilen. Man glaubte an amtlicher Stelle aus dieser Inschrift schließen zu können, daß man es mit sogenanntem chinesischen Landsturm, und zwar einem kleinen chinesischen Banner, aus denen ein Teil der Mandschutruppe besteht, zu thun habe; und der Generalfeldmarschall soll zu dieser Inschrift scherzend bemerkt haben: „Es wird eben ein Kriegerverein gewesen sein." Jedenfalls fanden wir später noch an dem Weg, wo wir nächtlicherweile gezogen waren, gelbe Zettel (kaiserliches Papier) angeklebt, auf denen stand: „Dieser Weg ist ein Boxerweg. Jedermann, der ihn geht, ohne Boxer zu sein, wird getötet." Und die beiden Gefangenen aus der aufgehobenen Feldwache haben ausgesagt, daß die von uns geschlagenen Chinesen sich aus den umliegenden Dörfern rekrutiert und unter der Führung von richtigen Boxern gestanden hätten. Diese hätten den in jener Gegend wohnenden Familien die Verpflichtung auferlegt, pro Familie je einen Mann zu dieser Gesellschaft zu stellen. Die Boxer wären gerade versammelt gewesen, um in zwei Kolonnen Yenking und Tschangping zu Brandschatzungszwecken heimzusuchen. Was an diesen Erzählungen stimmte, ließ sich schwer feststellen.

Die Bewaffnung der Chinesen war bunt wie immer. Was zunächst die Geschütze anlangt, so waren sie alles andere eher als moderne Geschütze. Es waren einfache Bronzerohre, die mit Pulver vollgepfropft und mit einem Vollgeschoß verschlossen waren, sie wurden mit einer einfachen Lunte zur Entzündung gebracht. Die Wirkung der Geschosse war natürlich eine recht geringe. Wunderbar war nur, daß die Geschützrohre, die natürlich ohne Lafetten waren, verhältnismäßig gut gerichtet waren. Eines der Geschosse schlug, wie gesagt, etwa drei Meter vor unserer Artilleriestellung ein. Mehr Wirkung hatten schon die auf der zweiten Terrasse aufgestellten Wallbüchsen. Es sind das große, dicke Rohre an Schäften, Hinter-laber mit einem ziemlich rohen Verschluß. Diese Verschlüsse, die eingesetzt wurden, waren mit Pulver und kleinen Eisenkugeln von etwa 15 mm Durchmesser gefüllt und mit Gras verschlossen. Der Verschluß bildete also eine Patrone für sich, während das mit einem Schaft versehene Eisenrohr nur als Lanzierrohr diente. Die töd-liche Verwundung des Ponis des Leutnants von Hirschberg und die Verwundung des Unteroffiziers Henn stammten von solchen Ge-schossen her. Die Infanteriebesatzung war dagegen mit Manlicher-gewehren, mit Perkussionsgewehren, vor allen Dingen aber mit deutschem Infanteriegewehr, Modell 88, und Vorderladern alten Modells ausgerüstet.

An das Gefecht schloß sich eine systematische Verfolgung des Feindes in der Richtung auf Szehaikou, das am Fuße der alten großen Mauer gelegen ist. Dieser Ort bildete den Hauptversammlungs-ort der Boxer jener Gegend. Die beiden auf der Feldwache gefangenen Boxer wurden gezwungen, uns dorthin zu führen. Unterwegs fanden wir noch mehrere, an niedrigen Hügelrändern eingegrabene bis an die Mündung vollgestopfte Kanonenrohre, die auf den Weg gerichtet waren. Als wir in Szehaikou eintrafen, fanden wir den Ort fast völlig verlassen. Nebenbei bemerkt war es ein ganz elendes verwahrlostes Nest, in dem wir die scheußlichsten Quartiere des ganzen Marsches hatten. Der Ort wurde am nächsten Morgen. nach dem Verlassen zur Strafe angezündet; dabei sind wohl kaum allzu große Schätze verbrannt. Auf dem Rückmarsch, den wir am 4. morgens antraten, wurden noch die in der Umgegend gelegenen Dörfer niedergebrannt. Bei dieser Gelegenheit wurde auch die

Zahl der gefallenen Chinesen festgestellt. Der Truppe wurde bei einem einstündigen Aufenthalt am Fort Gelegenheit gegeben, sich den Kampfplatz näher anzusehen, und während rund um uns schwarze Rauchsäulen aufstiegen, besichtigten wir das Fort, in welchem wir mit besonderem Interesse die Wirkungen unseres neuen Geschosses beobachteten. Ich ließ mir an verschiedenen Leichen die Wunden zeigen. Die Einschußöffnung war meistens minimal, ebenso die Ausschußöffnung, aber aus dieser waren, besonders bei Bauch=schüssen, durch den Luftdruck lange Strähnen von Fleisch oder Eingeweide herausgezogen. In den meisten Fällen war die Ver=blutung eine innere. Nur bei einem unmittelbar unter der untersten rechten Rippe Verwundeten konnte ich am Ausschuß auf dem Rücken einen starken Blutverlust konstatieren.

Der Rückmarsch auf Linpingfu erfolgte am selben Nachmittag. Wieder bezogen wir unsere alten Quartiere, freilich ohne die Annehmlichkeit unserer Bagage. Am nächsten Morgen setzte das Detachement seinen Marsch auf Yenkingtschou fort, nachdem am Tage vorher schon ein Verwundetentransport, der auch die Leiche des Musketiers Arndt mitführte, nach Yenking aufgebrochen war. Ich schloß mich einer kleinen Sonderexpedition an, die ein Teil der berittenen Infanterie unter Leutnant Freiherr von Freyberg in südwestlicher Richtung nach Yungmiengtschöng unternahm. Diese Stadt war früher einmal von italienischen Truppen besucht worden, und es war dem Mandarinen die Ausführung gewisser Verbindlich=keiten den dortigen Christen gegenüber zur Pflicht gemacht worden. Der Präfekt sollte kontrolliert werden, ob er diesen Verbindlichkeiten nachgekommen war. Als wir an die Stadt herankamen, stand bereits eine blaue Sänfte vor dem Thore, sowie eine lange Tafel, an der Thee, Kuchen und Früchte gereicht wurden. Das bedeutete einen freundschaftlichen Empfang. Der Abgesandte des Mandarinen forderte den Detachementsführer auf, in der blauen Sänfte Platz zu nehmen. Dieser aber zog es vor, die hohe Ehre einem als Gast mitreitenden Offizier zu überlassen. Es war ein ulkiger Zug, der in die Stadt einzog. Vorauf gingen vier chinesische Musikanten, dann folgten zwei berittene Infanteristen, alsdann die Sänfte mit dem fröhlich lächelnden Antlitz ihres Besitzers, eskortiert von den Mandarinendienern in ihren langen Röcken und schwarzen runden Hüten mit roten Franzen darauf. Das kleine Detachement bildete den Schluß. Unter den herzzerreißenden Tönen der chinesischen Musik, die ihre schönsten Weisen erschallen ließ, bewegte sich der Zug langsam durch die Straßen der Stadt. Von den Europäern wurde die ganze Sache natürlich mit dem nötigen Humor aufgenommen. Dagegen standen die Chinesen mit den feierlichsten Mienen von der Welt, mit entblößten Köpfen und heruntergelaffenen Zöpfen in den Straßen der Stadt. Noch lange, ehe wir zum Yamen des Präfekten gekommen waren, erschien dieser in höchsteigener Person und zwar auf höchsteigenen Füßen, und begrüßte den Mann in der Sänfte, der sich bei dieser Gelegenheit geschickt aus der Affaire zu ziehen wußte. Alsdann ging es zum Yamen. Es wurde ein kurzer Aufenthalt gemacht bei Thee und Kuchen. Der Chinese wurde in ein scharfes Verhör genommen; es ergab sich, daß er, soweit es sich feststellen ließ, die ihm auferlegten Verpflichtungen geleistet hatte. Dann wurde die Sänfte mit den Pferden wieder bestiegen und unter den fröhlichen Weisen der Stadtmusikanten verließen wir Yungmiengtschöng aus dem zweiten Thore. Nach einem ziemlich scharfen Ritt von etwa 30 Kilometern kamen wir am frühen Nachmittag in Yenking an, trafen dort vom Hauptmann von Fließbach wohl vorbereitete Quartiere, frischgebackenes Brot und Eßwaren in Hülle und Fülle. Der nächste Tag war ein Ruhetag. Es war hohe Zeit, daß man den Leuten, an deren Stiefelsohlen ganz erhebliche Anforderungen gestellt worden waren, diesen Tag gönnte. Es wurde Rum ausgegeben und eine nachträgliche Neujahrsfeier veranstaltet. Wer schon einmal gefeiert hatte, feierte hier ruhig noch einmal.

Am folgenden Tage wurde die Leiche des gefallenen Musketiers Arndt feierlich mit allen militärischen Ehren beigesetzt.

c. Expeditionen berittener Detachements.

Die Kavallerie ist auf chinesische Truppen gestoßen. — Der Überfall von Thumu. — Die Reiterei und berittene Infanterie wird auf Hsienhuafu gesandt. — 75 km in einem Tage auf Ponis. — Vortrefflichkeit des chinesischen Nachrichtendienstes. — Berittene Infanterie bewährt sich. — Auf Patrouillenritt. — Die chinesische Armee ist kurz vor unserer Ankunft in Hsuenhuafu abgerückt. — Chinesische Mandarinenschlauheit. — Wir sind die Gäste des Taotai von Hsienhuafu. — Der Rückmarsch nach Peking. — In die Mandschurei.

Fast gleichzeitig mit uns rückte in Yenking durch das Südthor der Zug Kavallerie ein, der bereits von Singanfu auf Patrouillenritte das Peihothal aufwärts geschickt worden war. Der Zug stand unter Oberleutnant Kirsten, dem sich der Artilleriehauptmann von Sandrart angeschlossen hatte. Auch dieser Zug Reiter hatte ein kleines Scharmützel zu bestehen. Er erreichte den nördlichsten Punkt, den bisher ein europäisches Detachement in Petschili erreicht hatte, nämlich den Ort Tschitschönghsien, der inmitten der nördlichsten Ausbuchtung der alten großen Mauer gelegen ist. Von Tschitschöng aus gingen die Reiter auf steilen Gebirgspfaden über das Yenjanshan- und Kingwushangebirge und erreichten die Heerstraße wieder bei Thumu. Unterwegs stießen sie bald auf eine Kamelkarawane, die von Bewaffneten begleitet war. Sie kam von Kupeikouying, das über 100 Kilometer weiter östlich an der großen Mauer liegt, und wollte nach Hsuenhuafu. Der Besitzer wurde vernommen und gab auf die Frage nach der Lutaiarmee an, daß zahlreiche chinesische Truppen von Miyün in nördlicher Richtung auf Fengming (?) marschiert seien. Letztere Stadt wird am Oberlauf des Peiho vermutet. Aus der Voraussetzung der Richtigkeit dieser Aussage würde also hervorgehen, daß die direkte Straße von Miyünhsien (am Zusammenfluß des Peiho und des Tschouho gelegen) nach Hsuenhuafu und weiter oben nicht über Yenking und durch das Kweihothal geht, dessen Unpassierbarkeit wir ja schließlich bei Hophu und Szehaikou selbst konstatieren konnten, sondern durch das Peihothal und weiter durch das Sungmönshuithal führt. Ein Blick auf die Richthofensche Karte veranschaulicht das. Wenn man eine ernsthafte Verfolgung des Feindes beabsichtigte, dann hätte

diese meiner Ansicht nach also doch am obern Peiholauf einsetzen
müssen. Von dieser Idee ausgehend, die man dann wieder fallen
ließ, hatte man ja auch den schwierigen Marsch nach Singanfu
gemacht. In Thumu selbst wurde das Reiterdetachement wieder
auf eine andere Fährte gelenkt. Hier gelang es ihm nämlich, einen
chinesischen Kavallerieposten unter einem Major zu überraschen, der
von Hsuenhuafu aus zur Beobachtung unseres Detachements vorgeschickt worden war. Von dieser Patrouille wurden sechs Mann
erschossen, die übrigen, darunter der Major, stoben in wilder
Flucht davon.

Es ließ sich feststellen, daß diese Kavallerie von Hsuenhuafu
ausgesandt worden war, es ergab sich das aus den Brustschilden,
die die Gefallenen trugen. So ließ sich annehmen, daß in den drei
großen Soldatenlagern, die sich vor dieser, wie behauptet wird,
volkreichsten Stadt Nordchinas befanden, wiederum chinesische Truppen
zusammengezogen hatten. Es ist das die bekannte Erscheinung,
daß ein Detachement nur den Rücken zu kehren braucht, um den
chinesischen Truppen den Platz wiederum frei zu machen, von dem
man sie eben vertrieben hatte. Infolgedessen entschloß sich Oberstleutnant Pavel, nach dieser Richtung hin nochmals einen Vorstoß
zu unternehmen. Zu diesem Zwecke wurden kommandiert die
Reiterei und die gesamte verfügbare Infanterie. Das berittene
Detachement wurde unter den Befehl des Majors Wyneken gestellt.
Es verließ am 7. Januar morgens 8 Uhr Penking und machte
noch am selben Tage die ganz außerordentliche, und wenn man
bedenkt, daß dies zum größten Teil auf kleinen Ponis geschah,
sogar hervorragende Marschleistung von 75 Kilometer. Es gelang
somit, das Detachement in einem Tage bis zum Fuße des Kiming-
shangebirges (shan = Gebirge) zu bringen, und zwar bis zu der
Stelle, an der der Hunho im sogenannten Kimingpaß sich einen
Weg bahnt zwischen Hwangyangshan (Antilopengebirge) und Kimingshan, dem südwestlichen Ausläufer der hohen Yenjomshan. Um für
alle Eventualitäten gewappnet zu sein, marschierte das Fußdetachement
am selben Tage bis Hwailai, einer ziemlich bedeutenden Distrikts-
stadt am Fuße des Kingwushangebirges. Wir trafen auf unserem

Ritt, den wir bis zu dem am Fuße des Kimingshan und am Ende des Kimingpasses gelegenen Orte Kiming fortsetzten, auf nichts Außergewöhnliches. Zahlreiche Kamel= und Eselskarawanen begegneten uns, ein Zeichen dafür, daß wir so schnell nicht erwartet wurden. In Thumu, wo der Überfall stattgefunden hatte, war alles ruhig. Wir wurden bei einem mohammedanischen Bäcker, der ganz ausgezeichnete Backwaren lieferte, auf ein Viertelstündchen gastlich aufgenommen. Als wir bei Kiming ankamen, hörten wir, wie im Gebirge zwei Signalschüsse gelöst wurden, und ein mit einem Bagagemaultier zurückgebliebener Mann, der an Kiming irrtümlichereise vorbeigeritten und fast bis zum Engpaß gekommen war, behauptete, dort eine chinesische Patrouille gesehen zu haben. Der Erfolg war jedenfalls der, daß wir am anderen Mittag, als wir vor Hsuenhuafa eintrafen, die Soldatenlager verlassen fanden. Beim Taotai dieses Ortes befand sich bereits der aus Kalgan auf die Kunde von unserem Anrücken am selben Tage herbeigeeilte Vorsteher des seit der Yorkschen Expedition neugeschaffenen Foreign office of Kalgan and Mongolia, der sogenannten „General" Tschentunho, der beim Yorkschen Zuge bereits einmal eine Rolle gespielt hatte und auch sonst kein ganz unbekannter Mann in China ist. Bereits bei der Militärpatrouille, die bei Thumu abgefangen worden war, hatte man Schriftstücke gefunden, Meldekarten, die genauen Aufschluß über die Operationen unseres Detachements seit dessen Abmarsch aus Peking gaben und worin unter anderem auch stand, daß die in Hophu von uns vertriebenen Boxer bereit seien, gegen uns zu kämpfen. Daß es dem Tschentunho möglich war, von Kalgan aus noch vor uns in Hsuenhuafu einzutreffen, beweist wiederum die Vorzüglichkeit des chinesischen Nachrichtendienstes. Selbst mit Reiterei und berittener Infanterie hielt es schwer, die schlauen chinesischen Mandarinen über unsere Ankunft im unklaren zu erhalten, selbst wenn man Gewaltleistungen wie 75 Kilometer in einem Tage machte.

Als wir am 8. Januar von Kiming aufbrachen, merkte man es unseren Pferdchen doch an, daß sie eine starke Leistung hinter sich hatten. Auch bei dieser Gelegenheit habe ich wieder die Erfahrung gemacht, daß die chinesischen Ponis unverhältnismäßig sicherer auf den Beinen sind, als die großen Pferde der Reiterei. Wird ein Tier wirklich schlapp, so ist es schließlich in jedem Dorfe ein Leichtes, dasselbe gegen ein neues einzutauschen. Es bedarf keiner besonderen Pflege, ist genügsam im Fressen, nächtigt selbst bei großer Kälte unbeschadet seiner Gesundheit im Freien, kurzum ein außerordentlich brauchbares Pferdematerial da, wo es darauf ankommt, größere Truppenkontingente in beschleunigtem Tempo nach einem entfernteren Orte zu schaffen. Aus diesem Grunde allein schon ist die Einrichtung einer sogenannten berittenen Infanterie eine den chinesischen Verhältnissen nach gebotene und praktische Einrichtung. Allerdings halte ich es von diesem Gesichtspunkte aus für falsch, die berittene Infanterie zu Meldereitern zu benutzen. Ihre Gefechtstärke wird durch die zahlreichen Abkommandierungen zu allerhand nebensächlichen Zwecken, insonderheit auch zum Meldereiterdienst, der nach wie vor Aufgabe der Kavallerie bleiben sollte, geschwächt. Man sollte meines Erachtens in erster Linie an dem Grundsatze festhalten, daß ein berittenes Infanterie-Detachement eben in erster Linie Infanterie bleibt, nur mit dem Unterschiede, daß man sie schnell in irgend einer Richtung vorschieben kann. Die Brauchbarkeit und Notwendigkeit einer berittenen Infanterie in chinesischem Terrain konnte kaum eine bessere Illustration finden als durch diesen Ritt bis vor die Thore der äußeren Mongolei. Dazu kommt schließlich nicht als letztes Moment, daß das Berittenmachen von Infanterie mit Hilfe von chinesischen Ponis, chinesischem Zaumzeug und chinesischen Sätteln dem Staate bisher eigentlich nichts gekostet hat und kosten wird, solange man daran festhält, den Poni= und Futterbedarf dem Lande zu entnehmen.

Den Eindruck von der wirklich großartigen Leistungsfähigkeit eines chinesischen Ponis in schwierigstem Terrain bekam ich noch einmal am Morgen des 8. Januar. Ich schloß mich einem Patrouillenritte des Leutnant von Freyberg an, der von Kiming aus die große Heerstraße von Hsuenhuafu nach Paungantschou aufklären sollte. Wir mußten die Straße zu gewinnen suchen, indem wir direkt die steilen Berghänge hinaufzogen. Die Tiere kletterten bei dieser Gelegenheit trotz ihrer Reiterlast wie die Ziegen. An steilen Hängen gingen sie auf Pfaden von einem halben Fuß Breite schwindelfrei entlang, und unbedingt sicher trat ihr kleiner Huf in das Gestein.

Bei der Ankunft vor Hsuenhuafu wurden die Soldatenlager angeritten. Die Vernehmung eines in der Nähe aufgefangenen Kulis ergab, daß sich noch am Tage vorher 2000 Mann regulärer Truppen in den Lagern befunden haben mußten, die sich aber auf die Kunde von unserem Abmarsch zurückgezogen hatten; wohin, konnte nicht ermittelt werden. In einem der Lager fanden sich einige Mann in Uniformen mit der Aufschrift „Polizeisoldaten". Offenbar waren diese Schaustücke für uns zurückgelassen worden, denn die hohen Mandarinen, deren wir in Hsuenhuafu nicht weniger denn vier vorfanden, versicherten uns sofort diensteifrig und gefällig, daß sich in den Soldatenlagern seit dem Yorkschen Zuge nur einige wenige Polizeisoldaten befunden hätten. Es sei ihnen seiner Zeit durch den Grafen York erlaubt worden, diese zu halten. Auch die bei Thumu überraschten Reiter seien Polizeisoldaten gewesen, die nur unterlassen hätten, sich das Schild mit der Aufschrift „Polizei= soldaten" auf die Uniform zu nähen. Ich bin heute noch der Ueber= zeugung, daß diese Ausrede aller Begründung entbehrt, daß ferner die aus Hsuenhuafu abgezogenen 2000 Mann Truppen, von denen die amtlichen Meldungen sprachen, dieselben gewesen sind, die seiner Zeit durch die Yorksche Expedition vertrieben und aus Hsuenhuafu entwichen waren. Wir haben China bisher kaum die Haut geritzt, wie ein chinesisches Sprichwort sagt. Der Rayon, in den unsere Truppen, auch nur auf vereinzelten Zügen, hineingekommen sind, ist lächerlich klein im Verhältnis zu dem gewaltigen chinesischen Reiche. Eine Säuberung der Provinz Tschili von chinesischen Truppen inner= halb der Demarkationslinie ist ohne einen Truppenkordon an dieser Linie überhaupt unmöglich. Was speziell die angeblich aus Hsuen= huafu vertriebenen Truppen, von denen man freilich nur vom Hören= sagen etwas wußte, angeht, so hätte ich es in meinem Laienverstand doch vielleicht für richtiger gehalten, wenn man sie zum Stehen gebracht und ihnen thatsächlich die Lektion erteilt hätte, die ihnen rechtmäßigerweise gebührte als Strafe dafür, daß sie sich innerhalb der Demarkationslinie aufgehalten. Es wäre ja allerdings möglich, daß der Führer des Detachements zu jener Zeit schon von der Maßnahme des Oberkommandos Kenntnis hatte, welche die Demarkationslinie für die chinesischen Truppen infolge der Unterzeichnung der Präliminarfriedensnote durch die chinesische Regierung zur Zeit der Anwesenheit dieser Expedition in Hsuenhuafu bis an die südliche große Mauer (über das Nankhougebirge) zurückzog. War aber dem Führer dieses bekannt, dann wäre es nicht ersichtlich, mit welcher Berechtigung er überhaupt chinesischen Truppen nachjagte, die sich gar nicht mehr innerhalb der Demarkationslinie befanden. So aber ließen wir uns in Hsuenhuafu von dem schlauen Tschentungho Honig um die Lippen streichen, erfreuten uns der warmen und saubern Quartiere und des guten Diners und Frühstücks, das uns Tschentungho auf Kosten des Taotai von Hsuenhuafu anbot, und zogen am Vormittag des nächsten Tages befriedigt wieder nach Kiming zurück. Als ausschließlichen Erfolg unseres Rittes konnten wir die Thatsache verzeichnen, daß wir den Taotai von Hsuenhuafu kontrolliert hatten, ob er den chinesischen Christen einen Raum als Kirche zur Verfügung gestellt und die nötigen Entschädigungssummen gezahlt hatte. Letzteres hatte er zwar noch nicht ganz besorgt, aber er versprach, es möglichst bald nachzuholen, sobald ihm von Li-Hung-Tschang Geld zu diesem Zwecke zur Verfügung gestellt würde. Damit haben wir uns denn auch befriedigt erklärt. In der That, wir machen uns um die paar chinesischen Christen hochverdient.

Für diejenigen meiner Leser, die sich besonders dafür interessieren, will ich noch ganz kurz den Verlauf unseres Diners beim Regierungspräsidenten des Bezirks Hsuenhuafu, Herrn Ling Tsung schildern, das er uns gemeinschaftlich mit Herrn Touaigung, löblichem Bürgermeister der Stadt Hsuenhuafu nebst Vorstädten, gegeben hat. Herr Tschentungho, Vorsteher des Foreign office of Kalgan and Mangolia, that freilich so, als ob er uns eingeladen hätte. Wenigstens als wir vom Tische aufstanden, konnten wir überzeugt sein, daß er der Gastgeber war. Bezahlt haben freilich die Sache die beiden andern. Als wir uns abends gegen 7 Uhr in der Wohnung des Taotai einfanden, sahen wir zunächst einen mit weißem Leinenzeug gedeckten Tisch, der reich mit chinesischem Geschirr, mit Eßstäbchen, kleinen Fruchtgabeln und Löffelchen belegt war. Da es europäische Gäste waren, so hatte man darauf mit den Speisen Rücksicht genommen. Auch ein eiserner Ofen stand im Zimmer. Der Taotai war ein wohlbeleibter Mann mit dickem Prälatengesicht. Über dem breiten Munde hing ein dünner Schnurrbart mit lang ausgezogenen Haaren. Die kleinen geschlitzten Äugelchen erstrahlten von der Sanftmut einer Taube und der Fröhlichkeit eines Kindes. Seine zarten Hände (bekanntermaßen hat in China jeder Kuli so zarte Hände, daß ihn manch eine unserer heimischen Schönen darum beneiden würde), diese zarten Hände also wurden nicht müde, den anwesenden Gästen den Gebrauch der kleinen Eßstäbchen zu zeigen. Fröhlich klapperte er damit in der Luft herum und freute sich wie ein Kind, wenn es endlich einmal einem der ausländischen Gäste gelang, ein Stückchen Genießbares oder Ungenießbares aus den zahlreichen aufgetragenen Schüsseln bis zum Munde zu balancieren, ohne daß der ersehnte Bissen kurz vorher wieder herunterfiel. Fast wäre es den meisten Herren so ergangen, wie jenem Fuchs, den der Kranich zum Diner aus einer engen Flasche eingeladen hatte, und der hungriger als er gekommen wieder abziehen mußte. Aber man griff, der chinesischen Sitte freilich entgegen, zum Löffel, der sonst nur zum Auffangen von Tropfen gebraucht wird, die beim Überholen der einzelnen Stückchen etwa herabfallen könnten, und bediente sich der kleinen zweizinkigen Gabeln, die sonst nur zum Wegnehmen von Frucht benutzt werden, zum Aufspießen von Fleisch nach europäischer Art. Den Chinesen mochte das sehr ungebildet vorkommen, aber sie amüsierten sich köstlich darüber. Im übrigen war das uns gebotene Diner kein eigentlich chinesisches, wie man es sonst bei vornehmen Chinesen vorgesetzt bekommt. Die Speisen waren auch für europäischen Geschmack recht genießbar zubereitet. Man vermißte gern die charakteristischen chinesischen faulen Eier, Haifischflossen, Ratten-Beefsteaks und andere schöne Sachen, und Tschentungho, der übrigens ausgezeichnet englisch und einigermaßen deutsch spricht, versicherte, als wir die Speisen lobten, ein über das andere Mal, daß er seinen chinesischen Koch von Wusung nach

24*

Kalgan und jetzt nach Hsuenhuafu mitgenommen hätte. Im übrigen
konnte man sich an den gereichten Speisen, die zumeist aus gut zu-
bereitetem Fleisch und Backwerk bestanden, ordentlich satt essen. Auch
vom Reiswein hatte der Taotai seine besten Sorten, kalt und
warm zu genießen, hervorgeholt, und wer von all diesen Sachen
nichts anrühren mochte, der labte sich wenigstens an dem guten
Thee.

Am folgenden Tage kehrte das Reiterdetachement auf der
bereits für den Hinweg gewählten Straße zurück und vereinigte sich
am Abend des zweiten Tages nach zwei anstrengenden Ritten in
strengster Kälte wieder mit dem Hauptdetachement. Nach einem
Marsch von drei Tagen zog man wohlbehalten wieder in Peking ein,
wo der Generalfeldmarschall mit seinem Stab die siegreichen
Truppen einholte und im Parademarsch defilieren ließ.

Das war die letzte bedeutendere Expedition, die zu eigentlichen
Okkupationszwecken unternommen wurde, um die Provinz Petschili
innerhalb des durch die Verlegung der Demarkationslinie ver-
engerten Okkupationsgebietes von Regulären und Boxern zu
säubern.

Als die Expedition nach Peking zurückkehrte, war bereits ein
Präliminarfriede unterzeichnet worden. Die Expeditionen kamen
zum Stillstand, und es entwickelte sich in Peking ein förmliches
Garnisonleben; nur hin und wieder wurden kleinere Züge in die
Umgebung gemacht, die mehr dazu dienten, im Lande die Waffen
zu zeigen und die Mannschaften zu beschäftigen. Zu größeren Expeditionen kam es erst im Sommer 1901 wieder, als es sich
darum handelte, die chinesische Regierung zur endlichen Ratifikation des Friedens zu zwingen. Es kam bei dieser Gelegenheit
noch zu einer Anzahl von Zusammenstößen mit chinesischem Militär,
die zum Teil blutig verliefen; indessen gehören diese Kämpfe nicht
mehr in den engeren Bereich der chinesischen Wirren, und zwischen
der Pavelschen Expedition und ihnen liegt ein Zeitraum von über
einem Vierteljahr. Ich hatte keine Neigung, ein ödes Garnisonleben in Peking mitzumachen, und entschloß mich daher kurzer Hand
zu einer Expedition auf eigene Faust, und zwar in dasjenige Gebiet

Chinas, über welches so gut wie gar keine zuverlässigen Nachrichten in die Öffentlichkeit drangen, nämlich in die Mandschurei*).

---

*) Meine Abreise erfolgte einen Tag nach Kaisers Geburtstag, der in Peking noch mit allem Glanz begangen wurde. Nur von meinem zuverlässigsten chinesischen Diener begleitet, reiste ich zunächst mit der Bahn nach Schanhai-wan und drang von dort aus gegen den Willen der Russen in die Mandschurei ein, die sich damals noch im Aufstande befand. Es war den Russen noch nicht gelungen, den Aufstand in der Mandschurei so niederzuschlagen, wie die vereinigten Truppen der Mächte es in der Provinz Petschili gethan hatten, und ich lernte es verstehen, weshalb die Russen sofort ihre verfügbare Armee nach der Mandschurei geworfen hatten, nachdem durch die Truppensendungen der Mächte nach der Provinz Petschili ein ausreichender Ersatz für die russischen Streitkräfte geschafft worden war. Ich benutzte die Bahnstrecke von Schanhai-wan nach Niutschwang, soweit diese nicht zerstört war, und durch die private Liebenswürdigkeit eines mir bekannten russischen Offiziers gelang es mir, einer Draisine habhaft zu werden, auf der ich auch da, wo die Bahn theilweise zerstört war, weiter reiste. Über die zerstörten Stellen mußte die Draisine hinübergeschoben oder neben dem Bahndamme fortgeschleift werden, bis die Strecke wieder fahrbar wurde. Nach einer mehrtägigen beschwerlichen und gefährlichen Reise konnte ich es nicht mehr vermeiden, mich dem Kommandeur eines russischen Schützenbataillons vorzustellen. Ich war nun bereits ziemlich weit vorgedrungen und der mir angedrohte Rücktransport hätte immerhin nicht die Thatsache ungeschehen machen können, daß es mir gelungen war, bereits eine ganze Reihe interessanter Feststellungen zu machen. Dazu kam, daß zu jener Zeit die Mandschureifrage außerordentlich brennend und die Mandschurei ziemlich nachrichtendicht war, so daß es im höchsten Grade erwünscht war, an Ort und Stelle etwas Näheres über die Thätigkeit Rußlands in diesen Gebieten in Erfahrung zu bringen. Es gelang mir indessen, die Russen zu bewegen, mir die Erlaubnis zur Weiterreise zu geben, und mir überdies noch ein kleines Kosakendetachement zu meiner persönlichen Bedeckung mitzugeben. So langte ich denn schließlich nach einer ebenso interessanten wie gefährlichen Reise in Niutschwang am Meerbusen von Liaotung an, wo ich mich einige Zeit aufhielt und unter anderm von dem russischen Höchstkommandierenden, Admiral Alexejew, empfangen wurde, der mir auch eine Reise durch die nördliche Mandschurei ermöglichen wollte. Ich begab mich von Niutschwang nach Port Arthur, besuchte von dort aus den Hafen von Dalny, am Meerbusen von Talienwan, den künftigen Endpunkt der transsibirischen Bahn, wartete indessen vergeblich auf die Ausführung der Versprechungen des Admirals. Infolgedessen ging ich hinüber nach Tschifu, um eventuelle weitere Ereignisse auf dem Kriegsschauplatze abzuwarten. Die Zeit füllte ich aus mit einer Reise in die Golddistrikte Nordschantungs und begab mich alsdann, da auf dem Kriegsschauplatze alles ruhig war, nach meinem eigentlichen Forschungsgebiet, nach Südchina, wo ich über ein Vierteljahr auf Reisen im Innern der Provinz

Kwangtung zubrachte, die mich den Nordfluß und seinen längsten, bis dahin noch nicht erforschten Nebenfluß, den Lintschoukong hinauf führten bis an die Grenze der sogenannten Miautsegebiete. Die „Miautse" sind chinesische Völkerstämme, in denen man die bis auf den heutigen Tag der Mandschuherrschaft noch nicht unterworfenen Reste der alten Chinesen findet. Alsdann nahm ich den Weg über Hongkong-Shanghai-Nagasaki nach Sibirien und wählte für meine Rückreise nach Europa die Wasserstraße auf dem Amur und späterhin von Stretensk aus die transsibirische Eisenbahn. Wie sich im Laufe der Ereignisse herausstellte, habe ich etwas Wesentliches auf dem ostasiatischen Kriegsschauplatze dadurch nicht versäumt. Diejenigen meiner Leser, die etwas Näheres über mandschurische und sibirische Dinge zu erfahren wünschen, verweise ich auf mein im selben Verlage erscheinendes Buch: „Durch die Mandschurei und Sibirien".

3. Kapitel.

Ostasiatische Fragen und Antworten.

1. Abschnitt.

Hunnenbriefe.

Eine Konferenz der deutschen Preßvertreter beim Oberkommando. — „Pardon wird nicht gegeben". — Exekutionen an Chinesen. — Die Vorgänge bei der Einnahme von Liangfianghfien. — Mitgefangen — mitgehangen! — Grausame Marterung eines Sikh. — Gefangene werden nicht gemacht. — „Luten". — Einiges über chinesische Staatsgelder. — Der geraubte kaiserliche Schatz. — Silberfund in Pautingfu. — Requirieren ohne Requisitionsscheine. — Die philosophischen Bauern. — Durchsuchung von Pfandhäusern nach Pel= zen. — Plünderung gestattet. — Der Tientsiner Lutmarkt. — Die berüchtigten Inder. — Relativ gute Haltung unserer eigenen Leute. — Prinziplosigkeit in der Behandlung des Plünderns. — Die Folgen der Hunnenbriefe. — Die Vor= gänge bei der Plünderung der Silinggräber. — Das kulturerhaltende Plün= dern. — Allzuharte Strafen. — Die Hunnenbriefe machten die Heerführer nervös. — Das „Kauf"=System. — Ein heftig angefeindetes Prinzip bewährt sich.

Kurz vor meiner Abreise nach der Mandschurei wurden die in Peking anwesenden deutschen Korrespondenten zu dem Privatsekretär des Grafen Waldersee Herrn von Rauch gebeten, der zugleich die Aufgabe hatte, die Preßvertreter mit Nachrichten zu versorgen und den Verkehr zwischen der Presse und dem Oberkommando zu ver= mitteln. Herr von Rauch kam auf die Hunnenbriefe zu sprechen und ersuchte uns, zu dieser Frage Stellung zu nehmen. Es sei doch evident, daß der größte Teil dieser Hunnenbriefe einfach einer nervösen Phantasie entsprungen sei. Ob wir nicht ebenfalls die Überzeugung hätten, daß dieser Krieg auch nicht grausamer und inhumaner geführt worden sei, als ein europäischer Krieg. Wir erklärten uns im Prinzip gern bereit, zu der Frage Stellung zu nehmen; doch wurde eingewendet, daß wohl die wenigsten der in China anwesenden Korrespondenten schon einen europäischen Krieg mitgemacht hätten, um beurteilen zu können, wie grausam ein solcher geführt werde. Von anderer Seite wurde darauf hingewiesen, daß wir überhaupt noch keine derartigen Briefe gelesen hätten; ob das Oberkommando uns nicht vorerst einmal sein Material zur Verfügung stellen wollte. Denn ohne von einer Sache Kenntnis genommen zu haben, kann man füglich nicht gegen sie Stellung nehmen. Es wurde geantwortet, das Oberkommando selbst sei nicht im Besitz der Briefe. Aber man wolle sich an das Korpskommando in Tientsin wenden, das Abdrücke solcher Briefe besitze. Schließlich machte einer der Herren den Vorschlag, ob nicht eine gemeinsame Erklärung der in Peking anwesenden deutschen Journalisten von größerer Wirkung sein würde. Man müßte diese Erklärung dann natürlich auf telegraphischem Wege hinübergeben. Ich persönlich widersprach diesem Vorschlag allein schon aus dem Grunde, weil eine solche Erklärung entweder ganz nichtssagend sein würde oder aber verallgemeinern müsse. Jedenfalls hätten sich aus der Form dieser Erklärung so viele Mißdeutungen ergeben, daß die Erklärung selbst für mich entweder gleichgültig oder nicht annehmbar gewesen sein würde. Ich erklärte also, daß ich unter allen Umständen von einer Mitunterzeichnung einer solchen gemeinsamen Note Abstand nehmen würde. Ich beabsichtigte damit in keiner Weise irgend welche Schwierigkeiten zu bereiten, im Gegenteil. Aber mein Weg war ein anderer. Denn ich hielt es für falsch und verderblich, die Existenz von Thatsachen und Vorkommnissen, die sich nicht wegwischen lassen, einfach hinwegzuleugnen. Eine Anzahl von „Hunnenbriefen", soweit mir solche persönlich unter der Hand bekannt geworden sind, haben in der That Grundlagen, die zu leugnen ganz verkehrt wäre, und die Pflicht eines ehrlichen Berichterstatters geht dahin, unter allen Umständen objektiv zu bleiben. Ich schrieb bald nach dieser Konferenz die folgenden Zeilen nieder, die ich an dieser Stelle der Öffentlichkeit übergebe, und denen meine persönlichen Erfahrungen aus jener Zeit zu Grunde liegen. Ich lasse ihnen daher absichtlich die ursprüngliche Form.

Man konnte es eigentlich voraussehen, daß man zu Hause gespannt sein würde, welche Übersetzung die Worte: „Pardon wird nicht gegeben, Gefangene werden nicht gemacht", in der Praxis bekommen würden. Man hat sich lange darüber gestritten, ob dieser kaiserliche Ausspruch wörtlich oder übertragen verstanden werden sollte, ob er zu bedeuten hätte, die deutschen Soldaten sollten den Chinesen kein Pardon geben und keine Gefangenen machen, oder ob es heißen sollte, die Chinesen machten keine Gefangenen und gäben kein Pardon. — Selbst das Wolffsche Bureau hat daran herumgedeutelt. Was ist natürlicher, als daß die erste Nachricht, die über die Praxis dieser Worte Aufklärung geben konnte, sofort aufgefangen und je nach Partei, Standpunkt und Geschäft in dieser oder jener Weise ausgebeutet wurde. Und doch kann daran kein Zweifel sein, daß die Worte ernst und befehlend gemeint waren und nicht bloß der Ausfluß einer mehr intimen Abschiedsstunde gewesen sind. Als Beweis gelte folgendes: Als der „Rhein" mit dem Korpskommando des ostasiatischen Expeditionskorps an Bord die Heimat verließ, schenkte Se. Majestät der Offiziersmesse zwei seiner Bilder, auf die er mit eigener Hand die Worte geschrieben hatte: „Pardon wird nicht gegeben" und „Kein Pardon!" Das eine Bild ist das bekannte: „Völker Europas, wahrt Eure heiligsten Güter!" das andere ist der gepanzerte deutsche Michel. Allein schon daraus geht hervor, daß diese Worte eine prinzipielle und für das Auf=treten der Deutschen in China normative Bedeutung haben sollten. Daran kann wohl kein Zweifel sein. Das ist das erste vorbereitende Moment, das bei der Beurteilung dieser ganzen Frage in Rechnung zu ziehen ist. Das zweite Moment ist folgendes:

Es ist und bleibt eine außerordentliche, eine große Sache, wenn jemand in den Krieg zieht. Hunderte unserer Volkslieder besingen mehr oder weniger wehmütig das Scheiden des Kriegers. Die militärische Vergangenheit unseres Volkes ist der Stolz jedes Deutschen. Der Hang des Deutschen zum Kriegsveteranenkultus ist bekannt und ich wäre der Letzte, der nicht auch die guten Seiten dieses Kultus zu würdigen wüßte. Dreißig lange Friedensjahre haben nicht vermocht, in unserer Armee den kampfesfreudigen Geist früherer Jahrzehnte verschwinden zu lassen; der Übergang von der Kontinentalpolitik zu einer Weltpolitik hat die Schaffung einer guten Marine mit sich gebracht; nicht zum mindesten der für die Vermehrung der Flotte ins Werk gesetzten Agitation ist es zu danken, daß weiten Kreisen unseres deutschen Publikums erst die Augen für äußere Politik aufgegangen sind. Freilich, man darf bei alledem nicht vergessen, daß der Krieg in China kein Volkskrieg ist, wie es diejenigen waren, die uns von Stufe zu Stufe hinauf und schließlich zu einem einigen Deutschland geführt haben. Aber geberdet hat man sich beim Abschied der Truppen vielfach so, wie wenn man in einen volkstümlichen Krieg zöge. Mit Gesang und salbungsvollen Abschiedsreden sind die jungen Krieger in der Heimat fortgefeiert worden, ehe sie wohl auch nur einen einzigen Blick auf den Ozean geworfen hatten, auf dem sie die nächsten fünf Wochen zubringen sollten. Kein Mensch wußte eigentlich recht, was ihn drüben erwartete, und so kam es, daß durchweg die Erwartungen zu hoch geschraubt worden sind. Schließlich kam alles anders. Peking war eingenommen, ehe man auf dem Kriegsschauplatz erschien; als man dort eintraf, war kein Feind mehr da. Man machte sich hinter ihm her auf die Suche, bekam ihn aber eigentlich niemals zu fassen. Der Krieg wurde zu einer Hasenjagd hinter richtigen und vermeintlichen Boxern und Franktireuren — schließlich ein entbehrungsreiches Garnisonsleben. Und dabei sitzen die Leute, die den Krieger daheim fortgesungen und getrunken haben, zu Hause und wollen große Berichte haben von Krieg und Kriegsgeschrei. Woher nehmen, wenn die Thatsachen fehlen? Geschrieben muß werden, es passiert dieses oder jenes, aber nichts Ordentliches. Man wird selbst verdrießlich, daß nichts Rechtes passiert, wird nörgelig, und aus den Mücken, die in der Luft herumfliegen, werden Elefanten. Das ist der Fluch dieses Krieges: er ist kein Krieg. Niemand weiß, woran er ist. Auch zu Hause hat man keine Richtschnur für die Behandlung der Thatsachen, es fehlt der rechte Ernst bei der ganzen Sache. Und wo der Ernst fehlt, da kommen die dummen Gedanken. Das ist die innere Ursache dafür, daß niemand mit diesem Krieg recht zufrieden ist. Alles ist enttäuscht. Bei den Offizieren äußert sich das in Mißmut, aber sie trösten sich mit den guten Chancen im Avancement und mit der guten Gage; bei den Soldaten äußert es sich — in den Hunnenbriefen.

Aber wir haben es hier ja schließlich nicht mit der Thatsache zu thun, daß irgend welche Vorfälle berichtet worden sind, sondern haben zu untersuchen, ob und wie sie sich ereignet haben.

Was zunächst einmal die Behandlung der Chinesen anlangt, so bin ich leider zu wenig über den Inhalt der sogenannten Hunnenbriefe unterrichtet, als daß ich in der Lage wäre, auf in Europa sicherlich bekannte Einzelheiten einzugehen. Ich weiß nur, daß es sich in einem Teil der Briefe um Vorgänge handelt, die sich innerhalb der Seebataillone in der ersten Zeit in Peking und gelegentlich der Einnahme von Liangsianghsien ereignet haben sollen. In dem ersten Falle handelt es sich um die Erschießung einer größeren Anzahl von Chinesen, ca. 80, in Peking. Zwei Briefe sollen hierfür als Zeugnis in Frage kommen. Der eine Brief kann ohne weiteres ausgeschaltet werden. Der Briefschreiber sitzt da in einem Kauliangfelde, hat vor sich eine Trommel, darauf liegt ein Stück Papier, dem er seine Erlebnisse mit dichterischer Freiheit anvertraut. Der junge Mann hätte sicherlich besser gethan, er hätte sich zu Hause irgendwo ein Dachstübchen gemietet, sich lange Locken wachsen lassen und sich mit dem Papierkorb des Feuilletonredakteurs seines Lokalblattes befreundet, anstatt daß er als Freiwilliger nach China gegangen wäre. Denn das, was er geschrieben hat, hätte er sich auch in seiner Dachstube aus den Dichterfingern saugen können, und sein Gebet, der liebe Herrgott möchte ihn doch solche Szenen, wie die beschriebenen, nicht erleben lassen, hätte dann wenigstens Aussicht auf Erfüllung gehabt. Ein derartiges Geschreibsel aber für bare Münze zu nehmen, das zeugt von einer geradezu kindlichen Naivetät mancher Politiker. Etwas anders steht es freilich mit dem zweiten Brief. Dieser beschreibt nach alledem, was ich gehört habe — ich selbst schwamm zu jener Zeit noch auf dem Ozean — den Vorgang ziemlich richtig.

In der That sind an einem Tage etwa 80 im kriegsgerichtlichen Verfahren zum Tode verurteilte Chinesen erschossen worden.

Nun, das ist aber ganz in der Ordnung — Krieg ist Krieg. —
Der Richter, der zur Aburteilung der für schuldig Befundenen
bestellt worden war, hatte gesprochen; das Militär war der Exekutor.
Ich habe oft genug gesehen, wie Chinesen, einzeln und in Trupps,
standrechtlich erschossen wurden. Das ging glatt und korrekt vor
sich, niemals habe ich dabei persönlich eine undelikate Szene beobachtet. Freilich war ich gerade bei dieser Massenexekution nicht
dabei und habe nicht gesehen, ob die Delinquenten vor der Exekution
gezwungen wurden, sich ihr eigenes Grab zu graben. Aber ich
habe mir von Augenzeugen sagen lassen, daß dieses wahr sei.
Gut, dann ist es eine grobe Geschmacklosigkeit, die man nicht
billigen wird. Aber jedenfalls waren das keine Gefangene, sondern
Räuber oder notorische Boxer oder in flagranti bei irgend einer
strafwürdigen That Ertappte, wie sie in kriegerischen Zeiten, zumal
in einem Franktireurkriege, naturgemäß sich häufen. Achtzig Mann,
das ist nach meiner Schätzung gar nicht einmal eine so große
Zahl. Fast täglich konnte man in Peking, wenn man sich an die
zwischen Tataren- und Chinesenstadt verlaufende Mauer begab,
zusehen, wie Chinesen erschossen wurden. Der Präfekt der Chinesenstadt hatte in diesen Monaten ein blutiges Amt zu verwalten, und
unsere Soldaten mußten oft genug die Henker spielen. Man kann
das System vielleicht tadeln, aber man darf den Exekutor nicht
für das Gesetz und den Richter verantwortlich machen, die ihm
befehlen, dieses oder jenes zu thun. Aber es giebt auch Leute, die
der Ansicht sind, daß lange noch nicht strenge genug gegen die
Chinesen verfahren worden sei, und das sind zumeist Leute, die
lange in China gelebt haben, und deren Urteil somit ein gewisses
Schwergewicht besitzt. Und ich selbst, obgleich ich im Vergleich zu
ihnen nur auf eine geringe Erfahrung Anspruch machen kann, bin
der Ansicht, daß harte, rücksichtslose, aber gerechte Strenge das
einzige Mittel ist, das man den Chinesen gegenüber anwenden darf.
Sobald man mit dem Chinesen diplomatisch verfährt, hat man das
Spiel verloren. Denn in der Diplomatie ist er uns meist über.

Der zweite Fall, um den es sich handelte, ist die Einnahme
von Liangsianghsien. Ich weiß nicht, was alles darüber ge-

schrieben sein mag, aber es ist jedenfalls Wahrheit, daß nach der
Einnahme der Stadt sämtliche Männer, die in der Stadt waren und
dort nicht bereits ihr Schicksal gefunden hatten, an die Mauer
gestellt und erschossen wurden. Man hat behauptet, das Bajonett
wäre dabei zur Verwendung gekommen. Das ist unwahr. Ebensowenig ist es bei der zuerst erwähnten Szene in Peking zur Anwendung
gekommen. Die Stichwaffe widerstrebt dem Empfinden des deutschen
Soldaten. Im Nahkampf gebraucht er sie zwar, ich habe gesehen,
wie bei Hophu das Bajonett seine Schuldigkeit gethan hat, das
heißt beim Sturm; aber niemals wird es angewandt, um jemanden
mit ruhiger Überlegung vom Leben zum Tode zu befördern.

Bei Liangsianghsien sind also in der That Kriegsgefangene
erschossen. Es klingt das sehr hart, und ich will das Prinzip nicht
verteidigen. Aber man muß sich immerhin überlegen, daß dieses
ein Ort war, der nach dem Fall Pekings mit das Hauptzentrum
der Boxerbewegung gewesen ist. Hier hatten sich die Boxer gesammelt,
hatten die starke Mauer mit Geschützen bepflanzt und eine deutsche
Patrouille beschossen. Daraufhin unternahm Höpfner den Vormarsch
auf diesen Ort und eroberte ihn nach einem nicht unbedeutenden
Kampf. Boxer sind keine Truppen, es sind Aufständische, Franktireure,
die nach jedem europäischen Code verfolgt und getötet werden.
Der Boxer trägt hin und wieder ein Abzeichen, er trägt bisweilen
irgend etwas Rotes oder Gelbes an sich, eine Schärpe, Papier im
Zopf oder dergleichen. Im allgemeinen aber trägt er das Abzeichen
nicht, und wenn er es wirklich getragen hat und er sieht seine Sache
verloren, dann wirft er es weg und erscheint im nächsten Moment
als friedlicher Bürger, der sich beeilt, dem herankommenden Soldaten
Thee und Kuchen zu offerieren oder sein Pferd zu tränken. Soll
man nun jedesmal in einer solchen Situation eine protokollierte
Untersuchung darüber anstellen, ob derjenige Chinese, der einem in
die Hände fällt, nun wirklich ein Boxer ist? Wohin sollte das
führen? Oder soll man deshalb bei einer solchen Gelegenheit etwa
keinen Chinesen erschießen, weil es möglich wäre, daß er ein friedlicher Bürger sei? Wir haben bisher regelmäßig die Beobachtung
machen können, daß die friedlichen Bürger lange vor solchen

Gelegenheiten das Weite gesucht haben und erst dann wiederkamen, wenn sie sahen, daß ihnen kein Leids geschah. Jedermann, der in dieser Zeit hier draußen gewesen ist, weiß, daß der friedliche Chinese von seinen eigenen Landsleuten, von den Boxern und eigenen Soldaten viel mehr zu leiden hatte, als von den fremden Soldaten. Sind die ungeheuren Zerstörungen in Peking, Tientsin, Mukden etwa von europäischen Soldaten vorgenommen worden, oder sind vielleicht die Gold= und Silberläden vor dem Chiennen in Peking durch europäische Soldaten ausgeplündert und angesteckt worden? Nein! Wenn sich also ein Boxerheer in eine Stadt wie Liangfiang= hsien zurückzieht und dort eine neue Position einnimmt, dann läßt sich doch annehmen, daß die wenigen „friedlichen Bürger", die unter solchen Verhältnissen in der Stadt geblieben sind, auch bis zu einem gewissen Grade als Mitschuldige der Boxer angesehen werden müssen. Auch der Chinese weiß ganz genau: „Mitgefangen, mitgehangen!" Warum blieb er also da? Freilich bin ich fest überzeugt, daß auch eine ganze Anzahl Nichtschuldiger hat mit ihnen daran glauben müssen. Aber der Krieg verallgemeinert.

Als Gegenstück will ich einen Fall erzählen, der sich in der Nähe von Peking ereignet hat. Ein Sikh (indoenglischer Soldat) geriet in die Hände von Chinesen. Diese knebelten ihn, entkleideten ihn, nahmen einen Kasten mit Ratten, der an der einen Seite eine Öffnung besaß und banden diesen Kasten dem Sikh am Unterleib fest, so daß die Öffnung auf dem Körper auflag. Dann sahen sie mit kaltem Herzen zu, wie die Ratten sich durch die Weichteile des Sikh hindurch in dessen Unterleib einfraßen. Das ist verbürgt!

Ich frage nunmehr, ist es ungerecht und steht es mit den Anschauungen zivilisierter Menschen wirklich in einem so schroffen Widerspruch, wenn man Leuten, die derartige Barbareien verüben, kein Pardon giebt? Sind wir naiv genug, um uns einzubilden, wir kämen Leuten gegenüber, die auf einer solchen Stufe der Ver= rohung stehen, mit Humanitätsduselei durch? Das eben erzählte Beispiel ließe sich durch eine Reihe weiterer Beispiele zu einem ganzen Blütenkranz ausbauen. Ich glaube, ich besitze die Zustimmung meiner Leser, wenn ich darauf verzichte, dies zu thun. Aber zu der

Überzeugung bin ich gekommen, daß die Devise „Kein Pardon"
hier die einzig richtige, ja die einzig mögliche ist, und auf Grund
meiner eigenen Erfahrung bekenne ich mich rückhaltlos zu diesem
Standpunkt.

Noch einen Fall, der sich auf dem sogenannten Yorkschen Zuge
nach Kalgan ereignete. Soldaten erhielten den Auftrag, in einem
Dorfe nach Waffen zu suchen. Die Häuser, in denen Waffen
gefunden wurden, sollten in Brand gesteckt werden. Ein Trupp
Soldaten fand ein Gehöft verschlossen. Es wurde aufgebrochen;
die Thür war verbarrikadiert gewesen und der Besitzer des Hauses
soll den Soldaten mit einer Waffe in der Hand entgegengetreten
sein. In dem Hause wurden Waffen und ein ziemlich großer Vor=
rat an Pulver gefunden. Die Soldaten schlossen den Besitzer wieder
ein, zündeten das Gehöft an, und der Besitzer flog mitsamt seinem
Pulvervorrat und seinem Hause in die Luft. Ich habe diese Ge=
schichte, die mir von einem Augenzeugen erzählt worden ist, genau
so wiedergegeben, wie sie mir mitgeteilt wurde. Ich überlasse die
Verantwortung meinem Gewährsmanne, habe sie aber mitgeteilt,
um zu beweisen, daß sich nicht alles verteidigen und leugnen läßt,
was hier geschieht. Aber ich wiederhole zugleich, daß derartige
Dinge vereinzelt dastehen und daß man nicht erst nach China zu
gehen braucht, um Rohheiten zu finden. Eben so genau weiß ich
auch, daß hierbei weder einen Vorgesetzten, noch irgend ein System
ein Vorwurf treffen kann. Es ist eben selbst in dem bestdisziplinierten
Heere für einen Offizier nicht immer möglich, von jedem und allem
Kenntnis zu erhalten, zumal im Felde.

Ich darf dieses Kapitel nicht verlassen, ohne zu erwähnen, daß
ich persönlich auf meinen Touren durch Petschili nicht ein einziges
Mal gesehen oder gehört habe, daß Gefangene erschossen worden
wären. Wir haben in der That keine Gefangenen gemacht, und die
Chinesen haben es noch viel weniger gethan. Im großen Ganzen
gab es in diesem Kriege überhaupt nicht viel Gelegenheit zum
Gefangenenmachen. Denn seitdem das deutsche Expeditionskorps
in China ist, haben wir eigentlich nur drei Gefechte gehabt, die
man als solche zählen kann, nämlich Peitang, Szetingkwang und

Hophu. Die übrigen kleinen Scharmützelchen waren meistens nur einseitige Gefechte. Bei Peitang wurden keine Gefangene gemacht. Die Chinesen waren längst auf dem Wasser, als die Deutschen und Russen in die Forts kamen. Bei Szekingkwang wurden meines Wissens ebenfalls keine Gefangene gemacht, da die Chinesen gegen Ende des Gefechts flohen und Kavallerie zur Verfolgung nicht zur Stelle war. Bei Hophu wurden zwei Boxer überrascht, die auf Feldwache gelegen hatten. Die Kerle wurden späterhin als Führer benutzt und am andern Tage wieder zum Fort zurückgenommen. Hier sollten sie erschossen werden. Schon sprengte der Adjutant von der Spitze zur Queue, wo sich die beiden befanden, um den Befehl zu überbringen. Aber keine Viertelminute später sprengte ein zweiter Offizier hinter dem Adjutanten her, um den Befehl zu widerrufen und den Gefangenen die Freiheit zu überbringen. Die Erschießung hätte ja auch wenig Sinn gehabt.

In engstem Zusammenhange mit der Behandlung des Chinesen, d. h. seiner Person, steht die Behandlung seines Eigentums. Auch darüber soll eine Menge von Nachrichten nach Dentschland gekommen sein. Nun, ich habe schon früher einmal erwähnt, daß während dieses chinesischen Krieges ein ganz neuer Ausdruck in den internationalen Wortschatz aufgenommen worden ist, er lautet „Lût"*). Ich will mich auch darüber äußern.

Man würde den Begriff des Wortes und damit die Thatsache verkennen, wenn man unter „Lût" ausschließlich Ware oder Gegenstände verstehen wollte, die einer Plünderung im Sinne des Strafgesetzbuches ihren Ursprung verdankten. Der euphemistischen Bedeutung, die dieser Ausdruck im Munde des Europäers erhält, steht ein ziemlich reelle gegenüber, da man auch legitime Kriegsbeute darunter zu verstehen pflegte. Daß aber Kriegsbeute zu machen dem Sieger gestattet ist, dürfte wohl aus früheren Kriegen bekannt sein. Wollten wir nun arge Theoretiker sein, so müßten wir sagen, daß Kriegsbeute zu machen freilich gestattet sei an solchen Dingen, die

---

*) Bedeutet „Plündern". Davon das germanisierte Verbum „lûten". Vgl. Amb. S. 291.

fiskalisches Eigentum sind, daß aber das Privateigentum auch im
Kriege unbedingt zu schonen sei. Das ist freilich ganz plausibel
und mag für europäische Kriege seine Berechtigung haben. In
außereuropäischen Kriegen fehlen die Vorbedingungen dazu. In
der ostasiatischen Praxis wenigstens fällt die ganze Theorie in sich
zusammen, denn einen eigentlichen Fiskus giebt es in China nicht.
Man muß sich vergegenwärtigen, daß es in China außer dem von
Europäern eingerichteten und europäisch betriebenen Seezoll kaum
eine andere staatlich organisierte Einrichtung giebt, die sich mit
unseren heimischen Organisationen vergleichen ließe. Die einzigen
großen Organisationen, die unsern Auffassungen näher kommen, sind
die kaufmännischen Gilden, deren Bedeutung selbst von langjährigen
Chinakennern meiner Auffassung nach unterschätzt wird. Vor allen
Dingen aber bestehen, soweit von der staatlichen Organisation
Chinas Sicheres bekannt ist, keine öffentlichen Kassen, es besteht
kein Staatshaushaltsplan, sondern alle Einkünfte, mit Ausnahme
des Seezolles, stehen bis zu einem gewissen Grade zur Verfügung
der Generalgouverneure, Distriktsmandarine, Präfekten, Magistrate,
Ortsältesten u. s. w. Jeder von diesen wird schon infolge des über
ganz China verbreiteten Squizesystems von seinem Vorgesetzten zu
Abzahlungen angehalten, und die Finanzpolitik besteht darin,
nach unten hin zu drücken und nach oben hin zu knausern. Die
einzige staatliche Kasse dürfte der Tresor des kaiserlichen Hofes in
Peking sein, in dem sich die gesamten Einnahmen des Landes im
Prinzip und zum Teil auch thatsächlich vereinigen, der aber selbst
wieder ausschließliches Privateigentum des Kaisers ist. Wenn man
daher den Staat als solchen schädigen und das europäische Theorem
beibehalten will, dann muß man nach Peking gehen und den kaiserlichen Schatz ausnehmen. Denn mit dem Seezoll, der vielleicht
noch in Betracht kommen könnte, ist das eine eigene Sache. Dieser
ist nämlich verpfändet als Garantie für die chinesische Staatsschuld,
und jede einzelne Macht hat bisher diese Thatsache respektiert mit
Ausnahme Rußlands, das den Seezoll von Niutschwang beschlagnahmt hat. Freilich wird das Geld bei der Russisch-chinesischen
Bank bis zur Entscheidung der Friedensfrage vorläufig „deponiert“,

aber jedermann ist der Überzeugung, daß China nicht einen Deut davon wieder zu sehen bekommen wird.

Das einzige, was übrig bliebe, wäre also der kaiserliche Schatz. Da sollen aber die Japaner bereits allen anderen Mächten zuvorgekommen sein. Man erzählte sich in Peking, daß sich die Japaner des kaiserlichen Schatzes unmittelbar nach der Einnahme des Kaiserpalastes bemächtigt hätten. Die Japaner sind bekanntlich von allen vereinigten Mächten die besten Chinakenner und wußten daher auch gleich, wo Bartel den Most holt. Es wird die Summe von vierzig Millionen Taels genannt, welche die Japaner exportiert haben sollen ohne den übrigen Mächten auch nur ein Wort davon zu sagen.

Zweifelhaft könnte es schon sein, ob man es mit Privat= oder mit fiskalischem Eigentum zu thun hatte, als die Deutschen in Pautingfu im Yamen des Finanzministers den Betrag von 360000 Taels wegnahmen. Der Mann war zwar Finanzminister der Provinz Tschili; das beweist aber noch nicht, daß seine Kasse eine öffentliche in unserm Sinne gewesen ist. Wenn verschiedentlich kleinere Werte Silbers chinesischen Truppen abgenommen wurden, so steht dabei ziemlich fest, daß diese Beträge dem Privatkonto des betreffenden Generals abzuschreiben sind. Man ersieht also daraus schon, daß man in China einfach gezwungen ist, Privatleute zu schädigen, wenn man dem Staate etwas anhaben will. Auf einem andern Blatte freilich steht es, wenn man einzelnen Städten als solchen bestimmte Kontributionen an Lebensmitteln oder bestimmte Geldstrafen für irgend welche Vergehen auferlegte. In diesem Falle steht die Absicht mit dem Effekt im Einklang.

Auch in europäischen Kriegen ist es Sitte und Kriegsgebrauch, das notwendige Kriegsmaterial dem Lande zu entnehmen. Es soll das in der Regel geschehen gegen Requisitionsscheine. In europäischen Kriegen geht das an, zumal wenn die Requisition offiziell geschieht, obwohl auch dabei irreguläre Dinge nicht zu vermeiden sind. Man wird sich der niedlichen Erzählungen aus dem deutsch=französischen Kriege erinnern, wie sich am Ende des Krieges auf den von französischen Bauern eingereichten Requisitionsscheinen Bemerkungen fanden wie: „Bismarck bezahlt alles", oder: „Retour=

billet zu einer Landpartie nach dem Grunewald" u.ſ.w., oder der Ge=
ſchichte von einem deutſchen Soldaten, der nach der Einnahme von
Orleans zu ſeinen Kameraden kam, in der einen Hand einen Käſe, in
der andern einen Thaler haltend, und meinte: „For dieſen Dahler
hab' ick mir eben dieſen Fromage jekooft". Daß ſolche Dinge im
Anfang auch hier in Hülle und Fülle vorkamen, iſt ſelbſtverſtänd=
lich. Das ſind eben Soldatenſcherze, die man nicht durch die
ſchwarze Brille betrachten darf. Sonſt iſt zu ſagen, daß im Anfang
wohl Requiſitionsſcheine ausgeſtellt wurden, ſpäterhin nicht mehr.
Wenigſtens erinnere ich mich nur in der erſten Zeit Requiſitions=
ſcheine geſehen zu haben. In der erſten Zeit in Tientſin freilich
war man in allen dieſen Fragen mehr als zimperlich. Nicht allein,
daß es auf das ſtrengſte verboten wurde, auch nur das geringſte
dem Lande zu entnehmen, man verbrannte ſogar das teure Brenn=
holz, das man ſich aus Europa mitgebracht hatte, weil man dachte,
in China gäbe es kein Holz. Wir haben in jener erſten Zeit vieles
lernen müſſen, und ich beſtätige gern, daß die richtige Praxis und
das leichte Hineinfinden in die Verhältniſſe zuerſt bei derjenigen
Truppe eintrat, die zuerſt auf Expeditionen geſchickt wurde, während
ſich unſer deutſches Korpskommando, das dauernd im guten Quar=
tier in Tientſin ſaß, keineswegs durch beſondere Kongenialität aus=
zeichnete. Ob Leſſel der richtige Mann für China war, muß dahin=
geſtellt bleiben. Seine Kenntnis des Landes bezieht ſich jedenfalls
auf keinen viel größeren Umkreis als den Weg von Peking nach
Tientſin, und das will nicht viel heißen. So kam es denn, daß
gar manche Maßnahme des Korpskommandos das Kopfſchütteln
der Praktiker erregte.

Was an Kriegsmaterial in erſter Linie benötigt wurde, waren
Djunken, Karren, Ponies und ſchließlich auch Schlachtvieh. Letzteres
zu requirieren, dazu entſchloß man ſich erſt ziemlich ſpät. Das
meiſte Vieh, das gebraucht wurde, hat man gekauft; ich will bei
dieſer Gelegenheit gleich bemerken, daß es unſere Intendantur in
einer wirklich hervorragenden Weiſe verſtanden hat, die Verpflegung
der Truppe zu regeln. Bei der Intendantur funktionierte alles
aufs beſte, und ich bin voller Anerkennung für die hervorragend

gute Organisation der Verpflegung unserer Truppen. Zum Trans=
port von Lebensmitteln wurden, solange die Flüsse offen waren,
Djunken gebraucht. Diese wurden einfach beschlagnahmt da, wo
man sie fand. Damit man der Bootsleute und Schiffer sicher
war, erhielten diese einen angemessenen Tagelohn. Auf der früher
geschilderten Expedition nach Tsinhaihsien wurden beispielsweise
auf einmal allein hundertundzwanzig Djunken requiriert. Bei
der Beschlagnahme durften sämtliche Güter ausgeladen werden,
die nicht Lebensmittel oder Pelze waren. Aber Requisitionsscheine
wurden nicht ausgestellt. Ebensowenig erinnere ich mich, daß man
dies für die zahlreichen Ponies, Karren, Esel und Rinder gethan
hätte, die wir damals mitbrachten. Ich wüßte auch nicht, was
das für einen Zweck hätte haben sollen. In den meisten Fällen
fand man das requirierte Vieh herrenlos in Buschwerk oder in
Kauliangfeldern angebunden; der Besitzer, dem man einen Requisi=
tionsschein in die Hand hätte drücken können, war davongelaufen.
Wenn man es aber wirklich hätte thun können, dann wüßte ich
nicht, was der Schein dem Manne hätte nützen können. In Europa
wäre er damit zur Behörde gegangen und hätte wenigstens einen
Teil des Wertes, wenn nicht den ganzen Wert, beim Friedensschluß
wieder erhalten. Ich hätte aber den chinesischen Mandarinen sehen
mögen, dem von einem seiner Untergebenen ein solcher Schein präsen=
tiert worden wäre. Sollte er aus seiner Privatschatulle den Schaden
ersetzen, da er über keine fiskalischen Gelder verfügt, oder sollte
er etwa für andere seine Haut in Peking zu Markte tragen, was
ihn schon dann sein Geld kosten würde, wenn er es für sich selber
thun müßte? Oder sollten wir beim Friedensschluß etwa die
Garantie dafür oder auch nur die Kontrolle darüber über=
nehmen, daß jeder Chinese, dem sein Esel aus dem Stalle ge=
zogen worden ist, auch sein Geld von der chinesischen Regierung
dafür erhält?

Übrigens war das Requirieren deshalb keine leichte Sache,
weil die Chinesen, deren Nachrichtendienst oft genug gerühmt worden
ist, meist mitsamt ihrem guten Vieh über die Berge oder in die
Felder geflüchtet waren, wenn die Truppe anrückte. Requisitions=

züge, die bloß mit Infanterie ohne Berittene unternommen wurden, waren meistenteils von recht geringen Erfolgen begleitet. Gewöhnlich brachten sie nur einige miserable Tiere ein, die man schon für derartige Zwecke bereit gehalten hatte, ein Paar Ponies mit wunden Rücken, eine alte Kuh, bei der man die Rippen zählen konnte, usw. Allerdings ging das Geschäft im übrigen ziemlich friedlich ab. Denn der Chinese ist, wenn er einmal im Gewande des friedlichen Bürgers auftritt, auch in der That ein friedlicher Mann, und ich habe es oft beobachten können, daß Bauern, die von uns überrascht wurden, sich sofort in guter Erkenntnis der Situation persönlich beeilten, ihr Pferd aus dem Stalle zu ziehen, wenn man es einmal entdeckt hatte, und dem ungeschickten Soldaten zu helfen, es vor die eigene Karre zu spannen. In einem Falle erinnere ich mich, daß der Bauer dem Soldaten sogar seinen Karrenkuli mitgab, weil dieser die Karre fahren konnte, die der Soldat in den Dreck geschoben hatte. Auf der Tour von Tientsin nach Pautingfu wurde in der friedlichsten Weise das ganze schlechte Zugmaterial der Bagage, das man von Tientsin mitgebracht hatte, abgestoßen und durch neues ersetzt. Einem Bauern zog man das Pony aus dem Stalle und schenkte ihm als Ersatz dafür einen Esel; er fiel auf die Knie nieder und dankte für das Geschenk.

Offiziell geschah ferner zu verschiedenen Malen die Durchsuchung von Pfandhäusern nach Pelzen. Man hatte ja zu Hause die Ausrüstung des Chinamannes so behandelt, als ob es in einen Tropenkrieg ginge, und hatte kaum damit gerechnet, daß es hier oben auch bitterkalt werden kann. Die Ausrüstung des deutschen Kriegers mit Bezug auf warme Sachen war von allen Nationen wohl die dürftigste. Die Sommerausrüstung der Leute jämmerlich geschmacklos und unpraktisch, die Winterausrüstung ungenügend, das war das Urteil über die Kleidung des deutschen Infanteristen in China. Daß man sich nun im Lande der Pelze sagte, wir wollen nicht frieren, wenn die Chinesen schwitzen, das ist nicht verwunderlich. Zuletzt besaß jeder deutsche Soldat in China seinen warmen Pelz. Und das mußte auch so sein in einem Lande, in dem ihn jeder Chinese trägt.

Ich muß bei dieser Gelegenheit ein Wort über die Pfandhäuser sagen. Das sind nur bis zu einem gewissen Grade Pfandhäuser in dem Sinne, wie bei uns zu Hause. Meistens sind es sehr gut und massiv gebaute Häuser, die mehr noch als diebs- und feuersichere Aufbewahrungsgelasse dienen, als wie als Pfandhäuser. Seine guten Kleider zieht der Chinese, abgesehen von hohen Familienfesten, eigentlich nur in der Neujahrszeit, d. h. in der zweiten Hälfte unseres Februar an. Um sich für die übrige Zeit der Sorge um seine guten Sachen zu begeben, giebt er sie ins Pfandhaus, etwa so, wie wir unsere Pelze im Sommer dem Kürschner zur Behandlung übergeben. Freilich wird in China viel gespielt, und es werden viele Schulden gemacht. Die Zahl der „harmlosen" Gesellschaften ist Legion. Infolgedessen sind auch eine große Anzahl von Sachen richtig verpfändet; es sind das meistens Sachen von ärmeren Leuten; wer eben mehr Geld hat, kann auch im Spiel mehr riskieren und braucht seine Sachen nicht ins Leihhaus zu tragen — genau wie bei uns. — Infolgedessen ist der Wert der direkt verpfändeten Sachen nicht allzu groß, und außerdem werden weder der Pfandhausbesitzer noch die ärmeren Leute durch das Requirieren von Pelzen arg geschädigt, weil die ärmeren Leute gewöhnlich keine Pelze zum Verpfänden haben. Wenn man aber die guten nicht verpfändeten sondern nur zur Aufbewahrung übergebenen Pelze wegnimmt, dann trifft man dadurch nicht so sehr den Ladenbesitzer, dem man nur seine Aufbewahrungsgebühr entzieht, und der im Falle von Force majeure nicht einmal ersatzpflichtig ist, als vielmehr seinen ganzen Kundenkreis, und zwar meist auch nur den wohlhabenderen Teil. Damit ist aber der Gerechtigkeit bis zu einem gewissen Grade Genüge gethan.

Soweit das offizielle Requirieren! Ich will nur noch hinzufügen, daß ich mich auch verschiedener Fälle erinnere, in denen auf Strafexpeditionen deutschen Soldaten offiziell erlaubt worden ist, den betreffenden Ort zu plündern. Ebenso soll Peking anfangs zur Plünderung freigegeben worden sein. Damit komme ich zum Plündern und Requirieren auf eigene Faust, dem sogenannten „Lûten" im engeren Sinne.

Ich muß auch hierbei wieder ausgehen von der Zeit der Ankunft des deutschen Expeditionskorps auf chinesischem Boden. Bereits am ersten Tage, als wir in Tongku an Land gesetzt wurden, wo sich damals das Pferdedepot des Expeditionskorps befand, wurden uns durch Chinesen Ponies zum Verkauf angeboten, über deren Herkunft man zweifelhaft sein konnte, und wir hörten damals zuerst das Wort „gelütet". Als wir dann nach Tientsin kamen, wurde uns der Begriff schon etwas klarer. Wir hörten dort von großen Reichtümern an Kunstschätzen, Seide und Wertgegenständen, die von den aus Petschili abziehenden Russen in Tientsin umgesetzt sein sollten; zweifelhafte Existenzen, die in der Verkleidung von Kantinenwirten auftraten, hätten mit diesen Sachen, die zu Spottpreisen verkauft wurden, einen ganz neuen Geschäftszweig aufgethan; kurzum, damals waren es die Russen, die als Sündenböcke dienen mußten, während jede andere Nation den Verdacht, gelütet zu haben, mit Abscheu von sich abwies. Wir bekamen damals eine fürchterliche Meinung von der Plünderungswut der russischen Soldaten. Zweifellos hat diese Anschauung eine gewisse Berechtigung. Denn der Russe plündert eo ipso, und wenn auch das Plündern nicht direkt erlaubt ist, so wird es doch geduldet, oder aber die russische Disziplin ist so lax, daß sie eben alles durchgehen läßt. Befindet sich der Russe vor dem Feind, dann kann man freilich nicht von laxer Disziplin sprechen; aber nach der Schlacht, außerdienstlich, macht der russische Kosak was er will, und die Offiziere kümmern sich nicht viel darum.

Außer den Russen waren aber in Tientsin vor allen Dingen die Inder wegen des Lütens berüchtigt! Bekanntlich hat Indien Goldwährung, und der Inder schätzt das Gold. Da es nun in China im allgemeinen wenig Gold und jedenfalls kein gemünztes Gold giebt, so konnte der Inder auch keines lüten, sondern nur Silber, dieses aber in desto erklecklicheren Quantitäten. Die Chinesenstadt von Tientsin kann wohl ein Liedchen singen vom Silberlüt in der Zeit, die der Einnahme Tientsins folgte. Jedenfalls kann ich bezeugen, daß die Inder, die zu bestimmten Tageszeiten einen von Europäern sowohl wie namentlich von Chinesen stark frequen-

tierten Lûtmarkt abhielten, die einzigen in Tientſin waren, die für
ein engliſches Pfundſtück oder für ein deutſches Zwanzigmarkſtück
zehn Dollar Silber bezahlten und das in einer Zeit, in der der
Dollar auf 2.45 Mark ſtand. Als die Filiale der Hongkong and
Shanghai Banking Corporation in Tientſin nach der Belagerung
wieder eröffnet wurde, erſchienen die Inder mit ganzen Säcken voll
Seiſi (Silberklumpen im Werte von durchſchnittlich 150 bis 160 Mark)
und ſetzten dieſe in Gold um. Chineſiſche Schmuckſachen und der=
gleichen kaufte man damals zu Spottpreiſen bei den Indern. Niemand
hinderte den Verkauf, und ich kann auch nichts dabei finden, wenn
die Europäer ſich ebenfalls für billiges Geld in den Beſitz der
ſonſt teuren, jedenfalls aber intereſſanten Sachen ſetzten. Es muß
wohl ein ganz verſimpelter Juriſt kommen, um herauszutüfteln, daß
ein ſolcher Einkauf eigentlich Begünſtigung und Hehlerei ſei. Es hat
ſich denn wohl auch jedermann, gleichgültig ob Soldat, Theologe,
Juriſt oder Kaufmann, früher oder ſpäter im Verlauf dieſes China=
feldzuges an derartigen Einkäufen beteiligt; in Peking war ein
großer Markt für derartige Dinge. Zobelpelze gingen ab für
25 bis 40 Dollars, und Gewänder aus dem Kaiſerpalaſt mit dem fünf=
krallgen kaiſerlichen Drachen darauf wurden verkauft für Preiſe, die
nicht annähernd im Verhältnis zu ihrem Werte ſtanden. Das waren
eben alles Sachen, die entweder niemals, aber jedenfalls nie zu
derartigen Preiſen auf den Markt gekommen wären, wenn ſie
nicht auf eine mehr oder weniger unrechtmäßige Weiſe in die Hände
ihrer Verkäufer gelangt wären. Ob nun aus erſter oder aus
zehnter Hand gekauft, das iſt ſchließlich einerlei, gelûtet bleibt
gelûtet; und wenn man ſo will, ſind am Ende alle, die derartige
Dinge gekauft haben, Mitſchuldige; wer das leugnen wollte, müßte
ein Phariſäer ſein. Aber wem wird es wohl beifallen, daraus ein
Vergehen zu konſtruieren? Man ſtand ja bereits vor einem fait
accompli, konnte das Lûten nicht mehr rückgängig machen und hat
es jedenfalls durch den Kauf nicht verſchuldet. Eine andere Frage
iſt freilich die: Wer hat die Gegenſtände zuerſt weggenommen, und
mit welchem Schein von Recht? Darüber iſt viel hin und her
diskutiert worden; ich will ſagen, was ich darüber weiß.

Zunächst sind mir persönlich eine ganze Anzahl von Fällen bekannt, in denen ganz gehörig auf alle andern Nationen geschimpft und gesagt wurde, man würde es niemals glauben, daß die eigenen Leute so etwas thun würden. Vielleicht laufe ich daher Gefahr, daß man auch mir vorwirft, ich bliebe nicht bei der Wahrheit, wenn ich sage, daß wir Deutsche mit unseren Leuten in der Beziehung keine Ausnahmestellung einnehmen. Auf deutscher Seite ist ebenfalls geplündert worden; vielleicht nicht in dem Maße und mit der unglaublichen Offenheit, wie auf seiten der Russen, Inder und Italiener, aber geplündert worden ist, das Prinzip steht fest — ob nun viel oder wenig, ist an sich ganz gleichgültig. Ich muß das feststellen, da ich mich nicht dem Vorwurf aussetzen will, den man dem Times-Korrespondenten, Dr. Morrison, gemacht hat. Man hat behauptet, er färbe seine Nachrichten, soweit sie Deutschland beträfen, in einem gehässig englischen Sinne und verschweige Vorkommnisse auf englischer Seite. Dr. Morrison aber ist ein sehr objektiver Mann und schont Mißgriffe auf englischer Seite ebensowenig wie solche auf deutscher Seite.

Ebensowenig will ich aber dem deutschen Oppositionellen Veranlassung geben, sich über die Konstatierung dieser Thatsache mehr als nötig aufzuregen. Das wäre schon deshalb überflüssig, weil die Plünderung eine Strafmethode ist, die für chinesische Verhältnisse durchaus angebracht ist, und weil eine gehörige Plünderung immer noch humaner sein dürfte, als z. B. die Methode der Russen, welche die gesamte Einwohnerschaft von Blagoweschtschensk in den Amur oder die von Tongku in den Peiho trieben und dort ertrinken ließen. Was ich bedaure, ist nur das eine, daß wir kein Prinzip in der Sache hatten. Einmal ließ man die Leute plündern, das andere Mal gestattete man es ihnen nicht. Diese Unklarheit hat vielfach zu Mißhelligkeiten geführt. Die Leute wußten nicht, woran sie waren, und hohe, zum Teil bedauerlich hohe Strafen folgten auf dem Fuße.

Ich habe bereits bemerkt, daß mir einige Fälle bekannt sind, in denen man den Soldaten das Plündern offiziell erlaubte. Ich will von Fällen, die sich auf Strafexpedition ereignet haben, absehen und gleich auf einen Fall zu sprechen kommen, der viel Staub aufgewirbelt haben soll. Er betrifft die Plünderung der Kaisergräber bei Itschou, der sogenannten Silinggräber.

Bekanntlich rückte einige Tage nach der Besetzung von Pautingfu das deutsche Detachement, das zusammen mit den Truppen der andern Nationen von Peking gekommen war, wieder in der Richtung nach Peking ab. Mit der internationalen Einigkeit war es eine eigene Sache. Jede Nation wollte separat etwas für sich leisten, weil sie gemeinschaftlich zu nichts gekommen waren. Infolgedessen herrschte eine unglaubliche Heimlichthuerei. Die Franzosen sagten den Deutschen nicht, was sie thun wollten, die Deutschen den Engländern nicht und diese den Franzosen erst recht nicht. Bei diesem Hornburger Schießen hat nun Deutschland den Vogel abgeschossen. Es gelang der deutschen Truppe, bei den Silinggräbern, die auch die stille Sehnsucht der andern Heerführer bildeten, zuerst einzutreffen und dort zuerst die deutsche Flagge zu hissen, und ferner bei Sze=king=kuan Reste der chinesischen Regulären über die große Mauer zurückzuwerfen. Die Absicht der Deutschen war, die Kaisergräber zu schonen, obwohl von anderer Seite empfohlen worden war, sie zu zerstören. Man mochte darüber vorher im Zweifel gewesen sein; Thatsache soll es aber sein, daß der Generalfeldmarschall den Befehl gegeben hatte, die Gräber zu schonen. Die Deutschen führten diese Weisung auch aus. Aber bald erschienen Franzosen und Engländer sowie Italiener bei den Gräbern. Nun soll es feststehen, daß die Italiener die Weisung, die Gräber zu schonen, ebenfalls respektierten; die Franzosen und Engländer dagegen erklärten, sie würden es nicht thun. Die Ausführung folgte dem Wort. Da erst sah sich Oberst Normann veranlaßt, auch seinerseits die Erlaubnis zur Plünderung zu geben, und benachrichtigte zu gleicher Zeit die Italiener davon. Ob diese Version in allen Einzelheiten richtig ist, weiß ich nicht, jedenfalls trägt sie den Stempel der Wahrscheinlichkeit an sich. Ist sie wahr, so halte ich das Verhalten Normanns für richtig; was ich aber auf das tiefste bedaure, ist, daß er nicht sofort auf mindestens eins der Gräber und deren Inhalt Beschlag gelegt hat, und zwar offiziell. Es ist geradezu ein Verbrechen an der Kultur und schlägt der klassischen Erziehung und der viel gerühmten deutschen humanistischen Bildung ins Gesicht, daß man derartige Kulturdenkmäler direkt zerstört hat. Ich mache es dem Obersten direkt zum Vorwurf, daß er nicht wenigstens eines dieser Gräber mit seinem Gesamtinhalt*) dem deutschen Volke gerettet hat. Jetzt befinden sich diese Gegenstände von unschätzbarem ideellen und reellen Wert in den Händen einzelner Offiziere. Mit einer geradezu unglaublichen und pietätlosen Unvorsichtigkeit ist man bei der Aufhebung und dem Transport dieser Gegenstände vorgegangen. Die kostbaren Porzellane wurden zum Teil einfach in Säcke gesteckt und auf Maultiere verladen; wie wenig davon ist heil und ganz geblieben. Die wundervollsten Schnitzereien hat man zerbrochen, schließlich als wertlos liegen lassen, und die Soldaten haben Feuer damit gemacht. Nur einige haltbare Sachen, goldene Tassen, Bronzen und Seidensachen werden ihren Weg nach Europa wandern, vielleicht in dem Arbeitszimmer irgend eines Offiziers ihren Platz finden; sie werden der Vergessenheit anheimfallen und nach Jahrzehnten vielleicht einmal durch Zufall einem Sinologen in die Hände fallen, der dann Betrachtungen anstellt über chinesischen und europäischen Kunstsinn und Kunstpietät.

Wollte ich eingehend untersuchen, was in dieser Zeit eigentlich an chinesischen Kunstschätzen direkt verloren gegangen ist, so könnte ich Bände schreiben. Und immer wieder müßte ich fragen: Ja, wo haben denn unsere deutschen Männer der Wissenschaft, unsere Sinologen, gesteckt, wo waren denn unsere deutschen wissenschaftlichen Gesellschaften und Museen? Deren Sache wäre es doch gewesen, aus einer solchen Gelegenheit Kapital zu schlagen! Wenn man bedenkt, mit welchem Interesse man die Schliemannschen Ausgrabungen verfolgt hat, wieviel Geld schließlich flüssig gemacht werden konnte für Nordpolexpeditionen, Limesforschung, für Museen und Sammlungen, dann steht man geradezu vor einem Rätsel, wenn man sich fragt: War es denn nicht möglich, einen Mann der

---

*) Die Gräber enthalten nicht etwa die Särge der Kaiser, sondern sind nur Gedenkhallen, Ahnenhallen, in denen kostbare Geschenke und Opfer zu Ehren der Verstorbenen aufgestellt sind.

Wissenschaft*) mit unserm deutschen Heere hinauszuschicken, wie man z. B. einen Maler hinausschicken konnte? Hätte dieser als Kunst= verständiger den deutschen Museen nicht unschätzbare Dienste leisten können, auch wenn er nur den Kehricht durchsucht hätte, der in der ersten Zeit aus dem Winterpalast hinausgeworfen wurde, als man diesen für Waldersee einrichtete? Das ist keine Übertreibung, denn ich könnte Personen mit Namen nennen, die wertvolle Kunstgegen= stände in jener Zeit aus diesem Schutt aufgelesen haben. Es ist kein Zweifel, man hat zum Teil arg gewüstet. Die Silinggräber sind bis auf das letzte ausgeräumt, der kaiserliche Sommerpalast ist leer bis auf die Sofagestelle und die Gasglocken, unter denen die Gegenstände gestanden haben, und bis auf die vollgepackten und versandfertigen Kisten, die ich noch im Januar dort im eng= lischen Quartier gesehen habe. Das beste haben jedenfalls die Russen genommen, sie waren die ersten im Palast. Gegenstände, die aus dem kaiserlichen Winterpalast stammen und durch kleine gelbe Signierungen kenntlich sind, konnte man in Peking überall auf der Straße kaufen, man denke an den Schwarzen Adlerorden des Kaisers von China! Ich habe selbst kostbare Schnitzereien gesehen, zum Teil zerbrochen, die von kunstverständiger Hand aus Soldatenfeuern gerettet worden sind. Wenn man in Peking in Privathäuser kam, so konnte man die herrlichsten chinesischen Kunst= gegenstände sehen, die in der ersten Zeit nach dem Einrücken der fremden Truppen gekauft worden waren. Oft waren sie auch nicht gekauft, sondern man hatte sie einfach geholt; das Beispiel des Bischof Favier verdarb selbst die besten Sitten. Die Paläste der kaiserlichen Prinzen in und um Peking waren zum Teil ausgeraubt bis aufs Letzte. Auf einer Reitpartie in die Umgegend von Peking kam ich in einen Palast, der einem kaiserlichen Prinzen gehörte. Das Bild, das sich mir bot, war das der schlimmsten Verwüstung. Die Möbel, die man nicht mitnehmen konnte, waren verwüstet und zerschlagen; in der großen Tempelanlage, in der sich Hunderte von

---

*) Angeblich soll gegen Schluß des Feldzuges doch noch ein Beauftragter eines deutschen Museums nach China gesandt sein. Damals aber dürfte es schon viel zu spät gewesen sein, um noch ein dankbares Feld zu finden.

Budbhafiguren befanden, sah es nicht weniger wüst aus. Die Figuren waren zum Teil umgestoßen; der kleine Deckel, der sich am Boden der Figur befindet, war aufgebrochen: die Silberklumpen die als Opfergaben in den ehernen Leib des Budha versenkt zu werden pflegen, waren geraubt. Sicherlich haben die Chinesen selbst an diesen Plünderungen einen sehr bedeutenden Anteil genommen, und man muß einen großen Teil der Schuld auf ihre Rechnung schreiben. Aber es ist kein Zweifel, daß auch die europäischen Soldaten das Ihrige gethan haben. An diesen rohen Plünderungen und sinnlosen Zerstörungen aber haben unsere Soldaten sicherlich den geringsten Anteil gehabt, nicht etwa deshalb, weil sie schließ= lich beim Plündern besser vorgingen, als andere, sondern weil sie mehr beaufsichtigt und der Zahl nach weniger waren, und weil sie einfach nicht in dem Maße die Zeit zum Plündern hatten, wie etwa der Sikh, der zur Besorgung seines Pferdes und seiner sonstigen Arbeiten seinen indischen Kuli als Bedienten hat. Den Japanern ist es zu danken, daß ein Bauwerk von historischem Werte unangetastet geblieben ist, nämlich der große Lahmatempel im Kaiserpalast. Mit Luchsaugen haben sie über diesem Heiligtum gewacht, und niemand konnte auch nur das geringste daraus lüten. Neben dem Lahmatempel befindet sich im Winterpalast auch der Tempel eines Gottes, der tausend Hände hat. Böse Zungen wollen wissen, daß er zu jener Zeit in Peking die meisten Verehrer gehabt haben soll — auch unter den Europäern.

Man hat sich in Europa auch darüber aufgehalten, daß Graf Waldersee es gestattet hat, die auf der Stadtmauer von Peking aufgestellten alten astronomischen Instrumente einzupacken und nach Europa zu transportieren. Die Instrumente wurden verteilt zwischen Deutsche und Franzosen. Man mag es vielleicht bedauern, daß diese Denkmäler einer Epoche der chinesischen Geschichte, in der das himmlische Reich nahe daran war, offiziell zum Christentum über= zutreten, und in der es der damals noch ziemlich zurückstehenden europäischen Kultur seine Arme weit geöffnet hatte, von dem Schau= platz dieser Epoche entfernt worden sind. Aber das ist nun ein= mal gutes Kriegsrecht, und es läßt sich schließlich nicht mehr da=

gegen sagen, als dafür. Ebensogut könnte man es ja auch
bekritteln, daß man die alten schönen Bronzekanonen aus dem Pekinger
Arsenal nach Deutschland verschifft hat. Hätte man dieses Konser-
vierungsverfahren bei den Silinggräbern angewendet, dann wäre
das deutsche Volk seinen Truppen sicherlich zu großem Danke verpflichtet. So ist es zu beklagen, daß man nicht auch auf die
uralten sogenannten Steintrommeln Beschlag gelegt hat, die in
Peking im Konfuziustempel aufbewahrt wurden. Es waren das
die ältesten Denkmäler der chinesischen heraldischen Schrift, die für
China ungefähr dasselbe bedeuten, was für uns die ältesten
Denkmäler der Runenschrift, nur daß diese viel jünger sind.
Die Steintrommeln sind verschwunden, niemand vermag zu sagen,
wo sie hingekommen sind. Man sagt, die Japaner hätten sie
genommen. Nun, dann wären sie wenigstens gerettet, und zwar von
einem Volke, das seine Schrift ebenfalls auf diese alte chinesische
Schrift zurückführen muß. Aber die Rettung steht noch nicht fest.

Aus dem Gesagten geht hervor, daß in einzelnen Fällen offiziell
geplündert worden ist, daß dieses sowohl von seiten der Offiziere
wie der Soldaten geschehen ist, und daß bei der ganzen Affäre
nur leider stets eine gewisse Unklarheit geherrscht hat. Demgegen-
über steht nun die Thatsache, daß eine ganze Reihe von Bestrafungen vorgefallen sind wegen selbständigen Beutemachens, und
in den meisten Fällen waren diese Strafen geeignet, unter das Leben
des Chinafreiwilligen einfach einen Strich zu setzen. Ich habe leider
keine Gelegenheit gehabt, die einzelnen Fälle näher zu studieren,
aber ich habe die Beobachtung gemacht, daß die Bestrafungen und
Untersuchungen zahlreicher wurden, als die ersten Nachrichten von
den Hunnenbriefen aus Deutschland hier eintrafen. Europa ist
fern, und die Ferne wirkt in solchen Fällen meist wie ein Vergröße-
rungsglas. Es will mir daher auch scheinen, als hätten die Hunnenbriefe bereits ihre recht unliebsame Rückwirkung auf China gehabt.
Man wurde wohl etwas nervös durch sie, zuhause wie draußen,
und das äußerte sich in einer nicht unerheblichen Anzahl von Bestrafungen, die nur allzu oft das sogenannte „Lüten" zum Gegenstande hatten. Ich kann nicht anders, als die Leute bis zu einem

gewiſſen Grade bedauern. Sie wußten vielfach keinen Unterſchied
zu machen zwiſchen Requirieren und unerlaubtem Nehmen. Auch
die Offiziere befanden ſich häufig genug darüber im unklaren. Auf
der einen Seite wurde geſagt, ihr dürft dem Lande entnehmen,
was ihr braucht; auf der andern Seite hieß es, ihr dürft nichts
nehmen, es wird alles geliefert. In einigen Fällen wurde den Leuten
durch ihre Vorgeſetzten erlaubt, ſich „kleine Andenken“ mitzunehmen,
in andern Fällen hieß es, ſelbſtändiges Beutemachen iſt verboten
und wird laut Kriegsgeſetzen mit den ſchwerſten Strafen beſtraft.
Eines der Takuforts wurde zum Feſtungsgefängnis eingerichtet, und
die Zellen füllten ſich. Die Schuld trägt im einzelnen Falle ſicher=
lich der einzelne Mann, und wer zweifelt, daß die Leute buchſtaben=
gemäß zu Recht verurteilt worden ſind? Aber ich kann nicht umhin,
einen Teil der Schuld den Umſtänden und den Verhältniſſen zuzu=
meſſen. Selbſtverſtändlich ſind nicht alle Mitglieder des Expeditions=
korps Engel geweſen, und es iſt eine bekannte Thatſache, daß Ge=
legenheit Diebe macht. Gelegenheit aber war genug da. Es fehlte
indeſſen die jederzeit klare Inſtruktion und dem einzelnen Soldaten
wohl auch häufig genug das Bewußtſein, etwas Unrechtes zu thun.
Er wußte einfach nicht, wie er dran war, wenn ihm einer ſeiner
Vorgeſetzten erlaubte, ſich ein Andenken aus einer eroberten Stadt
mitzunehmen, und nach einiger Zeit ein anderer Vorgeſetzter die ge=
ſamte Bagage durchſuchen und jeden, der im Beſitze irgend eines ver=
dächtigen Stückes gefunden wurde, beſtrafen ließ. Das Reſultat
war, daß ſich infolge dieſer Unklarheit bald ein viel häßlicheres
Syſtem herausbildete. Man ſuchte allem dadurch aus dem Wege
zu gehen, daß man das Stück, das man zu beſitzen wünſchte,
„kaufte“. Das heißt, die Leute nahmen es einfach weg und drückten
dafür dem Eigentümer einen Dollar, oft auch ein paar Dollars, oft
auch viel weniger in die Hand. Dann konnten ſie doch wenigſtens
auf Ehrenwort verſichern, ſie hätten den Gegenſtand nicht geſtohlen,
eine Wahrheit, gegen die ſich zwar nichts einwenden läßt, die aber
am Jeſuitismus nahe vorbeiſtreift, obgleich man in vielen Fällen
den Wert des auf dieſe Weiſe gekauften Gegenſtandes ſicherlich un=
wiſſentlich weit überzeichnet hatte. Dieſe Methode iſt übrigens auch

bei andern Nationen in Anwendung gekommen und ging später in ruhigeren Zeiten, zumal in Peking, sehr bald in die gewohnten Bahnen des kaufmännischen Verkehrs über. Die Chinesen verstanden es sehr bald, sich mit dieser Methode abzufinden, und speziell die professionellen Händler auf den Straßen Pekings waren in dieser Anpassungsfähigkeit derartig Meister, daß selbst einer, der bolos gekauft hätte, doch immer noch der Hineingefallene gewesen wäre.

Doch nun genug von diesem Thema! Jedenfalls ist seitens der deutschen Armee in dieser Frage von Anfang an manches versehen worden, und hinterher suchte man durch Strenge das einzuholen, was man zu Anfang versäumt hatte. Immerhin muß ich sagen, daß die Disziplin innerhalb unserer Truppen mit Bezug auf die Lütfrage weit über der steht, die ich bei andern Nationen beobachtet habe. Pharisäerhaft sagen, daß unsere Truppe die einzig makelfreie sei, können wir nicht; ebensowenig ist es möglich, nachträglich in einer Frage mit Schärfe vorgehen zu wollen, in der sich laxere Anschauungen als Gewohnheitsrecht herausgebildet hatten, die unter europäischen Verhältnissen von selbst ausgeschlossen gewesen wären. Man müßte denn die Kreise einer diesbezüglichen Untersuchung einfach meilenweit ziehen. Denn im Glashause sitzen gar viele, und es würde viele Scheiben kosten, wollte man auf die werfen, die draußen sind. Rechnen wir also einfach mit den Thatsachen, wie sie geschildert worden sind, und trösten wir Deutsche uns in diesem Falle nur ruhig einmal mit dem Gedanken, daß es andere Nationen durch die Bank viel schlimmer getrieben haben.

Ich habe über alle diese Verhältnisse offen gesprochen, weil man es so wünschte, und glaube auch der Sache einen bessern Dienst geleistet zu haben, als wenn ich über das alles geschwiegen hätte. Aber ich warne davor, diese Fragen zu Haupt- und Staatsaktionen zu machen. Denn alle diese Vorkommnisse sind Lappalien im Vergleich zu den sonstigen hervorragenden Eigenschaften, die sich auch in diesem Chinafeldzuge wieder an unsern Truppen beobachten ließen. Es wäre geradezu lächerlich, wollte man sich an der Hand allein dieser Vorkommnisse ein ungünstiges Urteil

über den moralischen Stand unseres deutschen Militärs im Aus=
lande bilden. Es hieße nicht allein mutwillig das eigene Nest be=
sudeln, sondern auch sich direkt an der historischen Wahrheit ver=
sündigen, wenn man auf Grund dessen unsere Soldaten Hunnen
und Vandalen nennen wollte. Diesen Vorwurf verdienen sie nicht,
und Pharisäertum ist in diesem Falle weniger angebracht denn je.
Was mitgeteilt worden ist, wäre nicht wert, verschwiegen oder ge=
leugnet zu werden, und Schlimmeres als das Mitgeteilte ist nicht
geschehen. Von den Leuten, die sich über diese Dinge die Köpfe
erhitzt haben, mögen wohl die wenigsten jemals einen Krieg mit=
gemacht haben, so daß sie wissen könnten, wie es darin zugeht und
wie es notwendigerweise zugehen muß. Und wenn sie das gethan
haben sollten, so dürfen sie die Anschauungen einer europäischen
Kriegsführung noch immer nicht übertragen auf chinesische Verhält=
nisse. Die Europäer, die hier draußen leben und die hier mit der
Flinte in der Hand das Leben der Ihrigen, ihr eigenes und ihr
Hab und Gut verteidigen mußten, könnten ihnen am besten darüber
Aufklärung geben und ihnen bestätigen, daß sich hier in China
selten eine Parole in der Praxis so bewährt hat wie die: „Pardon
wird nicht gegeben!“ Schade nur, daß sie nicht überall gleicher=
maßen consequent durchgeführt wurde!

2. Abschnitt.

Was haben wir erreicht?

Der Eindruck der Aktionen der Verbündeten auf die Chinesen. — Gegensatz zwischen dem Oberkommando und dem französischen Höchstkommandierenden. — Russische Intriguen. — Wie Deutschland aus der ostasiatischen Affaire hervorgeht. — Die Rührigkeit der deutschen Okkupationsarmee. — Die Arbeit der Pekinger Diplomaten. — Russische Quertreibereien. — Das deutsch-englische Abkommen. — Kritik des Pekinger Friedens. — Unerfüllte Wünsche. — Hegemoniefragen. — Deutschlands Erfolge. — Das Yangtse-Abkommen.

Wenn wir nach der Darstellung der Ereignisse des chinesischen Feldzuges uns diese selbst noch einmal in großen Zügen vergegenwärtigen, dann drängen sich eine Anzahl von Fragen in den Vordergrund, die notwendigerweise erörtert werden müssen. Eine der wichtigsten dürfte zunächst die sein, welchen Eindruck das Vorgehen der Verbündeten Mächte auf die Chinesen ausgeübt hat. Ich warne davor, sich in allen diesen Dingen irgend welchen Illusionen hinzugeben. Den chinesischen Staatsmännern ist es eben so wenig wie uns entgangen, daß die Einigkeit der Mächte nur auf thönernen Füßen ruhte. Bestand doch z. B. von vornherein seit dem Eintreffen des Grafen Waldersee ein stillschweigender Gegensatz zwischen ihm und den ihm unterstellten Franzosen, Russen und Amerikanern. Dieser Gegensatz hat sich auf seiten der beiden letztgenannten Mächte nicht in einem aktiven Widerstande gegen die Dispositionen des Höchstkommandierenden geäußert, sondern nur passiv darin, daß diese beiden Mächte eben nur so viel Truppen auf dem Kriegsschauplatz ließen, als sie gerade mußten, um überhaupt vertreten zu sein. Der Gegensatz zwischen dem Oberkommando und dem französischen Kontingente aber trat wesentlich stärker in die Erscheinung und äußerte sich zum Teil in Symptomen, die

weder uns noch den Chinesen verborgen geblieben sind. Obwohl
dieser Gegensatz nach Möglichkeit verschwiegen und als nicht be=
stehend behandelt wurde, kam er doch selbst in Armeebefehlen und
amtlichen Publikationen zum Ausdruck. Als Beispiele seien nur
zwei angeführt. Erstens der Armeebefehl, der herauskam vor Beginn
der Expedition nach Pautingfu, und in dem es hieß, daß Graf
Waldersee „im Einverständnis" mit dem französischen Höchst=
kommandierenden das und das beschlossen habe. Zweitens eine
amtliche Publikation des Oberkommandos, in der die Demarkations=
linie geographisch genau festgelegt wurde, indessen nur für den
Norden und Westen, im Süden dagegen dem Ermessen der Franzosen
überlassen blieb. Die Veröffentlichung der Briefe des Generals
Voyron hat ja auch nachträglich noch interessante Einblicke in dieses
Verhältnis gestattet, aber ebenso deutlich auch bewiesen, daß die
Schuld auf seiten der Franzosen lag, deren Verhalten häufig weder
den Interessen der Verbündeten diente noch auch sich in Formen
bewegte, die den Begriffen des internationalen Taktes und der Höflich=
keit durchweg entsprachen. Andererseits wirkten die diplomatischen
Quertreibereien, die von russischer Seite während der Friedens=
verhandlungen betrieben wurden, und die Bemühungen Rußlands,
im Trüben zu fischen, ebenfalls recht störend auf die Operationen
der Verbündeten, vor allen Dingen auf die diplomatischen, ein.
Rußland versuchte während der Friedensverhandlungen sich Separat=
vorteile zu sichern, und zwar in einem Sondervertrage bezüglich
der Mandschurei. Es war ganz natürlich, daß dies auf die Friedens=
verhandlungen von höchst nachteiligem Einfluß war, um so mehr, als
Rußland sich in seinen Separatverhandlungen zu Konzessionen ver=
stand, die direkt den internationalen Abmachungen des Diplomatischen
Korps in Peking widersprachen. Dieses sah sich schließlich zu der
Erklärung genötigt, es könne Separatverhandlungen einzelner Mächte
vor Abschluß und Ratifizierung des Friedens nicht dulden. Aber
auch im einzelnen war der Eindruck, den das Verhalten der inter=
nationalen Truppen auf die Chinesen machen mußte, nicht immer
der wünschenswerte. Ich will jedoch von vornherein bemerken,
daß wir Deutsche, wenn wir allein gewesen wären, sicherlich weit=

aus mehr hätten unternehmen und erreichen können, als mit der nachschleppenden Last der Internationalen. Können wir uns doch auch das ehrende Zeugnis ausstellen, daß während der Okkupation fast nur die Deutschen es waren, die in sachgemäßer Weise und als die weitaus Tüchtigsten von allen die notwendigen Maßregeln ergriffen haben, um den vom Grafen Walbersee aufgestellten Forderungen den nötigen Nachdruck zu verleihen. Wenn diese Forderungen nicht in ihrem ganzen Umfange und so, wie es das Oberkommando vielleicht gewünscht hätte, durchgeführt worden sind, so kann man doch unter keinen Umständen verkennen, daß daran ausschließlich die Schwierigkeit schuld war, die Verbündeten unter einen Hut zu bringen. Daß aber das Oberkommando das, was unter diesen Verhältnissen möglich war, und was vernünftige und sachlich urteilende Leute von ihm erhofft hatten, erreicht hat, daran ist kein Zweifel. Denn mehr als das wirklich Erreichbare konnte man nicht erwarten, und wer es dennoch that, hat die Schuld für Enttäuschungen seinen eignen, häufig genug überspannten Hoffnungen zuzuschreiben.

Indessen soll von solchen internen Schwierigkeiten an dieser Stelle gar nicht die Rede sein. Lenken wir den Blick auf das Ganze und fragen wir uns lieber: Was haben die verbündeten Mächte eigentlich in diesem Kriege erreicht? Sind sie mit einem greifbaren Nutzen aus ihm hervorgegangen oder nicht? Wie geht vor allen Dingen Deutschland aus der ostasiatischen Affaire hervor?

Was die militärische Seite dieser Frage anlangt, so habe ich ja bereits den chinesischen Feldzug in zwei Teile geschieden, in den eigentlichen Feldzug und die Aktionen, die zur Durchführung der Okkupation der Provinz Petschili notwendig waren. Das Ober=kommando tritt erst am Anfang dieses zweiten Abschnittes des chinesischen Feldzuges in Thätigkeit. Der erste Teil des Feldzuges zeitigte eine ganze Anzahl von wichtigen und hochinteressanten militärischen Vorgängen. Der Sturm auf die Takuforts, die Ver=teidigung der Gesandtschaften in Peking und der Entsatz Tientsins werden zweifellos in der Kriegsgeschichte hervorragende Plätze ein=nehmen und sind durchaus von originaler kriegswissenschaftlicher

Bedeutung. Der zweite Teil des Feldzuges zeitigte an Gefechten verhältnismäßig nur sehr wenig Nennenswertes. Die Gefechte, die stattgefunden haben, erreichten jedenfalls unter keinen Umständen die Bedeutung der eben genannten markanten Gefechte des ersten Teils. Man hat während der Okkupation oft genug Sehnsucht nach Sieges=Lorbeeren gehabt, aber diese Hoffnungen gingen sehr spärlich in Erfüllung, und auch nur dann, wenn durch Zufall oder durch eine besonders geschickt unternommene Expedition ein Heran= pirschen an den Feind sich ermöglichen ließ.

Bei alledem läßt sich nun nicht leugnen, daß speziell die deutschen Truppen es waren, die vollauf ihre Schuldigkeit gethan haben. Freilich waren sie während des eigentlichen chinesischen Feldzuges numerisch nicht allzu stark vertreten, desto mehr aber marschierten sie vermöge ihrer Tüchtigkeit an der Spitze der·inter= nationalen Truppen. Dem Vorgehen des „Iltis" bei der Be= schießung der Takuforts stellt sich die Thätigkeit der deutschen Truppen bei der Erstürmung des Ostarsenals in Tientsin würdig an die Seite, und der Befehl des Admirals Seymour: „Germans to the front!", der gewissermaßen als letztes Rettungsmittel gegeben wurde in einer Situation, die sich auf das bedenklichste zugespitzt hatte, beweist zur Genüge, welcher Hochschätzung sich die deutschen Truppen erfreuten. Daß gerade Mannschaften unserer jungen deutschen Marine es waren, die Gelegenheit erhielten, sich hier so vorteilhaft auszuzeichnen, können wir mit besonderem Stolz ver= zeichnen. Aber auch später während der Okkupation waren es wiederum die Deutschen, die allen voran waren an militärischer Tüchtigkeit, vor allem an Rührigkeit. Während die Amerikaner, die Franzosen und Engländer größtenteils in ihren Etappen auf dem warmen Kang schlummerten, durchstreiften deutsche Korps die Provinz nach allen Himmelsrichtungen auf der Suche nach Boxern und Soldaten. Es ist gar nicht daran zu zweifeln, daß auch dieser Teil der kriegerischen Thätigkeit unserer deutschen Truppen, speziell unserer Landarmee, wesentlich dazu beigetragen hat, den guten Ruf des deutschen Militärs dem Auslande gegenüber auf= recht zu erhalten. Man hört ja leider so vielfach Urteile, die wenig liebenswürdig über die Thätigkeit speziell des deutschen Expeditionskorps sich auslassen. Gewiß, wo auf Mißstände und auf Fehler hingewiesen werden muß, soll man es thun, niemand kann das übelnehmen — im Gegenteil. Indessen wäre es vollkommen falsch, wenn man seinem Urteile die Anzahl und Bedeutung der Gefechte zu Grunde legen wollte. Gefechte selbst waren im wesentlichen gar nicht das, worauf es den deutschen Landtruppen während der Okkupation ankommen mußte. Wenn man ein Land okkupiert, pflegt man darin nicht auf die Suche nach Gefechten zu gehen. Darin liegt ja überhaupt die Ursache für die oft genug in diesen Blättern gerügten Unklarheiten speziell im zweiten Teile der chinesischen Expedition. Es kam für die deutschen Truppen infolgedessen vielfach nur darauf an, in Quartieren und Etappen die Chinesen das absolute Übergewicht der weißen Rasse fühlen zu lassen. Die Tüchtigkeit der Truppen ließ sich häufig genug besser beurteilen in ihrer Garnisonsthätigkeit, als auf Expeditionen, bei denen es ja schließlich nur auf Marschleistungen und Dokumentierung der damit zusammenhängenden auch in Friedenszeiten erkennbaren militärischen Tugenden hinauslaufen konnte. Daß unsere Offiziere und Soldaten, wenn es einmal zum Gefecht kam, darin hervorragende Tapferkeit und Bravour an den Tag legten, gehört nun einmal zu den Anforderungen, die man seit langer Zeit an die deutschen Truppen zu stellen gewohnt ist, und bedarf daher keiner besonderen Ausführung. Alles in allem habe ich den Eindruck gewonnen, daß unsere deutschen Truppen an Tüchtigkeit unter sämtlichen in China vereinigten internationalen Truppen an erster Stelle standen. Das Einzige, woran man hätte Ausstellungen machen können, könnte zuweilen die Führung sein. Leider hatte man in der Wahl des Korpskommandanten m. E. keine besonders glückliche Hand, und in manchen höheren militärischen Posten hätte man eine geeignetere Besetzung gewünscht. Ebenso stellten sich Mißstände heraus in der Ausrüstung und Bekleidung der Truppen. Indessen sind das Fehler, die naturgemäß bei derartigen Unternehmungen zu Tage treten müssen, um überhaupt erkannt und abgestellt werden zu können. Wir dürfen aber die feste Zuversicht zu unserer Militärverwaltung haben, daß sie die in China gemachten Erfahrungen mit der an ihr sonst gewohnten Gründlichkeit verwerten und bei späteren ähnlichen Expeditionen die daraus gezogenen Lehren zur Anwendung bringen wird.

Wenn man sich fragt, welchen Eindruck wohl das Vorgehen der Verbündeten auf die Chinesen gemacht haben mag, so kann man auch darüber nicht im Zweifel sein, daß der allgemeine Eindruck, den die Chinesen von den Aktionen der Mächte erhalten haben, hinreichend war, um sie zum Abschluß eines im ganzen genommen für sie jedenfalls ungünstigen Friedens zu veranlassen. Es sind verschiedene Berichte an die Öffentlichkeit gedrungen, die angebliche Urteile von Chinesen über das Vorgehen der Europäer brachten; Urteile, die von dem üblichen chinesischen Hochmut diktiert sind, und in denen die Chinesen versuchen, ihr „Gesicht" zu wahren. Man darf diese Berichte nicht allzu hoch anschlagen. Vielfach weiß man nicht einmal, ob es nicht Mystifikationen sind. Aber selbst wenn sie das nicht sind, so muß man dabei berücksichtigen, daß jeder Besiegte bemüht ist, seine Niederlage zu beschönigen. Wenn die kleinen Buben auf der Straße sich verprügelt haben, dann wird der Schwächere, wenn man ihn nachher fragt, ob's weh gethan hat, gewöhnlich erklären, es habe nicht sehr wehe gethan. Die Resultate sind schließlich maßgebend, und das Resultat eines Feldzuges kommt im Friedensschluß zum Ausdruck. Daß der Friedensschluß jedoch einen absoluten Sieg der Verbündeten über China bedeutet, unterliegt keinem Zweifel.

Aber wohlverstanden, das gilt nur im Prinzip, denn leider — und damit kommen wir auf die diplomatische Seite unserer Fragen zu sprechen — hat man zum Schluß doch eine ganze Anzahl von Chancen, die man aus dem günstigen Verlaufe des Feldzuges gewonnen hatte, im Winde zerflattern lassen. Wenn man den Wert dessen feststellen will, was man faktisch erreicht hat, muß man zunächst einmal feststellen, was man erreichen wollte und was man hätte erreichen können. Was man in China erreichen wollte, war von Anfang an in dichten Nebel gehüllt. Anfangs betrachteten sich die Vertragsmächte ausschließlich als Bundesgenossen der chinesi=

schen Regierung. Man wollte einerseits den Schutz der eigenen
Interessen in China wahrnehmen und wollte ferner der chinesischen
Regierung helfen, einen inneren Aufstand niederzuwerfen; ein Vorgang, der bereits auf einen Präcedenzfall während des Taiping=
Aufstandes zurückgeführt werden konnte. Späterhin entwickelten sich
die Verhältnisse anders. Es erwies sich, daß die chinesische Regierung
als solche mit im Komplott war und mit den Aufständischen gemeinsame Sache machte. Auch die Stellung der Mächte unter einander
wurde dadurch stark verschoben, daß Rußland, getreu seinen ostasiatischen Traditionen, durch eine offizielle Kriegserklärung an China
faktisch aus dem Verband der beteiligten Mächte ausschied und nur
äußerlich die Verbindung aufrecht erhielt, um desto besser die Hinter=
thüren offen zu halten, durch die es seinen Sonderinteressen im
verborgenen nachgehen konnte. Eine gemeinsame Basis wurde dem
Vorgehen der Mächte gegeben durch die bekannte Zirkularnote des
Grafen Bülow, welche den Grundsatz aufstellte, daß die chinesischen
Wirren nicht dazu benutzt werden sollten, eine einseitige Landerwerbs=
politik in China zu betreiben oder die Mandschudynastie zu vernichten. Dazu kam späterhin noch das sogenannte deutsch=englische
Abkommen, das Rußland besonders verschnupfte. Die beiden Mächte
sprachen sich darin gegen ein Abtrennen von Landgebiet aus, ein
Abkommen, dem sofort Japan beitrat. Man konnte daher beim
Friedensschluß nicht mehr fordern, als Garantien der chinesischen
Regierung dafür, daß einer Wiederholung derartiger Wirren vorgebeugt werden sollte, Bestrafung derjenigen hochgestellten Personen,
welche die fremdenfeindliche Bewegung in China verschuldet hatten,
Maßregeln zur Unterdrückung der fremdenfeindlichen Gesellschaften
und Ersatz der aufgewendeten Kriegskosten. Das waren bescheidene
Wünsche, bescheidener konnten sie wohl kaum gestellt werden, und
es war im allgemeinen Interesse der Mächte gelegen, einen Frieden
abzuschließen, der den einzelnen möglichst wenig Anlaß gab, sich
auf eigene Faust und auf Kosten Chinas zu bereichern. Die Politik
der offenen Thür hatte gesiegt, und ihre Konsequenz war der Friede
von Peking.

Ich bedaure diesen Friedensabschluß in manchen seiner Einzel=

heiten. Diese haben so ziemlich alle Diejenigen enttäuscht, die mit Recht darauf hofften, daß durch ihn wenigstens die schreiendsten Miß=verhältnisse, die dem internationalen Handel in China in den Weg gelegt werden, beseitigt werden würden. Noch harrt das Likin=System*) einer dringenden Reform; auch dem im ersten Buch gekenn=zeichneten Haschen und Jagen internationaler „Gründer" ist Thür und Thor offen gelassen. Fast möchte man sagen, daß die Jagd nach Eisenbahnen= und Minenkonzessionen jetzt schlimmer eingesetzt hat als jemals. Noch immer ist es Ausländern mit Ausnahme der — Missionsgesellschaften versagt, in China Grundbesitz zu erwerben, eine der drückendsten Bestimmungen, unter denen die Anlage fremden Kapitals in China zu leiden hat. Warum hat man die gute Gelegenheit verpaßt, mit diesem Wust, unter dem alle Fremden gleichermaßen zu leiden haben, aufzuräumen? Man hat das Vor=bild der Organisation des chinesischen Seezolles; hätte man sich doch nur durch die Furcht vor weiteren internationalen Verwicke=lungen nicht davon abhalten lassen, wenigstens eine Regelung der Bergbau= und Eisenbahnfrage in China vorzunehmen. Zwar hat man sich beim Friedensschluß eine Revision der Handelsverträge mit China vorbehalten, jedoch fürchte ich, daß man die Hoffnungen auf eine nachträgliche Erfüllung der dringendsten Wünsche durch die Revision der Handelsverträge kaum allzu hoch spannen darf. Anstatt die Kräfte zur internationalen Festlegung und gemeinschaft=lichen Verfechtung bestimmter dringender Forderungen zu sammeln, verzettelte man sie in gleichgiltigen Nebenfragen, denen man eine Wichtigkeit beizulegen versuchte, die ihnen nicht zukommt. Das Verbot der geheimen Gesellschaften, für dessen Durchführung man absolut keine Garantien hat, die Aufstellung von Denkmälern, die Regelung der Ceremonienfrage beim Empfang der Gesandten, das ebensowenig zu kontrollierende Verbot der Examina und die gleich=falls unkontrollierbare Maueranschlag=Bestimmung, alles das sind Sachen, welche nicht entfernt den Wert besitzen, den eine Regelung der Eisenbahn= und Bergbauverhältnisse und die Möglichkeit, in China jederzeit Grundbesitz erwerben zu können, haben würde. Noch

---

*) Likin = Inlandzoll.

ein Weiteres. Wenn man einmal die Politik der offenen Thür als Grundlage nimmt, so ergiebt sich die Wahl, ob die Mächte selbst die Aufrechterhaltung und Durchführung dieser Politik garantieren wollen, oder ob sie diese Aufgabe China zuweisen. Wenn letzteres der Fall wäre, würde die notwendige Folge sein, daß man China innerlich stärken müßte. Wenn es nicht der Fall ist, wird es schließlich doch wieder darauf hinauskommen, daß die Mächte ein= springen müssen, wenn irgend eine Macht für sich allein die Schwäche Chinas ausnutzen will, um das Prinzip der offenen Thür und der freien Handelsbethätigung aller Nationen in China zu durchbrechen. Es wird nach diesem Friedensschluß konsequenterweise schließlich nichts anderes übrig bleiben, als faktisch im Rat der Völker auf die Dauer über Chinas Geschick sich zu verständigen und zu be= schließen. Den Vorteil dabei hat wegen der Schwerfälligkeit dieses Apparates natürlich China selbst, und es wird um so größere Vor= teile daraus ziehen können, je mehr es die Erfahrungen der Vergangen= heit benutzt, um sich selbst innerlich zu stärken. Es braucht nur dafür zu sorgen, daß die Mächte selbst, genau wie es vor den Wirren der Fall gewesen ist, sich gegenseitig die Wage halten und ihre Kräfte in Fragen, die für alle Mächte gleiche Bedeutung haben, nicht vereinigen.

Es ist unausbleiblich, daß unter solchen Verhältnissen einzelne Staaten nach der Hegemonie streben werden. Was speziell Deutsch= land anlangt, so könnte man an sich ganz zufrieden sein mit der durch den Friedensschluß geschaffenen Sachlage. Jedenfalls liegen die Chancen dafür, daß Deutschland über kurz oder lang die füh= rende Stellung im Osten auch auf politischem und handelspolitischem Gebiet erlangen wird, sehr günstig. Auch hat Deutschland bereits unter der Hand einige positive Vorteile für eigene Rechnung aus den chinesischen Wirren ziehen können. Sie bestehen vor allen Dingen in dem deutsch=englischen Jangtse=Abkommen und in der Aufrechterhaltung einer deutschen Garnison in Shanghai. Man hat den Vorgängen in Mittelchina und speziell dem deutsch=englischen Jangtse=Abkommen leider nicht die Beachtung geschenkt, die es ver= dient. — Außer Deutschland hat auch Rußland in konsequenter Verfolgung seiner ostasiatischen Separatpolitik seine Vorteile ge-

erntet: Während Rußland bis zum Beginn des Krieges nur eine
Eisenbahnkonzession durch die Mandschurei und bestimmte Vorrechte
auf diese Provinz besaß, ist es ihm gelungen, im Verlauf des Feld=
zuges der Mandschurei völlig Herr zu werden. Daran ändert
auch das neuerliche Abkommen zwischen Rußland und China nichts,
das die Mandschurei an China zurückgeben will. Das ist eine
reine Formsache, eine leere Form, die darüber hinwegtäuschen soll,
daß Rußland die Mandschurei trotzdem faktisch behält. Jedenfalls
darf man heute ohne die Gefahr einer geographischen Ungenauigkeit
auf der Landkarte die Grenzen Rußlands bis an die große Mauer
bei Schanhaikwan ziehen. Unklar ist bis auf den heutigen Tag
die Auslegung des vorhin erwähnten deutsch=englisch=japanischen
Abkommens geblieben, demzufolge Gebietsteile von China nicht abge=
trennt werden sollten, insofern als eine Erklärung abgegeben wurde, da=
hingehend, daß sich dieser Vertrag nicht auf die Mandschurei bezieht. —

Fragen wir danach, ob speziell Deutschland aus den chinesischen
Wirren faktisch vorteilhaft hervorgegangen ist, so können wir die
Frage mit einem uneingeschränkten Ja beantworten. Sowohl mili=
tärisch wie diplomatisch hat Deutschland vielleicht von allen Nationen
— relativ — am besten abgeschnitten und hat aus der ganzen Affaire
für sich gerettet, was zu retten war. Dieses Urteil gilt selbstver=
ständlich ausschließlich unter Zugrundelegung der Verhältnisse, wie
sie durch das Zusammenwirken so vieler Faktoren auch für Deutsch=
land in China geschaffen waren. Es braucht wohl nicht noch einmal
wiederholt zu werden, daß Deutschland Größeres erreicht haben
würde, wenn es in China freie Hand gehabt hätte. Der bedeu=
tendste Erfolg aber, der uns mit allem aussöhnen kann, was in
China gefehlt und gesündigt worden sein mag, ist das Jangtse=
Abkommen, das nunmehr auch die politische Anerkennung der
Thatsache festlegt, daß das Jangtsethal ebensowohl deutsche Inter=
essensphäre ist, wie englische. Es ist das eine diplomatische That,
die hochgefeiert zu werden verdient und jedenfalls handelspolitisch
für uns eine wesentlich größere Bedeutung besitzt, als die Erwerbung
des Kiautschougebietes und die Festsetzung in dem kommerziell ziem=
lich bedeutungslosen Schantung.

Chinesische Probleme.

Ein Friedensvertrag konstatiert gewöhnlich ein bereits vor dem Friedensschluß, ja auch vor dem zum Friedensschluß führenden Kriege existierendes Machtverhältnis zwischen den Friedenskontrahenten. Ein Friedensabschluß schafft also keine neuen Machtverhältnisse, sondern ist nur der schließlich zu Papier und offizieller Anerkennung gebrachte normative Ausdruck eines Gleichgewichtszustandes. Macht und Recht sind homogenen Entwickelungsgesetzen unterworfen. Der vorhergegangene Krieg ist demnach nur der Entwickler, der das neu gewonnene Momentbild klar badet.

Das Eigenartige am chinesischen Frieden ist nun aber, daß ihm ein eigentlicher Krieg nicht vorausgegangen ist — weder China hat den Verbündeten noch die Verbündeten haben China den Krieg erklärt.*) Das Friedensbild konnte nicht genügend gewaschen werden, seine Linien sind daher unklar, seine Schatten matt, seine Lichter ausdruckslos. Die Seymour'sche Expedition wurde gegen Boxer geschickt. Man brach ein Gefecht ab, weil während eines Boxerkampfes chinesisches Militär auf der Bildfläche erschien. Auch später noch, lange später, als das Verhalten der chinesischen Regierung und die Ereignisse von Peking und Tientsin längst bekannt geworden waren, als ein deutscher Heerführer den Oberbefehl in Petschili übernommen hatte, handelte man bei Tschoutschou und bei Patschou unter demselben Eindruck. Interessant ist auch die Thatsache, daß man dem Sühneprinzen in seiner doch zensierten Ansprache gestattet hat, gleichfalls die Fiktion festzuhalten, daß die fremden Mächte der chinesischen Regierung nur Hilfe gegen Aufständische

---

*) Ausgenommen wäre nur Rußland. Indessen wird die Thatsache einer offiziellen Kriegserklärung Rußlands an China auch bezweifelt.

geleistet hätten. Seit wann schließt man aber mit einem Ver=
bündeten Frieden? — So die Theorie, Jedermann weiß, daß die
Praxis anders aussieht. Wir haben faktisch einen Krieg aus=
gefochten, auch die Diplomatie trug dem Rechnung, indem sie den
Krieg ohne Kriegserklärung durch einen regelrechten Frieden beendete.
Ist es daher ein Wunder, wenn der Friedensschluß unter denselben
Unklarheiten zu leiden hatte, wie der ganze Feldzug?

Man hat viel mit Phrasen und klingenden Worten gearbeitet.
Das ist aber bei weltbewegenden Gelegenheiten immer der Fall.
Man denke an égalité, fraternité, liberté. Heute sagt man Christen=
tum, Kultur oder ähnlich. Man wird nicht daran zweifeln können,
daß die Stimmung, aus der heraus diese Schlagwörter geboren
wurden, die edelste, die reinste war. Aber man kennt die tiefen
Schatten des Missionswesens in China, man weiß auch, daß die
Chinesen eine eigene hohe Kultur haben, die der unsrigen inkom=
mensurabel ist, darum aber nicht weniger hoch steht. Wozu bedarf
es des christlichen und kulturellen Mäntelchens, um unsere Absichten
in China damit zu verhüllen? Warum nicht offen sein? Wozu
brauchen wir uns zu genieren auszusprechen, was jedermann weiß?
Wir Deutsche haben unseren ersten Kolonialkrieg geführt, wir haben
ihn geführt nicht um des Christentums willen, nicht um der Kultur
willen, sondern um unseres Handels und unserer Weltmachtstellung
willen. Wir haben eine so mächtige Armee entfaltet, nicht bloß
um Gesandtenmörder zur Verantwortung zu ziehen, sondern um
uns vermittelst eines großen Koups, wie er nicht bloß auf den
Brettern, die die Welt bedeuten, sondern auch auf der richtigen
Weltbühne erlaubt ist, in einer Position festzusetzen, aus der wir
uns nicht wieder verdrängen lassen wollen. Als die Frage der
Errichtung eines Oberkommandos aufgeworfen wurde, haben wir
mit beiden Händen zugegriffen, sobald sich eine Gelegenheit dazu
bot, es unter Wahrung unseres Dekorums thun zu können. Wir
haben das gethan, um unsere Machtstellung zu vergrößern, was
uns niemand übelnehmen kann, weil es das Bestreben jeder Nation sein
muß.. Wir haben es gethan bewußtermaßen, wir sind stolz darauf,
es gethan zu haben, und können um so mehr stolz darauf sein, als

wir vom Erfolge belohnt worden sind. Wir haben mit vollem
Bewußtsein darauf hingearbeitet, von vornherein, wir als Deutsche,
unsere Macht und unseren Einfluß zu stärken, zu vergrößern; das
war unser gutes Recht, unsere Pflicht gegen die Nation, und wir
brauchen uns deshalb weder vor China, noch vor der andern Welt
zu entschuldigen, indem wir den Krummstab, unter dem sich's be=
kanntlich gut wohnen lassen soll, schützend vorstrecken und den nach
Weltmoral duftenden Talar der „Kultur" um die Schultern hängen.

Leider sind diese Auffassungen nicht Allgemeingut unseres Volkes,
und es hat an bitterer Kritik der deutschen Arbeit in China nicht
gefehlt. Indessen — abfällige Kritik ist billig, positive teuer. Allein
wertvoll ist die Objektivität. Aber gerade daran hat man es in
der Beurteilung der chinesischen Frage, die für uns eigentlich zu
einer deutschen Frage im Spiegel der chinesischen Ereignisse geworden
ist, fehlen lassen. Man hat sich an Einzelheiten, an Äußerlichkeiten
geklammert, man hat den Feldmarschall mit beißender Satire be=
dacht. So etwas ist nicht nur billig, sondern für den guten
Geschmack geradezu beschämend. Wenn größere Erwartungen, die
an seine Mission geknüpft wurden, nicht in Erfüllung gegangen
sind, so trifft die Schuld dafür nicht ihn sondern die Verhältnisse
und Umstände.

Gewiß, man muß es wohl aussprechen, daß die militärischen
Ziele, die dem Oberkommando bei seinem Eintreffen auf dem Kriegs=
schauplatze noch übrig blieben, nicht so erreicht worden sind, wie
man sie vielleicht hätte erreichen können. Aber man darf auch
andererseits nicht aus den Augen lassen, daß der Schwerpunkt der
rein militärischen Aktionen in Petschili überhaupt nicht in die Zeit
der Thätigkeit des Oberkommandos fällt, sondern in die Zeit vor=
her, und man sollte sich daran genügen lassen, daß es das erste
Mal in der Weltgeschichte ist, daß das Konzert der Mächte nach
dem Taktstocke eines einzigen Dirigenten gespielt hat. Daß dieser
ein Deutscher war, erfüllt uns mit besonderem Stolze, ob es nun
Graf Walbersee war oder vielleicht ein anderer hätte sein sollen,
darauf kommt es nicht an. Und dann bedenke man noch eins.
Erst mit der Besetzung des Kiautschougebietes trat Deutschland in

die Reihe der Mächte ein, die nicht bloß handelspolitisch, sondern auch politisch eine größere Rolle in China zu spielen begannen. Und bereits zwei Jahre später — Deutschland an der Spitze dieser Nationen — welch ein Erfolg!

Jedenfalls hält die diplomatische Thätigkeit, deren Ziel im wesentlichen die Kodifizierung des im Kriege geklärten neuen Status quo war, die Kritik viel weniger aus, als die militärische, die doch auf der ganzen Linie und innerhalb der von vornherein gesteckten Grenzen immerhin einen Erfolg bedeutet. Die Diplomatie machte zunächst den prinzipiellen Fehler, mit China zu verhandeln wie mit einem Staate, dessen Moral und völkerrechtliche Anschauungen die unserigen sind. Gewiß, ein Friede ist auf dieser Grundlage zustande gekommen. Indessen, auf welche Weise will man wirksam die Ausführung der Bestimmungen kontrollieren und erzwingen, wenn China, wie schon so oft geschehen, Winkelzüge macht, so z. B. die Bestimmungen die fünfjährigen Maueranschläge und die Unter- sagung der Examina? Bedenkt man auch, daß ein Heer von europäischen Beamten notwendig sein würde, um nachzusehen, ob nicht die Examinanden eines bestraften Ortes in den Examenhallen eines andern, der frei ist vom Examenverbot, sich prüfen lassen, und ob nicht irgend ein niederträchtiger chinesischer Straßenjunge innerhalb der fünf Jahre einmal irgend eines der Mauerplakate in irgend einer entlegenen Stadt zur Freude der Väter herunterreißt? Hat man sich mit der chinesischen Regierung darüber geeinigt, in welchen Zwischenräumen die Plakate erneuert werden müssen, da sich kaum annehmen läßt, daß die Plakate auf dünnem chinesischen Papier fünf Jahre lang dem Regen und dem Winde trotzen werden? Zu solchen Fragen führt die Diplomatie konsequenter- maßen den Kritiker ihrer Kodifikation, und jeder Amtsvorsteher, ja jedes Plakatinstitut und jeder Zettelkleber werden diese Bedenken bestätigen können. Legt aber die Diplomatie auf die exakte Durch- führung der Friedensbestimmungen Wert, so muß sie notgedrungen gleichfalls zu solchen lächerlichen Konsequenzen kommen. Was ist das aber für ein Friedensvertrag, der Bestimmungen enthält, die einfach undurchführbar sind? Betont wird, daß es nicht auf das

Materielle, sondern auf den moralischen Eindruck ankomme. Das sind Wahnvorstellungen, Staub in die Augen. Nicht das Militär, wohl aber die Pekinger Diplomatie im chinesischen Friedensvertrage hat sich von den Chinesen schlagen lassen. Woran das lag — und wir wissen, daß die Sonderinteressen einzelner Mächte hauptsächlich Schuld daran waren — einerlei, jedenfalls will es mir nicht recht in den Sinn, daß dieser Friedensvertrag faktisch den Ausdruck der bestehenden Machtverhältnisse der Großmächte zu China repräsentieren soll. Wahrscheinlich ist dieses Machtverhältnis einfach unzureichend kodifiziert, der Fehler liegt in der Redaktion des Vertrags, nicht in den Grundlagen. Oder aber, sollte der eingangs erwähnte Satz doch Recht behalten, sollte es der gemeinsamen Arbeit der Mächte doch nur gelungen sein, den status quo ante aufrecht zu erhalten und nichts weiter? Fast scheint es so — das wäre dann allerdings ein entmutigendes Rusultat! Man hatte es doch in der Hand, in China eine nicht mehr durch besondere Niederlassungen und Vertragshäfen eingeengte freie Handelsbethätigung aller Nationen im ganzen Lande zu proklamieren, konnte das Verbot des Landerwerbs für Ausländer, das bisher die Bergbau- und industrielle Thätigkeit der Ausländer in Fesseln gehalten hatte, aufheben lassen, konnte eine Regelung bezüglich des Konzessionserwerbs und Betriebs der Eisenbahnen und der Bergwerke erzielen, konnte nach Art der Seezölle China ein von Ausländern gebildetes und von den Staaten kontrolliertes Eisenbahn- und Bergbau-Ministerium oktroyieren, und hätte damit zu gleicher Zeit eine Kontrolle und eine Garantie gehabt für die Tilgung der Kriegskosten. Nichts davon scheint versucht worden zu sein. Wie leicht hätte man es gehabt, damals solche Forderungen durchzusetzen; anstatt moralischer Repressalien von geringer Wirkung und zweifelhaftem Werte hätte man etwas Reelles in der Hand gehabt. Es scheinen sich die Mächte also doch in ihrer Uneinigkeit zur Aufstellung solcher Forderungen noch nicht stark genug gefühlt zu haben, und es scheint also der Satz, daß ein Friede das Bestehen eines gewissen Gleichgewichtszustandes zwischen Machtfaktoren ziemlich präzis repräsentiert, auch hier recht zu behalten. Mene, mene, tekel upharsin!

Unter solchen Verhältnissen möchte man fast resigniert die Feder beiseite legen und an einer sachgemäßen Lösung des chinesischen Problems verzweifeln, wenn nicht die Hoffnung bestände, daß über kurz oder lang doch einmal eine starke Faust das latente Spannungs= verhältnis der Großmächte in Ost=Asien aus dem Gleichgewicht bringen und der Auffassung — speziell soweit Deuschland in Betracht kommt — erneute Geltung schaffen wird, daß Kompagnie Lumperie und der Starke am mächtigsten allein ist.

Scheint es doch fast, als leiste der Entwickelungsgang, den die ostasiatische Politik der Mächte seit dem Friedensschlusse ge= nommen hat, dieser Theorie im Interesse Deutschlands Vorschub. Dieser Entwickelungsgang hat erfreulicherweise zu einer Gruppierung geführt. Das ist deswegen erfreulich, weil sich dadurch die Zahl der Faktoren, mit denen man zu rechnen hat, verringert. Es haben sich, wie bekannt, mittlerweile England und Japan bezüglich ihrer ostasiatischen Politik näher an einander angeschlossen, und als Antwort darauf hat Rußland in Gemeinschaft mit Frankreich gleich= falls ein ostasiatisches Programm proklamiert. Indessen sei von vornherein bemerkt, daß dieses Programm so weit gefaßt ist, daß Rußland deshalb nicht nötig hätte, sich bezüglich seiner konsequenten Landerwerbspolitik im fernen Osten Fesseln anlegen zu lassen, die nicht gelegentlich leicht wieder abgestreift werden könnten. Zunächst, äußerlich betrachtet, atmen beide Übereinkommen den Geist des Friedens, des Konservativismus: Aufrechterhaltung des Status quo ist das Grundmotiv. Beide Proklamationen nehmen Stellung gegen= über einem oder mehreren Dritten, denen es etwa gelegentlich einmal beifallen könnte, an den gegenwärtig in China bestehenden Verhältnissen etwas ändern zu wollen. Der oder die Dritten werden nicht mit Namen genannt. Aber zwischen den Zeilen kann man es lesen, daß mit dem englisch=japanischen Bündnis Rußland gemeint ist, und die Thatsache, daß die russisch=französische Prokla= mation der englisch=japanischen unmittelbar auf dem Fuße folgte, weist deutlich genug darauf hin, daß sie als schlagfertige Antwort auf das englisch=japanische Bündnis aufgefaßt wurde und also auch von Außenstehenden als solche hingenommen werden muß.

Die Vorteile der beiden Konventionen liegen, das ergiebt sich sehr
bald, fast ausschließlich auf seiten der beiden asiatischen Vormächte
Rußland und Japan. Zwar mag es für Frankreich ein beruhi-
gendes Gefühl sein, daß es auch im fernen Osten unter den Fittigen
des Doppeladlers seinem etwas fadenscheinigen kolonialen Prestige
wieder zu neuem Glanz verhelfen kann, indessen kann Frankreich
kaum daran denken, seine kolonialen Engagements in Ost-Asien
besonders auszudehnen. Es hat den großen Länderbesitz in Ton-
king, Cochinchina usw., und hat vollauf damit zu thun, diese
Ländereien kolonialwirtschaftlich brauchbar zu machen. Der Franzose
ist sowohl im einzelnen wie als Staat ein schlechter Kolonisator,
und speziell die südchinesischen Besitzungen Frankreichs leiden an dem
Mangel von arbeitsfreudigen Kolonisten, die auch nicht unvermögend
sein dürfen, wenn sie prosperieren wollen. Auf dem Gebiete des
Bergbaues sind die Erfolge der französischen Kolonisation in denselben Gebieten trotz deren anerkanntem Reichtum an Mineralien
aller Art sehr minimale, und was den Export und Import anlangt,
den sie in freier Konkurrenz mit den übrigen Staaten und Ländern
in den Vertragshäfen betreiben, so sind die Franzosen auch da weit
hinter Deutschen und Engländern zurückgeblieben. Selbst auf die
Gefahr hin, ein geringes zu übertreiben, läßt sich die französische
Kolonialthätigkeit im fernen Osten doch noch am besten durch die
Thatsache charakterisieren, daß die „drüben" ansässigen Franzosen,
die Geschäfte machen, im wesentlichen Barbiere, Krämer, sowie
Schenk- und Kaffeewirte sind. Größere französische Unternehmungen,
die in Ost-Asien prosperieren, sind Ausnahmen. Frankreich dürfte
also in Ost-Asien nicht allzuviele wertvolle Interessen aufzuweisen
haben, die die Kombination mit Rußland zu einer für Frankreich
so überaus vorteilhaften gestalteten. Anderseits indessen macht Frankreich ziemlich erhebliche Anstrengungen, um das, was ihm an handelspolitischem Schwergewicht in Ost-Asien abgeht, durch äußeres Auftreten zu ersetzen.

Die Vorteile 'auf russischer Seite sind größer. Liegen doch
die Verhältnisse auf asiatischem Boden ähnlich wie auf europäischem!
Hier wie dort ist es im letzten Grunde Rußland, das aus der

Allianz die reellen Vorteile zieht. Hier wie dort braucht Rußland einen Geldmann, und manchmal dringender noch einen Strohmann, der in solchen Fällen vorgeschickt wird, in denen man selbst es für opportun erachtet, im Hintergrunde zu bleiben. Es ist ein offenes Geheimnis, daß Franzosen häufig teils bewußt, teils unbewußt in Ost-Asien die Geschäfte der Russen besorgt haben. Es sei nur erinnert an den Bahnbau Peking-Hankau, von dem man bereits mit mehr und mehr Offenheit einräumt, daß Rußland daran am meisten interessiert ist. Dazu kommt nun noch die keineswegs verachtens-werte Thatsache, daß Frankreich eine beträchtliche Seemacht in den ostasiatischen Gewässern unterhält, und daß die russische Flotte im Falle einer Verwickelung Rußlands in einen Kampf mit Japan, der zunächst naturgemäß ein Kampf zur See sein würde, in den französischen ostasiatischen Besitzungen einen schätzenswerten Rückhalt haben wird. Alles in allem liegen also die Vorteile der russisch-französischen Konvention betreffs Chinas mehr auf russischer als wie auf französischer Seite.

Bei dem englisch-japanischen Abkommen liegen die Verhältnisse gleichfalls so, daß die junge asiatische Vormacht Japan günstiger haben ist. Der Erfolg, den England damit erreicht hat oder noch zu erreichen gedenkt, daß es sich auf dieses Bündnis eingelassen hat, ist sehr fragwürdiger Natur. Denn dieses Abkommen bedeutet für Englands kolonialpolitische Stellung in Ost-Asien nichts anderes als ein neues Glied in der Kette absteigenden Einflusses, die charakterisiert wird durch die Worte „Festlegung der Große-Mauer-Grenze mit Rußland, Yangtse-Abkommen und englisch-japanisches Abkommen". In allen drei Fällen verteidigte England alten Besitz, und die Vorteile des Abschlusses lagen auf der andern Seite, niemals auf derjenigen Englands. Es ist noch eine alte Tradition bei den Engländern, daß die Weltmachtstellung Englands es mit sich bringe, daß England etwas Vorsehung spielen müsse. Aber die Konsequenzen aus dieser Fiktion, die uns oft zugute gekommen sind, waren für England selbst nicht immer glückliche. In diesem speziellen Falle war zum mindesten der Augenblick schlecht gewählt, in dem das englisch-japanische Abkommen proklamiert wurde. Denn

erst dadurch wurden Rußland und England veranlaßt, bereits jetzt
ebenfalls grundsätzlich Stellung zu nehmen, was hinzuhalten England vielleicht ein größeres Interesse gehabt hätte. Vielleicht mag
auch die Furcht bei England mit bestimmend gewesen sein, Japan
könnte sich Rußland zum Bundesgenossen auswählen. Nun freilich,
die Thatsache, daß Japan unmittelbar vor der Ratifikation des
Abkommens mit England einen seiner bedeutendsten Staatsmänner
noch vor seinem Besuche Londons nach St. Petersburg entsandte,
konnte wohl zu solchen Befürchtungen Anlaß geben. Allerdings
mußte man dann gänzlich die Tendenzen außer Betracht lassen,
die die gegenseitige Politik gerade Rußlands und Japans bezüglich
Koreas geleitet hat und sie notwendigerweise auch in Zukunft
leiten muß. Die Interessen, die beide Nationen daran haben, bezüglich Koreas eine Entscheidung auf rouge ou noir herbeizuführen,
sind zu vitaler Natur, als daß, wenigstens seitens Japans, ein
Zurück, und was damit gleichbedeutend ist, ein friedlicher Ausgleich
mit Rußland, zumal in Gestalt eines Bündnisses, möglich wäre.
Nur Japan hatte Interesse an einem möglichst schleunigen Zuhilfe-
kommen eines europäischen Bundesgenossen, nachdem die Lage nach
dem Friedensschlusse und namentlich infolge der japanischen Interven-
tion in der Mandschureifrage (Frühjahr 1901) für Japan selbst kritisch
geworden war, und man in eingeweihten Kreisen bereits mit dem in
kurzer Zeit bevorstehenden Ausbruch eines russisch-japanischen Krieges
rechnete. Japan hatte also Interesse daran, möglichst schnell mit
England auf eine gemeinsame Basis zu kommen, und die englischen
Staatsmänner gingen in der That auf das Bündnisabkommen ein.
Daß der Besuch des Marquis Ito in Petersburg unter diesem
Gesichtswinkel sich als ein schlauer Schachzug herausstellt, wird der
um so eher verstehen können, der die grundsätzliche Gegensätzlichkeit
russischer und japanischer Interessen sich vergegenwärtigt.

England hat den Westmächten schon einmal einen recht unheil-
vollen Dienst erwiesen, indem es auf Abschaffung der Konsulargerichtsbarkeit in Japan drängte. Die oft genug ertönenden Klagen
europäischer Kaufleute über parteiische Handhabung der Justiz
durch japanische Richter sind der Beweis dafür, daß diese Maß-

nahme verfrüht war. Jetzt geht England noch ein Stück weiter,
es erkennt Japan sogar für soweit ebenbürtig an, daß es mit ihm
ein Bündnis schließt. Ganz abgesehen davon, daß damit für Eng=
land weder besondere politische noch handelspolitische Vorteile heraus=
springen, ist England damit aus dem Kreis derjenigen Völker
herausgetreten, die den fernen Osten immer nur als ein Objekt
der Politik angesehen haben, dem man nur soweit Subjektivität
läßt, als es die Obervormundschaft der Westmächte gestattet. In=
dessen hat die Sache auch noch eine andere Seite: Durch dieses
subjektive Engagement bindet England gleichzeitig den einzigen
asiatischen Staat, dessen Aggressive China gegenüber ebensosehr,
vielleicht mehr zu fürchten war, als diejenige irgend eines euro=
päischen Staates. Es verpflichtet der englisch=japanische Vertrag
ebenso Japan zur Enthaltsamkeit in seinen Wünschen China gegen=
über, wie England, und darin liegt meines Erachtens wohl die
Hauptbedeutung dieses Vertrages für die übrigen an China inter=
essierten Mächte, und vor allen Dingen die erheblichen Vorteile, die
gerade uns Deutschen dieses Abkommen bietet.

In Ost=Asien selbst sehen wir heute ein kontinental=
politisches Gleichgewicht hergestellt. Das ist in der ostasiati=
schen Politik ein Novum. Dieser Gleichgewichtszustand bindet zunächst
vier große an Ost=Asiens Geschicken beteiligte Mächte, Rußland,
Japan, England und Frankreich. Welche Mächte haben sonst in
Ost=Asien noch eine wichtige Stimme im Rate der Völker? Eigentlich
nur noch Deutschland und die Vereinigten Staaten von Nordamerika;
diese letzteren können wir politisch indessen ausscheiden. Sie haben
es oft genug erklärt und im Verlaufe des Feldzuges bewiesen, daß
sie China gegenüber ausschließlich Handelspolitik treiben wollen.
Es bleibt also eigentlich nur noch Deutschland übrig, das die Hände
frei hat. Diese Konsequenz ist einfach und ergiebt sich von selbst.
Ob wir die mit einer solchen Stellung verbundenen Vorteile aus=
nutzen werden und in welcher Form, das liegt in der Hand anderer
bestimmender Faktoren. Aber die Situation liegt für Deutschland
so günstig, wie sie nur irgend sich gestalten konnte. Hoffentlich ist
die konziliante Politik, die unsere Regierung gegenwärtig in den

ostasiatischen Fragen zu betreiben scheint, nur die Vorbereitung zur
Neuentfaltung deutscher Energie, wie sie z. B. bei der Festsetzung in
Schantung gezeigt wurde. Ein Einschwenken in die Bahnen der
russischen Landerwerbspolitik würde natürlich für die gegenwärtige
Lage unzweckmäßig sein. Indessen sollte man mit Energie zugreifen,
wenn es heißt, dem deutschen Kaufmann immer mehr Eingang zu ver=
schaffen in dieses gewaltige Reich, das uns zumal angesichts der eng=
lischen kolonialpolitischen Abschließungspläne vielleicht noch einmal
unentbehrlich sein wird. Der Kaufmann war bisher der Pionier des
Deutschtums im Osten, und so wird es wohl auch bleiben, die
Aufgabe der Regierung kann es nur sein, ihm auf dem Fuße zu
folgen und da festzufassen, wo er festen Fuß gefaßt hat. Und das
kann alles geschehen auf Grund derselben Prinzipien, die die vier
Großmächte aufgestellt haben, die sich daraufhin paarweis unter
einander verpflichtet haben und zu denen man sich ja nicht in Gegen=
satz zu stellen braucht. Aber eine kraftvolle Politik brauchen wir
Deutsche in Ost=Asien gegenwärtig mehr denn je. Leider liegen die
Verhältnisse gegenwärtig ganz allgemein und demnach auch für
deutsche Handels= und Unternehmerbethätigung schlimmer, als sie vor
dem Feldzug lagen! Wenn die Regierungen jetzt die Spannkraft
verlieren und die Dinge gehen lassen, wie sie gehen, werden wir
vielleicht einen zweiten Seymourzug erleben. Diesmal aber einen
handelspolitischen! Hoffen wir, daß der allgemeine chinesische
Katzenjammer nicht auch unsere Regierung erschlaffen läßt in der
hoffnungsvollen Energie, mit der sie unser erstes politisches Auf=
treten drüben eingeleitet hat. — Wie gesagt, der Starke ist am
mächtigsten allein! — —

Immerhin sei es mir gestattet, noch auf einige Grundfragen
des chinesischen Problems hinzuweisen und aus dem vorhergehen=
den einige Konsequenzen zu ziehen, die vielleicht in der Chinapolitik
der Zukunft noch eine Rolle spielen werden.

In der Kolonisation und allmählichen Erschließung außer=
europäischer Absatzgebiete durch die europäischen Kultur= und Handels=
mächte während der beiden letztvergangenen Jahrhunderte nimmt
die chinesische Frage eine Sonderstellung ein. Häufig ging die Er=

oberung der Kolonialländer der Kolonisationsthätigkeit selbst voraus oder ging mit ihr Hand in Hand. Erinnern wir uns der
allmählichen Eroberung Nordamerikas unter englischer Ägide durch
Kolonisten und Trapper, ferner der Erschließung und Erwerbung
Australiens und Indiens durch die Engländer, der Einbeziehung der
malayischen Inseln in den holländischen Herrschaftskreis, schließlich
nicht zuletzt der Besiedelung Sibiriens durch Rußland. Überall
geht hier die politische Eroberung Hand in Hand mit der Erschließung neuer Märkte und mit der Kolonisation. Freilich hat man
es in den meisten der angeführten Beispiele mit Ländern zu thun,
die selbst entweder gar keine oder doch eine unsern europäischen Staatsgebilden inkommensurable Kultur und politische innere Organisation
aufzuweisen hatten. Auszunehmen ist vielleicht nur Indien, doch kann
man auch da im Zweifel sein, ob das von den ersten Kolonisten angetroffene Konglomerat zahlloser einzelner, bis zu einem gewissen Grade
auch bis auf den heutigen Tag noch selbstständiger Fürstentümer nicht
doch als eine Bestätigung des soeben aufgestellten Satzes anzusehen ist.

Ähnlich liegen die Verhältnisse auf den malayischen Inseln.
Australien aber sowohl wie Sibirien und Nordamerika weisen die
gleiche Erscheinung auf, daß körperlich und geistig überlegene Nationen die schwächeren unterdrückt haben. Und zwar gilt diese Beobachtung sowohl für das politische wie für das anthropologische
Gebiet. Die Berührung mit der Kultur wirkte auf die meisten der
eingeborenen Völkerschaften wie die Sonne auf das Wachs; sie
schmolzen mehr und mehr dahin, durchaus nicht etwa infolge der
Grausamkeit der Kolonisten, die im Gegenteil die Eingeborenen genugsam durch alle Mittel zu erhalten suchten, da sie sie gern als
Arbeitskräfte behalten hätten, sondern aus bisher auch von der
Völkerkunde nur unzureichend erklärten inneren Ursachen.

Anders lagen die Verhältnisse mit Ost=Asien und speziell mit
China. In Ost=Asien traf man auf zwei staatliche Organisationen,
feste Staatengefüge, das eine Japan, malayo=mongolischen, das
andere China, rein mongolischen Charakters.

Als nun aber der europäische Handelsmann in größeren
Scharen nach dem fernen Osten wanderte und in seinem Gefolge

die gepanzerten Schiffe nach sich zog, traf er auf Abschließung und heftigen Widerstand bei China wie bei Japan. Während jedoch in Japan in den fünfziger Jahren des vergangenen Jahrhunderts der Anfang zu einer nachher rapide und mit bewundernswerter Zähigkeit durchgeführten staatlichen und sozialen Reorganisation nach europäischen Grundzügen angebahnt wurde, verharrte China in seiner ablehnenden Stellung, und verschiedentlich mußten in demselben Jahrhundert militärische Aktionen unternommen werden, um mühsam dem zähen mongolischen Reiche ein Zugeständnis nach dem andern abzuringen.

Die Ursache dafür liegt in erster Linie darin, daß China selbst ein bevölkertes Land ist, dessen Schwerpunkte, sowohl politischer wie wirtschaftlicher Natur, im Innern des Landes liegt, nicht an der Küste. Diese Thatsache bleibt bestehen, trotz der andern, daß die an der Küste wohnende Bevölkerung zahlreiche Auswandererscharen entsendet, die draußen besseren Bedingungen zum Gelderwerb nachspüren, als sie in der dichtbevölkerten Heimat, namentlich in dem armen Hakkagebiet und in Schantung, woher die meisten Auswanderer kommen, vorhanden sind. Indessen kehren sie samt und sonders mit wenigen Ausnahmen wieder in die Heimat zurück, um dort das draußen Erworbene zu verzehren und ihre Tage zu beschließen. Ein Land, das selbst einen starken Kolonisationsstrom aussendet, ist meistens ein schlechtes Objekt für kolonisatorische Bestrebungen anderer Staaten. Der wichtigste Grund aber für so manchen Mißerfolg ist darin zu suchen, daß meistens übersehen wird, daß die chinesische Rasse mit Fähigkeiten und Instinkten ausgestattet ist, die ihr einen durchaus andern Platz anweisen, als unter die Zahl der abwärts gehenden Rassen. In der That, man kann der eigenen Nation keinen schlimmeren Dienst erweisen, als wenn man sie einlullt in den Gedanken, daß die Chinesen eine verachtenswerte, womöglich abwärts gehende Rasse seien. Das sind sie nicht. Und die gelbe Gefahr ist kein Hirngespinst, kein Popanz, den man in die politische Kinderstube verweisen darf. Sehe man doch genau hin und steige etwas von seinem Überkulturdünkel herunter. Dann wird man erkennen, daß der Chinese in dem bisherigen Kampf aller gegen ihn im letzten Grunde durchaus nicht zu Boden geworfen. In den Fremdenniederlassungen, im Kauf=mannsstande ist es der Komprador, der im Dienste des Fremden, und doch im Wettkampfe mit ihm das relativ größte Geschäft macht. Nehme man dem europäischen Kaufmann das Komprador=system, dann ist er hilflos, ein Zeichen dafür, daß er noch lange nicht genug in das Geheimnis der Besiegung Chinas selbst auf dem Gebiete des Handels eingedrungen ist. Militärisch — gewiß, da haben wir China besiegt — soweit wir es zu fassen bekommen haben. Vergleichen wir aber nur einmal das kleine Gebiet der Provinz Petschili mit dem ganzen großen China! Es giebt aus=gedehnte Gegenden Chinas, die von dem Kriege in Tschili über=haupt kaum etwas gehört haben dürften! Machtlos erwiesen sich die verbündeten Mächte, als der Hof sich in die mehr westlich gelegenen Provinzen zurückzog. Was sollte die Diplomatie aller Mächte zusammengenommen anfangen, wenn es dem Hofe einmal einfallen wollte, seine Residenz dauernd nach dem schwer erreich=baren Innern zu verlegen? Welche Machtmittel haben wir denn schließlich China gegenüber in der Hand, selbst vorausgesetzt, daß dieses sich auf die ihm oktroyierten Grundlagen europäischer Anschau=ungen stellt? Wie aber, wenn es dieses nicht thut? Können wir es auch dann noch dazu zwingen? Ohne gewaltige Anstrengungen wohl kaum. Das war einer der Hauptfehler in der Behandlung des Chinesen, daß man sich daran gewöhnt hat, ihn, diplomatisch wenigstens, als mehr oder weniger gleichartig mit europäischen Völkern zu behandeln, ein Fehler, der sich nun schon zweimal bitter gerächt hat durch Brüche des Völkerrechts, die wir wenigstens von unserem Standpunkt aus so nennen. Wenn man die Sache objektiv betrachtet, so liegt das Verschulden bis zu einem gewissen Grade in der Verkennung der Thatsache unsererseits, daß China ein Land ist, dessen moralische, sittliche, rechtliche und religiöse Anschauungen sich nur unter Vorbehalt mit den unsrigen vergleichen lassen. Es ist so verfehlt wie irgend möglich, China und den Chinesen an unserer eigenen Kultur zu messen, wie es umgekehrt verfehlt ist, wenn der Chinese uns an der seinigen mißt. Beide Standpunkte verleiten zu Fehlschlüssen. Was nützen denn dem Politiker auch Erörterungen darüber, ob die chinesische Kultur höher steht als die unsrige, ob sich der Chinese im konfutseanistischen Eudämonismus wohler befindet, als der Europäer im Christentum?

Die Politik hat an sich gar nichts mit altruistischer „Moral" und mit „Kultur"=Fragen zu thun. Die Politik hat nichts weiter zu thun, als dafür zu sorgen, daß das auf Grund der inneren Ent= wickelung eines Wirtschaftsstaates sich herausbildende Interesse an außerhalb dieses Wirtschaftsstaates gelegenen Gebieten in einer richtigen und geschickten Weise vertreten wird. Fragen der sogenannten „äußeren" Politik gehen aber im allgemeinen aus den Bedürfnissen des Staatengebildes, wie es sich in der „inneren" Politik wider= spiegelt, hervor. Die wirtschaftliche innere Entwickelung eines Staates ist es, die seine äußere Politik diktiert, gerade so, wie die innere Entwickelung irgend eines Großbetriebes dem Leiter desselben bestimmte Aufgaben stellt, die sich auf Gebiete, welche außerhalb der innern Organi= sation des Großbetriebes liegen, beziehen. Soweit aber irgend ein Staat, zumal ein nationaler Staat, hierbei als Großbetrieb in Frage kommt, muß seine Politik über die sogenannte „auswärtige Politik" im Sinne des terminus technicus hinausgehen und zur Weltpolitik werden. Da sind es aber weder Sympathien nach Antipathien, die der Weltpolitik die Ziele stecken, sondern rein materielle, rein wirt= schaftliche Machtfragen, die sich gebieterisch hierbei in den Vordergrund drängen und die ausschließlichen Gesichtspunkte geben müssen für das Handeln.

Freilich hat sich im Laufe der Geschichte ein internationales Recht herausgebildet, genannt „Völkerrecht", das von allen Kultur= nationen respektiert wird. Wer aber will verlangen, daß dieses internationale Recht auch ohne weiteres von Völkern anerkannt und gehalten wird, welche außerhalb der durch eine gemeinsame Kultur unter einander verbundenen Völker stehen? Will man das verlangen, dann muß man das Völkerrecht den Staaten aufoktroyieren, denen es nicht geläufig ist. Ein solches gewaltsames Aufzwingen des Völker= rechtes, das doch im Grunde kein allgemein gültiges Naturgesetz ist, ist ein Kampf mit mancherlei Phasen, und es wäre daher auch vom Stand=

punkte unserer Moral aus ungerecht, wenn man jeden Fall, in dem ein solcher Staat, z. B. China, gegen die vom Völkerrecht aufgestellten Grundsätze sich auflehnt, mit einem ebenso genauen Maßstab messen wollte, wie die Fälle, in denen ähnliches seitens eines Volkes geschehen wäre, das zu dem westlichen Kulturring gehört. Die Ermordung des deutschen Gesandten ist daher auch nur eine Phase in dem Kampfe westlicher Kultur mit China um die Anerkennung des sogenannten Völkerrechtes. Eher müßte man die Verletzungen des Völkerrechtes seitens Chinas so behandeln, wie etwa die Übelthaten jugendlicher Verbrecher. Aber eine Konsequenz ergiebt sich daraus klar und deutlich, daß nämlich die westlichen Kulturvölker, da sie nun die Politik der Macht China gegenüber ausspielen, nun auch nicht aus der Rolle fallen und China nicht als ein Land behandeln, das die ihm aufgezwungene Anschauung sich auch bereits zu eigen gemacht hat, sondern als ein Land, das man bewußtermaßen unter europäische Herrschaft hinunterzwingen will, um politisch und handelspolitisch darüber zu herrschen, und durch dauernde Kontrolle des inneren Regierungsorganismus zugleich der sogenannten „gelben Gefahr" vorzubeugen, sei es nun durch eine friedliche Verschmelzung beider Kulturen, sei es, wenn sich das als unmöglich erweist, durch Gewalt. — —

China ist ein Kulturland, ein Land mit einer eigenen, alten und durchaus beachtenswerten Kultur. Unsere Kultur stand der chinesischen bisher unvereinbar gegenüber. Wenn wir aber glauben, unsere Kultur und unsere Machtstellung sei die stärkere, gut, so lasse man es auf den Kampf ankommen. Es hieße sich angesichts des chinesischen Problems die Augen verbinden, wenn man glauben wollte, daß es mit den bisherigen Kämpfen Chinas gegen die Fremden abgethan sei. Sie sind wohl nur der Anfang viel größerer und doch notwendiger Kämpfe. Man hat bereits jetzt erkannt, — und ist zum Teil Schuld daran, daß es soweit gekommen ist — daß China nicht mehr der leicht zu überwindende Gegner ist, als der es häufig mit einer an das Frivole streifenden Mißachtung hingestellt wurde. Die Verachtung Chinas, die Mißachtung seiner natürlichen Stärke und Zähigkeit hat sich bereits bitter gerächt. Über dem Haschen nach Kleinigkeiten, nach Konzessiönchen und solchen

Dingen hat man den Blick für das Ganze verloren. Keine einzige
Nation — vielleicht Rußland ausgenommen — hat es bisher ge=
wagt, China gegenüber eine große Politik zu treiben. Dafür hat
man herumexperimentiert, und es gab Politiker genug, die mit großer
Weisheit zu beweisen suchten, daß das rettende Moment in der
militärischen Ausbildung der chinesischen Armee durch Europäer,
in der innerpolitischen Stärkung Chinas liege. —

Man hüte sich in der ostasiatischen Politik vor Rußland und
Japan. Das letztere läßt sich noch im Zaume halten und hat
bisher einem Veto der Westmächte ernsthaften Widerstand nicht
entgegengesetzt. Japan ist gut gezogen, es hat noch die Disziplin
der Schuljahre und den Respekt des Zöglings vor den Lehrern in
sich. Vor der Hand kämpft es noch innerlich und ringt namentlich
auf dem Gebiet der Finanzen um seine wirtschaftliche Stellung.
Aber sein Militär ist hervorragend, und befähigt den kleinen Insel=
staat ausgesprochenermaßen zur ostasiatischen Vormacht, die dem
Europäer vielleicht noch viel zu schaffen machen wird. Bekannt
sind Japans Bestrebungen, Einfluß auf die innere Verwaltung
Chinas zu erlangen. Geschieht das, dann separiert sich Ost=Asien
von Europa und der Markt gehört Japan und — — nicht zu
vergessen — — dem benachbarten Nordamerika, dessen Politik
China und Japan gegenüber stets die friedlichste von allen war —
Handelspolitik κατ' ἐξοχην! Andererseits aber wäre es doch ein
großes Unglück für die internationalen Beziehungen im fernen Osten,
wenn Japan in absehbarer Zeit einmal vom Zarenreiche nieder=
geworfen werden sollte. Japan ist der einzige Staat, den Rußland
in Ost=Asien — fürchtet, der einzige Staat, der dem Moskoviter das
weitere Vordringen in Ost=Asien verbieten kann, und der einzige, der
ihn gelegentlich schon aufgehalten h a t. Korea gehört noch keines=
wegs Rußland. Es ist für Japan eine Lebensfrage, ob Rußland
sich dort dauernd politisch festsetzen kann, und Japan kann das
friedlich nie zugeben. Aber schlimm für die tertii gaudentes wäre
es, wenn Japan in diesem Kampfe unterliegen würde. Dann würde
ihnen die Freude bald vergehen. Denn wo Rußland politisch fest=
sitzt, da kann ein anderer Staat nichts mehr wollen. Handelspolitisch

ist dieses Gebiet dann ausgeschieden aus der Welt, die man noch teilen kann. Es ist hier oft genug auf die Gegensätzlichkeit der russischen ostasiatischen Politik hingewiesen worden, die der Handelspolitik der Mächte diametral entgegenläuft. Und man weiß ja auch, daß Rußland trotz äußerlicher Teilnahme an den Aktionen der Mächte sich nicht gescheut hat, die allgemeinen Friedensverhandlungen zu stören, um für sich Separatvorteile herauszuschlagen. Rußland ist in ostasiatischen Dingen Alles zuzutrauen. Seine Mittel sind Zwangsmittel. Angebliche Privatunternehmungen russischer Unterthanen sind verkleidete staatliche Unternehmungen, z. B. die russisch=chinesische Bank, die Freiwillige Flotte, die Mandschurische Eisenbahn. Für die Art, wie das gelegentlich zum Ausdruck kommt, nur ein Beispiel: Die Engländer haben eine Konzession zum Bau der Eisenbahn von Tientsin nach Mukden und Kirin, die Russen die Konzession für eine Bahn Charbin=Mukden=Port Arthur. Die Russen stecken ihre Bahnstrecke so ab, daß alle großen Ortschaften und Städte, darunter Mukden, östlich der Bahnlinie liegen. Als nun die Engländer von Westen kommen, verweigern ihnen die Russen das Recht, die russische Bahn zu kreuzen, die englische Bahn kann also weder an Mukden, noch gar an Kirin herankommen und muß bei der Station Kabantse nach Niutschwang abgebogen werden, wo sie auf dem rechten Ufer des Liauho endet, während die russische Strecke auf dem linken endet. Eine Eisenbahn ist für Rußland eben kein rein wirtschaft=liches Unternehmen, sondern eine politische Schlagader, mindestens eine Grenze, über die es gegebenenfalls politisch niemanden hinüber läßt, wie in dem erwähnten Beispiel, auch wenn es keinerlei Rechte auf das Land hat, durch das die Bahn fährt. Rußland plant jetzt eine direkte Bahn von Schanhaikwan nach Peking, ohne Tientsin zu berühren. Dort schließt eine Bahn nach Hankau an, zwar den Franzosen konzessioniert und von Belgiern zu bauen; aber ernsthafte Politiker behaupten, beide stünden im Solde und Auftrage der Russen. Diese würden uns demnach bald im Rücken von Schantung und inmitten des Yangtsethales stehen — — der deutsch=englischen Interessensphäre! Das ist russische ostasiatische Politik, das sind Erfolge eines zielbewußten Vordringens — — bravo! Aber es sind auch Mahnrufe an alle anderen. — — In der That, Rußland ist auf ostasiatischem Boden unser aller heftigster Gegner, und das Augenmerk der Mächte müßte vor allen Dingen darauf gerichtet sein, mit Rußland erst einmal zu einem Übereinkommen zu gelangen, das ihm bis zu einem gewissen Grade die Hände bindet. Ich glaube ja nun im Innersten meiner Seele nicht, daß wir mit der für Ost=Asien jetzt auf den Schild erhobenen Politik der offenen Thür, also ausschließlich Handelspolitik, auskommen werden. Der erste Versuch, diesen Standpunkt durchzuführen, ist zu kläglich ausgefallen. Man wird daher wahrscheinlich über kurz oder lang auch zu einer Teilung übergehen müssen, schon allein um mit Rußland auf gleiche Grundlagen zu kommen. Am besten wird bei dieser Teilung, sei's in Interessensphären, sei's in regelrechte Kolonialländer, derjenige wegkommen, der schon am meisten hat. Daher kann es nicht schaden, wenn man sich bereits jetzt festzusetzen sucht, wo auch immer ein namhafter Vorteil dabei hinausschaut. Auch hier muß der Kaufmann als Sturmbock der Politik vorgeschickt werden. Indessen soll man dabei ja nicht, wie man schon letzthin drauf und dran war zu thun, China selbst, also einen der wichtigsten Machtfaktoren, auf den es schließlich doch zuerst mit ankommt, vergessen. Seine Stärke liegt in seiner, um einen Ibsenschen Ausdruck zu gebrauchen, „kompakten Majorität", und auch auf China gilt strategisch das Moltkesche Wort: „Hinein will ich schon kommen, wenn ich nur erst weiß, wie ich wieder herauskomme". Und dennoch ist es not= wendig, daß wir eindringen in diesen Länderkoloß, politisch und handelspolitisch. Freilich der Kampf, in dessen Anfangsstadien wir stehen, wird noch schwer und gewaltig sein; und es ist durch= aus keine Schwarzseherei, wenn man nicht in jugendlichem Enthu= siasmus ob der anscheinend leicht errungenen Siegespalme allzu siegesgewiß ist, sondern mit ruhigem Bedenken die Frage erwägt, wer nun aus diesem Kampfe schließlich als der Stärkere einmal hervorgehen wird. Nicht kommt es dabei darauf an, ob nun das chinesische Reich wirklich in einzelne politische Stücken zerhackt wird, ob das Drachenbanner später einmal nur noch in den Zeughäusern und Museen zu finden sein wird; das Land, das geographisch

China ist, wird immer an jener oftafiatifchen Wafferkante liegen bleiben, und das chinefifche Volk, das diefe Länder, gleichgültig unter welcher Flagge, bewohnt und bewohnen wird, wird feine innere Zähigkeit, feine ausgeprägte Individualität und feine Expanfionsfähigkeit behalten und in neue Werte umfetzen, fobald es erft dazu erzogen und reif fein wird. Wie einzelne Individuen diefem Gefamtentwickelungsgange bereits vorausgefchritten find, kann man erkennen, wenn man fich um die chinefifchen Verhältniffe in den englifchen und holländifchen Kolonien umthut. Diefer Kampf wird dann kein politifcher mehr fein, fondern ein wirtfchaftlicher. Aber der politifche Kampf wird ihm vorausgehen müffen. Seine Ziele werden verfchieden fein je nach der Politik, die zum Kampfe geführt hat. Ift es die fogenannte Politik der offenen Thür, gegen deren Konfequenzen China remonftriert, fo wird es auf eine internationale Regelung der Frage hinauskommen. Dann wird man vielleicht ftatt der Gefandten Regierungskommiffare nach Peking fetzen, in der Art etwa, wie England den indifchen Fürften Minifterrefidenten beigiebt, die die oberfte Kontrolle über die Regierungshandlungen der nominell felbftändigen Moguls ausüben. Auch wäre für diefe Form in China bereits ein Präcedenzfall gefchaffen durch den vielerörterten ruffifch-chinefifchen Mandfchureivertrag, demzufolge die chinefifche Provinz zwar nominell chinefifch bleiben foll unter Beibehaltung der chinefifchen Verwaltung, indeffen Rußland jedem höheren Mandarinen einen ruffifchen Berater zur Seite ftellt, ohne deffen Zuftimmung wichtigere Regierungshandlungen nicht vorgenommen werden dürfen. Außerdem behält fich Rußland u. a. vor, dort Militär zu halten, das chinefifche Militär auf eine Polizeitruppe zu befchränken und andere Beftimmungen, die faktifch die Hoheitsrechte über die Mandfchurei in Rußlands Hände legen. — Wird indeffen diefe Form nicht gewählt, und gehen die nichtruffifchen Mächte von dem Grundfatz ab, eine reine Handelspolitik in China zu treiben, nun gut, dann wäre das Ziel noch klarer gefteckt und wahrfcheinlich auch leichter zu erreichen, daß nämlich jeder Staat die ihm zugeftandenen Intereffenfphären in eigene Verwaltung nimmt. Divide et impera!

Das ist es ja gerade, was die chinesische Frage so kompliziert macht, daß sie nicht mehr eine rein chinesische Frage, sondern eine Frage des Ausgleichs der Machtverhältnisse der Kulturstaaten unter einander geworden ist, und bei der bilatorischen Behandlung des chinesischen Problems seitens der Mächte liegt die Gefahr nahe, daß China selbst den meisten Nutzen aus dem Ausgleiche zieht. Geht es mit der Politik der Mächte so fort, wie bisher, so wird vielleicht einmal eine Zeit kommen, in der China selbst stark genug ist, um ungestraft über das sogenannte Konzert der Mächte lachen zu können. Auch die chinesische Diplomatie kennt das Prinzip „divide et impera" und hat bereits recht gründlich Gebrauch davon und gute Erfahrungen damit gemacht.

In dem Ausgleich der Mächte bezüglich Chinas liegt ein guter Teil der Zusammenhänge des chinesischen Problems begründet. Wenn nicht alles täuscht, wird seine Lösung noch Jahrhunderte verlangen, und wie die Verhältnisse augenblicklich liegen, werden die Handelsmächte viel öfter und viel mehr, als ihnen selbst lieb ist, auf das chinesische Problem hingedrückt werden, so daß man vielleicht China die Bedeutung zumessen kann, auf lange Jahre hinaus ein Gradmesser europäischer kontinentaler Fragen und Beziehungen zu werden. Ernsthafter Arbeit wird es bedürfen, um Klarheit in das chinesische Problem hineinzubringen, und seine Lösung wird Hand in Hand gehen müssen mit der Lösung der größten Fragen der Weltpolitik. Hier handelt es sich weder um Prestigefragen noch um sonstige mit der Eitelkeit und dem Nationaldünkel der Völker zusammenhängende Fragen des Renommés, sondern es wird sich bei China handeln um wirtschaftliche Existenzfragen, an denen die Kulturvölker je nach dem Grade ihrer jeweiligen wirtschaftlichen Entwickelung teilnehmen werden und müssen. Unmöglich können besonders wir Deutsche uns heute noch China gegenüber objektivieren. Unsere eigene Handelsentwickelung hängt bereits zu eng mit dem chinesischen Markte zusammen. Es wird daher auch unsre Aufgabe als nationaler Handelsstaat sein, das in unserem eigenen Interesse Notwendige zu thun zur Lösung des chinesischen Problems. Wenn wir das thun, werden wir damit weniger eine

Löfung der an sich uns ziemlich gleichgiltigen chinesischen Frage herbeiführen, als vielmehr eine Löfung innerpolitischer Wirtschafts= fragen unseres nationalen Handelsstaates selbst. „Deutschland in China" bedeutet daher für uns nicht mehr einen politischen Sport, oder auch nur eine vorübergehende Frage der auswärtigen Politik, die eventuell gelegentlich an Intereffe verlieren kann, sondern es bedeutet für uns eine Frage der innern Wirtschaftspolitik Deutsch= lands, und das chinesische Problem ist, unter diesem Gesichtspunkte betrachtet, zu gleicher Zeit ein intensiv deutsches Problem, für deffen Löfung wir notwendigerweise alte Gesichtspunkte verwerten, neue. finden müffen. Das Problem erfordert daher ernste Mitarbeit von allen Seiten, und wenn die vorstehenden Zeilen auch nur zu einem geringen Teil dazu beigetragen follten, einige Seiten dieses Problems uns näher zu bringen, so ist damit ein weiterer kleiner Schritt zu feiner Entwirrung gethan.